Eberhard Panitz

Treffpunkt Banbury oder Wie die Atombombe zu den Russen kam

Klaus Fuchs, Ruth Werner
und der größte Spionagefall
der Geschichte

Das Neue Berlin

1. Der Weg nach Banbury

An einem sonnigen Septembermorgen des Jahres 1942 stieg Sonja, eine Frau von fünfunddreißig Jahren mit kurzem schwarzen Haar, in Oxford-Summertown aufs Fahrrad und fuhr zu einem kurzfristig vereinbarten Treffen nach Banbury. »Es ist eine heiße Sache«, hatte Jürgen, ihr Bruder, zu ihr gesagt. Sie solle sich in der High Street, vorm Schaufenster eines kleinen Buchladens, mit einem Deutschen namens Klaus Fuchs treffen. Er sei ein guter Genosse, ein prachtvoller Mensch und ein tüchtiger Wissenschaftler, der Einblick in wichtige militärisch-technische Entwicklungen habe. Genaueres über seine Herkunft und Tätigkeit wußte sie nicht, als sie sich auf den Weg machte, auch nicht, daß er zum engsten Kreis der Kernphysiker gehörte, die am Bau der Atombombe Englands und der USA arbeiteten. Aber noch ehe dieser Tag vorüber war, ahnte sie, welche Bedeutung den Auskünften zukam, die dieser Mann ihr an jenem Tag anvertraute und für weitere Treffen zusicherte.

Fast fünfzig Jahre bewahrte Sonja – mit Geburtsnamen Ursula Kuczynski, in erster Ehe Ursula Hamburger, in zweiter Ehe Ursula Beurton, als Schriftstellerin Ruth Werner – striktes Schweigen über diese Begegnung in Banbury und spätere Kontakte und die Konsequenzen, die sich bis heute für unser aller Schicksal kaum ermessen lassen. Kein Zweifel, daß sie die Erinnerung daran nie losließ, obwohl sie selbst mit den nächsten Angehörigen und Freunden bis kurz vor ihrem Tod so gut wie nie darüber sprach und auch in ihren Büchern diese folgenreichste Begegnung ihres Lebens verschwieg. Nicht einmal in »Sonjas Rapport«, ihrem Lebensbericht, der 1977 erschien, werden die Treffen mit Klaus Fuchs erwähnt. Liest man mit dem heutigen Wissen jedoch das Buch, findet sich immerhin eine beiläufige, verräterische Andeutung, die auf das Fahrrad verweist, das sie kurz vor dieser Fahrt nach Banbury von Len, ihrem Mann, geschenkt erhielt: »Ein neues, wunderschönes Rad. Ich benutzte es viel, es kam mir auch für illegale Treffs zustatten. Als ich später in die DDR umsiedelte, zerlegte Len das Rad, es reiste im Flugzeug mit. Tochter Nina ist in der ersten Zeit in Berlin noch damit zur Schule geradelt. Jetzt steht es im Keller. Niemand hat das Herz, es der Gerümpelsammlung zu übergeben.«

Im Sommer des Jahres 1980 überraschte sie ihre Leser und auch mich mit dem Buch »Gedanken auf dem Fahrrad«. In der Titelgeschichte, die im Grunde ein lapidarer, über die Zeiten und Grenzen wechselnder Fahrtenbericht ist, erzählt sie, daß sie als Achtjährige auf dem viel zu großen Rad ihres drei Jahre älteren Bruders Jürgen radfahren gelernt habe: »Da der Sattel unerreichbar war, mit den Füßen auf den Pedalen stehend, die ersten atemberaubenden Meter allein.« Mit vierzehn Jahren besaß sie ein eigenes Rad: »Ich liebte die Bewegung, den Duft der Linden im vorbeirauschenden Wind, die Kälte eines Wintertages bei schneller Fahrt. Als ich 1924 in den Kommunistischen Jugendverband eintrat, wurden auch das Rad und sein Tempo politisch. Wenn ich von den Sitzungen in der Kneipe nach Hause radelte, standen am dunklen Park die Gymnasiasten mit ihren Rädern und nahmen unter Schimpfworten die Verfolgung auf; damals noch nicht, um tätlich zu werden, sondern nur um zu erschrecken und zu bedrohen.« In Shanghai, wo sie dann mit dem legendären sowjetischen Kundschafter Richard Sorge zusammentraf, besaß sie wieder ein neues Rad. »Vor der Lenkstange hing ein kleiner Korbsitz aus Stroh für meinen Sohn. Doch die Genossen im China Tschiang Kai-scheks, wo jedem Kommunisten die Todesstrafe drohte, verlangten, ich solle ein rascheres Verkehrsmittel beherrschen lernen, so lernte ich Auto fahren.« Nach dem Einfall der Japaner in die Mandschurei, den blutigen Metzeleien und der Ermordung eines ihrer nächststehenden Kampfgefährten mußte sie das Land verlassen, »ohne Rad oder Auto«. Ein polnischer Frachter nahm sie und ihren Sohn mit, Warschau und Krakau waren ihre nächsten Stationen. »Kommunisten werden oft dort gebraucht, wo sie am wenigsten gern gesehen waren. 1937 fuhr ich von Polen nach Danzig. Meine Fahrerlaubnis aus Shanghai war hier nicht gültig, und wieder bestanden die Genossen auf der Prüfung.« Der Nazibeamte, an den sie dabei geriet, taxierte sie sogleich als Jüdin, gar als »mongolid« und also bolschewistisch, und dirigierte sie dann mit dem Auto pausenlos, oft im Rückwärtsgang, durch die schmalen Gassen Danzigs. »Ich wollte mich nicht vom Faschismus besiegen lassen. Noch fünf Minuten – noch zehn Minuten – da beging ich den ersten Fehler. ›Steigen Sie aus, Sie haben nicht bestanden – Heil Hitler!‹ ...« Hier bricht die Rückschau ab, England bleibt ausgespart und somit das englische, wahrlich historische Fahrrad. Noch immer wahrte sie strikte Verschwiegenheit über die Fahrten nach Banbury.

Die kleine Stadt Banbury, die wegen des Siegs Warwicks über Eduard IV. im Jahre 1469 in die Geschichtsbücher einging und weithin für ihre Pfefferkuchen, die Textil- und Plüschfabrikation, den guten Käse und ihre Ale-Brauereien berühmt ist, liegt etwa vierzig Kilometer von Oxford entfernt. Sie war gut erreichbar für die junge Frau auf der Straße, die parallel zum Cherwell-River und durch einige kleinere Ortschaften führte, an sanften Hügeln, Baumreihen und schmalen Äckern vorbei, zumeist jedoch an eingezäunten Wiesen und von Mauern umgebenen Schafweiden, wo sie kaum einem Menschen begegnete. Manche der schmalen, sich durch die Landschaft windenden Straßen stammten noch aus der Römerzeit. Eingewanderte flandrische Weber hatten dann hier im 16. und 17. Jahrhundert eine florierende Wollindustrie begründet, noch sah man den schmucken kleinen Städten und sogar den Dörfern mit den adretten Häuschen aus gelblichem Kalkstein die einstige Wohlhabenheit an. Viele Londoner waren hierher vor den Luftangriffen geflüchtet, kein Haus stand leer, jeder Flecken in den Gärten wurde zum Anbau von Gemüse, Kartoffeln, Weizen und Hafer benutzt.

Sonja mag damals nur wenig für die anmutige Landschaft empfänglich gewesen sein. Unterwegs sah sie Soldaten und Militärfahrzeuge, selten überholte sie ein ziviles Auto oder Motorrad, ab und zu jagten Flugzeuge über sie hinweg. Gerade in dieser Gegend waren zahlreiche Flugzeuge abgestürzt, deutsche und auch englische. Ihr Mann, gebürtiger Engländer, einstiger Spanienkämpfer, hatte sich freiwillig zum Kriegseinsatz gemeldet. Kontakt zu den deutschen Genossen verbot sich wegen ihrer konspirativen Tätigkeit. Vom Treffen mit Klaus Fuchs wußten nur ihr Bruder Jürgen und der sowjetische Verbindungsmann. Ihre Eltern und zwei Schwestern lebten in London. Selbst ihnen gegenüber mußte sie schweigen und sich in Ausreden flüchten, wenn sie bei ihnen übernachten oder wegen der Kinder ihre Hilfe in Anspruch nehmen mußte. Ihr Bruder war als Ökonom, Publizist und leitender KPD-Funktionär mit Arbeit und Verpflichtungen überhäuft, zumal er als Sachkenner der Nazi-Kriegswirtschaft auch von englischen Politikern und Forschungsdiensten zu Rate gezogen wurde. Fast ganz Europa war von der deutschen Wehrmacht überrannt: Polen,

Frankreich, Belgien, Niederlande, Luxemburg, Dänemark, Norwegen, Jugoslawien, Griechenland und die Sowjetunion bis vor Moskau und Leningrad, im Süden bis zum Don und zur Wolga. Stalingrad wurde bereits umkämpft. Die Vernichtung des »Bolschewismus« und der »minderwertigen Rassen«, die Deportation und Ermordung von Millionen Menschen waren beschlossene Sache, aus den Verbrennungsöfen stieg der Rauch auf. Sonja, wie sie Richard Sorge genannt hatte, die an jenem Septembermorgen durch die Cotswold-Landschaft nahe dem schmalen Fluß dahinradelte, war als Kommunistin, Jüdin und Kundschafterin des Aufklärungsdienstes der Roten Armee im kriegerischen Asien und Europa vielfach tödlicher Gefahr ausgesetzt gewesen. Aber nichts war mit der Last und Verantwortung vergleichbar, die sie mit den Formeln und Berechnungen übernahm, die Klaus Fuchs für sie an diesem Tag und bei späteren Treffen zur Weitervermittlung nach Moskau bereithielt.

Straße nach
Great Rollright

Sechzig Jahre danach, im April 2002, war ich mit Sonjas jüngerem Sohn Peter auf der Fahrt nach Banbury. Alles war anders, keine Kriegsstimmung, kein Kalter Krieg mehr, dennoch allenthalben wieder Kriege nah und fern. Doch nur den Paß hatten wir bei der Einreise in England kurz vorzeigen müssen, im Hotel nicht einmal das. Wir hatten geplant, wie Sonja mit dem Fahrrad die Strecke von vierzig Kilometern zu fahren, doch angesichts der engen Straßen ohne Rad- oder Fußwege und des heute so dichten und rasanten Autoverkehrs darauf verzichtet und uns für eine Bustour entschieden. Nun saßen wir oben im Doppelstockbus und hatten einen weiten Blick auf die hüglige Landschaft mit der viel früheren Baumblüte als im deutschen Osten. Auffällig die großen Weideflächen, von Mauern aus gelb-ocker, manchmal honigfarbenen Kalksteinen umgeben. Kaum Wald, nur hier und dort ein Streifen von Laubbäumen oder Sträuchern, da und dort der für uns erstaunliche Anblick alter, windgekrümmter Zedern.

Durch Summertown waren wir hindurchgefahren. Es ist keine Vorortsiedlung mehr, sondern mit der Universitätsstadt Oxford verwachsen. Das Haus, wo Sonja bis 1945 mit ihrer Familie gewohnt hatte, ist längst abgerissen und einem der ortsüblichen Reihenhäuser gewichen. Zehn, fünfzehn Kilometer weiter, dicht an der Straße bei Woodstock, steht protzig wie eh und je Blenheim Palace, Geburtsort Winston Churchills. Bei einem kurzen Aufenthalt gehen wir durch die monumentale Eingangshalle, 20 Meter hoch, alle Säulen, Bögen, Wände und der barocke Zierat aus dem Kalkstein der nahen Cotswold-Hügel. 850 Hektar umfaßt der Park mit Wildgehegen, exotischen Bäumen und Gewächsen sowie einem Triumphbogen und einer Siegessäule zum Ruhme der Familie, umgeben von exakt gepflanzten Baumgruppen, die verschiedene Stellungen der Armeen des Herzogs Marlborough, des Stammvaters der Churchills, bei dem Sieg zu Hochstädt gegen die Franzosen und Bayern 1704 darstellen. Und wir hören, daß wegen der deutschen Bombenangriffe auch die Zentrale des britischen Geheimdienstes MI 5 hierher evakuiert worden war – genau zu der Zeit, als Sonja auf der Landstraße A 44 daran mehrmals vorbeiradelte.

Gespannt nähern wir uns Banbury. Umgeben von Gärten, Feldern und Weideland, streng abgeteilt und eingezäunt, ist die Gegend heute kaum durchgängig für Wanderer oder jemand, der querfeldein per Fahrrad von Oxford-Summertown herüberkäme. Dann Neu- und Industriebauten, auch hier Reihenhäuserzeilen, ehe wir die alte, behutsam konservierte High Street mit den eng aneinandergeschachtelten Häusern und dem früheren Viehmarkt erreichen, wo sich in Shops und Pubs und in Supermärkten die Kauflustigen und Touristen drängen. An der Kreuzung zur Horsefair, deren einst holpriges Pflaster mit bestem Asphalt zugedeckt ist, steigen wir aus und sind nach ein paar Schritten am Banbury-Kreuz. Dieses Wahrzeichen der Stadt, eine neogotische Säule mit einem vergoldeten Kreuz auf der Spitze, erinnert an die Hochzeit von Queen Viktorias ältester Tochter mit dem preußischen Kronprinzen 1859. Auf einem Sockel daneben ist in güldenen Lettern ein Vers zu lesen – ein Kinderreim, nachweislich älter als das »Banbury Cross«, weil es zuvor hier schon andere, christliche wie heidnische Kreuze als Wahr- und Wegzeichen gegeben hatte:

Ride a Cock horse to Banbury Cross,
To see a fine lady on a white horse,
With rings on her fingers and bells on her toes,
She shall have music wherever she goes.

LADY ON THE WHITE HORSE, BANBURY.

Aufs Steckenpferd, hopp! nach
    Banbury Cross,
Dort siehst du ne Lady auf
    schneeweißem Roß,
Hat Ringlein am Finger und
    Glöcklein am Zeh,
Das klingelt und bimmelt
    hindurch die Allee.

Mir war dieser Vers nicht unbekannt. Ich hatte ihn in einem der englischen Spionageromane gefunden, der sich recht freizügig des Zusammentreffens von Klaus Fuchs und Sonja in Banbury annahm. Sehr überzeugend war diese »historisch-poetische« Parallele zwar nicht, doch denkwürdig immerhin, daß ich nun mit Sonjas Sohn an diesem »Cross« stand und daraufhin die Wege mit ihm abschritt, die damals die junge dunkelhaarige Frau mit dem etwas jüngeren Mann Arm in Arm gegangen war, um als harmloses Liebespaar angesehen zu werden. An dem kleinen Buchladen der östlichen High Street, wo sie ihr Fahrrad abgestellt hatte, waren sie über den Marktplatz, vorbei an Häusern aus dem 15. und 16. Jahrhundert, auf kürzestem Weg aus der Stadt gelangt. Nachdem sie die Cherwell-Brücke überquert hatten, kamen sie auf Feldwegen bis zu einer baumumwachsenen Niederung, wo Sonja die Informationen und schriftlichen Notizen von Klaus Fuchs entgegennahm und weitere Zusammenkünfte mit ihm verabredete.

Ihr Sohn Peter war in den letzten Jahrzehnten mehrmals in England gewesen, in London, Oxford, Chipping Norton, wo er zur Schule gegangen war, und Great Rollright, dem letzten Wohnsitz der Familie vor der Flucht 1950. In Banbury war er, wie er glaubte, nicht gewesen, er hatte jedenfalls keine Erinnerung daran, war er doch erst im September 1943 geboren worden. Aber sein Vater hatte hier nach dem Krieg zeitweise in einer Aluminiumfabrik gearbeitet und nach einem Motorradunfall im Banbury-Hospital gelegen. Und da die Treffen Sonjas mit Klaus Fuchs erst im Winter des Jahres 1943 wegen dessen Abreise in die USA ihr Ende fanden, steht fest, daß Peter Beurton mindestens während der Schwangerschaft seiner Mutter schon leibhaftig und mehr als einmal hier zugegen war.

Wir fuhren weiter nach Chipping Norton und trafen dort Peters alte Lehrerin, die in einem schmalen Häuschen gegenüber der Kirche und der Schule wohnt, die keine Schule mehr ist, sondern die Villa eines Privatiers. Das Haus der Beurtons der Nachkriegsjahre in Great Rollright, wo wir freundlich von der jetzigen Besitzerin empfangen und durch die sieben, acht Zimmer der beiden Etagen geführt wurden, befindet sich noch fast in dem Zustand, wie in »Sonjas Rapport« geschildert. Nur ein Teil des Anwesens mit den einstigen Ställen und Schuppen ist abgetrennt, ein neues Haus ragt bis dicht an den neuen Zaun heran. Bald soll auch das alte Haus bei »The Firs«, wegen der vor zwanzig Jahren abgeholzten Fichten so benannt, zum Verkauf stehen, teilte uns die Besitzerin, Diana Davenport, die viele Jahre behinderte Kinder hier im Haus betreut hatte, gar nicht frohen Herzens mit. Sie wußte, wer die Beurtons waren, sie hatte Peter bei unserem Kommen umarmt; 1991 waren seine Mutter und er zuvor und danach wieder hier gewesen. Nicht wenige in diesem Ort kennen die Geschichte von Sonja und Klaus Fuchs und dem Treffen am »Banbury Cross«. Auf dem kleinen Friedhof bei der mittelalterlichen Kirche liegen die Eltern – René und Berta Kuczynski, 1947 – begraben; auf einem verwitterten Kalkstein sind ihre Namen und dazu die der sechs Kinder eingehauen, kaum noch lesbar auch: »Ursula.«

Einem Leben nachzugehen, bedeutet nach Spuren zu suchen, die ein Mensch hinterlassen hat. Diese Frau, die im Geheimen »Sonja« hieß, war fast ihr ganzes Leben dazu angehalten, die Spuren ihrer Taten zu verwischen und zu verleugnen. Sie war weit um die Welt gekommen und hatte sich immer wieder zum Handeln im Ver-

BERTA KUCZYNSKI
BORN 30TH JUNE 1879
DIED 10TH JUNE 1947
MOTHER OF
JURGEN   URSULA
BRIGITTE   BARBARA
SABINE   RENATE
R.R. KUCZYNSKI
BORN 12TH AUGUST 1876
DIED 25TH NOVEMBER 1947

Grab der
Eltern vor der
mittelalter-
lichen Kirche
in Great Roll-
right

borgenen verpflichtet gesehen, zum Versteckspiel, zum Schweigen, zur Täuschung und zur spurlosen Flucht. Eine Seltenheit dieser kleine Ort Great Rollright, wo wir durch kaum veränderte Gemächer gehen können, in denen sie vor einem halben Jahrhundert mit ihrer Familie gelebt hat. Noch ein von ihr angebrachtes Küchenbord an der Wand über dem alten Herd ist zu finden, da und dort ein Packen Bücher aus der Kriegszeit, vielleicht von ihr. Hier wurde mir bezeugt, daß sie bei vielen, deren Weg sie kreuzte, in guter Erinnerung geblieben ist – trotz allem, was damals und seither geschah. Wie kam es dazu und was brachte sie auf diesen Weg? Und den Mann, den einunddreißigjährigen Dr. Klaus Fuchs, was bewog ihn, sich fern vom Birminghamer Labor und dem streng geheimen Forschungsprojekt »Tube Alloys«, bei dem er zu den wichtigsten und befähigtsten Wissenschaftlern zählte, verstohlen in Banbury, auf hügligen Viehweiden und Waldwegen mit Sonja zu treffen, von der er nur diesen Decknamen wußte, nicht einmal, daß sie die Schwester seines Parteifreundes Jürgen Kuczynski war? Was bestimmte ihre und seine Entscheidung? Welche Spuren hat ihr Handeln hinterlassen, welche Folgen hat es für uns alle gehabt?

2. Die frühen zwanziger Jahre

Nach Sonjas Tod – Ruth Werner starb am 8. Juni 2000 im Alter von 93 Jahren – fanden sich in ihrem Nachlaß neben fast tausend Briefen auch Tagebücher aus ihrer Jugendzeit, die sie in akkurater Handschrift geführt und über all die Wechselfälle, Wander- und Kriegsjahre, Fluchten, Verfolgungen und Illegalität aufbewahrt hatte. Die Familie lebte in Berlin-Schlachtensee, der Vater war »ein fortschrittlicher Wissenschaftler und Politiker, der beste Statistiker seiner Zeit« – wie ihn nicht nur Sohn Jürgen überschwenglich lobte. Walther Rathenau hatte von ihm gesagt: »Kuczynski bildet immer eine Einmannpartei und steht auf derem linken Flügel.« Er war führend an den Aktionen der Internationalen Arbeiterhilfe beteiligt und wurde im Januar 1926 Vorsitzender des Ausschusses, der die entschädigungslose Enteignung der Fürsten zum Ziel hatte – und seither nur Kuzcynski-Ausschuß hieß. Der Name war damals in aller Munde, von den Konservativen verschrien, bei den Arbeitern und vielen linksstehenden Bürgern hochgeschätzt. So war es ein Zwiespalt, der auch in den frühen Tagebüchern erkennbar wird, daß man zwar in einer noblen Villa am Schlachtensee wohnte, doch dort keinesfalls komfortabel und vornehm abgekapselt lebte. Das väterliche Einkommen war für die große Familie – sechs Geschwister, dazu noch Hausmädchen, Kinderfrau und Gärtner – nicht übermäßig hoch. Die Jahre der Inflation verschärften die Situation. Die Kinder kannten zwar keine Not, lebten vergnügt, doch recht normal und bescheiden.

»Über Mutters Sparsamkeit amüsierten wir sorglosen Kinder uns häufig«, so urteilte die Tochter später. »1924 begann meine Lehre in der Buchhandlung für Rechts- und Staatswissenschaften R. L. Prager, Berlin NW, Mittelstraße. Seit zwei Jahren las ich fast ausschließlich fortschrittliche Literatur, sah bewußt den Reichtum der wenigen, die Armut der vielen, die bettelnden Arbeitslosen an den Straßenecken, dachte über die Ungerechtigkeit dieser Welt nach und wie man sie beseitigen könnte. Nun kam der krasse Gegensatz zwischen dem Zuhause und der Lehrstelle hinzu. Die Furcht erwachsener Menschen, die an jedem Monatsende vor der Entlassung zitterten. Meine Freundin Marthe war das erste Opfer.

Ebenfalls Lehrling in der Buchhandlung war Heinz Altmann, Mitglied des kommunistischen Jugendverbandes. Er gab mir den letzten Anstoß, ich trat in den Kommunistischen Jugendverband ein.«

Das Tagebuch, das in ihrem autobiographisch geprägten Erstlingsbuch »Ein ungewöhnliches Mädchen« aus dem Jahr 1957 erwähnt wird, war ein Geschenk ihrer Mutter – »mit blauem Lederdeckel und eingelegtem silbernem Kleeblattmuster und verschließbar«. Den Schlüssel trug sie an einer Schnur um den Hals, schon ehe sie ihre erste Eintragung hineinschrieb: »Geliebtes Tagebuch, ich will Dir immer alles Wichtige, was passiert, mitteilen. Besonders meine Gedanken, die ich anderen nicht sage ...«

Januar 1924

Was bin ich für ein gesunder Mensch! Was freue ich mich aufs Leben. Wie ist das Jungsein doch schön. Es ist schon so. Wenn ich gegen die Strafreden der Familie Stillschweigen setze, so gibt das eine gewisse Kraft und Überlegenheit vor mir selber. Ich heuchle mir vor, daß ich mir zu gut bin, darauf zu antworten und daß ich zu sehr über den Dingen stehe. Das tu ich gar nicht. Es ist nur eine gewisse Schlaffheit und Gleichgültigkeit, die ich durch häufige Wiederholung der Fälle mir angeeignet habe.

März 1924

Vom März ab will ich den Frühling zwingen. Das heißt, ich schreib ins Buch, jauchze bei jedem Hahneskrähen, ich lasse die Fenster weit auf, ich stehe früh auf, ich bin lebenstoll und vergnügt. Und ich bin so froh, daß ich noch niemals einen Jungen geküßt hab, oder besser, daß ich nun erst einen Jungen küssen werde, den ich wirklich lieb hab. Das ist zum Blödsinnigwerden. Ich bin zu der weisen Einsicht gekommen, daß, wenn man mit allen und jedem Menschen Krach hat, es doch schließlich an einem selber liegen muß. Ich bin schlechter Laune und mürrisch und knurrig, und bespucken könnt ich mich! Aber dann ein blauer Himmel, Sonne, die wärmt, Tautropfen an den Tannen und ein Atmen in der Luft, daß man wandern möchte, immerfort springen und laufen muß und jeden Menschen liebhaben will.

Ich alter Querkopf, ich Mischlingsgebräu mit schwarzer Strubbelmähne, Judennase und unbeholfenen Gliedern, sitze hier dumpf und verkniffen, zanke mich, unke, brüte. Ich widerliches Geschöpf. Ein Mensch, der weint, sollte seine Tränen nicht fortwischen, denn es ist etwas klares Lebendiges, gleichsam Beruhigendes in Tränen, die übers Gesicht rinnen. Je mehr ein Mensch seine Unnatur empfindet, desto gezwungener und befangener wird er. – Nein, das ist auch Unnatur. So oft finde ich draußen etwas kitschig. Sei es der Mond, der durch die Wolken schaut oder ähnliches. Nicht, daß ich mir sage: »Dieses ist ein

15

Bild, das so und so oft kitschig gemalt worden ist«, sondern ganz an sich, wie es da ist, empfinde ich es als kitschig und nicht »natürlich« – da irre ich mich doch dann!

Wenn ein Mensch, so wie unser Chef Prager, neun Stunden lang hintereinander schimpft mit uns, so bedaure ich ihn ja vielmehr als die, die er abkanzelt. Man fühlt sich von allen Dingen viel mehr getroffen und gekränkt, wenn man sich nicht verteidigt. Ich sollte nicht in das Buch schreiben, es erleichtert mich nämlich, und das ist des öfteren gar nicht gut. Wenn ich meine Fehler und Dummheiten hier hineinschreibe, fühle ich sie dann schon zu einem Teilchen behoben.

Es ist so merkwürdig. Wenn ein lieber Mensch, von dem ich es mir gewünscht habe, daß er sich um mich kümmert, sich nun wirklich meiner annimmt, so entziehe ich mich ihm sofort. Sage ihm nichts aus einem wirklich natürlichen Grund heraus, und doch denke ich die ganze Zeit über, wenn er doch meine Hände festhielte, wenn er doch weiter fragte! Es ist höchst unschön: Menschen, die immer mir etwas Verkehrtes, aber Schmeichelhaftes sagen, mag ich gern, aber solche, die mir Richtiges und zwar weniger Gutes über mich sagen, sind mir unsympathisch. Herrlich, wenn ein Mensch so lachen muß, daß er gezwungen ist, mitten auf dem Potsdamer Platz drei Minuten stehen zu bleiben, weil er nicht die Kraft hat, auch nur einen Schritt weiter zu gehen.

Es ist sechs ein halb Uhr morgens und draußen ein Regen, wie ich ihn gern mag. Ich meine, eine Frühlingsluft, daß man sich immer nur die Lungen füllen möchte, und Regen, Regen, Regen, der immerhin vergnügt macht. Jawohl, ihr Dummköpfe! Vergnügt! Denn die Vögel singen nichtsdestotrotz, die Kastanie hat grüne Blätterspitzen, und an den feinen Ästen und Zweiglein der Birke hängen viele, über tausend kleine klare, runde, vergnügte und was noch alles Regentropfen und Tröpfchen. Jawohl! Es gibt Dinge und Anschauungen, von denen ich so viel verstehe und weiß, daß ich gerade sagen kann, meine Meinung ist das nicht. Aber mein Wissen und Verstehen geht nicht so weit, daß ich für die Abweichung meiner Ansicht eintreten kann. Jürgen sagt zu mir: »Du hast immer nur eine Güte deswegen – nie trotzdem.«

Es ist nämlich Sonntag, und es regnet, nicht sehr, aber man weiß, es wird den ganzen Tag über nicht aufhören. Gleich in der Frühe, das heißt am Regensonntag ist acht Uhr auch noch in der Früh, da höre ich den Gärtner unten an der Heizung rumoren, bis zu mir oben im Zimmer kann ich's deutlich durch die Heizungsrohre hören, wie er eine Schaufel und dann die zweite in den dickbäuchigen Schlund des Ofens schiebt. Ich bin noch im Bett, gerade habe ich die Lampe ausgemacht. Ich habe sie gern. Die sechseckige Form des Schirmes ausgefüllt mit schwarzumrandeten Transparenten aus Seidenpapier. Wenn die Birne brennt, leuchten die bunten Farben dunkel auf, und das Licht schimmert gedämpft. Ein Meter davon entfernt liegt das Zimmer im Schatten. Wenn ich im Bett lese, muß ich sie immer überm Schreibtisch abmachen und zum Bett hängen. Ja, jetzt mache ich sie also aus, und nun fängt der Morgen an. Es ist doch noch ein wenig zu trübe, so zu lesen, und das matte Tageslicht ist kühl. Ich döse, stehe auf, renne mit bloßen Füßen, hole meinen bunten Teller von Weihnachten und kuschele mich frierend wieder ins Bett und mache in Gemütlichkeit. Ein bißchen muß ich mich vorbeugen, daß die Pfefferkuchenkrümel nicht ins Bett fallen. Dann lege ich mich in die Mitte des breiten Bauernbettes. Einen Deckenzipfel lege ich mir, wie wir es als Kinder immer getan haben, um den Hals und lese. Es ist ja jetzt der »Helianth«.

Draußen regnet es eintönig, rieselnd. Hell schlagen die Tropfen auf den Dachsims unterm Fenster. Mir Zeit und Stunde unbewußt, lese ich in den Vormittag hinein. Ein langer Atemzug, ich lege das Buch fort, und auf einmal höre ich, daß die Kleinen schon lange unten schreien und spielen. Reni weint, Türen schlagen, das Telefon klingelt. Ich bin wach. Ein paar Minuten liege ich völlig gedankenlos da. Ein Erschlaffen und Abspannen, das immer eintritt, nachdem ich mit allem Fühlen und Denken in einem Buch gelesen habe.

Aufstehen! Hm! Meine Pantoffeln liegen ganz, ganz weit unterm Bett, ein paar gestopfte Strümpfe hab ich nicht. Herrgott, bin ich wirklich vor zehn Minuten noch in Schaeffers »Helianth« gewesen? Also auf denn! Unten die Kinder sind bereits angezogen, gestern war große Kopfwäsche. Sie laufen also heute alle mit aufgeplusterten, zu trockenen Löwenmähnen herum. Ollo füttert Reni: »Guten Morgen, Jungferchen, ausgeschlafen?« Uff ja, ganz ausgezeichnet, ich dehne mich, ich recke mich und freue mich, daß alles so ist, wie es ist. Das Leben ist schön!

Vor mir auf der Fensterscheibe läuft eine Fliege herauf. Scharf umrissen stelzt sie über das helle Glas. Was ist darüber zu sagen? Verstehst Du nicht? Das ist schön. Heut mußte ich wie so oft für Prager zur Bank. An der »Dresdner Bank« wird gebaut. Oben auf dem Dach steht ein Arbeiter, ich glaube, er sorgt für die richtige Stellung des Kranes, na, ich versteh davon nichts. Also ich komm unten vorbei, er legt seine Hand an den Mund, und dünn wie ein Hauch tönt es: »Bubikopf!« Alle Leute drehen sich nach mir um. Nachdem ich etliche Kußhände von

Die Mutter,
Berta Kuczynski,
geb. Gradenwitz
(1879-1947)

ihm erhalten habe, breitet er weit die Arme aus. Grell hebt er sich gegen den blauen Himmel ab. Jedesmal, wenn ich vorbeikomme, unterhalten wir uns, und die entrüsteten Spießer verziehen ihre Gesichter. Dann geht es weiter. Hinterm Schinkelplatz stell ich mich an den Kanal. Er ist bevölkert mit Enten. Viele Menschen stehen am Ufer. Boten ketten ihr Räder fest, Schuljungen halten an im Weg. Mädchen mit Einholkörben, Mütter mit Umschlagtüchern und Kindern am Rockzipfel. Zille hätt's malen können. Und auf allem liegt die Sonne. Unten schnappen die Vögel nach den Brotkrumen, in der Luft hacken sie danach. Gibt es mehr Rhythmus, mehr Schönheit und Ruhe als in dem Flug eines Vogels? Einer sitzt ruhig auf dem dunkelbraunen, rissigen Pfahl, zwei Schritt von mir, ganz still.

Unter den Linden treffe ich den »Irrsinnigen«, den ich Tag für Tag sehe. Er bettelt sich seine Bedürfnisse zusammen. Das Haar fällt lang herunter. Den Hut ein wenig zu tief ins Gesicht, tiefe Falten sind an merkwürdigsten Stellen in sein Gesicht eingeschnitten, die Augen ruhelos, der Mund ewig redend, läuft zackig hin und her. Ich weiß – nein, ich weiß nicht, ich fühle nur, daß er nicht immer irrsinnig war.

Ist das Leben schön?

Weihnachten 1924

Mutter hatte entzückend alles gemacht. Ganz allein, für uns zehn Personen. Sie war rot und jung und freute sich mit uns. Jürgen rührend in seiner Freude, Vati und Mutti zusammen fabelhaft. Wie man nach fünfundzwanzig Jahren Kennen noch so verliebt sein kann! Bärbchen und Brigitte verlegen lebhaft und nett. Binchen außer sich. Als alles still war, piepste sie entsetzt, auf ein schwarzes Hundescheusal aus Pappe vom Weihnachtsmarkt hinweisend: »Kinder (sie redete alle im Haus mit ›Kinder‹ an), Kinder, ich glaube er hat Würmer.« Dann auf einmal sehr still, etwas hilflos, alle Sachen faßt sie an, nichts nimmt sie richtig in die Hand: »Ich bin böse auf euch wegen der Verwöhnung.« Dann nach einem Stoßseufzer: »Was soll ich bloß mit all den Sachen anfangen?« Unsere Ollo, die seit dreizehn Jahren für uns sorgt, die nie jemand zum Lieben hat und nur alles, was sie an Umsorgen und Lieben in sich trägt, uns schenkt. Ollo, das hysterische graue, kleine Wesen, das mit fast jedem von uns Mädchen Krach hat, immer unzufrieden ist. Ollo, die für uns durchs Feuer geht, alles für uns tut, nur für uns lebt, nichts auf der Welt kennt als ihre sechs. Ollo, von deren Prügel alle sechs schon gehörig bekommen haben, die seufzend Muttis grünseidenen Kasak betrachtet: »Ach, ich sehe schon die Flecke drauf, Frau Doktor.« Die ermahnend zu mir sagt: »Ursula, die Nachthemden darfst du nur tragen, wenn du krank bist!« Die für ihren »Kronsohn« Jürgen, auf den sie so stolz ist, die teuersten Zigarren kauft, die es gibt, und die sich doch jedesmal ärgert, wenn sein Zimmer verraucht ist.

Der Vater, René Kuczynski (1876-1947)

Alle Kinder springen jetzt herum. Jürgen streichelt Mutter über Stirn und Haar: Vielen Dank, herrlich ist alles! Vater sagt leise: »Na, Gutes!« Mutti freut sich. Dann Vater zu Jürgen wegen irgendwas strahlend und stolz: »Aber Kerlchen.« Dann ich an meinem Tisch so froh über alles und doch immer erwägend, wie ich um den Weihnachtskuß für Mutter herumkomme, halb in Gedanken bei H., halb bei einem Bettler, den ich heut zusammenbrechen sah, bei Proletariern, dann wieder bei H., dann einmal voll und ganz bei den Gardinen, die ich für mein Zimmer gekriegt habe – und so fort. Um den Kuß für Mutti habe ich mich nun glücklich gedrückt.

Auf der Erde, zwischen all den Großen, ein kleiner Krümel mit feuerroten Backen, Armen, die wie Windmühlen gehen, Augen, in denen sich die Weihnachtskerzen widerspiegeln, Haarschopfwald, durch den zum erstenmal eine Schleife, eine blaue, große Schleife leuchtet. Das Ganze voll herauspurzelnder, berstender, platzender Silben, Laute, die alle: Lebensfreude, Lebensfreude! heißen sollen. Unsere Renate ...

Jetzt kniet Bärbchen vor diesem strampelnden Etwas. Bärbchen, mit dem weißen Gesicht, die immer rast, Türen zuschlagen kann, dauernd fällt und stolpert, immerfort etwas hinwirft, die sich mit fast aufreizender Güte und Demut von Binchen und Reni tyrannisieren läßt, die nichts Schöneres kennt, als Menschen etwas zu holen, zu helfen und zu erleichtern. Einen trockenen Humor hat sie. Elf Jahre alt. Von ihrem fünfzehnjährigen Tanzstundenherrn hat sie per Post einen Schokola-

19

denweihnachtsmann geschenkt gekriegt. Jetzt Brigittes etwas aufge-
regte, schrille Stimme, immer fragend, immer wissen wollend, nie ruhig.
Jürgen nun neben mir. Was soll ich über ihn sagen, der mir der beste
und klügste Mensch ist, den ich kenne. Von einer Güte und Tiefe, Duld-
samkeit und Jungenhaftigkeit, Witz und Reinheit, dann wieder Frech-
heit, so alles durchschauend und darüber, und doch dann wieder so
kleiner Junge voller Lust und Verstehen und – ach ein einziger liebster
Bruder.
Jetzt sehr viel später kommt der Gärtner durch die Küche herein.
»Heinz!« jubelt Bärbchen und fliegt ihm um den Hals, (wie sie ja überhaupt Freundschaft mit allen Kellnern, Dienern, Gärtnern, Schauspie-
lern und jede Sorte Mensch zwischen 17-30 pflegt). Jetzt springt sie
herunter, und er nimmt sie an die Hand, riesig lang ist er, und Bienchen
klammert sich unten irgendwo an seine Beine.
»Der Gärtner sieht heut ja ganz mächtig froh aus«, sage ich. Sein blon-
der Haarschopf fällt ihm vornüber ins Gesicht, seine Augen strahlen
mich an. »Das ist seit langem mein schönstes Weihnachten«, sagt er
und reicht mir die Hand. Trotz seiner Freude ist irgendwie etwas Bitte-
res an ihm – nie kann er das ganz loswerden. Kleiner Heinz Krauter,
denk ich auf einmal sehr mütterlich. Ich habe Ollo, Mariechen und dem
Gärtner je einen Becher geschenkt, sie haben die geschweifte Form von
Nachttöpfen, braun, grün und schwarz sind sie. Jürgen hat sie mit Kaf-
feebohnen gefüllt. Mercedes jüngste Schwester hat für jeden ein Päck-
chen herübergebracht. Mariechen schimpft zwar immer, daß sie bei uns
die Läufer dreckig macht. Ollo, daß sie so viel zerreißt, Mutti, daß sie
so verwöhnt wird zu Hause, aber alle haben sie gern. Sie gehört dazu.
Mit Jürgen steht sie ganz entzückend. In ein Buch von Jean Paul, das
er ihr geschenkt hat, schrieb er hinein: »Eine Frau kann keinen besseren Freund finden als den Geliebten einer anderen.« Hans hat mir
Photographien vom See geschenkt. Hans graue Augen gucken einen
immer so an. Jürgen und ich sind oft zusammen drüben. – Weihnachten 1924!

Januar 1925

Es ist Anfang der Nacht. Ich komme von der K.J.-Versammlung. Auf
dem Potsdamer Platz arbeiten zwei Proleten Nachtschicht an den Tele-
fondrähten unter der Erde. Sie sind vielleicht zwanzig Jahre – die Mütze
weit zurückgeschoben, das Haar fällt in die arbeitsheißen Gesichter. Sie
sind kräftig, und beim Heben spannen sich die Muskeln. Ab und zu
fällt der Schein einer roten Lampe auf ihre Gesichter. Ein paar Bürger

stehen herum, ich schau mir auch ihr Arbeiten an. Da tritt ein Mensch ganz dicht hinter mich, so dicht, daß es mich heiß überläuft und ich beiseite gehe – wieder ist er hinter mir. Mit einem Ruck bin ich zwei Schritte fort – ich dreh mich um. Da steht ein Mensch, Mitte zwanzig, gut gewachsen, einen weichen Schlapphut auf, ein kluges, fast schönes Gesicht. Er sieht mich an. Er sieht mich gerade so direkt an, wie er vorher hinter mir gestanden hat. Die Augen werden weit, das braune Dunkel – er ist Jude. Ich hatte mich ja nur Sekunden umgeblickt. Immerfort sehe ich nun die beiden Arbeiter und diesen. Es kreiste mir im Kopf herum, der gehört zu Dir, das ist Blut von Deinem Blut, und doch kämpfst Du mit und für die anderen. Nein, zu denen gehörst du. Es ist so schwer, sich allein zurechtzufinden.

Wir saßen alle am Radio. Nach einem guten Abendbrot sind wir in die warme gemütliche Zimmerecke gegangen. Wir hörten bayrische Lieder, von einem Geschwisterpaar entzückend gesungen. Dann nach einigen anderen ein Lied mit frohen Jodlern hinter jeder Strophe. Riadi-ha-ha-ha-riadi-hahaha. Jetzt gab es den Riß bei mir. – Eine Woche vorher. Wir sitzen bei Prager in der Buchhandlung und arbeiten. Da wird draußen eine Geige gestimmt. Ich steige auf einen Stuhl, das Fenster ist so hoch, und man muß immer auf einen Stuhl steigen, wenn man auf den Hof sehen will. Da steht ein älterer Arbeiter, verhungert und verbraucht. Um ihn sind fünf Kinder, drei Mädchen, zwei Jungen, keines über vierzehn Jahre, nicht alle haben Schuhwerk an, die Kleider hängen in Fetzen, die Gesichter grau, die Augen ohne Licht, fahl und verhungert die Gesichter. Kleine ausgemergelte Körper. Der Vater beginnt, die Kinder stehen um ihn und fallen singend ein. Die Blicke hängen an den Fenstern, stumpf gläsern. Riadi ha-ha-ha! Und sie schauen nur immer zu den Fenstern hinauf. Ich habe nicht weiter Radio gehört, weil mein Badewasser oben einlief und ich müde war und schlafen wollte. Die Kinder haben auch nicht zu Ende gesungen, weil der Diener vom Hotel nebenan kam und sagte, daß die Hotelgäste noch schliefen – es war elf Uhr – und daß sie nicht gestört werden durften. Geduckt schlichen die Kinder davon. Auf dem nächsten Hof lachten sie nun wieder ihre Jodler heraus. Hah-hah-hah! Zum Kotzen! Aber wenn man's doch könnte, mal müßte man ja damit fertig werden. Das Kotzgefühl ist das Elende.

Man weiß genau: So und so viele Hungernde, so und so viele Bettler gibt es in den Straßen; aber heute geht man zu Hilbrich in die Konditorei; das vorige Mal stand vor der Tür ein Bettler. Auf einmal hat man den Gedanken: Wenn heut doch keiner dastände! Man merkt zwar

Die Geschwister v. r. Jürgen, Ursula, Brigitte (Brix), Barbara, Sabine (Bine), Renate (Reni)

gleich: Halt, da machst du dir was vor, das ist eine unklare Linie. Für dich darf absolut nichts anders sein, dadurch, daß dieser Bettler jetzt vielleicht an der nächsten Ecke, wo du ihn nicht siehst, steht. Du mußt genauso wissen, daß er da ist und nicht nur dieser Einzelne, sondern daß sie alle da sind, auch wenn du sie nicht siehst und im Augenblick keiner an deine Gefühle appelliert.

November 1926

Bußtag im November. Endlich mal wieder Zeit, bei Rudi zu sein. Man freut sich kaum darauf, weil ja andere dabei sind. Gott sei Dank, jetzt ist Zeit, Tee zu kochen. Er hilft mir dabei. Das Schaf merkt gar nicht, warum ich mit Absicht das Gas nicht ganz toll auf groß gedreht habe und stellt es selbst nun auf Hochdruck. Abends fuhr ich nach Hause. November und draußen Frühlingswärme. Auch nicht nur Wärme, es ist etwas vom März in der Luft. Bußtag! Wohin man sieht, bringen Männer ihre Frauen nach Hause, und man empfindet, daß heute alle verliebter zueinander gehören als sonst an Winterabenden.

Ich hatte Freude daran und mußte lachen. Die sahen alle nicht nach Buße aus! Dienstmädchen mit Arbeitern, Angestellte mit Tippsen, Latscher mit Mädels. Bei jedem Küssen und Hand in Hand der anderen blieb etwas von meinem Lächeln haften, so daß ich es immer weniger besaß, erst ernst, dann traurig wurde, und als ich im Dunkel allein ging, ganz unerfüllt, sehnsüchtig und keinen anderen Gedanken empfand, als den, daß der Junge nicht da war. So schwer war es mir lange nicht angekommen. Ich fand es selbst dumm von mir, aber alles ringsum und ich waren so unbegreiflich frühlingsverrückt.

Wir stehen in der Elektrischen und stellen fest, daß mein Wintermantel nichts taugt. Rudi stellt – mit Recht – weiter fest: Ich laufe überhaupt schlecht angezogen herum. Er will versuchen, mich etwas eitel zu machen. Natürlich bloß eine äußere Kleinigkeit und gerade deshalb leicht zu ändern. Er hat mehr Freude daran, mit Frauen, die gut angezogen sind, auf die Straße zu gehen. Es tut ihm leid, mich oft so gekleidet zu sehen. Daß das andere unbequem ist und viel Arbeit macht, sind nur Vorurteile. Ich höre mir das an, und jetzt kommt das Lächerliche, ich bin tief unglücklich. Überlege: Ja, mit den anderen kannst du auch nicht so rumtoben wie mit mir. Mit denen mußt du deine Schritte mäßigen und deine Kraft, weil sie nicht mitkönnen. Ich weiß schon, daß es unbequem und unnatürlich sein wird, aber ich weiß auch schon, daß ich es tun werde, weil er es will. Dabei bin ich ja eitel. Ich wäre traurig, wenn ich vorne einen Zahn verlöre oder statt erfreulicher Augen und guter Farbe trübe Augen hätte und blaß wäre. Ich hätte auch nichts dagegen, wenn mein Mund plötzlich eine vernünftige Form kriegte. Ich bin eitel.

Daß ich nun todunglücklich bin, richtig außer mir, bloß weil dem Herrn Rudi etwas nicht an mir gefällt, das ist schon eine Läppigkeit, um die ich mich selber auslache. Plötzlich fühle ich mich vor Gedanken darüber bereits in dem anständigen Mantel, in dem hübschen engen Kleid

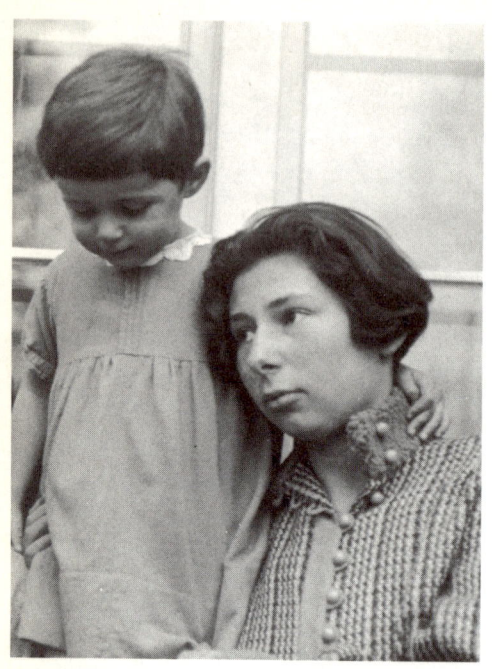

Mit Reni,
der jüngsten
Schwester

aus Stoff, der nicht geknautscht werden darf, mit dem gutaussehenden breitrandigen Hut – da kommt mir alles doch besser vor, wie es früher war – nein, jetzt ist es ja auch noch so. Ach, ich weiß nicht, und ich sehe mich im Winter mit der schwarzen Pelzmütze, so warm-mollig, spitz zulaufend wie eine Groß-vaterkappe, mit grellbuntem Schal, mit hoher geschlossener Jacke, mit festen Trampelschuhen zu den Genossen stür-zen, ich höre sie mit netter Betonung: »Steppenpferd« sagen. Ich sehe mich im Sommer mit ihnen barfuß im weißen Kittel ungebunden sein, wir toben zusammen, denn man paßt auch außer-halb der KJ zusammen, und so brauche ich mich nicht zu scheuen, mit ihnen zu ringen, zu schreien, mich zu freuen.

Nun denke ich plötzlich bitter, wie alt mich Rudi macht! Und habe Sehnsucht nach den Genossen. Die kriege ich immer, ganz gleich, in welchem Zusammenhang er etwas anders haben will oder nicht versteht. Auf dem Heimweg beschloß ich, mir vom Zwei-Monate-Taschengeld einen Mantel zu kaufen. Plötzlich habe ich Visionen: Der Genosse Hans läuft, weil er kein Fahrgeld hat, nach dem Gruppenabend anderthalb Stunden bis Wannsee heim. Da sehe ich seinen betrunkenen Vater mit erhobener Axt im Hausflur stehen, weil der Junge so spät kommt. Wenn er fährt, ist er in 20 Minuten zu Hause. Der Genossin W. stirbt ihr Jüngstes weg, weil sie ihm nicht Milch kaufen kann. Sehr lieb hat sie es. Verrückt, vielleicht hätte ich ihr gar nichts gegeben. Außerdem, nur eine kleine Weichheit, allen Millionen hätte ich doch nicht helfen können. Außerdem brauche ich den Man-tel. Nun liege ich im Bett und heule vor mich hin. Soll ich oder soll ich nicht? Und habe abwechselnd Sehnsucht nach Rudi und nach allen Arbeitermädeln und Jungen der KJ. Und dann packt mich die Wut, daß so einer mir den Kopf verdrehen kann. Und daß ich ihn so sehr brau-che. Und dann schlafe ich doch unter Heulen ein. Das ist alles ein biß-chen reichlich Tiefstand.

Gestern abend war es nachher noch scheußlich. Er war draußen bei uns. Wir saßen mit allen zusammen im geheizten Eßzimmer und waren

24

riesig vergnügt. Lärmten, tollten! Ich wußte, daß ich abends mit zur Bahn gehen würde. Zum Gute-Nacht-Sagen küßt er mich dann – das war so schön zu denken! Ich ging mit, wir schritten die einsame Straße herunter. Plötzlich hört man den Zug heranrattern. Natürlich tut man es nicht rasch in Eile. Und wenn man es hundertmal macht. Nie in Hast! Wir rennen, geben uns die Hand, und Rudi ist auf dem Bahnsteig. Ich kehrte um, nach Hause. Wir hatten uns getäuscht, der Zug fuhr erst 5 Minuten später an mir vorbei. Ich war traurig, weil meine Lippen so trocken waren. Ich ärgerte mich ja selber, daß ich nicht los davon kann. So eine Kleinigkeit. Aber wenn man den ganzen Nachmittag mit leisem Freuen daran gedacht hatte und es nun doch unerfüllt blieb ...

Im Mai 1926 wurde sie Mitglied der Kommunistischen Partei. In den ersten Wochen und Monaten war sie fast jeden Abend wegen des Volksentscheids für die Fürstenenteignung unterwegs. Als ihr der Vater, von der Mutter zu einem »ernsten Wörtchen« aufgefordert, deshalb Vorwürfe machte, entgegnete sie ihm: »Vati, das

Vor der großen Reise, 1927

ist alles für deinen Volksentscheid.« Da sahen sie sich an und lachten.

Anfang April 1927 fand sie eine Anstellung beim Ullstein-Verlag im Archiv der Zeitschriften- und Propagandabteilung. Auch dort ließ sie die Parteiarbeit nicht ruhen und engagierte sich vom ersten Tag an in der Betriebszelle der Kommunistischen Partei. Sie wurde Verantwortliche für »Landagitation« und schrieb Artikel für die »Rote Fahne«. Als sie schließlich in einem Kommentar die »Ullstein«-Firma selbst aufs Korn

Rudi Hamburger und »Sonja« (l.) mit Geschwistern und Mutter, 1929

nahm – die Zeitung mit dem Artikel wurde in mehr als tausend Exemplaren an den Verlagstoren gratis verteilt –, war allerdings ihre Berufskarriere wieder zu Ende. Einer der Ullstein-Herren machte ihr unmißverständlich klar, daß »in einem demokratischen Betrieb keinerlei Aufstiegsmöglichkeiten für Kommunisten vorhanden sind«. Sie reagierte kühl, sachlich und nutzbringend darauf und gründete mit anderen Genossen die »Marxistische Arbeiterbibliothek«, MAB Berlin, in der früheren Grenadierstraße (jetzt: Almstadtstraße, nahe Rosa-Luxemburg-Platz).

Als Ende 1928 ihr Vater mit der Mutter, wie schon mehrfach zuvor, sechs Monate wegen seiner Forschungsarbeiten über das Finanzkapital in die USA reiste, nahm sie den Vorschlag an, die Eltern zu begleiten. In New York gelang es ihr für die Zeit ihres Aufenthalts in einer Buchhandlung Arbeit zu finden: Es war der Proshit Bookshop Uptown – eine Adresse, an die sie sich anderthalb Jahrzehnte später erinnerte, als sie für Klaus Fuchs einen geheimen Treff mit einem sowjetischen Kontaktmann in New York ausmachen sollte. An dergleichen hätte sie damals noch nicht zu denken gewagt – 1929 Heirat mit dem »bürgerlichen« Jugendfreund und nun frischexaminierten Architekten Rudi Hamburger, Übersiedlung nach China 1930, als sich ihrem Mann dort eine berufliche Perspektive eröffnete, wo dann ihr »zweites« Leben begann.

3. In China

Wie mit dem Tagebuch, so war es auch mit den Briefen ein Glücksfall, daß die Mutter sie beisammenhielt und über das Exil in wechselnden Ländern, bei vielen Wohnungsumzügen, Bedrohungen und Fluchten sorgsam bewahrte. Nach deren Tod 1947 in England erhielt die Tochter sie alle zurück – Briefe noch aus den Jahren in Deutschland, aus den USA, die meisten aus China, Polen, der Schweiz und die aus England in den Jahren des Krieges und danach. Da sie nahezu jede Woche nach Hause geschrieben hatte – oft auch an den Bruder, die Schwestern, andere nahe Verwandte und Freunde –, ist eine Fülle authentischer Lebenszeugnisse überliefert. Es ist erklärlich, daß sie auf dem Postweg zwar ausführlich Erlebtes und Beobachtetes berichtete, jedoch auf die Erwähnung jeglicher politischer oder gar illegaler Aktivitäten, die besonders seit ihrer Ankunft in Shanghai immer mehr ihr Leben bestimmten, völlig verzichten mußte.

Anfang Juli 1930 verließ sie mit ihrem Ehemann Deutschland, und sie erreichten nach einer vierzehntägigen Zugfahrt mit dem Transsibirien-Expreß durch die Sowjetunion und der ostchinesischen Eisenbahn durch die Mandschurei und einer Schiffsfahrt von tausend Kilometern im August Shanghai. Die Briefe, die sie damals nach Hause sandte, lassen erkennen, wie fasziniert sie von dem Land, der Stadt und den Menschen war, die sie dort traf. Shanghai war eine pulsierende Großstadt mit den krassesten sozialen Gegensätzen, den höchsten Wolkenkratzern Asiens, mehr als die Hälfte des Stadtgebiets wurde von ausländischen Mächten regiert; neben Franzosen und Deutschen waren es vor allem die Briten mit ihrem weitreichendem Settlement und eigener Polizeitruppe, Zollbehörde und Stadtverwaltung (Shanghai Municipal Council). Dort hatte Rudi Hamburger eine Anstellung als Architekt durch Vermittlung seines Freundes Helmuth Woidt gefunden, in dessen Haus er zunächst mit seiner Frau wohnte. »Im Haus empfing uns ein chinesischer Diener; in weißen Handschuhen servierte er eisgekühlte Getränke. In unseren zwei Zimmern unterm Dach fing sich die drückende Hitze. Moskitos saßen im Netz über dem Bett«, berichtete sie über die Ankunft. »Rolf hatte eine angesehene Stellung, wir wurden viel zu Partys eingeladen und mußten uns revanchieren – Damen besuchten mich und erwarteten Gegenbesuche –, eine fremde Welt, die im krassen Gegensatz zu meinem bisherigen Leben stand.«

Vor hundert Jahren war hier, sechzehn Kilometer landeinwärts von der Mündung des Jangtsekiang, der internationale Hafen entstanden, um den sich Shanghai zur größten Stadt Chinas und zum Handels-, Industrie- und Verkehrszentrum ausgewachsen hatte. Ebenso wie der Geschäftsgeist prosperierte das Gangstertum. Abenteurer aller Herren Länder trafen sich hier, tummelten sich in den Vergnügungsvierteln mit ihren Tanzbars, Bordellen, Spielklubs und den Opiumhöhlen, wo auch der Schmuggel und Schwarzhandel florierte. Aber in den exterritorialen Ausländerenklaven fanden zugleich viele chinesische Intellektuelle und politische Flüchtlinge vor der Verfolgung durch die Kuomintang-Behörden Unterschlupf. Tschiang Kai-schek hatte sich zum obersten Kriegsherrn aufgeschwungen, doch ein großer Teil des Landes außerhalb der großen Städte wurde von rivalisierenden Provinzfürsten und Räuberbanden beherrscht, die ebenso brutal wie die Regierung gegen jeden Widerstand der aufbegehrenden Bauern, Arbeiter und besonders gegen die Kommunisten mit ihrer sich formierenden Roten Armee zu Felde zogen. In Shanghai war 1921 die Kommunistische Partei Chinas gegründet worden, Ende der zwanziger Jahre war es mehrmals in der Stadt zu Aufständen gekommen, und noch hatte hier die Untergrundzentrale der KPCh in einem der Ausländerviertel ihr illegales Domizil.

Gänzlich uninformiert war die »Lady Hamburger« darüber nicht, doch es brauchte seine Zeit, bis sie Genaueres erfuhr und eine Verbindung zu Kommunisten zustandekam, worum sie sich ungeduldig bemühte. Sie hatte vor ihrer Abreise aus Berlin die KPD-Zentrale im Karl-Liebknecht-Haus aufgesucht und sie über ihren vermutlich langjährigen Chinaaufenthalt unterrichtet. Man hatte sie auf den Ernst der Lage in China, die strenge Illegalität und die extremen Gefahren hingewiesen. Nun vor Ort quälte sie das tatenlose Zusehen, die Verstellung und Anpassung in der noblen Shanghaier Gesellschaft. »Schmutz, Armut und Grausamkeit stießen mich ab. Mein Wille zur brüderlichen Solidarität, mein Bemühen, die Menschen gern zu haben, scheiterten. Ich fragte mich, ob ich nur theoretisch ein Kommunist sei, der nun, wo die Praxis anders als zu Hause aussähe, versagte.« Von Anfang an war ihr jedoch klar, daß ein äußerlich bürgerliches Leben eine wichtige Sicherung und Tarnung war, wollte sie jemals als Kommunist tätig sein. Wochen und Monate, gefangen vom Alltag und den vielen neuen Eindrücken, lauerte sie auf eine Nachricht von der Partei oder irgendein Erkennungszeichen chinesischer Genossen. So nahm sie zuerst gar nicht wahr, daß sie ein Kind erwartete. Ihr war ständig übel, die Ärzte fürchteten, daß ihr das Klima nicht bekäme, und führten alle Schwierigkeiten darauf zurück. Als sie eine Art »Darmbewegung« bemerkte, stellte man schließlich fest, daß sich da kein Darm, sondern ein Kind bewegte, und sie schwanger war. »Nun freute ich mich, daß das ›Schicksal‹ anders entschieden hatte, als wir geplant«, schrieb sie nach Hause.

In China, 1930

Shanghai, 27.7.30

Dear family, mein Leben verläuft einstweilen völlig ereignislos, wie ein paar ruhige Wochen in Schlachtensee. Merkwürdig, aber die Hitze ist eben so, daß man einfach nichts unternimmt. Es ist gar nicht Gluthitze, sondern Feuchtigkeitshitze. Rudi und ich leiden aber nicht sehr darunter, sie wirkt bei uns wie bei allen, man schwitzt und schwitzt in phantastischer Weise. Jeder Mensch, auch wenn man eingeladen ist, trägt im Gürtel ein Frottiertuch von der Größe eines doppelten Herrentaschentuches, und trocknet sich dauernd damit ab. Beine und alles. Na, Helmuth sagt, schlimmer als jetzt kommt es nicht, und das vertrage ich ganz gut. Man gewöhnt sich daran, daß es auf Rudis Zeichnungen rinnt, das Bett durch und durch feucht ist und es Tag und Nacht gleich heiß bleibt.

Ich kann natürlich nicht sagen, daß ich wenig erlebe, auch wenn ich viel zu Hause bleibe. Einmal mit Auto oder Rikscha in die Stadt zu fahren, birgt tausend Interessantes. Das Europäerviertel (30 000 Europäer, 3 Millionen Shanghaieinwohner) ist bis auf ein paar Straßenzüge des Villenviertels durchaus chinesisch. Läden, Wohnungen, Straßenläden alles chinesisch. Man kommt also aus Woidts Haus, wo wir zunächst gut untergekommen sind, in die nächste Querstraße, vor jedem Haus stets dann draußen ein kleiner Tisch – die Straße sieht beinahe wie eine gedeckte Tafel aus – und dicht darum hocken Chinesen und essen aus Schüsseln und mit Stäbchen ihre Abendmahlzeit. Kinder liegen bereits auf Matten, natürlich auf der Straße, und schlafen. Durch die Straßen gehen Verkäufer, einen Balken über der Schulter, vorn und hinten hängt ein Korb mit Gemüse, Obst oder brennenden Öfen, auf denen Tee kocht oder geheimnisvolle Dinge mit scheußlichem Fett vermengt braten. Die Hälfte aller Chinesen scheinen solche Art Wanderverkäufer zu sein, jedenfalls erwacht man morgens 6 Uhr davon, daß sie ihr Zeug anpreisen. Heute Nacht war nun Teufelsaustreibung. Irgendwer stirbt, dann zieht die ungeheure Verwandtschaft mit Priester und Musik herum, um böse Geister fernzuhalten. Wie es genau ist, weiß ich nicht, mir genügte fürs erste der ungeheure Krach, den musikähnliche Instrumente dicht vor unseren Fenstern erzeugen.

Aber um auf die abendliche Straße zurückzukommen: Da sieht man große Karren mit einem einzigen Riesenrad in der Mitte, das mit einer Hälfte über den Karren hinausragt und ihn so in zwei Teile halbiert. Da sitzen dann auf der rechten und linken Seite je sechs Chinesinnen und lassen die Beine baumeln. Das Ganze schiebt ein Kuli. Es folgen sechs Karren hintereinander. Sie sind ein wunderschöner Anblick. Es sind alles Mädchen, die in einer Spinnerei arbeiten und sich nach Hause fahren lassen. Trifft man mal ein Pferdefuhrwerk, es kommt selten vor, so hat das Pferd einen großen Strohhut auf dem Kopf, und aus zwei eingeschnittenen Löchern gucken die Ohren hervor. Merkwürdig auch, zwischen Chinesen und Europäern stehen die Schutzleute, und zwar Inder. Sie tragen braune Anzüge mit kurzen, nicht übers Knie reichenden Hosen, haben große braune Turbane, mächtige dunkle Bärte und glühende Augen. Man versteht gar nicht, wie sie in das Straßenbild kommen, aber an jeder Ecke steht einer und regelt den Verkehr.

6.8.30

Dear family, uns geht es gut. Ich bin immer wieder von neuem froh, daß wir so mühelos in einen so gut geleiteten Haushalt hereingerutscht sind, der uns das Leben angenehm macht. Das Haus hat schöne helle Räume, es wird gut und sehr nahrhaft gekocht, man hat Ruhe und Pflege. Das heißt, Pflege brauchen wir nicht, aber es ist angenehm, in der Hitze nicht allzu viel zu tun. Die Sonnabende und Sonntage werden regelmäßig bei Dr. Wilhelm verbracht, ein Deutscher, der ein großes Haus führt und einen Tennisplatz hat. Man findet sich dort zu sechst oder acht zusammen, der eine Teil spielt Tennis, der andere liegt im Garten auf Liegestühlen und sieht zu. Es wird Tee, Whiskysoda und guter Kuchen gereicht und vor allem in beliebigen Mengen Fruchteis. Ich darf Gott sei Dank wieder essen, meinem Magen geht's besser. Das einzig Unästhetische sind die Spieler, wenn sie vom Platz kommen, denn nicht nur das Hemd klebt am Körper, sondern auch die Tennishosen schmiegen sich klatschnaß an, aber daran gewöhnt man sich bald. Eine andere Attraktion ist

Mit Rudi Hamburger in China, 1930

der Jazzfieldpark, ähnlich wie der Tiergarten, nur viel üppiger und nirgends Gitter, man darf natürlich auf den Rasen, und unter Baumgruppen und Gebüschen verstreut und mitten auf der Wiesen sind Stühle und Bänke. Marianne und Helmuth haben viel Gäste und sind viel aus. Rudi und ich machen noch nicht allzu viel mit, wir finden einen kühlen Balkon ohne Menschen vorläufig schöner. Gestern haben wir mit der Einrichtung der Räume begonnen und uns Betten à 35 Mark und Korbstühle à 3,50 gekauft. Wir haben uns auch gegen Pocken impfen lassen, Rudi hat schon eine Typhusimpfung hinter sich. Sein Gehalt bekommt er übrigens 1/3 in englischen Pfund. Vorläufig macht sich die Inflation kaum bemerkbar, da die Warenpreise sich kaum verändern. Rudi bekommt Reisekosten nicht zurückerstattet, aber dafür monatlich 65 Mark mehr Gehalt als vereinbart. Rudis Chef scheint besonders nett zu sein. Am ersten Tag fuhr er ihn im Auto herum, um ihm alle Baustellen der Municipal Council (Stadtverwaltung des englischen Settlements von Shanghai) zu zeigen. Dann, nachdem Rudi vielen Herren vorgestellt worden war, fertigte er ihm eine Liste an und strich diejenigen an, die im Urlaub waren, so daß Rudi sich zurechtfand. Ebenso sorgte er gleich für ein Auto, das Rudi täglich morgens, mittags und abends ins Geschäft und vom Geschäft bringt, mit ihm fährt noch ein Herr vom MC, der zufällig neben uns wohnt. Das ist natürlich eine große Erleichterung und besser als bei der Hitze Omnibus oder Tram. Der Spaß kostet 15 $ im Monat für beide Herren zusammen. Als erstes muß Rudi ein Appartement House entwerfen für 70 Krankenschwestern, das neben einem großen englischen Hospital errichtet werden soll. Das scheint ihm ziemlich selbständig zu unterstehen.

18.8.30

Dear family, heut weht ein kühles Windchen, sehr angenehm, nachdem gestern wieder das Straßenpflaster zu schmelzen begann, so daß es einem in langen schwarzen Stücken an den Schuhen kleben blieb und die Autos tiefe Reifenspuren darauf hinterließen. China scheint ein Land zu sein, in dem es tatsächlich den Reichen nicht viel besser geht als den Armen. Es gibt in Shanghai eine Reihe märchenhafter chinesischer Häuser und Gärten, viele sind hier durch Grundstücksspekulationen zu Geld gekommen. Wenn Du an solchem Besitztum vorbei gehst, ist die Aussicht durch eine hohe Mauer mit Stacheldraht darauf versperrt. Das eiserne Tor ist nicht minder wehrhaft, und davor sitzen ein bis zwei bewaffnete Inder oder Chinesen. Durch einen schmalen Spalt lugt man ins Innere und erblickt einen Teil des blumenreichen märchenhaften Gartens oder des riesigen Hauses. So ein Reicher geht selten allein aus, meist sitzen links und rechts Bewaffnete mit ihm im Auto – wenn er auf Reisen geht, bestimmt. Diese armen Reichen müssen ein Gefangenenleben führen wegen der großen Gefahr des Kidnappens. Folgendes ist vielleicht schon viermal in Shanghai passiert, seit wir hier sind: Am hellen Tage an einer belebten Straßenecke wird plötzlich auf ein Auto eines reichen Chinesen geschossen, seine beiden Begleiter sind tot oder werden mit vorgehaltenem Revolver in Schach gehalten, der Chinese ins Auto der Räuber gehoben und ab. Das Ganze baut sich auf dem unglaublichen Zusammenhalt der chinesischen Familie auf, es gehen Briefe an die Verwandten des Geräuberten, und gegen 50 000 $ wird der Mann wieder freigelassen. Zahlt die Familie nicht bald, wird zur Ermunterung der kleine Finger des Betreffenden der Familie ins Haus gesandt, um zu zeigen, er lebt noch usw. Auf Kidnappen steht Todesstrafe, aber dazu gehört natürlich, erst gekriegt zu werden. Übrigens werden Europäer, außer gelegentlich Missionare, nie gekidnappt. Es lohnt sich nicht, die Familie würde nicht die Summe bezahlen, um ihn auszulösen, glaubt man. Trotzdem will ich zur Sicherheit darauf achten, daß Rudi nicht allzu viel Geld aufspeichert.

Menschenkraft ist hier das Billigste, vor jeden Wagen mit Lasten sind Menschen gespannt, die an Seilen Bausteine, Holzstämme, Kohlen, alles selbst ziehen. Wenn man zum Hafen geht, ist es ein unglaubliches Bild, was sie auf den Rücken geladen für Lasten tragen. Das Hafenbild ist überhaupt das Eindrucksvollste in Shanghai. Unzählige Handelsdampfer legen an und werden beladen. Bambusrohre, Reis, große Früchte, Baumwolle und Kohle. Da die Träger, um nicht angerannt zu werden, im Takt dauernd »Hau hu hau hu« singen, ist die Luft von Lärm erfüllt, alle nur in kurzen Hosen, mit bloßen Beinen und nacktem Oberkörper, ganz dunkelbraun gebrannt. Es gibt drei Sorten Kulis. Der Hauskuli, wie wir ihn auch haben, der Schuhe putzt, dann tiefer steht der Rikschakuli auf der Straße, und wieder eine Klasse tiefer der Hafenkuli. Ich las gerade ein interessantes Buch: »Psychologie und Wirtschaftsleben in China« von Dr. Wilhelm, dem Vater des Jungen, der bei eurer letzten Gesellschaft in Schlachtensee da war, um uns über China zu erzählen. Dann las ich einiges von Sun Yat Sen und im Abonnement haben wir eine englische Shanghai-Tageszeitung. Man schreibt viel über Kommunismus in China und hält ihn anscheinend für eine große Gefahr. Bisher nannte man jede Banditengruppe, die durchs Land räubern ging: »communists«, und es schien auch zwischen den verschiedenen wirklich bestehenden kommunistischen Armeen kein Zusammenhang zu sein. Jetzt hingegen ist eine Umschichtung vor sich gegangen, die verschiedenen Armeen vereinigen sich, gehen nach denselben Methoden und Theorien vor. Während sie bis jetzt nur rote Fahnen hatten, haben sie neuerdings Hammer und Sichel drin. Zur Zeit Sun Yat Sens, als die Kuomintang unter seiner Führung rußlandfreundlich war, wurden 500 chinesische Studenten nach Moskau zur Ausbildung geschickt. Die sind jetzt nach und nach zurückgekommen und scheinen die Führung zu übernehmen. Es wird viel gestreikt. In Shanghai zum Beispiel die Straßenbahn im French Settlement und die Busfahrer, so daß seit 8 Wochen kaum ein Verkehrsmittel fährt. Man schiebt die radikale Durchführung dieser Streiks auch auf das Konto kommunistischer Elemente innerhalb der Gewerkschaften. – Soweit mein bescheidenes Durcheinander kleiner Erfahrungen, die ich aus englischen Zeitungen habe oder von Vogel, einem sehr guten China-kenner, den auch damals der Sohn von Wilhelm uns empfahl und der zufällig ein Freund Woidts ist, so daß wir ihn gleich kennen lernten. Der Brief ist für Jürgen mit und schickt ihn bitte auch nach Landeshut, zu den Schwiegereltern.

16.10.30

Neulich waren Rudi und ich im chinesischen Theater. Hochinteressant. Es dauert von 6 Uhr abends bis 11 Uhr. Wir blieben zwei Stunden drin, was sehr viel sagen will, denn die Musik macht einen vollkommen ver-rückt. An erregten Stellen setzt derartiges Gongschlagen ein, daß man glaubt, das Trommelfell platzt. Phantastisch schön sind die Gewänder, reich gestickt in den herrlichsten Farben, man kann es gar nicht beschreiben. Rudi verschlang alles mit den Augen. Ebenso schön die Bewegungen. Die wichtigste Rolle bei den Männern spielt ein ange-klebter Bart, den sie mit abgehackten Handbewegungen in alle Rich-tungen ziehen. Mary Wigmann hat 80 Prozent ihrer Kunst den Chine-sen abgeguckt. Merkwürdig sind die Gesichter. Zuerst glaubt man, es sind alles Masken, bei näherem Hinsehen stellt es sich als angemalt her-aus. Ein Gesicht knallrot, eines grün, ein anderes schneeweiß. Diese Farben bedeuten den Charakter der Person. Weiß ist die Freude usw. Manche haben im weißen Gesicht enorme schwarze Falten aufgemalt, die in kleinen spiralförmigen Kreisen auf der Stirn enden. Vom weißen Gesicht hängt ein endlos langer schwarzer Bart herab. Das meiste bleibt uns unverständlich. Wenn man glücklich aus der Darstellung heraus kapiert, daß der Mann auf der Bühne außer sich vor Erregung und Wut ist, fängt plötzlich das ganze Publikum – außer uns nur Chinesen – zu lachen an. Das bedeutet nicht, daß wir uns in der Darstellung täusch-ten, sondern ist eine Eigenart der Chinesen. Wenn ich mal unseren Boy ausschimpfe, grinst er übers ganze Gesicht. Das ist eine Art Höflich-keit. Im Theater bleibt es das ganze Spiel über hell. Vor jeden Platz wird Tee gestellt, jeder bestellt sich Bananen, Süßigkeiten usw. Es kaut und knabbert die ganze Zeit. Ebenso laufen ununterbrochen Diener in den Gängen herum mit dampfend-heißen Frottiertüchern, die jedem auf Wunsch zugeworfen werden, man wischt sich Gesicht und Hände damit ab. Es war schwer, das Theater zu finden, weil außen kein Wort englisch dranstand und niemand dort englisch verstand. Ebenso schwierig war der Erwerb der Billette. Man muß halt die Sprache lernen. Aber auch das nützt nichts. Man lernst meist Peking-Chinesisch. Das wird viel gesprochen und ist das klassische, in Shanghai aber ist ein anderer Dialekt vorherrschend, in Kanton ist es wieder anders, schon drei Stunden von Shanghai auch. Gott sei dank ist die Schrift einheitlich.

21.10.30

Etwas sehr Erfreuliches. Ich habe doch eine interessante Halbtagsstellung angenommen. Ich lernte Plaut kennen, Leiter des Französisch-Kuoming-Telegrammdienstes, das heißt, er erhält die Telegramme von Deutschen und vom Auswärtigen Amt gefunkt und macht sie dreimal so lang, eventuell auch Artikel daraus für alle Zeitungen Ostasiens, die englischen und teils chinesischen. Er macht die Riesenarbeit vollständig allein, erzählte mir, wie dringend er eine intelligente Sekretärin sucht. Den nächsten Tag ging ich in sein Office und fragte, ob ich ihm, bis er eine geeignete Kraft findet, etwas helfen dürfte, wovon er sehr entzückt war. Ich sagte natürlich, daß ich ein Kind erwarte, er meinte, ich könne kommen und gehen wann ich wolle und bin nachmittags von 2 bis 5.30 Uhr ungefähr da. Gestern das erste Mal, arbeite in einem großen Zimmer für mich allein. 6. Stock, Blick über den Hafen, zwei Minuten von Rudis Office weg. Zunächst habe ich ein Zeitungsausschnitt-Archiv vom Jahr 1928 an zu ordnen und einzurichten. Ihn interessieren Nachrichten in englischen und deutschen Zeitungen. Ich habe 23 Abteilungen gemacht. Deutschland und China, China und einzelne Mächte, Fremdenrecht, Fremde Handelsunternehmen in Chinesisch-Mandschuria, Mongolei, Eastern Railway, außerdem Innere Politik, Rote Gefahr, Innere Kriege, Zollfragen, Wirtschaft usw. Danach ordne ich Zeitungsartikel, Ausschnitte etc. Natürlich lese ich alles mich Interessierende genau und lerne sehr viel dabei. Plaut hat keine Menschenseele hier, mit der er mal über die politische Lage in Deutschland oder China sprechen könnte, muß alles nach eigenem Fingerspitzengefühl schreiben aus dem kärglichen Telegrammaterial heraus. Der sehr rechte Generalkonsul feindet ihn ziemlich an. Ich halte Plaut für linksdemokratisch. Übrigens, Jürgen: er sucht dringend einen Vertreter für sich in China, denn er will den Dienst in anderen Ländern einrichten, er ist Leiter für ganz Ostasien. Höchst interessante Tätigkeit, fabelhafte Verbindungen zu allen asiatischen und deutschen Zeitungen. Neben dem Telegrammdienst schreibt er haufenweise blendend bezahlte Artikel. Der Posten wäre auch gut bezahlt, sicher. Mit Deiner Marguerite als Sekretärin – China für ein Jahr. China ist so ungeheuer interessant und wichtig und das einzige, was alle Leute einstimmig darüber sagen ist, daß noch niemand (auf keinem Gebiet) ein vernünftiges Buch über China geschrieben hat. Natürlich müßtest Du die politischen Nachrichten in den Zeitungen hier regierungstreu aufziehen. Wie wär's? Kabel mir, wenn es ernsthaft in Frage kommt. Plaut sucht schon ein Jahr, ohne jemand zu finden, ist aber jetzt besonders hinterher. Er ist etwas verkniffen, etwas protzig, aber zu mir rührend nett. Da er noch nie ein europäisches Wesen im Büro hatte, das außerdem was von Politik versteht, unterbricht er meine Arbeit oft, um mir Interessantes zu erzählen von einlaufenden Telegrammen, politischen Schwierigkeiten etc. Über Bezahlung haben wir noch gar nicht gesprochen, das ist mir angenehm, dadurch fühle ich mich frei, kann kommen und gehen, wie es mir gefällt, und das ist gut, wenn ich mich mal nicht so fühle.

Rudi nennt mich sein Zitronenbäumchen (weil ich blühe und Frucht trage zugleich). Ich schreibe noch mal in dieser Woche.

28.10.30

Liebe Mutti und Nachkommen, seit drei Tagen Regen, nachdem wochenlang die Sonne schien. Vormittags lag ich noch regelmäßig strumpflos im Sommerkleid auf dem Liegestuhl draußen. Auch jetzt ist noch alles grün, und auf den Feldern um Shanghai grünt und blüht alles. Gestern, am Sonntag, fuhren wir im Autobus ein Stück raus, als einzige Europäer natürlich zwischen Chinesen, die anderen haben ihr eigenes Auto oder fahren eben nicht raus. An einem Fluß stiegen wir aus, gingen am Ufer entlang, ab und zu ein kleines Dorf und Bauernhäuser, Bambuswälder, Baumwolle und noch mal Baumwolle. Abends ging Rudi ins Konzert, ein europäisches, ich war zu müde, es dauerte bis 12 Uhr, und als er nach Haus kam, wußte er nur zu erzählen, daß der Trompeter ein graues Tuch auf den Knien hatte, damit die Spucke, die sich üblicherweise in diesem Instrument ansammelt, nicht auf die Hosen tropfte.

Meine Arbeit ist weiter interessant, bloß Plaut ist ein großer Fatz und Wichtigtuer. Über jedes Telefongespräch, jeden Menschen, der ihn im Büro besucht, berichtet er mir ganz genau. Dabei soll er tatsächlich einer der besten Asien- und Chinakenner sein, davon profitiere ich, indem ich ihn richtiggehend ausquetsche und er alles ausführlich erklärt (politisch natürlich einseitig). Neulich gab er mir zwei Telegramme zur Bearbeitung. Das heißt, es waren zwei kurze Sensationsgeschichtchen, die er zufällig im »Berliner Tageblatt« las und nun sozusagen fälschlicherweise als Telegramm ausgab. Ich mußte sie sehr umgemodelt und gekürzt auf Englisch bringen. Von einer reichen jungen Frau, die neunmal wegen Diebstahl vorbestraft war, die Beute stets verschenkte, und man fand heraus, daß sie diese Delikte seit einer Kopfgrippe aus dem Jahre 1924 begeht. Das englische Telegramm fing bei mir an: »Lady with fortune pick- pocketing ...« Er nahm es sich noch einmal vor und dann begann es: »Young beautifull millionairess ...« So lernt man Journalismus.

Interessantes erzählte uns ein Lehrer der hiesigen deutschen Schule. Er ist drei Jahre hier draußen. Die Kinder aus den meist sehr wohlhabenden Familien sind ein völlig anderer Menschenschlag als in Deutschland. Die Eltern kümmern sich nicht um sie, bis zum 12. Lebensjahr und länger haben sie eine Ammah (Kinderfrau), die zwar nichts von Erziehung versteht, aber die Kinder völlig bedient und von den Kindern durchweg tyrannisiert wird. Eine übliche Antwort der Kinder in der Schule, wenn sie zum Beispiel die Federtasche vergessen haben ist: Da kann ich nichts dafür, Ammah hat sie mir nicht eingepackt. Die Straßen Shanghais kennen die Kinder überhaupt nicht. Sie werden im Auto oder in ihrer Privatrikscha von der Schule abgeholt. Ein Junge läßt regelmäßig, wenn er seinen Chauffeur den Schulflur entlangkommen sieht, einfach seinen Bücherpacken fallen und geht weiter, der Chauffeur stürzt herzu, sammelt alles auf und sitzt, wenn das Herrchen das Auto besteigt, schon wieder am Steuer. Man kann die Kinder natürlich dafür nicht verantwortlich machen. Übrigens, da sie ganz mit der chinesischen Ammah aufwachsen, sprechen sie oft ein recht gutes Chinesisch. Ja, die Verwöhnung ist hier groß, ich lasse sie ja auch über mich ergehen und hoffe nur, daß man sich anderswo sofort wieder umstellen kann. Daß ich mir mal ein Kleid selbst in den Schrank hänge oder auch nur die Bettdecke abnehme oder den Tisch decke oder einen Kragen aufplätte, kommt gar nicht vor, alles macht der Boy. Daß morgens mein Reispams und die heiße Milch auf dem Frühstückstisch erscheint, sofort nachdem ich mich setze, ist selbstverständlich, obwohl ich mal um 8, mal um 9 und mal um 10 Uhr frühstücke, ohne es vorher zu sagen. Wir essen meist um 12.30 Uhr Mittag, Woidts 1 Uhr oder später, für beide ist dasselbe Essen stets frisch und fertig. Eine Torte hat uns der Koch neulich gebacken – wie bei Konditors mit X Kringeln und Schichten, wundervoll und alles ohne abzuschmecken. Einen Mokkapudding macht er, wie ich ihn überhaupt noch nie in Deutschland gegessen habe. Fabelhaft. Gemüse gibt es jetzt auch: Spinat, Blumenkohl, grüne Bohnen, Mohrrüben.

In Plauts Büro lernte sie zahlreiche Journalisten kennen, darunter den Korrespondenten der sowjetischen TASS-Presseagentur, bei dessen Besuch es ihr schwerfiel, nicht offen mit ihm zu sprechen oder ihm dann nachzugehen, um vielleicht durch ihn in Kontakt mit Genossen zu kommen. Während sie sich in diesem Fall überwand, hielt sie nichts davon ab, sich mit Agnes Smedley, der amerikanischen Journalistin und Schriftstellerin, zu treffen, die ebenfalls zu Plauts Bekanntenkreis zählte. Sie hatte in Berlin mit großer Begeisterung ihr Buch »Eine Frau allein« gelesen, in dem diese ihren bitteren Weg aus den ärmlichen Bergarbeitercamps Colorados als Tellerwäscherin und Tabakpflückerin beschrieb, und wie sie sich das Geld zum Studium in Deutschland verdiente. Schon da und in Indien, wo sie gelebt hatte, bevor sie 1929 als Korrespondentin der »Frankfurter Zeitung« nach Shanghai kam, schloß sie sich der revolutionären Bewegung an. Sie wohnte nun ebenfalls im englischen Viertel, war sogleich zu einer Zusammenkunft bereit. »Es war der 7. November 1930, der 13. Jahrestag der russischen Revolution«, so die Erinnerung in »Sonjas Rapport«. »Wir saßen, ich glaube, im Café des Cathey-Hotels. Agnes fragte mich gründlich aus, und da ich ihre Gesinnung kannte, machte ich zum erstenmal, seit ich in Shanghai lebte, kein Hehl aus meiner Weltanschauung. Ich erwähnte, daß ich über meine Isolation unglücklich sei, aber bat nicht darum, mir Kontakt zu verschaffen, weil ich nicht wußte, ob sie Genossin war.«

Sie konnte nicht ahnen, welche Kontakte Agnes Smedley zur Kommunistischen Partei im Untergrund besaß. Noch viel weniger konnte sie ahnen, welch enge Verbindung sie zu Dr. Richard Sorge hatte, der ein halbes Jahr zuvor vom Aufklärungsdienst der Roten Armee (GRU: Glawnoje Raswedywatjelnoje Uprawlenije) nach China gesandt worden war, um die dortige politische und militärische Bürgerkriegssituation zu erkunden, ein Informationsnetz und die Funkverbindung nach Wladiwostok aufzubauen. Mit einem offiziellen deutschen Paß und einer Empfehlung des Berliner Auswärtigen Amtes als kundiger Journalist legitimiert, der über die chinesische Landwirtschaft regelmäßig Artikel für deutsche Zeitungen schrieb, war er in der »guten Gesellschaft« allenthalben wohlgelitten und mit Auskünften bestens versorgt. Sogar von der Halbhundertschaft deutscher Wehrmachtsoffiziere, die als Militärberater für Tschiang Kai-sheks Armee fungierten, wurde er respektiert und ins Vertrauen gezogen, galt er doch als Weltkriegssoldat, der sich als Achtzehnjähriger freiwillig gemeldet hatte und schwer verwundet worden war. Viele wertvolle Informationen erhielt er auch von Agnes Smedley, mit der er bald eng befreundet war – vermutlich verband sie eine Zeitlang ein Liebesverhältnis. Er hatte schon in Europa von ihr gehört, ihre Bücher und Zeitungsberichte gelesen, an ihrer politischen Gesinnung und Verläßlichkeit gab es keinen Zweifel, und ihre weitreichenden Beziehungen verschafften ihm zahlreiche Kontakte zu Widerstandsgruppen und zur illegalen Kommunistischen Parteiorganisation. Für Richard Sorge war ihre Hilfe beim Aufbau seiner Gruppe von großer Bedeutung, besonders bei der Auswahl chinesischer Mitarbeiter, die fast alle aus ihrem Bekanntenkreis stammten.

Auch die junge Genossin aus Berlin, die Gattin des Architekten Hamburger, die Agnes Smedley im Café des Cathy-Hotels getroffen hatte, fand durch sie Kontakt zu Richard Sorge. Bereits wenige Tage nach dieser Begegnung kam es zu einem Treffen mit ihm, bei dem Agnes selbst nicht zugegen war. »Richard Sorge war fünfunddreißig Jahre alt. Ich fand ihn genauso anziehend, wie ihn andere geschildert hatten. Ein schmaler Kopf, dichtes lockiges Haar, das Gesicht schon damals durchfurcht, die Augen intensiv blau, umrahmt von dunklen Wimpern; der Mund schön geformt«, schrieb sie in Sonjas Rapport. »Er sagte, er habe von meiner Bereitschaft gehört, die Arbeit der chinesischen Genossen zu unterstützen. Er sprach vom Kampf gegen die reaktionäre Regierung des Landes, von der Verantwortung und den Gefahren, die selbst mit kleinsten Hilfeleistungen für die Genossen verbunden waren, und legte mir nah, die Sache noch einmal zu überdenken. Jetzt könnte ich noch ablehnen, ohne daß es mir jemand übelnehmen würde. Man sah mir nun schon an, daß ich ein Kind erwartete; Agnes hatte es sicher erwähnt. Es kränkte mich, gefragt zu werden, ob ich auch unter Gefahr bereit sei, mitzuarbeiten und internationale Solidarität zu üben. Ich begriff damals nicht, daß er es zu bedenken geben mußte und nicht persönlich gekommen wäre, wenn er mit einer Ablehnung gerechnet hätte. Während der halben Stunde, die Richard nach meiner etwas schroff gegebenen Zustimmung blieb, besprach er eingehend die Möglichkeit, sich mit chinesischen Genossen in unserer Wohnung zu treffen. Ich sollte nur das Zimmer zur Verfügung stellen, aber bei den Besprechungen nicht dabeisein.« Bald darauf begannen diese Zusammenkünfte, Ende November, Anfang Dezember 1930 bis zum Ende des Jahres 1932.

Sie erhielt von Richard Sorge den Decknamen »Sonja«, und somit wurde aus Ursula Kuczynski, verehelichte Hamburger, die Mitarbeiterin der Kundschaftergruppe Richard Sorges im Dienste der sowjetischen Armeeaufklärung. »Ich wußte, meine Tätigkeit unterstützte die Genossen des Landes, in dem ich lebte. Ging diese aktive Solidarität von der Sowjetunion aus, fand ich es doppelt schön«, erklärte sie später. Angefangen hatte alles viel früher, doch die Verwandlung von Ursula in Sonja war nicht nur eine Namens-änderung, sondern der Beginn ihres illegalen, lebensgefährlichen Kampfes in einem bald weltumspannenden Krieg.

Als »*die* Spionin des 20. Jahrhunderts« hielt sie später Einzug in die Sensationsliteratur und in Film- und Fernsehproduktionen, die sie mit einem Nebel von Geheimnissen und abenteuerlichen Geschichten umgaben, von denen sie noch kopfschüttelnd kurz vor ihrem Tod Kenntnis nahm. Sie wußte, was sie tat, als sie ihre Briefe – gerade die aus den Chinajahren, als der Kontakt mit Richard Sorge begann, und die aus England mit dem Hintergrund der Klaus-Fuchs-Treffen – als ein Vermächtnis ihren Kindern hinterlegte und auf die Sammelmappe schrieb, daß man sie nicht in einem Archiv verschwinden lassen solle. Diese vergilbten Blät-ter sind die Chronik des Alltagslebens einer deutschen Kommuni-stin im illegalen Kampf, die sich Richard Sorges Gruppe anschloß, ihre Wohnung für geheime Zusammenkünfte und als Versteck für Verfolgte, Waffen, Informations- und Agitationsmaterial zur Ver-fügung stellte und bald selbst an der Erkundung, Sicherung, Nach-richtenübermittlung und der Beschaffung von Funkgeräten und auch Sprengstoff für den Widerstandskampf der chinesischen Genossen beteiligt war. Davon wußte lange Zeit nicht einmal ihr Ehemann etwas, selbstverständlich mußte es auch gegenüber allen anderen und erst recht in Briefen verschwiegen werden, die nicht nur der chinesischen, sondern auch der englischen und heimatlich-deutschen Zensur unterlagen. Doch mit welcher Vorsicht und wie verschlüsselt sie auch nach Hause schrieb, immer wieder finden sich darin Bekenntnisse und Analysen zur Lage, die recht deutlich ihre weitreichenden Interessen und ihre politische Gesinnung erkennen lassen.

In »Sonjas Rapport« hat sie selbst dazu erklärt: »Im Rückblick auf diese Zeit erscheint mir heute, daß meine Briefe nach Hause zu offen waren. Selbstverständlich niemals in bezug auf die ille-gale Arbeit, da fiel nicht die geringste Andeutung, aber in bezug auf meine Gesinnung. Vielleicht hing es mit der Rolle zusammen, die ich mir innerhalb der Shanghaier bürgerlichen Gesellschaft zugedacht hatte. Ich bin von Anfang an als bürgerlich-fortschrittlicher Mensch aufgetreten und habe aus meinem Interesse für China kein Hehl gemacht. Ich glaube, daß man sich in der Illegalität, wenn die Umstände es erlauben, eine Verhaltensweise suchen soll, die zu einem paßt. Mit der Rolle einer Nazisse brauchte ich mich nicht abzuplagen, sie wäre aus rassischen Gründen unmöglich gewesen. Mir schien für meine Person die ›demokratisch-fortschrittliche Frau mit intellektuellen Interessen‹ die beste. Nach 1933 war sie die einzig mögliche für mich. Ich mußte von Anfang an damit rechnen, daß durch irgendeinen Zufall meine Vergangenheit bekannt wurde. Es hätte keine Katastrophe bedeutet. Für das Bürgertum war es kein ungewohnter Weg, daß jemand, der in der Jugend Kommunist gewesen war, mit dem Älterwerden ›vernünftig‹ wurde. Durch Rudis Stellung als gefragter Architekt saßen wir fest im bürgerlichen Sattel, und niemand wäre auf die für diese Menschen wahnwitzige Idee gekommen, ich könnte durch Kontakte mit Kommunisten meine Familie und alles, was wir uns in China geschaffen hatten, aufs Spiel setzen, noch dazu als Mutter eines kleinen Kindes. (Sohn Michael wurde am 12. Februar 1931 in Shanghai geboren. E. P.) Unser Verhalten in der Illegalität war von den besonderen Umständen in China geprägt. Einerseits waren demokratische sowie in bescheidenem Rahmen linksgerichtete Presseerzeugnisse und Organisationen unter der Tschiang Kai-schek-Regierung nicht verboten, und damit war auch etwas mehr Toleranz gegeben als in rein faschistischen Staaten. Europäer in Shanghai lebten unter englischer oder französischer Verwaltung mit Sonderrechten für Ausländer, die manches gestatteten, was unter Hitler oder in Japan und später in den von den Japanern besetzten chinesischen Gebieten schwerste Verletzung der Konspiration gewesen wäre. Andererseits arbeitete der Geheimdienst der Kuomintang, wenn es gegen Kommunisten ging, aktiv mit seinen Berufskollegen der europäischen Länder zusammen, und der Antikommunismus nahm keine milderen Formen an als in einem rein faschistischen Land. Zahlen, die ich später las, besagen, daß in den Jahren 1927 bis 1935 zwischen 350000 und 400000 chinesische Kommunisten umkamen. Nur wenige kehrten aus den Gefängnissen zurück, die meisten erreichten das Gefängnis gar nicht, sie wurden erschossen, erschlagen, lebendig begraben oder enthauptet. In Provinzstädten hingen ihre Köpfe an Pfählen neben dem Stadttor, um die Bevölkerung abzuschrecken.«

Sie war sich durchaus der Gefahren bewußt, auch beim Schreiben ihrer Briefe, die so viele Kontrollinstanzen zu durchqueren hatten. Selbst der Name der weltbekannten Schriftstellerin Agnes Smedley, der freilich der Büchernarren-Familie Kuczynski bestens vertraut war, mußte in ihren Botschaften nach Hause verschlüsselt werden: »A. Sm.« – und später, als das Verhältnis enger und ihre Zusammenkünfte auch privater wurden: »Agnes«, die Freundin, mit der Sonja verreiste, feierte, in Tanzlokalen »schwofte«, sich mit ihr in der Öffentlichkeit präsentierte und ihr bei Tag und Nacht beistand, wenn sie einmal erkrankte oder in eine Krise geriet.

Shanghai, 10.11.30

A. Sm. sieht aus wie eine intelligente Arbeiterin. Einfach angezogen, spärliche braune Haare, sehr lebhafte, große, graugrüne Augen, keineswegs hübsch, aber ein gutgeschnittenes Gesicht. Wenn sie die Haare zurückstreicht, sieht man die enorme Wölbung der Stirn. Sie hat es nicht leicht hier. Die Europäer lehnen sie ab, nachdem A. sie gründlich vor den Kopf gestoßen hat. Zu ihrer Ankunft hier gab der feudale amerikanische Club einen Tee für sie. A. ging hin und fragte, sehr interessiert an allem Chinesischen, ob keine Chinesen anwesend wären. Darauf die Antwort: Nein, wir haben keine als Mitglieder. Darauf sie: Und auch als Gäste nicht? Darauf die Antwort: Chinesen ist es nicht erlaubt, den Klub zu betreten. Worauf sie sich erhebt und geht. Bei den Engländern ist sie verhaßt, weil sie früher für die indische revolutionäre Bewegung gearbeitet hat. Und die Chinesen beobachten sie auf Schritt und Tritt, obwohl sie tatsächlich eine Korrespondentin der »Frankfurter Zeitung« ist.

16.11.30

Jetzt ist also Anfang 7. Monat, und ich rechne Mitte Februar mit dem Baby. Diese deutschen Ärzte, zu denen ich jedenfalls gehen will, sehen es halt lieber, daß man ins deutsche Paulun-Hospital geht. Bei Plaut im Büro bleibe ich, solange ich mich wohlfühle, daß heißt, Weihnachten werde ich jedenfalls aufhören. Das Wetter ist prächtig. Vormittags Sonne – Liegestuhl im ärmellosen Kleid, abends aber recht kalt. Rudi ist jetzt Tennis spielen, ich gehe ihn wie allsonntäglich um 5 Uhr abholen und trinke noch Tee bei Dr. Wilhelm mit ihm. Heute vormittag mit dem chinesischen Architekten und seiner europäischen Frau zum ersten Mal in der Chinesenstadt. Furchtbar enge übervölkerte Straßen, nette Läden, und das Netteste, hinter dem Ladentisch sitzen die Verkäufer und stellen alles mit der Hand her. Zinn- und Tonteekannen, Elfenbeinschnitzereien, Majongsteine, Vogelkäfige usw. Gestern Nachmittag nahm uns Bernstein im Auto ein Stück ins Land mit, und wir liefen anderthalb Stunden durch Felder und Bambuswälder. Anschließend tranken wir bei ihm Tee. Er ist einer der wenigen netten Europäer hier. Anfang der Woche mit A. Sm. im Buster-Keaton-Film, wo wir um die Wette lachten. Dienstag kommt Rudis Chef mit Frau zu uns. Nach allem was man so hört, hat Rudi wirklich einen guten Kontrakt abgeschlossen. Es gibt kaum Angestellte, die so viel im ersten Kontrakt hier bekommen. Die Privatfirmen zahlen nicht so viel. Natürlich darf man nicht vergessen, daß wir die Reise selbst bezahlen mußten.

In Shanghai, vor Michaels Geburt

1.12.30

Wir hatten wieder ereignisreiche Tage. Heute zu einem chinesischen Essen in ein Restaurant geladen, vom Architekten Ede. Wir waren fünf Chinesen und fünf Europäer. Es gab ca. 18 Gänge, alles mit Stäbchen, ich bin ganz erschöpft. An interessanten Gerichten unter anderem: Tintenfisch, Schneckenfleisch, Haifischflossen, Bambusgemüse – schmeckt gar nicht schlecht, man muß nur etwas Mut zu Beginn mitbringen ... Shanghai hat über drei Millionen Einwohner. In den Fremdenvierteln wohnen 48 000 Fremde und 1 400 000 Chinesen, dann noch 1 600 000 Chinesen ca. im chinesischen Stadtteil Chapei. Fremde sind etwa 180 000 Japaner, 6 000 Russen (Emigranten), 7 500 Engländer, 1 400 Franzosen, 1 800 Amerikaner, 2 000 Inder, 1 300 Portugiesen, 1 400 Deutsche. Die Zahlen sind recht vage, weil man kaum Möglichkeiten hat, genau zu zählen, ein Shanghaikenner sagte uns, daß ungefähr noch 18 000 Japaner unangemeldet hier leben, die dem Konsulat nicht bekannt sind, auch eine Menge Russen etc.

14.1.31

Ich muß euch einen Zukunftsplan verraten. Unsere beiden Räume sind halt doch sehr klein – im Moment ausreichend, aber in der heißen Zeit, mit sehr kleinen Fenstern und direkt unter dem Dach, nicht das Richtige, besonders für das Kind. Eine Wohnung in der Stadt möchte ich keinesfalls, im übrigen sind sie in der Miete so teuer wie die kleinen Häuser. Ein eigenes Haus ist aber doch kostspielig. Wir haben also beschlossen, uns mit A. zusammen nach einem Fünfzimmerhaus umzusehen. Sie nimmt zwei Zimmer, wir drei. Für 2 Zimmer haben wir bereits Möbel, das dritte könnte allmählich und billig mit Korbmöbeln eingerichtet werden. A. hat eigene Möbel für ihre Zimmer. Das Haushalten würde kaum teurer werden, denn wir werden weniger Bedienung und einfacheres Essen als bei Woidts haben. Nur die unvermeidlichen Anschaffungen im ersten Monat sind nicht zu umgehen. Als größtes vielleicht ein Eisschrank. Wir wollen zum 1. Mai oder etwas eher suchen. Das Pläneschmieden macht natürlich den größten Spaß.

Ich lerne inzwischen allerhand über China, das auch Vat interessieren wird: Die Kommunisten sind hier am stärksten in den drei sogenannten roten Provinzen Kiangsi, Hunan, Hupeh (siehe Atlas), die zusammen so groß wie Deutschland sind und genau Deutschlands Bevölkerungszahl haben. Sie stehen unter einer Sowjetregierung aus Bauern, Arbeitern und Soldaten. Auf den Dörfern: gemeinsamer Landbesitz, Dorfreisspeicher, kein Großgrundbesitz usw. Die Roten Armeen in diesen Provinzen umfassen zusammen 150 000 Mann, hinter ihnen stehen Millionen organisierter Dorf- und Stadtbewohner. Die größten Organisationen sind alle unter Kontrolle der K.P.Ch.: Die Rote Vorhut, Roter Bauernverteidigungsbund, Rote Jugend. – Vor 2 Monaten begann Tschiang Kai-schek mit einer groß angelegten »Red Suppression-Campaign«, die im April mit Vernichtung aller Roten ihr Ende finden soll. Zu diesem Zweck ging ein Regierungsheer von 350 000 Mann in die roten Provinzen. Tschiang Kai-schek setzte 50 000 Shanghai-Dollar auf den Kopf der wichtigsten roten Generäle aus, versprach jedem überlaufenden Bauern rund 30 $ und jedem überlaufenden Soldaten mit Gewehr 50 $. Man muß bedenken, daß für den Bauern auf dem Lande 50 $ soviel wie ca. 500 Mark für einen deutschen Arbeiter sind. Gestern las ich gerade in der Presse, daß die Kampagne nicht den gewünschten Erfolg habe. Daß die 18. Division der Regierungstruppen zu den Roten übergegangen sei, daß zwei andere Divisionen dabei sind überzulaufen und daß General Lu Ti ping, das Oberhaupt der Regierungstruppen in Kiangse, sein Abschiedsgesuch eingereicht hat, wegen seiner völligen Niederlage im Kampfe gegen die Roten. Oft erobern die Regierungstruppen nur leere Dörfer und Städte, dann hat sich die Rote Armee und mit ihnen die gesamte rote Bevölkerung in andere Gegenden verzogen. Die fremden Mächte unterstützen natürlich Tschiang Kai-schek in seiner Kampagne aufs Stärkste. Von den 121 ausländischen Kriegsschiffen, die hier liegen, befindet sich ein großer Teil auf dem Yangtse und bekämpft mit der chinesischen Flotte gemeinsam die Roten Armeen an den Ufern und auf dem Fluß. In den eroberten Gebieten, in allen Städten, die in Regierungshand sind, wird äußerst scharf gegen die Kommunisten vorgegangen. Ich habe Fotografien aus Hankow gesehen, die entsetzlich sind und bestimmt echt. – Schickt diesen Abschnitt an Jürgen, es wird ihn interessieren. Ich bin ganz erstaunt, daß Du meine Briefe kurz findest, Mutt. Du bist doch sehr verwöhnt worden, finde ich?

2.2.31

Das Komischste an Shanghai ist die Kleinstadt innerhalb der Großstadt. Von den 1400 Deutschen gehören vielleicht 300 Familien zu den Besseren. Alles Leiter und Angestellte von großen Firmen: IG Farben, Siemssen, Siemens etc. Alles Klubmitglieder, alles kennt sich natürlich. Nun habe ich noch nie in meinem Leben Klatsch verbreitet, und zu mir gedrungen ist auch selten welcher, aber was man hier an Neuigkeitenverbreitung und in welchem Tempo erlebt, ist phantastisch. Ich will nur erwähnen, daß bereits im September Frau Generalkonsul der Tante Grete in Japan erzählte, daß ich ein Kind erwarte, obwohl ich Frau Generalkonsul überhaupt noch nicht kannte und Rudi nur einmal 5 Minuten dort im Office war ...

In Shanghai mit Rudi Hamburger und chinesischen Freunden

45

14.2.31

Liebe Großmütter!

Das Nachhausekommen mit dem Baby aus der Klinik gestern war wundervoll. Michael steckte im Weihnachtsbabycape, in Mutter Elses Decke gewickelt, und auf meinem Kopfkissen liegend. Marianne hatte die Türen unserer Zimmer bekränzt. Michael und mir geht es sehr gut. Zunächst über ihn: Wir haben jetzt seine Gewichtszahlen genau ins Deutsche umgerechnet. Geburtsgewicht des Spätzchens war 5 Pfund

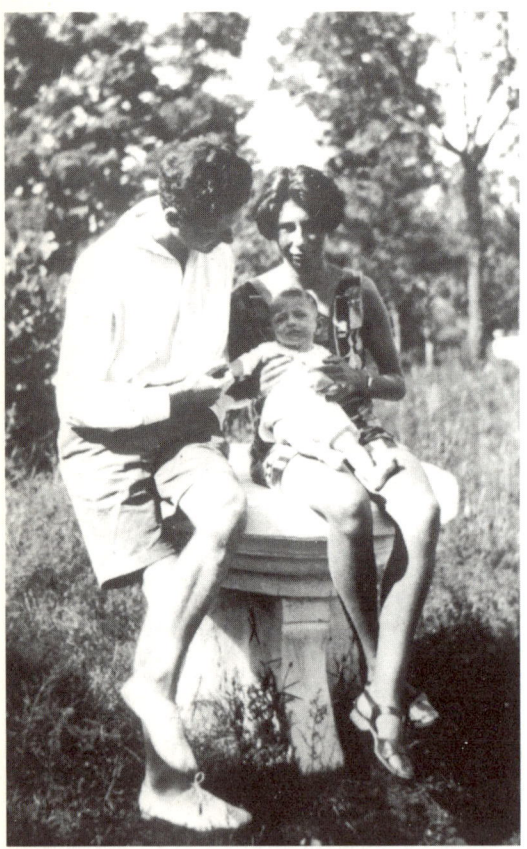

138 Gr. Die Ammah badete ihn Sonnabend in der Klinik. Alles dauert viermal länger als bei der Schwester, aber sie macht es ordentlich und versteht was davon. Denkt euch, ich auch: Ich badete ihn sonntags, es klappte durchaus, die Nabelbinde wickelte ich bißchen zu lose, sonst ging es recht gut. Ich hatte der Schwester aber auch ordentlich zugeguckt beim Zurechtmachen und z. B. mit Hilfe von 2 Bleistiften als Säuglingsbeine ein paar Griffe im »Trockenkursus« geübt. (Nur daß die Bleistifte nicht strampelten wie die Säuglingsbeine dann.)

Ich muß sagen, gestern und heute (jetzt 5 Uhr nachmittags) ist alles recht gut gegangen. Nachts ist er bei mir im Zimmer, das ist das Angenehmste, weil Beruhigendste für mich. Ich schone mich wirklich, wie ihr Mütter und die Vernunft mir rieten. Nachts schreit er ein bißchen, ich lege ihn dreimal trocken,

Michael mit Eltern in China, 1931

dann schläft er wieder. Ich nähre vorläufig noch zwei Wochen durch, alle drei Stunden – dann später alle vier. Wenn ich der Ammah alles noch ein paar mal ganz genau gezeigt habe (welche Schüssel für Öl, Alkohol, Borwasser etc.) lasse ich sie auch mehr ans Kind. Das Erklären und sich bedienen lassen, ist überhaupt das einzig Ermüdende, da sie wie die meisten Angestellten nicht lesen und schreiben kann und ihr

46

unverständliches Pidgin-Englisch für mich und mein Hochenglisch für sie unverständlich sind. Wenn ich bitte, mir eine Waschschüssel zu bringen, kommt Ammah statt dessen mit einem alten Koffer an, wenn sie Seife bringen soll, kommt sie mit einer Blumenvase – dabei sehr willig und nett, sie versteht eben nicht. Schön, wie ich ihr das Badethermometer eine halbe Stunde auseinandersetzte, doch als es dann an die Praxis ging, steckte sie ihren Ellbogen ins Wasser und sagte, have got better scale, sie mischte das Wasser ohne Thermometer: Now Missie, look see! Ich tat es, und siehe da, es war auf den Strich genau, als ich das Thermometer zur Kontrolle nahm.

Ich bin wieder vollkommen schlank an den Hüften und Bauch, Brust natürlich voller. Es ist nicht die geringste Wölbung, und ich bin sehr zufrieden, dachte zuerst, das würde wochenlang dauern. Rudi betrachtet das Söhnchen oft. Nach dem Nähren müssen wir uns gegenseitig ermahnen, ihn in das Körbchen zurückzulegen, und ihm seine Ruhe zu lassen, anstatt ihn ein bißchen zu küssen und sein Gesichtchen ausführlich zu besprechen. Nun Schluß und aufs Sofa zurück!

22.2.31

Michaels Haare sind immer noch rot, seine Nase immer charakteristischer Hamburger, sein Mund ist ähnlich dem von Großvater Landeshut, und das ist riesig schmeichelhaft für den Großvater nach allem, was ich zu berichten habe. Seine Augen werden täglich leuchtender, seine Nase wirkt vorläufig noch sehr christlich, Mutt, wahrscheinlich die Ausnahme des Sprichwortes: Was ein Häkchen werden will, krümmt sich beizeiten. (Hi-hi!) Sein wunderbarer Hinterkopf bestätigt, daß er das Staatsexamen mit Auszeichnung bestehen wird. Er begrüßt uns oft mit erhobener Faust, als ob er bereits ein »Roter Frontkämpfer« wäre. Aber keine Sorge, Großmütter, bevor er nicht sprechen kann, braucht er sich von mir aus noch nicht politisch festzulegen.

Übrigens sehr interessant, wie ernst plötzlich die europäische Presse den russischen Fünfjahresplan nimmt. Bisher wurde nur immer davon gesprochen, wie die Arbeiter unter der Ausführung des Planes zu leiden haben, und sicher stimmt es, daß ihnen große Entbehrungen auferlegt werden. Ich habe nur den Eindruck, daß ein großer Teil von ihnen diese Entbehrungen bewußt gutheißt, damit ihr Werk, der Fünfjahresplan, durchgeführt werden kann. Interessant, nachdem nun dem Plan Erfolge von kapitalistischer Seite zugesprochen werden, wie sofort die Gegenmaßnahmen erfolgen. Keine Lieferung von Maschinen etc. nach Rußland mehr, kein Ankauf der billigen russischen Waren …

22.4.31

Liebe Mutt! Gut, daß ich gerade eine Briefpause einschieben konnte, denn die Umzugswoche brachte allerhand Arbeit, wenn auch Rudi den größten Teil übernommen hatte. Am 16. schwankte ein enorm beladener Möbelwagen – erstaunlich, wie viel Besitz wir schon haben – dem neuen Heim zu. Ammah mit dem Babykorb, Mischa und ich folgten im Auto. Das neue Heim ist ganz wundervoll. Rudi hat sich bei der Inneneinrichtung wirklich fabelhaft betätigt, es ist alles höchst geschmackvoll geworden, und wir fühlen uns riesig wohl. Ganz im Grünen und in sehr stiller Gegend, alle Gärten haben schönen Rasen, Blumen und ein paar alte hohe Bäume. Es ist doch das erste Mal, daß wir wirklich allein wohnen, und wir genießen es ungemein. Schon am nächsten Abend erschien Chinese Wang, Bekannter Bernsteins, mit dem wir uns angefreundet haben, zum Essen ...

5.5.31

Du freust Dich, Mutt, daß ich mich hier in Gesellschaft gut mache, leider ist es nicht mal ein mit den Wölfen heulen, sondern ein mit den Schafen blöken! Sonnabend gab ich einen Tee. Es gab Sandwiches, eine Schokoladentorte, Kekse und einen länglichen Kuchen, alles vom Koch recht gut gebacken. Gott sei Dank ist für Rudi die europäische Gesellschaft nicht so wichtig, sondern mehr die chinesische, und das ist natürlich interessanter.

Die asiatischen Arbeiter imponieren mir mächtig. In Japan zum Beispiel ist jetzt in einer Fabrik schon 10 Tage lang ein Hungerstreik der Gesamtbelegschaft, das sind 286 Mann, weil einer ungerecht entlassen wurde. 10 Tage versuchen Verwandte und Polizei und Unternehmer, die Arbeiter zum Essen zu bewegen, sie schleppen Delikatessen heran! Die Streikenden verweigern jede Nahrungsaufnahme. 200 streiken noch, die anderen sind in schweren Ohnmachten und bedenklichem Zustand in die Krankenhäuser eingeliefert worden. In Shanghai ist außer von Arbeitern der 1. Mai von 12 000 Studenten gefeiert worden. Ich habe jetzt wieder chinesisch angefangen, und zwar bei einem recht netten jungen Mann, auch aus dem Social Science Institute. Er nimmt im Austausch Englisch bei mir, was natürlich sehr angenehm ist.

29.8.31

Liebe Mutt, Mischas zwei Zähnchen sind jetzt nicht nur dem mütterlichen Auge erkennbar, sondern richtig da!

Jürgen oder Vati halten wohl die Internationale Pressekorrespondenz.

Bitte sucht euch No. 70 und 72 heraus, da ist ein interessanter Artikel über China, der völlig wahr ist und zeigt, daß z.B. Chicago Shanghai gegenüber, was Korruption und Banditen anbetrifft, ein Waisenknabe ist. Die »big three« sind auch kein Geheimnis, sondern jeder Chinese weiß von ihnen. Rudis Contractor, der neulich da war, erzählte beiläufig von einem europäischen Detektiv, der die verbotenen Opiumläden herausfinden sollte. Es gibt 36 solcher Opiumläden in Shanghai, und dieser Detektiv bekam zu seinem Geburtstag von jedem Laden 30000 Shanghaidollars zum Geschenk. Übrigens spielen sich all diese Dinge in der französischen Konzession ab und nicht in der englischen. Der Contractor, er kommt manchmal zu uns, ist ein reicher Chinese alten Stiles. Er wird uns nächstens zu einem Chinesenessen einladen und einen »guten Tag« dazu heraus suchen. Nach dem Kalender gibt es für alles (Hochzeiten, Geburten usw.) gute Tage und schlechte. Manche Tage sind ganz besonders gut für Hochzeiten, und dann sieht man allenthalben Hochzeitszüge in den Straßen. Wenn der Contractor was erzählt, klingt es wie aus Ali Baba und die 40 Räuber. Bevor die Peking-Shanghai-Eisenbahn bestand, vor 20 Jahren, sollte er im Norden ein paar Brücken bauen. Die Wege waren unsicher durch Banditen. Er war schon einige Wochen gelaufen und kam in eine kleine Herberge, als er ein merkwürdiges Geräusch im Nebenzimmer hörte. Es war Nacht geworden, und er lugte durch eine Ritze und sieht, wie ein Mensch ein großes Messer schleift. Er weiß sofort, dies ist ein Räuber beziehungsweise Mörder, und murmelt in Todesangst etwas vor sich hin. Die Tür

Wohnhaus in Shanghai

49

öffnet sich, der Räuber tritt ein und fragt den in Todesangst schwebenden Mann, ob er aus Shanghai sei, er spräche Shanghaidialekt. (Völlig verschieden vom Peking- und Nordchinesisch.) Der Räuber war auch Shanghaier, mußte dort wegen Tötung eines Menschen fliehen und trieb sich nun mordend und räubernd herum. Unseren Freund aus seinem Heimatort aber begleitete er zum Schutze 4 Monate lang auf seiner Fußreise.

15.11.31

Was macht Schwesterchen Brix in Wien? Studiert sie dort? Deine Idee, daß ich Latein lernen soll, erscheint mir zart ausgedrückt etwas unaktuell. Chinesisch übe ich weiter, aber nur lesen und sprechen, das Schreiben ist zu hoffnungslos. Ich werde im letzten halben Jahr hier intensiv Russisch lernen und möchte auch, daß Rudi es tut. Man kann nie wissen.

Ich bin jetzt ziemlich beschäftigt, teils für Agnes, teils für mich. Rudi wird so eine Art Generalwohnungseinrichter, nach Dr. Seebohm meldete sich nun dessen Freund, dem unsere Wohnung gut gefiel, und bat ihn auch um Einrichtung seiner neuen. Er hat auch eine Menge zu tun dadurch. Freitag erschien abends Agnes mit dem Wunsche, ins Kino zu gehen, wir sahen uns »East of Borneo« an. Ein Stück ähnlich wie »Trader Horn«, aber noch mäßiger. Anschließend gingen wir schwofen. Zunächst ins »Blue bird«. Ein Lokal für Chinesen und Japaner mit japanischen Tanzmädchen, einige in Abendkleidern, einige in sehr schönfarbigen Kimonos und den japanischen Holzsandalen. Es waren sehr nett aussehende Mädchen darunter, manche ganz entzückend. Agnes und ich fanden eine, links von uns, besonders nett, und siehe da, in diesem Augenblick grüßte sie lächelnd zu Rudi herüber. Er kannte sie von einem früheren Besuch. Diesmal aber tanzte er brav abwechselnd nur mit uns. Der Raum ist im 2. Stock, hat eine schön getäfelte Decke und ganz zart bemalte Wände. Auf der einen Seite zwei Rehe und am anderen Ende ein paar Bäume in ganz matten Tönen angedeutet. Hinterher gingen wir ins Gosse-Café, und als da nicht viel los war, in den Moonpalace, ein Chinesisches Lokal, die chinesischen Tanzmädchen alle in schönen chinesischen Kleidern, sehr gute Figuren und ausgezeichnete Tänzerinnen. Der Moonpalace ist »with rooms upstairs« und bei den höheren chinesischen Beamten recht beliebt. Anschließend gingen wir in eine Tanzdiele für Seeleute in der Nähe des Hafens mit russischen Tanzmädchen. Rudi war sichtlich animierter Stimmung, weigerte sich um 1 Uhr nachts die Rechnung zu bezahlen, da

Im Garten vor dem Haus in Shanghai

noch das Datum des vor einer Stunde verflossenen Tages draufstand. Und als ein Mädchen tanzenderweise im Kabarett auftrat, behauptete er, das auch zu können, erhob sich und imitierte sie zum großen Interesse aller Anwesenden. Dann tanzte er mit Agnes, und ich machte inzwischen eine Eroberung an einem dunkelhaarigen, nicht gerade sehr sauberen Anbeter. In unmißverständlichen Zeichen versuchte er, mich zum Tanzen zu gewinnen, wagte aber keine Aufforderung, da wir an Rudis Tisch saßen. Beim nächsten Tanz, den ich mit Rudi tanzte, war plötzlich Agnes vom Tische verschwunden, sie lag in den Armen eines bebrillten Menschen, der aber kein Seemann war, wir schätzten auf »Abenteuer suchender junger Intellektueller«. Dadurch ermutigt, erschien beim nächsten Tanz mein Anbeter, forderte mich mit kolossaler Verbeugung auf, und ich vergrub meine Nase in seinen etwas rauhen Anzug, um den betäubenden Alkoholgerüchen oberhalb zu entgehen. Bei Betrachtung seiner schwärzlichen Hände, schätzte ich auf Maschinenschmierer. Es stimmte ungefähr. Er war auf einem amerikanischen Schiff zum ersten Mal in Shanghai und sagte, er sei so etwas wie ein engineer, worauf ich ernsthaft sagte: »Oh, I thought, you are the captain«, was er seufzend verneinte. Wir waren so begeistert von unseren Eroberungen, daß wir Rudi auf die Tour schickten, »um frei zu sein«. Danach gingen wir nach Hause. Sonnabend sollte eigentlich gästelos verlaufen, aber unerwartet erschien Dr. Wilhelm, der bekannteste deutsche Rechtsanwalt hier draußen. Er ist humorlos und langweilig. Sein Schlagwort ist »low-class-people« (Menschen niedriger Klasse). Zum Beispiel: Da oder dort könne man nicht hingehen, nur »lowclass people«. Also ganz ein Mann nach meinem Geschmack. Dann erschien Seebohm, und ebenso unerwartet Wehling, auch ein IG-Farbenmensch ...

5.1.32

China hat eine »nebbich« neue Regierung. Unterscheidet sich kaum von der alten, wird sich nicht lange halten, da nur die Kanton-Provinz Kwangtung sie unterstützt, Steuern abliefert usw. privat an Tschiang Kai-schek, der wohl bald wieder die Regierung bilden wird. Jetzt untersteht China also mehr denn je den privaten Generälen, die jeweils die Provinzen beherrschen. Die Hauptmänner der Regierung sind die Kantonleute, Hu-Han-min und Sun-fo (Sohn Sun Yat Sens). Die beiden sind womöglich noch rechter als Tschiang Kai-schek es war. Die anderen beiden sind der »linke Flügel«, nämlich Wangchinwei und Tschiang Kai-schek. Der neu gewählte Präsident, der an Stelle Tschiang Kai-scheks

gewählt worden ist, Liweisen, hat nichts zu sagen, da die Machtbe-
fugnisse des Präsidenten erheblich gekürzt worden sind. Politisch ist das
Ganze keine neue Richtung.

Rudis Schule fällt wahrscheinlich ins Wasser, da sie städtisch ist und die
ganze Stadtverwaltung mal wieder gewechselt hat. – Post geht wegen
Japan unregelmäßig, also sorgt euch nicht ...

11.1.32

Sonnabend früh fuhr ich mit Mr. Chang, auch Volkswirtschaftler am
Social Research Institute, nach Wusih, auf der Strecke nach Nanking,
eine Stadt mit ca. 150 000 Einwohnern, berühmt für seine Baumwolle
und Seidenindustrie, für seine Landschaft und seine Erziehung (Schulen usw.). Vollgepfropfter 3.-Klasse-Wagen, für Fremde nicht sehr
üblich, aber doppelt interessant. 100fach Gelegenheit, die riesige
Geduld und Freundlichkeit der Chinesen zu bewundern. In Wusih
erwartete uns Mr. Wang am Bahnhof. Gang zum chinesischen Hotel,
nur chinesische Sprache und chinesisches Essen natürlich. Hotelname
komischerweise »Washingtonhotel«, in den Zimmern ein englischer
Zettel der Regeln, in dem von »passengers« und »cabinboy« die Rede
ist. Wir sitzen zu dritt am Tisch, Stäbchen und Schüsseln werden zum
Essen hereingebracht, ich suche draußen nach dem Örtchen – nicht zu
finden – frage Wang, und der deutet auf ein bescheidenes Kästchen
mit Metallausschlag und Deckel in der Ecke meines Zimmers. Ich bat
also meine Gäste einen Augenblick hinaus vor die Tür und rief sie nach
vollbrachter Tat zurück. Nach dem Essen Besichtigung einer Baum-
wollfabrik. Es war höchst interessant, da man die Herstellung von
Anfang an sieht. Wie Baumwolle gepflückt wird, auf den großen wie
mit Schnee bedeckten Feldern, haben wir in Shanghais Umgebung oft
beobachtet. Jetzt sahen wir die Dschunken gefüllt mit Baumwollsäcken
vor der Fabrik liegen, den Transport in die Fabrik und wie die rohe
Baumwolle aus den großen Säcken in Maschinen geschüttet wird und
dort solange herumwirbelt, bis die weiche Wolle sich von den Zacken
dazwischen gelöst hat. Es geht durch vier verschiedene Wirbelmaschi-
nen (alle modern amerikanisch). Nachdem man die Baumwolle so
gereinigt hat, es ist dann Watte, wird sie über große Platten gewalzt
und kommt als weißer Teppich, der auf der nächsten Maschine zum
Ballen gerollt wird, heraus. Diese Ballen werden auf anderen Maschinen viele Male geteilt und in Stricke gedreht, immer dünnere, bis man
schließlich Fäden erhält. All das Interessante konnte ich nur mit halbem
Auge betrachten, denn noch mehr interessierten mich die Arbeiterin-

nen. Die »Lishin«-Baumwollmühle hat 2000 Arbeiter beschäftigt, davon sind 1500 weiblich und 500 männlich. Die Anzahl der Kinder war nicht feststellbar, der Manager sagte 200, aber er war ein ziemlicher Schwindler. Ich lobte seine Maschinen, und er strahlte, ich fragte nach Arbeitszeit und Lohnverhältnissen, da wurde er verschlossener. Ein Lehrer, eine Art Social worker, der eine kleine Schule für die Arbeiter mit Bibliothek leitet, gab uns klarere Auskunft. Chang, der englisch spricht, dolmetschte. Die Arbeitszeit beträgt 12 Stunden, für die Frauen und Kinder mit einer Stunde Pause, die Männer pausenlos, sie essen neben den Maschinen während der Arbeit. Die meisten der Frauen sind zwischen 16 und 22 Jahren. Löhne der Frauen 8 – 12 $. Der Anblick der zahlreichen Kinder, viele erst 10 Jahre alt, vor den riesigen Maschinen im heißen Raum im ohrenbetäubenden Lärm war furchtbar. Kinder, die im Alter zwischen Reni und Binchen stehen, 12 Stunden Arbeitszeit!

Nach der Besichtigung bat ich Wang, in ein paar Arbeitshäuser mit mir zu gehen, um mal was über die wirklichen Lebensbedingungen zu erfahren. Diese Firma hat eigene Arbeitshäuser. Sofort natürlich ein großer Kreis Arbeiter. Die Kinder waren von morgens 6 bis abends 6 dort, die bekamen die Mahlzeiten für 40 cents im Monat. In dieser Fabrik gab es auch Schlafräume für zugewanderte Arbeiterinnen, jeder Raum 12 Betten, immer drei Betten übereinander. Für Bett und Kost zahlen sie 5,80 im Monat. In der Seidenfabrik, die wir auch besichtigen, nimmt man dagegen nur junge 16jährige Mädels »in Pension« und hält sie wie wirkliche Sklavinnen. Die Mädels haben abends Unterricht im Lesen und Schreiben, worauf der Manager sehr stolz ist. Sie dürfen nie ausgehen, nur wenn sie ein schriftliches Zeugnis bringen, daß ihre Eltern sie zu sehen wünschen. Niemand außer den Eltern darf sie besuchen. Bringen die Eltern ein Mädchen in die Fabrik, erhalten sie ein Stück Bambus mit einer Nummer und müssen das beim Besuch als Erkennungsmarke vorweisen. Innerhalb der Fabrik ist ein winziges Höfchen, wo die Mädchen abends spazierengehen dürfen. 3 Bänke stehen dort. 2 mal monatlich haben sie frei, auch dann dürfen sie nur ihre Eltern besuchen. Wie das kontrolliert wird, weiß ich nicht.

Fast jede Woche traf sich die Kundschaftergruppe bei Sonja, zuerst in ihrer Wohnung bei den Woidts, wenn diese nicht anwesend waren, nach dem Umzug ins eigene Haus dort in der oberen Etage, meist am frühen Nachmittag. Die chinesischen Genossen, die am häufigsten kamen, wurden nacheinander ihre Sprachlehrer, so lag für ihre Besuche ein Grund vor, und ihr Kommen und Gehen, ohnehin in einigem Abstand, fiel nicht weiter auf. Vor den Zusammenkünften und auch danach kontrollierte sie unauffällig die angrenzenden Wege und Straßen. Oft führte sie noch mit Richard Sorge ein Gespräch unter vier Augen, der sich für alle Beobachtungen und Mitteilungen über ihren Bekanntenkreis, ihre Einschätzung der Charaktere und ihrer Ansichten zu wirtschaftlichen und politischen Problemen äußerst interessiert zeigte. Sie erfuhr jedoch von ihm nur immer soviel, wie sich aus der Arbeit ergab und die konspirative Situation erlaubte, was sie schnell begriff. Bald wurde konspiratives Verhalten zu ihrer zweiten Natur, auch als sie entdeckte, daß Waffen in ihrem Haus gelagert wurden und als sie einen verfolgten Chinesen, der sich in Lebensgefahr befand, zwei Wochen in ihrer Wohnung verbarg. Zu dieser Zeit – ihr Sohn war zwei Monate alt – hatte ihr Richard Sorge geraten, einen Koffer für sich und das Kind zur vielleicht nötigen Flucht bereitzustellen. Sie packte Jäckchen und Windeln, füllte eine Flasche mit sterilisiertem Wasser und hielt es für günstig, daß sie den Kleinen noch stillte, denn an Milch oder irgendein Milchpulver war außerhalb der großen Städte nicht zu denken.

Gegen Ende des Jahres 1931 hatte die japanische Kwangtung-Armee nach einem Sprengstoffanschlag auf die Südmandschurische Eisenbahn die Stadt Mukden bombardiert und eingenommen, dann innerhalb eines Monats die gesamte Mandschurei besetzt und die Republik »Mandschukuo« mit Pu-Yi als Regent ausgerufen, dem in Peking abgesetzten letzten Kaiser, einer Marionette Japans. Daraufhin kam es in vielen Städten Chinas zu Demonstrationen und Gegenaktionen. In Shanghai erreichten die Spannungen einen Siedepunkt und führten Ende Januar 1932 zu bewaffneten Zusammenstößen und martialischen Verfolgungen und Zerstörungen. Japanische Marine-Landungstruppen griffen Chapei, das große chinesische Wohn- und Geschäftsviertel, an und vertrieben nach schweren Kämpfen die chinesischen Truppen aus der Stadt. Der beißende Rauch des ausgebrannten, völlig verwüsteten Chinesenviertels wehte bis in die Enklaven der Ausländer und ihre Geschäfts- und Vergnügungsmeilen.

Japanische
Soldaten in
Shanghai,
1932

2.2.32

Der Brief ist immer noch da, es hat keinen Zweck, ihn einzustecken, da
nichts befördert wird. Im Settlement herrscht Belagerungszustand,
nach 10 Uhr abends darf niemand auf die Straße. Überall sind Barrika-
den, und an der Grenze des Settlements riesige Sandsackwälle. Unser
Haus ist voll. Der Koch hat seine Tochter und die Schwester seiner Frau
angebracht, nachher trifft die Ammah mit 3 Kindern ein, alles schläft
bei uns. Der Zug der chinesischen Einwanderer aus den Nicht-Settle-
ment Gebieten oder den von Japanern belegten Straßen ist phantastisch. Sie kamen zu Tausenden – zu Fuß, auf Karren, in Rikschas, Autos,
Frauen mit Kindern, Bündeln, Betten, ein nicht abreißender Strom.
Manche sitzen hilflos an den Straßen, leere Häuser sind vollgestopft mit
Flüchtlingen. Ich hatte Gelegenheit, mir alles näher anzusehen. Rudi,
Susi, ich trafen uns nämlich in der Stadt bei Tonn. Irene von der Buchhandlung, war auch da. Plötzlich erhielten wir die Nachricht, daß ein
chinesischer Freund von uns, der im japanischen Viertel wohnt, verhaftet worden wäre. Da die Japaner alle verhafteten Chinesen sofort
erschießen, war nicht mehr viel Hoffnung. Wir gingen trotzdem auf
die Suche nach einem Japaner, den wir kennen und der einigen Einfluß
hat. Das japanische Viertel sieht toll aus. Ganze Straßenzüge men-
schenleer. Alle Chinesen geflüchtet, totenstill. Dann plötzlich Lärm,
durchfahrende schwerbewaffnete japanische Militärautos. Die meisten

Chinesen-
»Stadt« Chapei

Häuser mit zersplitterten Fensterscheiben, Türen zerbrochen usw. Die
Japaner haben auf der Jagd nach Snipern (aus dem Hinterhalt schie-
ßende Chinesen) die Häuser durchsucht und verwüstet. Glücklicherweise hatten wir die Visitenkarte des Japaners, alle Wachen ließen uns
durch, tatsächlich fanden wir den Japaner nach langem Suchen. Der
machte uns wenig Hoffnung, alle Chinesen aus der Gegend, wo
geschossen worden ist, und die in die Hände der Japaner fallen, werden getötet. Unser Freund wohnte mit seinem Schwager zusammen.
Der war mit seinem 9jährigen Sohn zusammen verhaftet worden. Man
durchsuchte ihn und wollte ihn schon wieder laufen lassen, da entdeckte man in seinem Hut eine Nummer! Sofort setzte man ihm das
Bajonett auf die Brust mit den Worten: »Diese Nummer ist ein kommunistisches Geheimzeichen, Du bis erledigt!« Man zog ihn vollständig aus, er versicherte, daß er ein guter Christ und Freund der Japaner
sei, noch gestern hätte seine Frau bei der japanischen Nachbarin Tee
getrunken. Da erschien ein Offizier, der wohl sein Büro kannte und fest-
stellte, daß er wirklich ein Japanerfreund sei und ihn freiließ. Sehr viele
sind erschossen worden, unzählige sind in den Flammen der Brände
umgekommen und vorläufig herrscht noch Waffenstillstand. Der Krieg
hat noch gar nicht begonnen. – Die Deutschen sind insgeheim für die
Chinesen. Die Engländer sagen: »Die Chinesen müssen alle 20 Jahre
Prügel bekommen, das schadet gar nichts!«

57

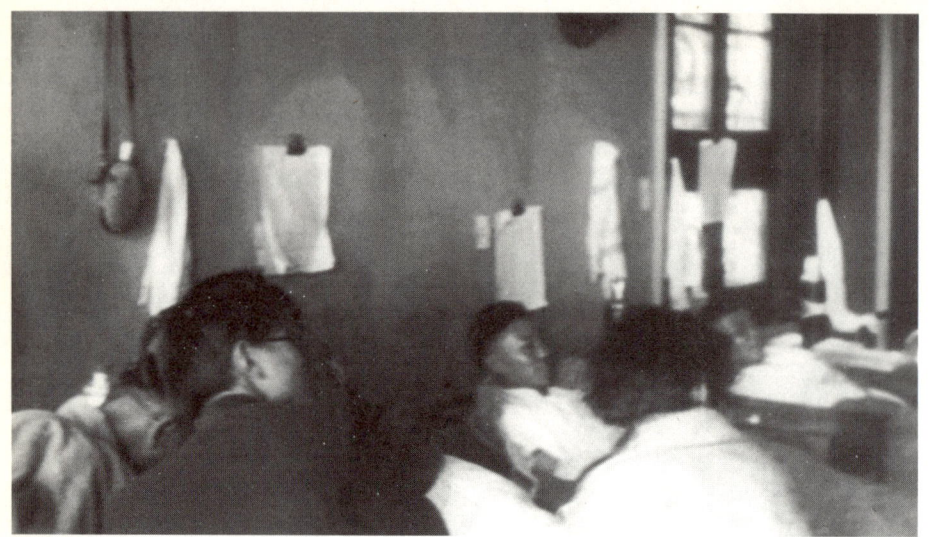

Verwundete
der 19. Roten
Armee in
Shanghai
(vorn rechts
Sonja)

20.2.32

Es wird noch immer gekämpft. Die 19. Armee der Chinesen ist überraschend widerstandsfähig und tapfer. Sie kämpft fast ohne Unterstützung der Regierung, die natürlich, wenn sie wollte, schon längst
über die Japaner gesiegt haben könnte. Leider will sie nicht, speziell
Tschiang Kai-schek nicht; der Erfolg ist, daß nun zum ersten Male die
chinesischen Massen einig sind, und zwar einig gegen Tschiang Kai-
schek. Der einfachste Chinese hat nun begriffen, wer dieser Mann ist.
Da ich neulich mit den hiesigen Berichterstattern nach Deutschland
(Boßhardt für Ullstein, Tonn W.T.B., Dr. Vogel für Münchner, Hamburger und Kölner Zeitungen) gesprochen habe und den Eindruck erhielt,
daß sie recht ausführlich berichten, schreibe ich nicht allzu viel darüber.
Tatsächlich nennt sich das Ganze noch Waffenstillstand. Die japanischen Methoden sind an folgendem zu messen: Chinesische Soldaten
sind ca. 2 bis 4000 getötet worden, chinesische Zivilisten an die
10 000, soweit man überhaupt schätzen kann. Die Zahl der Flüchtlinge
aus den chinesischen Vierteln Shanghais beträgt über 600 000, diese
haben zum großen Teil ihren Besitz verloren, Kulis und Arbeiter, die
jetzt arbeitslos sind. Die Fabriken in dem chinesischen Teil Chapei sind
natürlich stillgelegt worden und die japanischen in Shanghai, irgendwelche Arbeitslosenunterstützung gibt es nicht. Das Massenelend ist
furchtbar. Die europäischen Volunteer Corps sind abberufen und durch
reguläre Truppen ersetzt worden, weil sie jetzt das Innere der Frem-

denniederlassung vor eventuellen Unruhen und Aufständen der chinesischen Flüchtlinge schützen sollen. Wir persönlich sind verhältnismäßig gut geschützt, abgesehen davon, daß wir weder in einem ausgesprochenen Wohnzentrum noch im Innern der Stadt wohnen, liegt direkt hinter unserem Haus das Chinesische Institut für National Research, wo ich zahlreiche chinesische Freunde habe. Unsere Flüchtlinge sind vor ein paar Tagen nach Hause gegangen, aber 7 Mann hoch wieder zurückgekehrt. Die Kampfgefahr besteht zwar in ihrer Wohngegend nicht, aber japanische Soldaten strolchen überall herum und plündern. Es passieren, abgesehen davon, scheußliche Grausamkeiten, die mir chinesische Augenzeugen berichten, doch ich will es Euch nicht beschreiben. Wenn man nur weiß, daß die Chinesen unter Umständen, z. B. bei Kommunistenverfolgungen, genau so grausam sind und die Europäer im Weltkrieg und daß es immer zu 90 % die Armen trifft – da gibt es nur eine Konsequenz: eine Grausamkeit gegen die anderen 10 % ...! Schluß.

22.2.32

Die Methode, ein schwaches Land zu überfallen, zu peinigen, zu demütigen, den Ärmsten durch diesen Brand- und Raubzug ihr Letztes zu nehmen, ist empörend und aufregend. Man ist hier so richtig an der Quelle eines um wirtschaftliche Interessen geführten Einbruchs, den man in Geschichtsbüchern früher nachgelesen hat. Da die Aktion verhältnismäßig klein an Umfang ist, kann man die einzelnen Phasen deutlich verfolgen, sehr viel klarer als einen Weltkrieg, der so riesig groß war, daß das »Vaterlands«-Brimborium drum herum doch vielen den Blick verschleiert hat. – Es gibt beständig Diskussionen, die oft sehr hartnäckig werden, weil eben die Einstellung der »foreigners« auch empörend ist. Es ist das Wort geprägt worden von Ihnen: »Mit dem Herzen sind wir bei den Chinesen, mit dem Verstand bei den Japanern.« Diese Worte allein genügen, um die Erbärmlichkeit der Gesinnung zu kennzeichnen. Man sieht ein, daß den Chinesen Unrecht geschieht, aber man gönnt es ihnen, weil die Japaner einem eventuell – man kann ja nie wissen – mehr Profit versprechen. Diese Gesellschaft, die dem ihre Zuneigung zeigt, von dem sie den besten Profit zu machen gedenkt, die den verrät, durch den sie überhaupt etwas geworden ist, genau wie den, dem sie bisher Freundschaft zugesichert hat. Wer schwach und unnütz ist, dem geschieht das Schlimmste. Aber es kommt noch mal so weit, glaube ich, daß Weltgeschichte Weltgericht ist.

26.4.32

Neulich fand ich ein kleines erfrorenes Baby auf der Straße mit noch nassen Windeln. Dazu die entsetzlichen politischen Verhältnisse, die Korruption im System, die man eben auch in tausend Kleinigkeiten, die einem täglich begegnen, bemerkt, dazu die Fremden – wir haben Sehnsucht nach einem anderen Zuhause, und ich glaube, es würde keine Enttäuschung sein. Auf der anderen Seite bin ich überzeugt, daß ich in drei weiteren Jahren für Europa verloren wäre, so sehr fesselt mich China, so ungeheuer sympathisch sind die Menschen und ihr Leben. Zu einem Viertel bin ich schon asiatisch, ein Leben ohne Chinesen drum herum ist einfach unvorstellbar. Diese Widersprüche sind Euch wahrscheinlich unverständlich – es ist ein ganz merkwürdiges Land, man wird immer Sehnsucht danach haben, wenn man wieder weg ist.

4.5.32

Rudi und ich denken immer mehr: 1. Kontrakt-Schluß, ich Spätfrühjahr 1932 nach Hause, Rudi August 1933 und neuen Start in R. (Rußland, E. P.) Ich bin ziemlich überzeugt, daß wir beide in R. Arbeit finden werden, will bald beginnen, die Sprache zu lernen. Es sprechen (außer gesicherter Stellung und gutem Einkommen) 100 Gründe für R. und gegen Shanghai – leider alle nicht schreibbar.

Gestern kam E. E. Kisch, der jetzt hier draußen ist, zum Abendessen, es war höchst erfrischend und aufregend – er blieb bis 2 Uhr nachts ...

30.5.32

Wieder waren Kisch und Agnes da. Mit Kisch hatte ich gleich nach seiner Ankunft einen Krach, wobei ich mit meiner Ansicht, daß er ein eitler Affe sei, durchaus nicht hinter dem Berg hielt. 3 Wochen hörten wir nichts voneinander, aber da er, abgesehen von dieser Eigenschaft, ein ungewöhnlich intelligenter und interessanter Mensch ist – hier draußen eine wunderbare Erfrischung –, söhnten wir uns aus, und jetzt stehen wir sehr nett zueinander. Er ruft an: »Ja – Ursula, hier ist dein guter alter Onkel Kisch – ich möchte Sonntag zu euch kommen.« »Gut, Onkelchen, komm zum Essen.« »Ja, mach ich, aber wenn's euch um fünf Pfennige was ausmacht, komm ich lieber erst nachmittags.« »Es macht zwar ungefähr 80 Pfennige aus, aber komm man zum Essen.« »Vielen Dank, gnädige Frau. Auf Wiedersehen!« – Er liebt übrigens Michael sehr. Das letzte Mal war K. müde und legte sich mit aufgekrempelten Hemdsärmeln ohne Schlips in den Liegestuhl schlafen. Wir holten rasch einen chinesischen Fächer und unseren Koch, welcher den schlafenden Kisch bewedelte, und knipsten. Hoffentlich ist es was geworden. Dann kriegt er es mit der Unterschrift: »Der rasende Reporter« zugeschickt. Er fährt morgen weg. Ein anderer Stern am Himmel war Rosi Gräfenberg-Ullstein, die ich bei einer Party in Bernsteins Haus genoß. Sie ist eine tolle Nummer. Kisch beschimpfte sie: »Sie sind eine kapitalistische Sumpfblüte«, was sie uns leidend berichtete, aber sonst ist sie eine große Bluffnummer, intelligenter Kurfürstendamm. Bernstein behauptet, besseres jüdisches Dienstmädchen – aber so was gibt's doch gar nicht! Dann grast noch ein Fräulein Seelig ganz Shanghai nach journalistischen Neuigkeiten ab, war jetzt in Indien, kennt Miss Kelsey und so, war mal große Nummer im internationalen Studentenaustausch in Berlin und ist blond ...

Herrlich unser letzter Ausflug, da auf einem der hohen Berge gewesen zu sein. Völlig zerkratzt, müde und zerschunden stiegen wir dann herunter. Es war eine Kraftanstrengung, wie ich sie liebe. Wir nahmen ein erfrischendes Bad, ließen uns von den Ruderern unser Abendessen kochen, natürlich Reis mit Bambusgemüse, Fleisch und noch was Undefinierbarem dazu. Wir hatten beschlossen, gleich schlafen zu gehen, das heißt unsere Decke unter das Bambusdach zu verlegen, es gab nichts wie blanken Holzfußboden, natürlich auch keine Wände und natürlich kein C., von WC schon gar nicht zu sprechen. Dieses besorgte man über den Bootsrand, was mal wieder für die Jungens viel einfacher war als für mich armes Wesen, angesichts von 6 Männern. Die schützende Dunkelheit erleichterte es und hinderte Gott sei Dank Helmuth am Knipsen, wie er das eigentlich vorhatte. Der Mond kam heraus, die Ruderer sangen vor sich hin, die Berge wurden immer höher – es blieb beim Entschluß, schlafen zu gehen, es war zu schön dazu. Nach Mitternacht entschlossen wir uns endlich ernsthaft zur Ruhe. Die Ruderer legten um 2 Uhr nachts irgendwo an. Am nächsten Morgen waren wir in Tunglu und nahmen von dort einen kleinen Dampfer noch mal fünf Stunden den Fluß herunter bis Zakou, das dicht bei Nangchinchiao liegt. Abends noch ein schöner Spaziergang den Fluß entlang. Essen in einem chinesischen Teehaus, das über dem Fluß lag. Dort sitzen Träger und Kulis stundenlang, immer wieder wird ihr Tee aufgegossen, immer wieder werden heiße Handtücher gereicht. Was der Tee die Kulis kostet, könnt ihr daran ermessen, daß unser Abendbrot – Reis, Fleisch, Fisch, Teigwaren, Sojabohnenbrei, Tee – pro Person 12 Pfennige kostete. Übernachten in Zakou pro Person 30 Pfennige, eine primitive Herberge.

Kuling, 3.8.32

Liebe Familie. Das Wetter ist hier in Kuling unwahrscheinlich schön. Immer Sonne, nachts manchmal Regen und am nächsten Tage herrliche Luft und wieder Sonne. Gestern stand genau das, was mir noch zur Verschönerung der Eheferien fehlte, auf dem höchsten Sprungbrett der Badeanstalt – ein braungebrannter gut gewachsener Mann. Nun, in mädchenhafter Zurückhaltung kümmerte ich mich nicht um ihn, aber als ich aus dem Wasser kam, stand er da und sagte in interessantem gebrochenem Englisch: »My compliments to your swimming.« Und drei Minuten später saß er neben mir im Sand und fragte, ob er mich fotografieren dürfte – »to never forget in my life«. Dann erkundigte er sich erschreckt, ob das da mein Freund sei? – Ein fetter, heftig schnaufender Mann mit Pfeife im Mund, der sich in meiner Nähe sonnte. Als dies verneint wurde, war er bereits bei der entscheidenden Frage, was ich heute abend vorhabe, angelangt. Er sah nun wirklich sehr nett aus, und auf Geistiges lege ich ja nicht immerzu und so unbedingt wert. Aber ich erinnerte mich Mutters warnender Ratschläge aus meiner Kindheit: Nicht mitzugehen, wenn mir ein fremder Mann Bonbons schenken will, und so fragte ich zuerst nach seinem Beruf: Matrose auf einem italienischen Kriegsschiff!!! Ich war ganz gebrochen. Matrose wäre noch gegangen, nur Kriegsschiff auch, aber dazu noch italienisch, nein! Matrose-Mussolini-Kriegsschiff war zu viel. Aus der Abendverabredung wurde nichts, aber heut vormittag sahen wir uns wieder im Swimmingpool und heute nachmittag, nehme ich an, auch. Sein Schiff liegt unten in Kiukiang, und er hat 3 Tage Urlaub, die er hier oben verbringt.

Mit Michael

Shanghai, 7.9.32

Rudi hat viel zu tun. Schrieb ich Näheres über den Laden »The modern home«? Ein modernes deutsches Wohnungseinrichtungsgeschäft. Rudis Idee, für die sich sofort ein chinesischer Unternehmer fand, der Geld gab und ein deutscher Kunstgewerbler, der dort Angestellter ist. Die Seele vom Ganzen ist aber Rudi, der die Sache künstlerisch leitet, alle Möbel, die in Auftrag gegeben werden, zeichnet usw. Seine Aufträge nebenbei wurden zu viel, ein eigenes Büro neben der Council-Arbeit unter seinem Namen wäre nicht gegangen, da ist diese Firma das Gegebene. Er wird Gewinnprozente kriegen, kein Gehalt. Besagter chinesischer Unternehmer möchte Rudi gerne vom Council weg für sich gewinnen. Er ist ein sehr großer, sehr reicher Bauunternehmer, aber es ist immer eine bißchen unsichere Sache, beim chinesischen Unternehmer zu arbeiten. Er stellte zwar die ziemlich große Summe für den neuen Laden zur Verfügung, ohne Zögern und Ausflüchte; Rudi entwarf oder besser überarbeitete ein kleines Wochenendhaus für einen Kunden des Bauunternehmers, wofür er ihm 2000 Shanghai-Dollar Honorar gab. Rudi richtet im Moment unter der Ladenflagge 2 Russenfamilien ein, dann einen Laden für Batja-Schuhe, der neu eröffnet wird. Der Kunstgewerbler hat mit der Szenerie des Amateurtheaters in Shanghai zu tun, das dem Laden für den ganzen Winter (monatlich 1-2mal) die Szenerie der Stücke aufgetragen hat. Der Laden wird aber erst in 14 Tagen eröffnet, das ist vorläufig so nebenbei.

20.10.32

In China ist es unruhig wie immer, Streiks und revolutionäre Gesinnung in Shanghei nehmen zu. Die Regierungsmaßnahmen dagegen wachsen in gleichem Maße. Der Kampf der Regierungstruppen gegen die Rote Armee wird scharf und zum Teil mit Erfolg geführt. Doch die dauernd ausbrechenden Kriege zwischen den verschiedenen Generälen schwächen die Attacke gegen die Roten, da jeder seine Truppen vom Kampfe zurückruft, und General A bekämpft General B, wodurch die Roten eine Weile Ruhe haben. Der Einfluß der Roten auf die Bevölkerung ist groß, und ihre Versuche, die Regierungstruppen zu zersetzen, sind recht erfolgreich. Man kann sagen, daß die Kampagne der Regierung gegen die Roten Armeen zwar Teilerfolge hatte, aber die Roten nicht ernsthaft geschwächt hat. Die Wirtschaftsblockade der Regierung gegen die Roten hat wenig Erfolg, da die roten Provinzen durch gute Ernte sich selbst versorgen können und nicht auf Einfuhr angewiesen sind. Man kann sagen, daß die rote Gefahr für China dauernd wächst.

28.12.32

Liebe Mutt. Uns hat Weihnachten auch was Fabelhaftes gebracht, das heißt mehr für mich. Rudi hat nämlich eine Leica gekauft. Eine schrecklich teure, fabelhafte Angelegenheit, die ich mir sehr wünschte, aber mehr theoretisch, weil ich an eine Verwirklichung dieses Wunsches kaum zu glauben wagte. Er hat sie durch einen Mann, dem er Möbel machte, erheblich billiger bekommen. Ich habe neulich mit einer Probeleica schon sehr gute Bilder aus dem chinesischen Straßenleben geknipst, schicke aber leider erstmal keine Kopien, denn jetzt muß ich sehr darauf achten, daß die »laufenden Kosten« nicht zu hoch werden. Alle netten Mischa-Bilder bisher waren Leicaaufnahmen eines Freundes.

10.1.33

Anbei Foto von Mischa aus der »North China Daily News«, der führenden hiesigen englischen Zeitung. Nun bleibt euch wohl kein Zweifel, wir gehören zur No. 1 Society hier!!!
Den Konflikt China-Japan zu beurteilen ist schwer. Anzunehmen ist, daß Japan sich sehr bald Jehol nehmen wird, unbekämpft von den Chinesen. Die chinesische Regierung ist nicht gewillt, Truppen gegen Japan zu senden, es braucht seine Soldaten ausschließlich und in starkem Maße gegen die Roten Armeen, jetzt speziell in Kiangsi. Japan wird zunächst nicht gegen Tientsin oder Peking vorrücken, wann und ob es gegen Rußland vorrücken wird, ist schwer zu sagen. Während vor einem Jahr Tschiang Kai-schek und die Nanking-Regierung auf durchaus nicht festen Füßen standen, haben sie sich jetzt wieder stabilisiert. Tschiang Kai-schek hat zum Teil mit Erfolg gegen die Roten gekämpft, was ihm den verloren gegangenen Kredit (während des Japanangriffs auf Shanghai) wieder eingebracht hat. T.V. Soong, ein sehr begabter Mann, hat die Finanzen der Regierung zwar nicht in Ordnung, aber zunächst vor dem Zusammenbruch gerettet. Die Führer der Südmächte und die Kanton-Regierung sind geschwächt ...

10.2.33

Wir betrachten mit Entsetzen Deutschlands Entwicklung. Zwar steht nicht viel in den Zeitungen, das heißt, was drinnen steht, reicht aus, um sich immerfort damit zu beschäftigen. Und die Vorstellung, daß nur ein Teil dessen, was geschieht, bis in die Presse dringt, ist so, daß Euer Telegramm erfreulich wirkte. Wem das Herz voll ist – dem geht der Mund nicht über. Schreibt Ihr aber, soviel Euch möglich ist. Neulich hatten wir einen langen Talk mit Helmuth darüber. Er ist so intelligent und vernünftig, der Einzige mit dem man so was ernsthaft besprechen kann. Ihr könnt Euch denken, daß meine Freude wieder nach Hause zu kommen, durch die jetzigen Verhältnisse einen gehörigen Dämpfer bekommen hat. Na da bleibt nur übrig, sich in der Familie und Eurer Freude an Mischa zu sonnen. Ich werde wohl sicher über Sibirien kommen ...

In einem ihrer letzten Briefe, die sie im Frühjahr 1933 von Shanghai nach Hause sandte, schrieb sie dann noch: »Auf dem deutschen Konsulat hier weht das Hakenkreuz und Schwarz-weiß-rot ...« Nach dem dreijährigen Aufenthalt in China hatte sie wenigstens für ein paar Sommermonate mit dem zweijährigen Sohn Michael nach Berlin zurückkehren wollen, doch das war nun alles in Frage gestellt. Bei den Eltern in Schlachtensee hatten bereits mehrmals Hausdurchsuchungen stattgefunden, der Vater, als Jude und weithin bekannter Linkspolitiker und Antifaschist, war besonders gefährdet. Die Familie bereitete sich darauf vor, außer Landes zu gehen, wie sie aus versteckten Andeutungen in Briefen und Telegrammen wußte. Auch sie hatte in ihren Briefen zu erkennen gegeben, daß für sie die Reise und ihr Lebensweg durchaus eine andere Richtung nehmen könnten.

Im Grunde war diese Entscheidung gefallen, seit sie in Shanghai Richard Sorge getroffen und sich seiner Gruppe angeschlossen hatte. Sie stellte im Laufe zweier Jahre ihre Wohnung fast hundertmal für Geheimtreffs zur Verfügung. Anfangs war sie nicht einmal dabei, sorgte aber für die Absicherung und bewahrte Material, Waffen, Funkgeräte und Sprengstoffe auf, die sie später selbst besorgte, transportierte und handhaben lernte. Das alles geschah in einer Zeit, als sie schwanger war, das Kind zur Welt brachte und es als das größte Glück ansah, daß es gesund und normal in all diesem Wirbel der selbstübernommenen Aufgaben, Pflichten, Verstellungen und Bedrohungen aufwuchs.

Richard Sorge kündigte Ende des Jahres 1932 seine Abreise aus Shanghai an, um sich in Moskau auf seinen Einsatz in Japan vorzubereiten. War er drei Jahre zuvor von General Jan Bersin, dem Chef des Aufklärungsdienstes der Roten Armee, mit dem Auftrag nach China entsandt worden, die dortige militärische, wirtschaftliche und politische Lage zu erkunden sowie Kontakte zu den kommunistischen Gruppen zu schaffen, so war nun durch die japanische Okkupation eine neue Situation eingetreten, die für die grenznahe Sowjetunion bedrohlich werden konnte. Schließlich bestärkte ihn der »Shanghai-Zwischenfall«, der international zwar verurteilt wurde, jedoch folgenlos blieb, in seiner Ansicht, daß Japan nach weiteren Eroberungen strebte. Noch während seines Aufenthaltes in China befaßte er sich mit der Situation in Japan, wobei ihm Ozika Hotsumi zur Seite stand, Korrespondent der führenden japanischen Tageszeitung »Osaka Asahi«, den Agnes Smedley mit ihm bekannt gemacht hatte. Ozaki Hotsami, der nie Mitglied der Kommunistischen Partei war, blieb auch später in Japan als Helfer und Freund an Richard Sorges Seite und wurde wie dieser am selben »symbolischen Tag«, am 7. November 1944, in Tokio hingerichtet.

Lakonisch heißt es in »Sonjas Rapport« über seinen Abschied von China 12 Jahre zuvor: »Ich nahm den Hörer ab. Richard Sorge sprach. Er habe nachmittags zwei Stunden auf mich gewartet und immer wieder angerufen, aber niemand habe sich gemeldet. Er habe Abschied von mir nehmen wollen. Ich griff nach dem Stuhl vor dem Schreibtisch und setzte mich. Richard fragte, ob ich noch da sei, er wolle mir danken, ich hätte immer gut für ihn und die anderen gesorgt, aber das sei nur ein Anfang gewesen, vieles läge noch vor mir. Ich solle weiter die Ohren schön steifhalten, das müsse ich ihm versprechen, doch nun – alles, alles Gute und Auf Wiedersehen ... Die anderen Genossen habe ich in späteren Jahren wiedergesehen – Richard nicht.«

Kurz darauf erhielt sie von der Zentrale des Aufklärungsdienstes das Angebot, an einem halbjährigen Lehrgang in Moskau teilzunehmen, um als Funker für weitere illegale Einsätze ausgebildet zu werden. Sie sollte allein fahren und mußte sich für diese Zeit von ihrem Sohn trennen, da später womöglich andernorts seine erworbenen russischen Sprachkenntnisse allzu verräterisch gewesen wären. »Dieser Vorschlag kam ganz überraschend und bedeutete eine entscheidende Veränderung meines Lebens. Ich sagte zu. Der Gedanke, die Arbeit aufzugeben, um wieder ›normal‹ zu leben, wäre mir nie gekommen, und eine Ausbildung würde mir helfen, das, was ich tat, noch besser zu tun. Japans Kriegshandlungen, die ich täglich miterlebte, die Worte der Genossen aus der fernen Heimat ›Hitler bedeutet Krieg‹ und die Erkenntnis, gegen wen sich beide Angreifer eines Tages wenden würden, sorgten für meine rasche Entscheidung.«

Im Mai 1933 verließ sie mit Sohn Michael dennoch schweren Herzens Shanghai, sie reiste über Wladiwostok, Moskau und Prag zur tschechisch-deutschen Grenze, wo die Eltern ihres Mannes den Jungen in einer Grenzbaude, die sie dort besaßen, in Empfang nahmen; auch ihr Vater war bereits dahin geflüchtet. Der Junge blieb für ein Jahr bei ihnen, während sie zurück in die Sowjetunion zu dem Ausbildungslehrgang fuhr.

4. Antifaschist und Kommunist

Mit demselben Entsetzen wie Sonja sah Klaus Fuchs das Hakenkreuz über Deutschland. Während sie im Mai 1933 an der Grenze ihren Sohn den Schwiegereltern übergab und nun nicht einmal mehr ein kurzer Besuch in Berlin möglich war, befand sich Klaus Fuchs, von den Nazis steckbrieflich gesucht, schon seit Ende Februar, nach der Nacht des Reichstagsbrandes, auf der Flucht. Nur durch Zufall war der einundzwanzigjährige Physikstudent in Kiel, wo er auf der Fahndungsliste stand, der Verhaftung entgangen. »Ich hatte Glück«, sagte er selbst dazu, »denn am Morgen nach dem Brand habe ich früh das Haus verlassen, um mit dem Zug zu einem Treffen der kommunistischen Studenten in Berlin zu fahren. Das ist der einzige Grund, weshalb ich einer Inhaftierung entkommen bin. Ich erinnere mich genau, wie mir beim Öffnen der Zeitung im Zug sofort die Bedeutung klar wurde. Ich wußte, daß jetzt der Kampf im Untergrund begonnen hatte. Ich nahm das Abzeichen der Kommunistischen Partei, Hammer und Sichel, von meiner Jacke ab und steckte es in die Tasche.«

Klaus Fuchs, am 29. Dezember 1911 im hessischen Rüsselsheim geboren, war der Sohn eines lutherischen Pfarrers, der nach seinem Theologiestudium und dem Militärdienst zwei Jahre als Vikar in England, in den Slums von Manchester, gelebt und gepredigt hatte, wo viele deutsche und andere Immigranten in erbärmlichsten Verhältnissen gestrandet waren. Er lernte Englisch von einer Presbyterianerin, fand Kontakt zu den Quäkern, deren soziales Engagement er bewunderte; er besuchte auch Meetings der Labour Party und wurde nach dem grausigen Erleben des 1. Weltkriegs ein entschiedener Pazifist. Im Jahre 1921 trat er als einer der ersten deutschen Pfarrer in die Sozialdemokratische Partei ein. »Mein Vater war nie ein Mann der Kirche, sondern ein Mann des Glaubens. Eines sehr tiefen Glaubens, den ich respektiere, obwohl ich ihn nicht teile«, sagte Klaus Fuchs von ihm. »Ich hatte eine sehr glückliche Kindheit. Entscheidend war, daß mein Vater immer danach handelte, was er als richtig empfand, und er hat uns immer gesagt, wir sollten unseren eigenen Weg gehen, auch wenn er nicht einverstanden war.«

Die Mutter,
Else Fuchs,
geb. Wagner
(1875-1931)
Der Vater,
Emil Fuchs
(1874-1971)

Anders als von »Sonja«, sind von Klaus Fuchs aus jener Zeit nur wenige authentische Zeugnisse überliefert. Aber sein Vater, der Theologe Emil Fuchs, schrieb seine Erinnerungen »Mein Leben« nieder, die zugleich die dramatischen Lebenswege seiner Kinder umreißen und eine Chronik der Zeit sind. Er spricht, auf seine Predigerzeit in England zurückblickend, von der »unbegreiflichen und unverständlichen Tatsache des vollkommenen Versagens dieses Volkes gegenüber seiner untersten Schicht, den Gelegenheitsarbeitern und Erwerbslosen und ungelernten Arbeitern der Slums. Da mein Arbeitsgebiet wesentlich in den Slums von Manchester lag, habe ich hier einen Eindruck bekommen, wie ihn nur wenige Menschen haben. Ich habe sie zu jeder Tag- und Nachtzeit gesehen und durchwandert, dieses unendlich meilenweit ausgedehnte Gewirr enger Gassen, Häuslein um Häuslein, die alle halb zerfallen aussehen. Die Haustür führt zu ebener Erde von der Straße in die steingepflasterte Küche, die zugleich Wohnraum ist, manchmal nur ein Schlafraum, durch eine Leiter zugänglich, darüber. Holztisch, Schemel, Lagerstätte das Mobiliar, ein Kessel und zwei Pfannen das Küchengerät, natürlich eine offene Feuerstelle, Kamin. Alles schmutzig; die Menschen in zerrissenen Kleidern. Sehr oft nicht nur der Mann, sondern auch die Frau und die heranwachsenden Kinder dem Trunk ergeben. Ich habe an den arbeitsfreien Sonnabend-Nachmittagen in diesen Straßen junge Mädchen gesehen, die sich zu viert oder fünf untergefaßt hatten und wankend durch die Straße zogen. Betrunkene Frauen waren ein häufiger Anblick. Ich hatte damals noch keine Vorstellung vom Massenelend unserer Groß- und Industriestädte, war also um so mehr entsetzt von diesem Zustand. Ich habe erst viel später erkannt, daß wir in Deutschland zwar nicht diese sichtbaren Elendsviertel hatten, aber tatsächlich in anderer Form dieselbe Not.« Als Pfarrer in Eisenach bekennt er dann: »Immer deutlicher wurde mir, wie die Menschen dieser kapitalistischen Welt, ihrer Organisationen und ihrer ungeheuren Abhängigkeit von dieser Organisation gar nicht mehr imstande sind, die geistigen Mächte zu schauen, zu begreifen – noch weniger, ihnen zu vertrauen. Ich merkte, daß etwas anderes dazu kommen müsse, ein Wagen und Ringen, ein Leben, ein Beispiel, in dem sie das Vertrauen auf die Macht des Geistes anschauen und verstehen könnten. Das trieb mich auch in jene praktischen Tätigkeiten, Arbeiten, Kämpfe, in denen ich etwas von der Verwirklichung und Wirksamkeit dieser Geisteskräfte zu erreichen und zu beweisen suchte ... Einmal hatten streikende Arbeiter die Fenster des Rathauses eingeworfen. Ich sagte in der Predigt, daß wir uns nicht nur entrüsten dürften über dieses Vorgehen, sondern uns ernstlich fragen müßten, welche Notstände vorlägen, daß Menschen unter uns in solche Erbitterung und Verzweiflung getrieben würden. Dann müßten wir uns bemühen, diese Notstände unter uns abzuschaffen. Man war empört, daß sich ein Pfarrer in solche Dinge einmischte, die ihn nichts angingen. Ähnliche Fälle erlebte ich öfter, und sie machten mir klar, daß unsere sogenannten ›christlichen‹ Gemeinden vom Pfarrer eine Gewissenserweckung gar nicht mehr begehrten, sondern nur die Gewissensberuhigung.«

In einem in der DDR nur in einer Akademie-Veranstaltung gezeigten DEFA-Dokumentarfilm, den Joachim Hellwig in den letzten Lebensjahren von Klaus Fuchs begonnen und 1989 fertiggestellt hatte, hob seine jüngere Schwester, Christel Holzer, den starken, prägenden Einfluß hervor, den der Vater und auch die Mutter auf alle Kinder hatten: »Ich muß schon sagen, das war eine sehr schwere Zeit, in der wir aufwuchsen, zwischen zwei Weltkriegen, aber doch war es eine glückliche Zeit für uns, da wir in einem schönen Haus lebten, das immer ein sehr offenes Haus war. Der Vater hatte viele Gäste, Gäste aus aller Welt, und wir haben oft zum Abendessen zwölf Leute gehabt, da kann ich mich noch sehr gut daran erinnern, die alle mit dem Vater über Philosophie, über Politik gesprochen haben. Das war sicher ein sehr anregendes Milieu, in dem wir aufgewachsen sind. Vater war vom Quäkertum sehr beeindruckt, das er von England her kannte. Er hat uns immer davon erzählt, wie die Quäker auch in den Arbeiterviertteln Manchesters arbeiteten, daß sie ihr Glauben dazu brachte, ein soziales Gewissen zu haben. Und er hat immer gesagt, unsere lutherische Kirche hat es nicht. Das hat sich ja auch später gezeigt, als wir Hakenkreuzflaggen in den Kirchen gesehen haben, und er hat trotzdem noch öffentlich gegen Hitler gesprochen.«

Während der zwanziger Jahre, als sie in Eisenach lebten, sei diese engagierte und trotzige Haltung schon weithin bekannt gewesen, gefürchtet und verhaßt bei den Nazis, hochgeachtet von den meisten in der Stadt mit der kämpferischen Arbeitertradition. Dort sei es geschehen: »Die SA-Leute hatten sich einige junge Männer gegriffen und sie ermordet, das waren Gewerkschaftsführer und führende Kommunisten. Darauf folgte ein Trauerzug durch die Stadt, die Särge wurden getragen, und mein Vater als der Pfarrer schritt da voraus in seinem schwarzen Talar. Am nächsten Tag zeigte die ›Eisenacher Zeitung‹ ihn mit einem roten Talar, und danach wurden wir dann alle ›die roten Füchse‹ genannt.«

Die Eltern, Emil und Else Fuchs, mit den Kindern Elisabeth und Klaus im Rüsselsheimer Pfarrhaus

In den Vorarbeiten zu dem Dokumentarfilm hatte Klaus Gysi – in der DDR Kulturminister, Botschafter und zuletzt Staatssekretär für Kirchenfragen – seine Erinnerungen an Klaus Fuchs, die gemeinsame Schulzeit mit dessen Bruder Gerhard und ein späteres Treffen in der »Odenwaldschule« zu Protokoll gegeben: »Wir sind damals ins Gespräch gekommen, Klaus und sein älterer Bruder Gerhard, wir fingen so um 7 Uhr abends an, und es war dann morgens, es wurde schon hell, gegen 5, 6 Uhr, da konnten wir nicht mehr. Es war also ein ganz langes Abend- und Nachtgespräch. Das Thema war eigentlich klar, beide Füchse waren zu der Zeit noch in der SPD, ich war seit drei Jahren im Kommunistischen Jugendverband und gerade im Begriff, in die Partei einzutreten oder schon eingetreten, also ging es um die politische Situation. Und da sich nun zwei Genossen aus der SPD und einer aus der KPD gegenüber saßen, so haben wir natürlich die ganzen Fragen des gemeinsamen Kampfes und der Möglichkeit eines kooperativen Vorgehens erörtert, kurz, wir haben alles von der Aktionseinheit und Einheitsfront bis zur Rolle der rechten SPD-Führer durchdiskutiert, worüber sich die beiden völlig im Klaren waren. Aber im Verlauf des Gesprächs stellte sich dann immer mehr heraus, daß ihnen am meisten an der Frage nach der Zuverlässigkeit der KPD als Bündnispartner gelegen war, das ging weiter bis zur Frage nach ihren Zielen und Kampfmethoden. Ich weiß noch, daß ich damals überrascht war, welche Bedeutung die Frage der politischen Moral als Mitglied einer Partei für sie hatte. Das heißt, ich ahnte, daß es ihnen eigentlich um viel mehr ging als um ein Gespräch, welche politischen Lösungen und welche politischen Aktionen im Augenblick am wichtigsten sind, sondern daß es zugleich eine Art Suche nach einer Sache, nach einer Überzeugung war, mit der es für sie persönlich möglich war, sich voll zu identifizieren.« Dazu erklärte Klaus Fuchs: »Zum größten Teil auch unter dem Einfluß meines Bruders, als er zur Universität ging, haben wir uns – das war ja die Zeit der Weltwirtschaftskrise –, da haben wir uns sehr intensiv mit den aktuellen Problemen beschäftigt. Aber doch auch sehr stark unter dem Gesichtspunkt des Versuchs zu verstehen, warum es dazu gekommen ist, wobei wir also das Studium von Marx und Engels sehr intensiv betrieben haben.«

Das außerordentliche mathematische Talent des Gymnasiasten Klaus Fuchs war bereits den Lehrern in Eisenach aufgefallen, er hatte einen Preis als bester Schüler erhalten, der ihm aber nicht offiziell im Auditorium, sondern wegen des »Rot-Fuchs«-Rufs der Familie in einer separaten Zeremonie überreicht wurde. Nach dem Abitur und zwei Studienjahren in Leipzig folgte Klaus 1931 sei-

Klaus Fuchs
(Zeichnung
der Schwester
Elisabeth)

nem Vater nach Kiel, der an der Pädagogischen Hochschule eine Professur für Religionswissenschaften übernommen hatte, und setzte dort sein Mathematik- und Physikstudium fort. So intensiv und erfolgreich er sich dem auch widmete, in dieser Zeit der heraufziehenden faschistischen Bedrohung engagierte er sich mehr und mehr für die Politik. Die Devise seines Vaters, immer zu tun, was das Gewissen gebot, bestimmte sein Handeln und ließ ihn bald über die christlich-sozialen Maximen seines Vaters hinausgehen. In den von den Braunhemden der SA angezettelten und immer brutaler werdenden Straßenkämpfen, reihte er sich in die Kolonnen des »Reichsbanners« ein, der paramilitärischen Schutzorganisation der SPD. Der schmächtige Student mit der Brille beeindruckte durch seinen Widerstandsgeist die Mitstudenten und Freunde. Immer öfter stellte er sich an die Seite der entschiedensten Nazigegner, der Kommunisten. »Hier brach ich mit der Philosophie meines Vaters, denn er war Pazifist«, bekannte er später. Seine Trennung von der SPD erfolgte, als sich die sozialdemokratische Führung dafür entschied, auf einen eigenen Kandidaten zur Präsidentenwahl zu verzichten und für den Weltkrieg-Feldmarschall Hindenburg votierte. »Mein Argument war, daß wir Hitler nicht durch Zusammenarbeit mit anderen bürgerlichen Parteien stoppen konnten, sondern nur durch eine vereinte Arbeiterklasse. In diesem Moment entschied ich mich, die offizielle Politik meiner Partei abzulehnen, und ich bot mich als Redner für den kommunistischen Kandidaten bei der Präsidentenwahl an.«

Das war Ernst Thälmann, für den er sich nun einsetzte und damit all seine früheren SPD-Genossen vor den Kopf stieß. Sie apellierten an ihn, nicht auszuscheren und die Parteidisziplin zu wahren. Als er sich nicht beirren ließ und die Partei seines Vaters ihn ausschloß, ging er zum Büro der Kieler KPD-Organisation und unterschrieb dort seinen Aufnahmeantrag. Das taten noch im selben Jahr – 1932 – auch sein Bruder Gerhard und die Schwester Elisabeth. »Da sie alle sehr begabt waren und die beiden Söhne gute Redner, wurden sie von der KPD in der politischen Agitation sehr stark eingesetzt und waren weithin bekannte, geliebte und gehaßte Persönlichkeiten geworden«, berichtete der Vater in »Mein Leben«. »Ich erinnere mich, als ich einmal einen großen Demonstrationszug der KPD vom Fenster her vorbeiziehen sah, wie der Parteisekretär, dem sie zur Rechten und Linken gingen, stolz zu mir heraufwinkte und dann seine Arme um ihre Schultern legte. Es war mir ein Sinnbild der drei an ihre gewaltige Zielsetzung. Sie liebten und bewunderten Thälmann, zu dessen Versammlungen sie

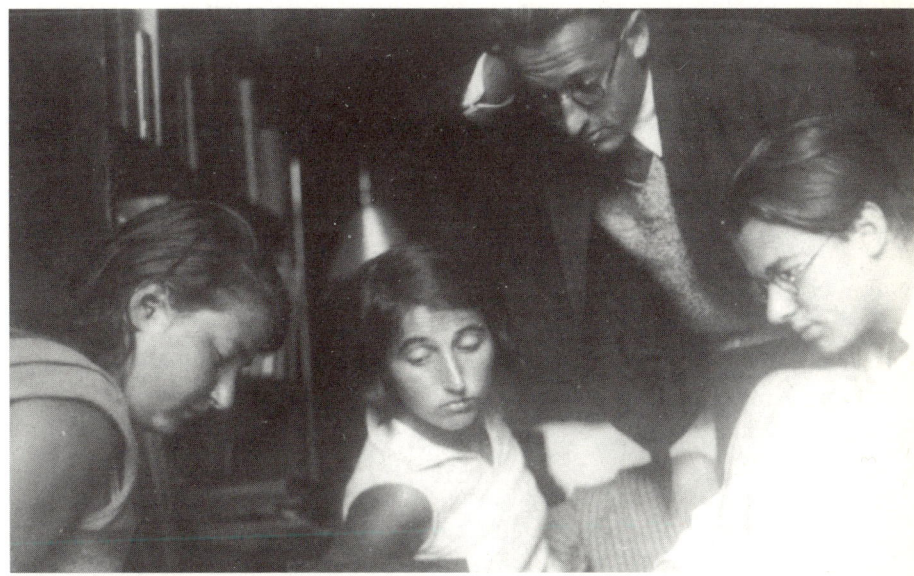

immer gingen, wenn er in der Nähe sprach. Wie glühten sie im Bewußtsein, daß durch die große Katastrophe hindurch eine machtvolle Zukunft für die Sache des Kommunismus aufsteige! Dabei täuschten sie sich nicht über die Schwere der nun bevorstehenden Zeit.«

Die Fuchs-Geschwister: (v. l.) Christel, Elisabeth, Gerhard, Klaus

Als an der Kieler Christian-Albrechts-Universität die Nazi-Studenten einen Streik gegen den Rektor inszenierten, der demokratische Gesinnung noch zu wahren versuchte, stellte sich Klaus

Fuchs mit den KP-Genossen den SA-Schlägertrupps und brüllenden Hitlerjungen entgegen. Er wurde zusammengeschlagen und entging nur knapp der braunen Lynchjustiz. »Ich weiß noch, in Kiel, daß die Nazis und auch andere Leute sich besonders gegen Klaus wandten«, berichtete die Schwester Christel. »Da war eine Horde von Menschen, die ihm nachliefen und alle schrien, wir wollen den Fuchs in die Förde werfen und ihn ertränken. Das habe ich alles mitangehört, aber am nächsten Tag ist der Klaus mit seinen Büchern in die Universität gegangen. Wir sagten alle, du sollst dich dort nicht zeigen, doch er hat so viel Mut gehabt, das zeigt auch seinen Charakter, daß er dahin ging, und man hat ihn nicht angerührt.«

Selbstporträt
Elisabeth

1933

Nach der Machtergreifung der Nazis und dem Reichstagsbrand war nicht nur Klaus Fuchs, sondern die gesamte Familie in höchster Gefahr. Der Bruder Gerhard, der von seinem Jurastudium exmatrikuliert wurde, tauchte in Berlin unter. Die ältere Schwester, Elisabeth, eine begabte Malerin, konnte ihr Kunststudium nicht fortsetzen und verbarg sich zunächst bei Angehörigen der kommunistischen Frauengruppe, in der sie mitgearbeitet hatte. Der Vater wurde mitten im Examen, als er gerade eine Gruppe seiner Studenten prüfte, von der Weisung aus Berlin in Kenntnis gesetzt, daß er sofort sein Lehramt niederzulegen und die Pädagogische Akademie zu verlassen habe. In seinem Haus erschien Polizei und durchsuchte es von oben bis unten, vor allem die Zimmer seiner Kinder, in denen Waffen vermutet wurden, wie Emil Fuchs berichtete: »Sie fanden keine Waffen. Es war zwischen mir und meinen Kindern selbstverständlich, daß wir nur mit geistigen Waffen fochten und es in unserem Haus materielle Waffen nicht gab. Sie fanden aber sehr viele Bücher, die sie auf einen gewaltigen Haufen in

74

mein Zimmer warfen und mitnehmen wollten. Alles, was von Karl Marx, Friedrich Engels, Lenin und Stalin zu haben war, hatten wir, dazu sehr viel andere Literatur politischer und volkswirtschaftlicher Art. Es war starker Regen, und ich sah den Haufen guter Bücher. ›Wollen Sie die alle auf diesen offenen Lastwagen werfen?‹ ›Natürlich‹, sagten sie. Da gab ich ihnen einen guten Schließkorb dazu, um die Bücher zu schonen. Weder ihn noch sie sah ich wieder. – Aber welche Illusionen hatte man immer noch!! – Als sie die Tür zu Klaus' Zimmer öffneten, stand der Vervielfältigungsapparat da, mit dem vor der Abreise noch ein Flugblatt vervielfältigt werden sollte, den der Freund, der ihn abholen sollte, nicht mehr abzuholen wagte. Als die Polizisten weg waren, ging ich durch die Wohnung und fand in einer Ecke ein Blatt aus den Akten der Freien Sozialistischen Jugend. Ich ging zum Ofen des Zimmers, um es zu verbrennen; ich fand ihn schon vollgestopft mit diesen Akten. Sie hatten sie verbrennen wollen, hatten aber in der großen Eile der Fluchtvorbereitungen nicht daran gedacht, daß festgestopftes Papier nicht brennt. Noch einige Stunden saß ich vor dem Ofen und steckte ein Blatt nach dem anderen ins Feuer, bis alles vernichtet war.« So fielen der Gestapo auch bei weiteren Hausdurchsuchungen keinerlei KPD-Akten und Papiere seiner Söhne und Töchter in die Hände, die sie und andere hätten gefährden können.

Aber Emil Fuchs hatte noch bis in den März 1933 hinein öffentlich die Machtübernahme der Nazis scharf attackiert. Seit November 1931 schrieb er an einem politischen Kalendarium, das Woche für Woche und mit Blick nicht nur auf Deutschland scharfsinnig und kritisch die politischen Geschehnisse analysierte. Der »Bund der religiösen Sozialisten Deutschlands«, der sich um ein Zusammengehen von Sozialdemokraten, Kommunisten und linksstehenden Christen gegen den aufkommenden Faschismus bemühte, hatte die »Wochenberichte« bis zum Verbot nach dem Reichstagsbrand im Februar 1933 regelmäßig in der Zeitung »Der religiöse Sozialist« veröffentlicht. Daran hatten, besonders im letzten Jahr, seine beiden Söhne zunehmend mitgearbeitet und einige Passagen – über deutsche Innenpolitik, die Sowjetunion und den antifaschistischen Widerstand – geschrieben. Diese Aufzeichnungen (hier auszugsweise zwei »historische« Wochen) sind das politische Vermächtnis eines sozialistischen Christen, der sich den Auffassungen seiner marxistisch gebildeten Söhne eng verbunden fühlte:

Politik der Woche 30. Januar bis 4. Februar 1933:
Innenpolitik: Hitler ist Kanzler und geht aufs Ganze. Das muß man ihm lassen. Den Versuch, das Zentrum für eine längere Tolerierung mit Vertagung des Reichstags für ein Jahr zu gewinnen, brach er ab. Die Rückfragen des Zentrums zeigten zu deutlich, daß dieses für irgendwelche Staatsstreichexperimente nicht zu haben ist. – Also versucht man die Jubelstimmung des Augenblicks bei den Anhängern auszunutzen, indem man Wahlen macht. Der Reichstag ist aufgelöst und soll am 5. März – also so rasch wie möglich – neu gewählt werden. Die Auflösung des Preußischen Landtags forderte ein Antrag der NSDAP. Er ist abgelehnt. Die KPD stimmte mit für Ablehnung. Im Dreimännerkollegium lehnten Braun und Adenauer ab, die Auflösung zu bewilligen. Auflösen will man und sucht die Möglichkeit. Hier wäre der erste ganz offene Verfassungsbruch. Wagt man ihn? – Darüber hinaus will man auch die Provinziallandtage, die kommunalen Körperschaften, in Preußen auflösen, von diesen den Staatsrat neu wählen lassen, also alle Macht in die eigene Hand bringen. Die schlaue Geschicklichkeit und die Brutalität sind groß. Alles, was rechts steht, betont immer, daß Körperschaften wie der Staatsrat gerade dazu nötig sind, allzu hemmungslose Beschlüsse und Entwicklungen der Volksstimmung zu regulieren. Wenn es um die eigene Macht geht, schaltet man das Instrument aus. Es gilt nur gegen das Volk. Noch keine Partei hat auch so schlau um die kleinen Vorteile gehandelt, wie es jetzt bei der Landtagsauflösung geschehen soll. Diese soll erst zum 4. März effektiv werden, damit bis zu diesem Tage die Diäten und Fahrkarten der Abgeordneten gehen.
Brutal ist auch die Selbstverständlichkeit, mit der die Ansprüche der getreuen Parteigenossen auf Ämter befriedigt werden. Es gibt keinen Respekt vor Tüchtigkeit und Leistung mehr, wo ein Amt von einem Pg. oder einem deutschnationalen Herren begehrt wird. Göring sagte bei einem Besuch im Polizeipräsidium: Ich betrachte mich als Kommandant eines Schiffes. Wer einsteigen will, soll es rasch tun. Später geht es nicht mehr. Und Hitler sitzt zusammen mit Herrn von Papen, Hugenberg und Seldte im Ministerraum. Papen, sein Vizekanzler, der ihn sogar begleitet, wenn er dem Reichspräsidenten Vortrag hält. (Traut man einander nicht, oder traut man den Manieren Hitlers nicht?) – Hugenberg hat die beiden entscheidenden Ministerien für wirtschaftliche Gestaltung, das Reichswirtschafts- und Reichsernährungsministerium. Man will dadurch den Kampf der Industrie und Landwirtschaft beseitigen, der bis jetzt jede Rechtsregierung lähmte. Außerdem sind vom Reichsar-

beitsministerium, das man Seldte anvertraut hat, die Fragen des Tarif-
rechtes, der Tarifpolitik, des Arbeitsrechtes und Arbeitsschutzes abgetrennt und Herrn Hugenberg übertragen worden. Daß der weiß, was
er will, wußten wir schon. Ihm ist von der »Arbeiterpartei« das Schicksal der Arbeitermassen anvertraut. Kommissar für Preußen ist Herr von
Papen, dem Herr Göring als Kommissar für das preußische Innenministerium zur Seite tritt. Die Reichswehr hat man dem bisherigen Kommandeur von Ostpreußen, Herrn von Blomberg, anvertraut, der der
NSDAP nahestehen soll. Als Gegenleistung der Deutschnationalen
für das Vertrauen, das man Hugenberg entgegenbrachte, wird, so
scheint's, das preußische Kultusministerium den Nationalsozialisten
überlassen; Herr Kahler geht. Es soll ein Studienrat Rust aus Kassel sein
Nachfolger werden (Pg.). Papen hat nun Hugenberg auch noch zum
Kommissar für das preußische Landwirtschafts-, Wirtschafts- und
Arbeitsministerium ernannt. Herr Hugenberg baut die deutsche Wirtschaft, die NSDAP inzwischen die deutsche Kultur. – Uns leuchtet diese
Teilung sehr ein!! Ob auch denen in der NSDAP, die glaubten, es mit
einer »sozialistischen« »Arbeiter«partei zu tun zu haben? Ob auch
denen allen, die Hitlers verzweifelten Kampf gegen Papen und Hugenberg noch in Erinnerung haben? – Ach! Wir haben ja erfahren, daß die
Kreise, die Hitlers Agitation zugänglich sind, durch nichts belehrt werden. Die Begeisterung schäumt wieder auf. Man benutzt sie zu Neu-
wahlen, ehe sie enttäuscht werden kann. Dann hofft man bis zur Enttäuschung die Macht so fest in Händen zu haben, daß sie nicht mehr
genommen werden kann. – Die Frage ist nur die, ob die begeisterte
Dummheit in Deutschland noch über das Maß hinaus gesteigert werden kann, was Hitler bis jetzt erreicht hat. Man hofft die 51 Prozent
Reichstagsmandate zu erreichen, die alles das ermöglichen ...
Dazu geht durchs ganze Reich eine Welle der Begeisterung, Fackelzüge
usw. Die Terrorwelle schäumt auf. Gewalt- und Mordtaten werden von
überallher gemeldet Das Bürgertum erfährt in seiner Presse nur, daß das
die bösen Kommunisten sind, die das herausfordern. Man droht ein
Verbot der KPD an, hat ihre Umzüge verboten, hat eine Demonstration der SPD in Berlin verboten, den »Vorwärts« beschlagnahmt wegen
des Wahlaufrufs der SPD. Er und »Rote Fahne« sind bis 7. Februar verboten. Eine Verordnung, die die Presse- und Versammlungsfreiheit
beschränkt, soll demnächst erscheinen (Verordnung des Reichspräsidenten »Zum Schutz des deutschen Volkes«) ...
Nein! Gegenüber Hitler steht heute als Kern allen Widerstandes die
deutsche Arbeiterschaft. Sie ist die politisch und wirtschaftlich geschulte

Kerntruppe, die deshalb begreift, um was es geht. Daß sie es begriffen hat, wird immer deutlicher. Hoffentlich wird es bald so deutlich, daß auch diese dumme Polemik zwischen SPD und KPD einer wirklich sachlichen Aussprache, sachlichem Austragen der nicht zu verdenkenden faktischen Meinungsverschiedenheit und einer klaren Entschlossenheit gemeinsamen Widerstandes weicht. Zu dieser Kerntruppe stoßen heute mit ganzer Entschlossenheit die Christlichen Gewerkschaften, die deutschen Gewerkvereine, ja sogar der Deutschnationale Handlungsgehilfenverband. Alle wirklich Organisierten haben das Signal vernommen ...

Es ist keine Ursache, zu verzweifeln – aber jeder Grund da, alle Kräfte entschlossenen Widerstandes, klaren Willens, ehrlicher, unbeugsamer Führung einzusetzen. Noch kann die Katastrophe vermieden werden, die eine Herrschaftszeit, wie Hitler sie plant und Hugenberg will, herbeiführen müßte. Keiner allerdings hilft sie vermeiden, der jetzt noch schwächlich zögert, alle seine Energie gegen diese Regierung zu gebrauchen ... Die Weltkatastrophe, deren Mittelpunkt Deutschland heißt, geht weiter. Von unserem klaren Mut hängt mehr ab als nur Deutschlands Existenz. Zumindest für Europa geht es um die Frage: Rettung der Kultur oder Zurücksinken in hoffnungslose Verelendung und Barbarei?

Politik der Woche 27. Februar bis 4. März 1933
Deutschland: Am Abend des 27. Februar brannte das Reichstagsgebäude aus. Man hat einen Holländer verhaftet, der aussagt, Kommunist zu sein und auch mit der SPD in Verbindung zu stehen. – Wie in einem überwachten Gebäude diese Tat möglich war, ist absolut unaufgeklärt. Die Regierung hat sich selbst die Möglichkeit genommen, den republikanisch denkenden Teil der Bevölkerung vom Rechte ihrer Ansichten und ihres Vorgehens zu überzeugen, indem sie SPD- und KPD-Presse, Flugblätter, Versammlungen, Demonstrationen verbot, der gesamten Presse solche Beschränkungen auflegte (Notverordnung zum »Schutz von Volk und Reich«), daß man heute Kritisches gegen die Regierung mehr in der Rechts- als in der Linkspresse finden kann. Gegen die KPD ist eine rücksichtslose Verfolgung ausgebrochen, Tausende verhaftet, überall Haussuchung. Torgler hat sich freiwillig gestellt, um Zeugnis abzulegen. Thälmann sei verhaftet (3.3.33). Auch Stampfer und der Auslandsredakteur des »Vorwärts«, Schiff, sind verhaftet. Die Bestimmungen gegen inneren und äußeren Landesverrat überschreiten weit das bis jetzt vorstellbare Maß. Die SPD protestiert ener-

gisch gegen die Behauptung, daß sie in Verbindung mit diesem Verbrechen stehe. Beide Parteien haben keinerlei Möglichkeit zu Wahlagitation, während die NSDAP den »Tag der erwachenden Nation« proklamiert und mit Fackelzügen, Freudenfeuern usw. feiert. Ein Brief der deutschen Bischöfe an Hindenburg bat um Sicherung der Wahlfreiheit. Die Antwort ist, daß der Reichspräsident alles in seinen Kräften liegende tun werde, um die Wahlfreiheit zu sichern, und daß er überzeugt sei, daß auch die Reichsregierung den Willen dazu habe.

Inzwischen ist in Hannover ein Anschlag verübt, Benzintanks ließ man auslaufen. Der Täter unbekannt. Man behauptet, es seien Kommunisten. Die sämtlichen Maßnahmen sind nicht, wie sonst in solchen Fällen üblich, durch Verhängung des Belagerungszustandes getroffen, der der Reichswehr den Schutz anvertraut, sondern durch polizeiliche Maßnahmen, die dem Innenminister und der Polizei die Macht geben. Um diese in diesem Maße üben zu können, wurden in Preußen Angehörige der SS, SA und des Stahlhelms als Hilfspolizei eingestellt.

Der Reichskanzler Hitler hat zwei im Auslande verbreitete Gerüchte in einem Presseinterview dementiert, das eine behauptet, man plane eine Bartholomäusnacht gegen die Marxisten. Ja, manche Blätter reden davon, daß das Ausland schützend eingreifen müsse. Hitler erklärte, daß das Unsinn sei. Die Verordnungen erlaubten, auf gesetzliche Weise mit allen Gegnern des Staates fertig zu werden. Gegen die Behauptung ausländischer Blätter, das Feuer im Reichstag sei nur ein Vorwand, um den Kampf gegen KPD und SPD zu rechtfertigen, erklärt Hitler, das Ausland solle ihm dankbar sein. Ohne sein Dazwischentreten wäre Deutschland dem Bolschewismus anheimgefallen ...

In diesen Tagen und Nächten nach dem Reichstagsbrand, die der Auftakt zu einer zwölfjährigen »Bartholomäusnacht« waren, wurde auch die Zeitung der »Religiösen Sozialisten« verboten. Ein Mann wie Emil Fuchs, der solche anklägerischen Pamphlete gegen die Nazis noch nach ihrer Machtergreifung verfaßte, konnte mit keiner Nachsicht rechnen. Diese renitente Haltung des Theologieprofessors, der in aller Öffentlichkeit der Nazilüge von der kommunistischen Urheberschaft des Reichstagsbrandes entgegentrat und den Widerstandskampf der KPD gerecht und ehrenvoll nannte, genügte als Vorwand, um ihn zu verhaften und mehrere Wochen ins Gefängnis zu sperren. »Nun saß ich in der Zelle, vor mir die festverschlossene, gesicherte Tür mit dem kleinen Guckloch, hinter mir das vergitterte Fenster, neben mir das Bett mit dem

schmutzigen Strohsack, der Schemel, der Tisch, das große Gefäß
für menschliche Bedürfnisse ... Es wich nicht die furchtbare Läh-
mung einer unüberwindlichen Niedergeschlagenheit, ja Hoff-
nungslosigkeit. Nun in der Einsamkeit wurde die ganze Furcht-
barkeit dessen in mir lebendig, was geschehen war: das deutsche
Volk in einen hoffnungslosen politischen Irrtum verstrickt, grau-
same Vernichtung aller Möglichkeiten einer Änderung, aller Arbeiten und Versuche, die wir gemacht hatten, dem zu begegnen. Die
Menschen, auf die man Hoffnung setzen konnte, wurden entweder grausam getötet oder befanden sich im KZ, im Gefängnis oder
auf der Flucht. Eine ganz große Masse war umgefallen, auf die
andere Seite gegangen, darunter auch solche, auf deren Urteil man
Wert gelegt hatte. Bist du allein im Recht? Könnten nicht die anderen klarer sehen als du? Es waren doch auch fast alle Kirchenbe-
hörden auf Seiten Hitlers ...«

Durch die Bemühung seiner Quäker-Freunde – Mitglieder der
»Gesellschaft der Freunde« – wurde er auf Kaution freigelassen,
zwei Jahre später in einer Prozeß-Farce mit fadenscheinigen Anklagen zu der verbüßten Untersuchungshaft verurteilt. Indessen
war auch seine Tochter Elisabeth, die mit Gustav K██████, einem
Kieler Kommunisten, verheiratet war, mit diesem verhaftet und
Mitte 1933 ins Kieler Frauengefängnis, ihr Mann ins Moor-KZ
Papenburg gebracht worden. Auch sie beide kamen durch die
Bemühungen der Quäker-Freunde nach achtzehnmonatiger Haft
zunächst Weihnachten 1934 frei. Wenige Tage darauf brachte Elisabeth ihren Sohn Klaus zur Welt, benannt nach ihrem Bruder, der
sich zu dieser Zeit bereits in England befand. Vier Jahre später
wurde ihr Mann erneut verhaftet. Er hatte mit Autos einer kleinen
Verleihfirma, die von Emil Fuchs in Berlin als Notexistenz gegründet worden war, politisch und rassisch Verfolgte sowie antifaschistische Bücher und Schriften über die Kieler Förde und die
tschechische Grenze gebracht. Gustav K██████ wurde ins Konzentrationslager Dessau-Roßlau nahe der Elbe gesperrt, wo ihn
Elisabeth mehrmals traf.

»Wir besuchten meinen Schwiegersohn im Lager zu Roßlau«,
schrieb der Vater in seinem Buch. »Er erzählte sehr betont, daß er
außerhalb des Lagers auf einem Baggerschiff auf der Elbe arbeite.
Nach dem Besuch sagte Elisabeth: ›Die Gegend muß ich mir ansehen. Das hat er nicht umsonst erzählt.‹ Wir gingen am anderen
Ufer der Elbe hin. ›Siehst du, da drüben liegt das Schiff! Ich habe

Grafiken von
Elisabeth

aus dem
Gefängnis

einen Plan. Ich glaube, ich kann ihm zur Flucht verhelfen!‹ Ich erschrocken: ›Du wirst doch nicht auch noch dich und das Kind riskieren, das kann er gar nicht wünschen!‹ Sie: ›Ich weiß, daß ich ihm helfen kann. Wenn ich das nicht tue, kann ich nicht leben!‹ Wir fuhren todmüde nach Hause. Nach ein paar Tagen kam eine Frau zu ihr, Schwester eines Mitgefangenen in Roßlau, der einen Brief herausbekommen hatte mit einem Plan, daß beide zusammen fliehen wollten und nur Geld und Kleider brauchten. Nun setzte sich Elisabeth mit einem Genossen in Verbindung, der ein Motorrad besaß. Einige Male fuhr sie morgens vier Uhr nach Roßlau, bis es ihr gelang, durch Überschwimmen der Elbe und Umschwimmen des Schiffes in einem Augenblick, in dem der Wächter ins Innere des Schiffes verschwunden war, ihrem Manne Geld zuzustecken und kurze Vereinbarungen für einen bestimmten Tag zu treffen.«

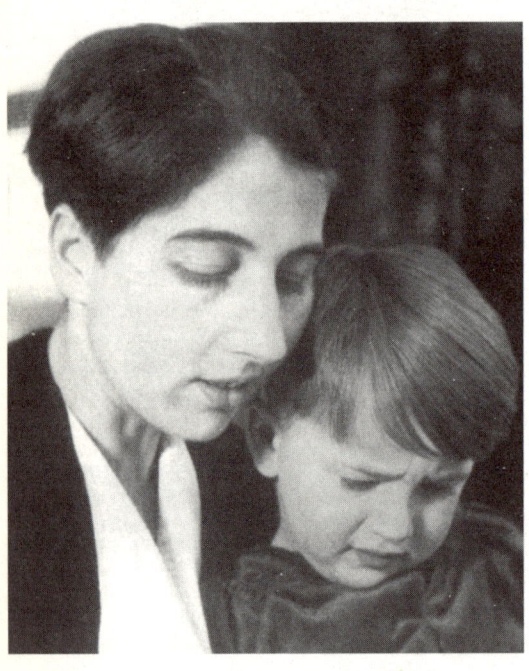

Die Schwester Elisabeth mit ihrem Sohn Klaus

Am Tag der geplanten Flucht wurde jedoch der andere Häftling bei der Morgenkontrolle zurückgehalten und weggebracht, so daß K. eher und anders als mit seiner Frau verabredet mit einem Anzug aus der Kleiderkammer geflüchtet und nach Dessau gelaufen war, wo er mit dem Geld, das er von ihr erhalten hatte, ein Taxi nahm und nach Berlin fuhr. Er stand dort vor Emil Fuchs und sagte lachend. »Heute suchen sie mich hier noch nicht.« Sie warteten auf Elisabeth, doch sie kam nicht. K. mußte sich bei Freunden in Berlin verbergen und schnellstens weiter über die Grenze. Der Vater saß diese ganze erste Nacht am Fenster und wartete auf seine Tochter. »Sie kam nicht, kam am nächsten Tag, die ganze Woche, vierzehn Tage lang nicht. Ihr Mann mußte ohne sie wegfahren. Nach einigen Tagen erhielt ich übers Quäkerbüro einen Zettel, auf dem nur stand, ich solle mich über meine Tochter nicht beunruhigen, sie sei bei Freunden. Er war vom schwedischen Pfarrer Forell.

Am Ende der Woche erhielt ich eine Karte meiner Schwester: ›Komme sofort, ich habe Wichtiges mit Dir zu besprechen.‹ Ich fuhr hin. Sie kam mir entgegen: ›Ich habe eine Karte mit der Unterschrift deines Schwiegersohnes aus Prag. Das ist doch nicht möglich?‹ Ich sagte: ›Es ist möglich, er ist geflüchtet.‹ So waren wir über ihn in Gewißheit, aber über Elisabeth lag das Rätsel. – Endlich, in der Frühe des zweiten Sonntags kam sie an, ganz todmüde, völlig verstört aussehend, schmutzig, mit ungeordnetem Haar.«

Für eine Frau wie sie, die Bilder beschwörerischer Liebe für die Menschen und das Leben rings um sie her malte, war dieses Maß von Schrecken, Leid und Verwüstung unerträglich. Da sie außer dieser einen Karte an die Tante trotz verzweifelten Suchens auch über die Grenze hinweg keine weitere Nachricht von ihrem Mann erhielt und nichts über ihn in Erfahrung bringen konnte, stürzte sie sich im August 1939, kurz bevor der Krieg losbrach, in düsterer Verzweiflung auf der Fahrt nach Berlin aus dem Zug.

Ihr Vater war bei ihr: »Ich führte sie an der Hand und war entschlossen, diese Hand nicht loszulassen bis Berlin. Inzwischen war mir aus ihrem Benehmen deutlich geworden, daß eine sie völlig sinnlos beherrschende Verzweiflung sie zum Selbstmord trieb ... So kamen wir in den überfüllten Zug. Als er sich in Bewegung setzte, mußten wir weitergehen, um einen Platz im anderen Wagen zu suchen. Da schwankte der Zug; um mich zu halten, ließ ich Elisabeths Hand los. Als ich mich umdrehte, war sie verschwunden, die Tür nach außen offen. In der einen Sekunde war sie aus dem fahrenden Zug gesprungen. Der Zug mußte halten, ein Freund stieg mit mir aus, wir hatten eine Viertelstunde zurückzugehen. Da lag sie mit zerschmettertem Kopf auf den Schienen.«

Damals sagte er sich, obwohl er glaubte, es nicht überleben zu können: »Um des Jungen willen mußt du leben!« Seine Frau hatte sich 1931, als die Familie schon ersten Nazidrohungen und Verfolgungen ausgesetzt gewesen war, ebenfalls das Leben genommen. Sein Sohn Gerhard war über die Grenze geflüchtet, an Tbc erkrankt und lebte in der Schweiz. Vom Sohn Klaus hatte er eine Karte aus Paris mit der verabredeten Unterschrift »Dr. Dietrich« erhalten, dann weitere Botschaften aus England. Vom Schwiegersohn Gustav K███████ fehlte noch immer jede Nachricht. Die Tochter Christel war nach den USA ausgewandert. So war Emil Fuchs nun in Berlin mit dem knapp fünfjährigen Sohn Elisabeths allein, das Haus in Kiel geräumt, einige Möbel und Habseligkeiten von dort in einer Freienwalder Sommerlaube untergestellt, sonst bei Freunden oder in Untermietsstuben zu Hause, schließlich in einem zusammen mit einem befreundeten Ehepaar gemieteten kleinen Haus in Mariendorf.

5. Mukden, Warschau, Danzig und in der Schweiz

Sonja war 25 Jahre, als sie im Februar 1934 die Reise von Moskau zum weiteren illegalen Einsatz antrat, nachdem sich die Kundschafter-Ausbildung in der Sowjetunion fast über ein Jahr erstreckt hatte. »Die Schule war in einem großen Backsteingebäude untergebracht, ein Posten stand vor dem Tor; sowjetisches Militär arbeitete und wohnte auch dort, wie ich glaube«, berichtete sie in »Sonjas Rapport« über dieses Lehrjahr, nachdem das Schweigegebot darüber etwas gelockert war. »Das Gebäude lag in der Nähe eines russischen Dorfes, dessen Namen mir entfallen ist. Ein Omnibus fuhr nach Moskau hinein; die Fahrt ging an den Leninbergen und dem Gorkipark vorbei. Heute ist das Dorf verschwunden und ein Teil der Stadt geworden. Ein Flügel des Hauses beherbergte die ausländische Gruppe. Wir waren sieben oder acht Schüler, die als Funker ausgebildet wurden ... Ich lebte mich schnell ein; der Bau der Geräte machte mir Freude, beim Morsen kam ich gut mit; nur die Theorie lag mir überhaupt nicht. Ich glaube, daß ich ein williger, aber auf diesem Gebiet unbegabter Schüler war. Ich baute Sender, Empfänger, Gleichrichterschaltungen und Wellenmesser und lernte Russisch. Mir machte auch der politische Unterricht Freude.«

Sie sollte, nachdem sie den dreijährigen Sohn Michael aus dem tschechischen Grenzort von den Schwiegereltern geholt hatte, nach China zurückkehren. Die Reiseroute führte diesmal von Triest mit einem Passagierschiff übers Mittelmeer, durch den Suezkanal und über Indien, nach einem Aufenthalt in Bombay weiter nach Singapur, Hongkong und Shanghai, wo sie Rudi, ihr Ehemann, erwartete. Aber ihr neuer, von der Moskauer Zentrale festgelegter Einsatzort war das fast zweitausend Kilometer entfernte und von den Japanern besetzte Mukden. In ihrer Begleitung befand sich Ernst, ein Genosse aus Hamburg, der mit ihr in Moskau gemeinsam den Ausbildungskurs absolviert hatte und die neuzubildende Gruppe leiten sollte. Er war ein Seemann und lange als Kurier der sowjetischen Armeeaufklärung tätig gewesen, nun, nach seiner zweiten Moskauer Lehrgangsteilnahme, ein Funkspezialist, mit dem zusammen sie Verbindung zu kommunistischen Gruppen in dem mandschurischen Kampfgebiet aufnehmen sollte. Dahin reisten die beiden im Mai, gemeinsam mit dem Jungen, nach schwerem Abschied Sonjas von ihrem Mann. Der war unter dem Eindruck der Ereignisse in Deutschland zum Kommunisten geworden und bereit zur illegalen Mitarbeit. Er stand ihnen bei und half beim Besorgen, Transportieren und getarnten Verschicken von illegalem Material, Sprengstoff und der damals sehr sperrigen Funkgerätschaften – die Röhren und Spulen waren größer als später ganze Sender.

Nach dem japanischen Überfall war in den Bergen der Mandschurei und in kleinen Städten und Dörfern der Widerstandskampf entbrannt. Die drangsalierten chinesischen Bauern, Arbeiter, Studenten und Soldaten schlossen sich zu Partisanengruppen zusammen. Noch waren sie nicht in der Lage, größere Gefechte gegen die Japaner zu führen, ihre Aktionen richteten sich jedoch gegen das Transport- und Nachrichtenwesen sowie die Kommandostellen der Besatzer. Mit dem Sender von Ernst und Sonja wurde eine Verbindung untereinander und zur Sowjetunion geschaffen, die den Volksaufstand und die sich aus diesen Partisanengruppen formierende Rote Armee unterstützte. Sonja schrieb später dazu: »Es war selbstverständlich, daß die Sowjetunion am stärksten an einer internationalen Hilfe beteiligt war, und es ist nicht verwunderlich, daß die Genossen in der von Japanern besetzten Mandschurei mit der Hilfe der Sowjetunion rechneten und sie erhielten. Chinesische Genossen erlernten in der Sowjetunion das Partisanenhandwerk, und wie stolz waren die Ausgewählten darauf. Wir besaßen Decknamen und Treffpunkte für einige Partisanen, die eine Gruppe aufbauen, ausbauen und zur Aktion führen sollten.«

Sonja war es gelungen, sich in einem Gartenhaus neben der leerstehenden Luxusvilla eines Pekinger Generals einzumieten, wo zuvor dessen Mätresse gewohnt hatte. Hier war es möglich, eine unauffällige Antenne anzubringen und den Funkverkehr durchzuführen, zweimal wöchentlich, meist die ganze Nacht hindurch bis zum frühen Morgen; jede gesendete Nachricht mußte kodiert und jede empfangene entschlüsselt werden. »Mein Haus mit den geschlossenen Fensterläden war wie eine Burg«, schrieb sie. »Das Licht im Zimmer war abgedeckt, ein kleiner Schimmer, gerade ausreichend zum Lesen und Schreiben, fiel auf die Tischplatte, alles andere lag im Dunkel. Michael schlief fest im Raum nebenan. Die

Stadt schlief, nur ich war wach und sendete Nachrichten der Partisanen in den Äther – und in Wladiwostok saß ein Rotarmist und fing sie auf. Doch häufig gab es Nächte, da fluchte ich dem Wekker und der Kälte im Raum. Der Ofen ging über Nacht aus. Ich saß im Trainingsanzug, in Decken gewickelt, am Schreibtisch und morste mit fingerlosen Handschuhen. Flugzeuge kreisten über dem Haus. Mal mußten sie mich ja erwischen. Einen Augenblick hoffte ich, der Partner würde sich nicht melden, ich würde so gern zurück ins warme Bett, aber dann müßte ich nächste Nacht wieder heraus.«

Hinzu kam die Scheinarbeit mit einem Buchvertrieb, für den sie in der unruhigen und bedrohlichen Situation nur wenige lesefreudige Kunden fand. Auch Ernst unterhielt zum Schein eine Firma für Rheinmetall-Schreibmaschinen, die mehr Aufwand kostete, als Nutzen brachte. Trotzdem dienten diese Geschäftsverbindungen der Tarnung geheimer Treffs mit Partisanenführern und Parteifunktionären, die Berichte übergaben und Informationen und Richtlinien zur Koordinierung ihrer Aktionen entgegennahmen. Oft waren dazu Reisen und auch nächtliche Zusammenkünfte in entlegenen Gegenden nötig, manchmal Hunderte Kilometer von Mukden entfernt. Ersatzteile für den Sender, Waffen oder Chemikalien für Sprengstoffe, manchmal zentnerweise, mußten beschafft werden. Indessen gelang es damit den Partisanen immer häufiger, Gleisanlagen zu blockieren, Militärzüge der Japaner anzugreifen oder zum Entgleisen zu bringen. Zu den illegalen Gruppen und Kampfeinheiten kamen immer mehr junge Menschen aus den Dörfern und Städten, so daß ihre Schlagkraft wuchs, damit freilich auch der wütende Haß, die Feindseligkeit und die Spitzeltätigkeit der Japaner.

Wie kaum anderswo unterlagen in der Mandschurei die Gegner des Regimes und der Besatzungsmacht, aus welcher Weltgegend sie auch kamen, einer drakonischen Überwachung und mörderischen Verfolgung, die äußerste Vorsicht und eine nahezu komödiantische Verstellungskunst gebot. In der Inszenierung einer gutbürgerlichen Lebewelt samt Haushaltführung mit Dienerschaft war Sonja geübt, doch da ihr Ehemann außer zu kurzen Besuchen nicht zur Stelle war, ließ sich das Bild einer honorigen Familie nur mit vielerlei Verrenkungen und Ausflüchten herstellen. Mit Bedacht wählte sie jedes Wort, das sie an die Eltern schieb, die inzwischen mit allen Geschwistern nach England emigriert waren.

Manche Briefe gerieten dabei zu Meisterstücken der Desinformation an die Mitleser der observierenden Geheimdienste, wurden aber mit ihren spöttischen Seitenhieben und Übertreibungen, die politische und wirtschaftliche Tatsachen kurios auf den Kopf stellten, von allen aus der Kuczynski-Familie nur zu gut verstanden wurden.

So schrieb sie an den Vater aus Mukden zu dessen 58. Geburtstag am 20. Juli 1934:

> Lieber Vat! Zum Geburtstag herzlich alles Gute! – Das Land hier ist außerordentlich interessant. Die Japaner führen großzügigste Aufbauprogramme durch. In Mukden entstehen vollkommen neue Stadtteile. In der Hauptstadt Himking sind riesige Regierungsgebäude im Entstehen, Fluglinien und neugelegte Eisenbahnen durchkreuzen ganz Mandschouko. Japanische Waren überschwemmen Städte und Dörfer – sie bringen alle europäischen Firmen zu Fall. 60% der europäischen Kaufleute haben in Mukden in den letzten 2 Jahren Pleite gemacht. Zugleich wird die eine Hälfte Mandschoukos von Fluten überschwemmt, die andere Hälfte hat Dürre – die Folge ist Hungersnot. Im letzten Monat fanden allein in Fengtien, einer Provinz von Mandschouko, 650 Überfälle von Banditen und Anti-Japan-Gruppen statt. – Michael ist ganz reizend, abgesehen von seiner Dürre, entwickelt er sich glänzend. Es wird Zeit, daß Du ihn kennenlernst ...

Viele der Briefe, die sie aus Mukden nach Hause schrieb, sind in diesem Ton des Schönredens gehalten – auch des schwierig gewordenen Ehe- und Familienverhältnisses –, oder sie beschränkten sich fast nur auf Berichte über den heranwachsenden, nun dreijährigen Sohn Michael. Kaum finden sich Eingeständnisse ihrer problematischen Situation, der auch privaten Nähe zu ihrem Mitarbeiter Ernst, statt dessen nur Andeutungen mit gleichzeitigen Beschwichtigungen der Anverwandten zu Hause:

Mukden, April 1934
> Ich führe genau das Leben, das ich mir wünsche, und ich bin sehr zufrieden. Ich gebe zu, daß ich ein geschütztes, behütetes, sehr viel sorgloseres Leben als Rolfs Frau immer nur an seiner Seite führen könnte – aber nur in der Theorie; in der Praxis wäre ich dann unglücklich ...

Mai 34

Dear London-Landeshut! Insgesamt herzlichen Dank für alle guten Geburtstagswünsche. Nachdem ich mir die Mütterbriefe der letzten Male auf Fragen und Nachrichten hin noch mal durchgesehen habe, stelle ich fest, daß besonders aus Landeshut, aber fast ebenso aus London die Aktie »Mischa« sehr gefragt ist. Also speziell ein Michaelbrief dieses Mal, obwohl es mir vorkommt, als ob er sowieso schon den Hauptinhalt meiner Briefe ausmacht. Er befindet sich jetzt im ›Warum‹-Alter, Nervenprobe und Freude zugleich für die betroffene Mutter. Die Frage: Warum fallen beim Apfelbäumchen die Blüten auf einmal ab? Warum hat man in der Nase zwei Löcher und nicht eins? Er ist außerordentlich lebhaft in der Beobachtung und sehr jungenhaft bei der Untersuchung von Sachen. Er

Mit Rudi Hamburger in Mandchoukuo, 1934

liegt neben mir im Bett und sagt: Wenn dein Arm krumm ist, ist er ganz. Ich verstehe nicht, er erklärt: Na, wenn Du deinen Arm gerade machst, geht die Haut am Ellenbogen immer kaputt. – Ein neues Paar Schuhe beriecht er, einen neuen Stuhl beriecht er. »Die Gabel und die Butter gefallen mir nicht, die riechen wie nichts riecht.« »Hm, Mutti, deine Haare riechen gut.« »Kann ich mal Salbe auf meine Hand schmieren, damit das gut riecht? Mutti, wo bleibt die Salbe, wenn ich reibe, meine Haut hat doch keine Löcher?«

August 34

Ich brauche hier mit dem Kinde zusammen für Haus, Essen, Kleidung etc. monatlich nur 160 Shanghai-Dollar. Das Beste am Aufenthalt ist, daß ich Chinesisch lerne. Ammah und der Kochboy sprechen nur Chinesisch. Und Mischa, der das erst ganz ablehnte, fängt jetzt an, und es macht ihm Spaß. Täglich überrascht er mich durch neue Worte, vor allem ist sein kleiner chinesischer Spielkamerad der anregende Teil. Auch die Ammah fängt er an, gern zu haben. Nur die Geschäfte waren im Juli schlecht – jetzt im August sehr gut, ich schaff es nicht mehr allein, das heißt, wenn ich sehr viel arbeite, ja, aber wenn ich mir eine japanische Hilfe nehme, so ist das sehr billig und ich erkaufe mir dadurch meinen halben freien Tag für Mischa, Bücher lesen, Chinesisch lernen etc. Wir haben eine feste Tagesordnung: Aufstehen 7 Uhr, Frühstücken, Mischa in den Klub bringen, 8 bis 9 Uhr Chinesisch, 9 bis 10 Uhr Tennis im Klub (Mischa Balljunge), 10.30 bis 11.30 Uhr Schwimmen, Mischa planscht in einem kleinen Bassin. 12 Uhr Mittagessen, bis 2 Uhr Mischa liegen, ich arbeiten. Mischa in den Klub, ich arbeiten; zwischen 5 und 6 Uhr Mischa besuchen und mit nach Hause nehmen, 6.30 Uhr Baden, 7 Uhr gemeinsames Abendbrot, 7 Uhr 30 bis 8 Uhr Geschichten erzählen und Bilderbücher ansehen. Mischa schläft, ich arbeite. Sonntags nehmen wir uns einen Pferdewagen und fahren in einen Wald. Die Deutschen hier sind durchaus nett zu mir – aber ausgehen tu ich kaum und Gäste habe ich noch weniger.

Michael
in Mukden

28.9.34

Ob das Jahr teuer war, ob ich spare jetzt? Das Jahr war mehr als billig. Rudi hat in der Pension, wo er wohnte, 500,- Mark monatlich gespart. Ich brauchte gar nichts von ihm. (Hab sogar noch Geld bei ihm deponiert vor der Abfahrt.) Sonst – das Land hier ist natürlich enorm interessant. Ein völlig anderes China – ganz japanische Atmosphäre und dabei modernstes europäisches Japan, mit großen Aufbauplänen in der Industrie und im Kampf gegen alles Traditionelle, was China hier übrig gelassen hat. Ich habe täglich Chinesisch und feiere das Fest meines 500sten Schriftzeichens noch in diesem Monat. Sprechen geht auch schon ganz ordentlich, aber verstehen ist noch immer schwer. Ich lerne mit meinem Boy um die Wette schreiben, er geht jeden Nachmittag zur Schule, ein netter, intelligenter Kerl, dem ich die Zeit und die paar Groschen sehr gern gebe. Dafür bekocht er uns ideal. Ich denke daran, ihn mit nach Shanghai zu nehmen.

Oktober 34

Liebe Mutt. Hier werde ich sehr freundlich überall aufgenommen, im deutschen Klub usw. Viel zusammen bin ich mit Dr. Fuchs, den wir schon vor drei Jahren in Peitaho trafen und der uns damals gut gefiel.

Er ist Sinologe – unterrichtet hier an der japanischen Schule, macht wundervolle Reisen in seinen Ferien und ist ein ruhiger ausgeglichener Mensch, der aber stets etwas Anregendes und Nettes zu erzählen weiß. Als Rudi hier war, sind wir oft zusammen gewesen. Dito sehe ich öfter ein neuaufgetauchtes Licht am Mukden-Horizont, einen belgischen Architekten, der sich hier selbständig machen will. Er ist aus Gent, war lange in Paris und acht Jahre in London. Er hat unseren Lebensstil und unsere Gedankengänge und ist eine erfreuliche Erscheinung, verglichen mit dem, was sich hier sonst bietet. Kommt noch hinzu: ein netter bildhübscher Japaner, Freund Bernsteins, den ich schon aus Shanghai kenne und der jetzt hier arbeitet. Außerdem der neue Arzt – schrieb ich von ihm? Der mit seiner Frau hier vor kurzem eingetroffen ist. Mit dem Architekten spiele ich Tennis und gehe ich tanzen – mit Fuchs esse ich chinesisch und mache Ausflüge – mit Matsumoto gehe ich ins Kino – das Ärztehepaar besucht mich. Manchmal sind wir auch alle zusammen. Am liebsten kommen alle zu mir, weil ich so ein komisches nettes Häuschen habe und so schöne Grammophonplatten und einen so guten Kochboy und weil es in den Monaten mit gutem Verdienst »Whiskysoda black label« bei mir gibt. Die Frauen genieße ich glücklicherweise nur summarisch – das heißt mal auf dem Tee oder im Klub, wo ich mich bescheiden und zäh 2 Stunden, die nun mal sein müssen, hindurchlächele. – Mischa ist bei allen beliebt – selbst bei hartgesottenen Männern, die sonst solche Würmer mit Verachtung strafen, verschafft er sich so energisch und ulkig Gehör, daß sie zum Schluß ganz gerührt sind.

November 34

Dear family. Jetzt sehr viel zu tun, denn die Abreise rückt näher. Beinahe hätte ich jetzt schon alles stehen und liegen gelassen, weil Rudi von seinem Gelenkrheumatismus schrieb – aber es scheint harmlos zu sein, nach seinem letzten Brief, und so werde ich noch drei Wochen in Ruhe alles abwickeln. Ich war hier auch beim Arzt, Silberstein, der Vat und Jürgen kennt. Aber mehr, um ihm was zum Verdienen zu geben, natürlich alles in Ordnung, auch eine Blutzählung und Wassermann-Blutprobe mit negativem, also gutem Resultat. Auch Mischa findet er gut im Stand, natürlich dünn, aber ganz gesund und besonders frisch blühend, was auch zutrifft. Mein Gewicht bleibt leider unbeweglich auf 125 deutschen Pfund, statt sich die fünf gewünschten Pfund abwärts zu bewegen.

Juni 35 (?)

Langsam muß der Rest der Briefbogen aufgebraucht werden. (Geschäftsbriefkopf mit Aufdruck: Manchoukuo Book-Agency, Educational, Medical, Scientific Books, Manager U. Hamburger, Manch. P.O. Box 30, Moukden.) Hier alles prima. Mischa wie immer, von morgens bis abends fröhlich und voller Einfälle. Er ist so temperamentvoll, manchmal steigert es sich zu Wutausbrüchen, die er sicher nicht von seinem Vater hat – aber auch bei mir ging es doch nie weiter als bis zum Türenzuschlagen etc. Eine interessante Sache: Mein Nachbar ist ein deutscher Nationalsozialist, der sehr große Eisenfirmen hier vertritt. Er ist Mitte Fünfzig, ein starker Trinker und sehr lebenslustiger Mensch, hat vier Kinder in Deutschland. Mein Häuschen ist ein Nebenhaus zu seinem, beide romantisch durch einen unterirdischen Gang verbunden. Von den üblichen Auslandsdeutschen unterscheidet er sich wesentlich durch Bildung, Intelligenz und Aufrichtigkeit. Wir haben oft sehr lange Diskussionen, die nie unerfreulich werden, und wir waren auch schon oft zusammen unsolide tanzen bis 2 Uhr, japanisch essen usw., immer mit mehreren Leuten. Und manchmal las ich ihn bei einem Trinkstündchen irgendwo auf, dann bat er mich, ihn nach Hause zu bringen, damit er um Himmelswillen aufhöre, das tat ich und blieb mit ihm den Abend zusammen bei wirklich amüsanten Unterhaltungen. Manchmal findet er seine »Alkoholkurve« zu stark, dann rührt er einen Monat lang keinen Tropfen an. Er kann unanständige Witze und Sachen erzählen, ohne daß es unangenehm wirkt oder er aus der Rolle fällt, weil er im Grunde ein großer Kavalier ist und sehr freimütig. Er sagt hier den »deutschen Spießern«, wie er sie nennt, furchtlos die tollsten Wahrheiten ins Gesicht und singt auf Naziversammlungen mein Loblied, denn er hat eine Schwäche für mich. Also dieser Mann hat Beziehungen zum herrschenden Fürsten der inneren Mongolei De Wang, der sehr einflußreich ist. Er hat den Fürsten jetzt besucht und soll zu dessen Generaladviser ernannt werden, also nur noch für ihn arbeiten. Der Fürst hat folgenden Plan: Er will die Wolle, die jetzt chinesische Händler in der Mongolei privat aufkaufen (sie geben den Mongolen eine Stallaterne für 200 kg Wolle) staatlich aufkaufen und verkaufen. Mein Nachbar wird sein Mittelsmann sein und diese Wolle zu sehr billigem Preis Deutschland anbieten. 50% der Wolle sind in Waren zu bezahlen. Das Ganze ist eine interessante und bombige Sache. Der Clou ist, daß mein Nachbar eine Sekretärin braucht »mit Haaren auf den Zähnen«, die mit ihm zum Fürsten fährt, die ganze Mongolei mit ihm bereist und die gesamte, sehr interessante Korrespondenz erledigt (natürlich »platonische« Sekretärin, das weiß er). Mir blieben Kaffee und Kuchen im Munde stecken, als er davon sprach. Aber sorgt euch nicht, mal muß Schluß sein mit dem Vagabundieren – es kommt nicht in Frage für mich, zumal er schon bald jemanden brauchen würde.

Jede Woche denke ich jetzt mehr an den Urlaub. Separate Pläne mache ich noch nicht, aber die Vorstellung einer Ankunft von mir und Kind auf dem Bahnhof in London und Empfang durch sämtliche Geschwister und Eltern hat sich mir als Bild fest ins Gehirn gegraben. Mischa im neuen braunen Anzug, den Rudi ihm schickte. Vielleicht sollte man die Kinder dem Alter nach in Entfernung von je 20 Metern aufstellen, damit der Überfall von allen auf einmal nicht zu erschütternd auf mich wirkt ...

Peking, 10.7.35

Dear family. Ich fürchte, diesmal kommt mein Brief verspätet. Die Tage fließen so gleichmäßig dahin, daß ich kaum an Daten denke. Letzte Woche mußten wir peinlicherweise den Koch rausschmeißen. Der Gauner hat nicht nur uns innerhalb von 14 Tagen um 30 Dollar beschummelt, sondern außerdem noch Rechnungen gefälscht. Kochen konnte er zwar prima. Jetzt haben wir einen neuen. Seine Vergangenheit ist nicht allzu vielversprechend. Er war früher Koch, wobei er so viel »verdiente«, daß er seine Stelle aufgab und einen Antikenhandel aufmachte, nun da die Zeiten schlecht sind, geht er wieder als Koch. – Der Garten hier ist entzückend. In einem großen Topf blühen jetzt Lotusblumen. Gestern kaufte ich für 2 Dollar 140 blühende Blumenbüsche, Astern, Löwenmaul, Goldlack, an jedem Busch 5 bis 10 Blüten, sie wurden gleich eingepflanzt, und nun leben wir im wahren Sinn des Wortes auf einem kleinen Blumenhof. Mischa bekam neben seiner Sandkiste, die ich ihm besorgte, ein extra Beet, das wohl unter seiner allzu zärtlichen Pflege (alle fünf Minuten Wasser gießen) eingehen wird.

Die Zeit der Heimkehr kommt näher, ich denke schon immerfort daran. Ich werde wohl von hier aus erst noch 2, 3 Wochen nach Shanghai gehen und auf Japan verzichten. Dann werden wir wohl via Sibirien kommen, Kind und ich wahrscheinlich direkt zu Euch, Rudi vielleicht zu seinen Eltern erst; Rudi und ich vielleicht bei Frau Ludwig ein paar Tage Aufenthalt, denn auf dem Rückweg werden wir wohl nicht via Sibirien fahren. Ich wünsche mir sehr, daß Jürgen oder noch besser die ganze Familie Jums gleich bei meiner Ankunft bei Euch ist. Auf Wiedersehen, – es muß eine prima Zeit werden!

Juli, 35

Liebe Familie. Endlich ist die Regenzeit vorüber. Das Wetter ist geradezu unwahrscheinlich schön. Knallblauer Himmel wie in Italien, über mittags recht heiß, aber immer angenehme trockene Hitze. Mischa hat pralle rote Backen, aber sonst dünn wie immer. Er schwimmt jetzt, ohne daß ich bei ihm im Wasser bin, mit Hilfe des Schwimmringes durch das tiefe Bassin, 20 Meter hin und auch zurück.

Unsere Ankunft wird wohl, wenn wir via Sibirien plus Dampfer kommen, zwischen 20. und 27. liegen, je nachdem wie die Dampfer gehen – ich glaube, nur einmal wöchentlich. Das kann man hier nicht erfahren.

Im April 1935 wurde Feng, der wichtigste Kontaktmann zu den Partisanen, verhaftet. Man hatte Sprengstoff bei ihm gefunden. Das bedeutete für Sonja und Ernst äußerste Gefahr. Die Moskauer Zentrale befal den Abbau des Senders und den Abbruch jeder Verbindung zu den Partisanen. Ohne Hast und Panik, einigermaßen »gutbürgerlich«, erfolgte die Verabschiedung von der Mukdener Gesellschaft und Geschäftswelt, weit komplizierter und aufregender gestaltete sich jedoch die angeordnete Übersiedlung »mit Kind und Kegel« nach Peking, auch das weitere Zusammenleben mit Ernst und die Ehe mit Rudi. Zum »Kegel« des Anstoßes wurde dann jedoch der in einem Radioempfänger wohlverpackte Sender, der an der mandschurischen Grenzstation zurückbehalten und erst nach aufregendem Hin und Her und erneuter Reise zur Grenze geholt werden konnte – niemand hatte dort genauer nachgeschaut und den darin verborgenen Sender entdeckt. Aber nach wenigen Wochen in Peking und einem »Urlaub« am Gelben Meer – mit fast völlig ausgesetztem Funkverkehr und nur unbedingt nötigen Kontakten zu sowjetischen Verbindungsleuten – kam es zur Verhaftung eines weiteren Kundschafters ihrer Gruppe. Nunmehr wurde es allerhöchste Zeit für die Abreise aus China.

Wieder war Moskau, diesmal mit Michael, Zwischenstation und Lehr- und Vorbereitungsort für neue Aufgaben. Sonja, die nach den körperlichen und nervlichen Anspannungen entkräftet und um 20 kg abgemagert war, erwartete von Ernst ein Kind. Sie wollte es unbedingt und stimmte trotzdem einem neuen Einsatz in Polen zu. Dort hatte sich eine Militärdiktatur unter Marschall Pilsudski etabliert, die im Jahre 1932 zwar einen Nichtangriffspakt mit der Sowjetunion, doch 1934 auch einen Pakt mit Hitlerdeutschland abgeschlossen hatte und nun eine bedrohliche antisowjetische Politik betrieb. Eine Rückkehr nach China und ein weiteres Zusammenleben mit Ernst in Reichweite von Rudi kam wegen der persönlichen Konflikte und zunehmenden Entfremdung für Sonja nicht in Betracht. Als man ihr vorschlug, mit Rudi, ihrem Ehemann, gemeinsam nach Warschau zu gehen, waren beide einverstanden. Weil er dort als Architekt arbeiten konnte, war eine Legalisierung viel leichter möglich. Außerdem wollte Rudi ungeachtet der privaten Komplikationen mindestens bis zur Geburt des Kindes an ihrer Seite sein.

Tochter Janina wurde am 27. April 1936 in Warschau geboren. Sie war, wie erleichtert und glücklich nach Hause berichtet wurde, »ein kräftiges, schönes Kind«. Schon kurz darauf durfte Sonja die Klinik verlassen, an dem Tag, an dem sie regulär zu senden hatte. Eine besondere Freude war für sie: »Am 1. Mai, als Nina vier Tage alt war und ich sie zum Nähren bei mir im Zimmer hatte, drang plötzlich Musik von der Straße herauf – die Internationale! Eine illegale Demonstration! Ich stand auf und lief, das Kind im Arm, zum Fenster ...«

Mehrmals fuhr sie im Auftrag der Zentrale nach Danzig, um einer Widerstandsgruppe beim Aufbau eines Senders zu helfen. Einige Monate lebte sie dort, während Rudi in Warschau weiter sein Architekturbüro betrieb, und richtete sich für diese Zeit mit den Kindern und der aus England gekommenen Kinderfrau Ollo (die schon alle Kuczynski-Geschwister behütet hatte) eine Wohnung mit geheimer Funkstation ein. Die KPD war in der »Freien Stadt Danzig« bereits seit 1934 verboten, Hunderte saßen in Gefängnissen, praktisch regierten bereits die Nazis die Stadt. Hitlerbilder hingen in allen Amtsstuben, und Hakenkreuzfahnen flatterten auf den Dächern, Juden wurden verfolgt, verhaftet und allenthalben diskriminiert. Sonja sah, als sie in einem der vornehmsten Cafés zu einem Treff verabredet war, an der Tür das Schild: »Juden, Polen und Hunde unerwünscht.«

Zu spät erfuhr sie, daß in dem Haus, in das sie eingezogen war und wo sie die tagsüber in einem Grammophon verborgene Sendestation jeweils zum nächtlichen Funkkontakt hervorholte, ein höherer Nazifunktionär wohnte, dem auffiel, daß seither oft in den späten Abendstunden sein Radioempfang gestört war. Er vermutete illegalen Funkverkehr, veranlaßte Kontrollen und das Anpeilen des gesamten Wohnblocks, was seine geschwätzige Frau glücklicherweise Sonja ausplauderte. Eine der letzten Nachrichten, die

Sonja noch empfangen hatte, war die Mitteilung: »Das Volkskommissariat für Verteidigung hat beschlossen, Sie mit dem Rotbannerorden auszuzeichnen. Wir beglückwünschen Sie herzlich und wünschen Ihnen weitere Erfolge in Ihrer Arbeit.« Nun wollte sie ihre Stellung trotz der bedrohlichen Situation nicht Hals über Kopf räumen und funkte entgegen allen Regeln noch einmal, um die Zentrale zu informieren. Sie erhielt die strikte Anweisung, den Funkverkehr sofort abzubrechen und Danzig zu verlassen. Wieder einmal löste sie einen Haushalt auf, diesmal mit Ollo, der Kinderfrau, kurz vor Ninas Geburt. Für einige Zeit blieb sie noch in Warschau und richtete zum letzten Mal gemeinsam mit Rudi eine Wohnung ein. Es war die untere Etage eines Zweifamilienhauses mit einem Garten, umgeben von Wald, vierzig Minuten Autobusfahrt zur Stadt: Poststation Skolimow. In den Briefen hielt sie noch immer gegenüber ihren Eltern, den Schwiegereltern und den Geschwistern den Anschein der intakten Ehe und Familie aufrecht.

Warschau, 2.2.36

Die Umgegend Warschaus ist keineswegs schön, aber gegen eine Stadtwohnung sträube ich mich, und auch Rudi zieht draußen vor. Rudi muß Mittwoch beruflich anfangen, deshalb ist es natürlich schade, daß der Umzug nicht schon erledigt ist. Er muß zunächst einen Wohnblock mit 10 Wohnungen entwerfen. Sein genaues Arbeitsverhältnis zur Firma ist noch nicht festgelegt, da wir noch die Erlaubnis abwarten müssen. Der Chef, wir waren zum Mittagbrot bei ihm eingeladen, ist Jude, er spricht gebrochen Deutsch und gefällt uns recht gut. Seine Frau hat in Deutschland studiert und ist ein höchst originelles Huhn. Eine gräfliche Freundin, die mit uns eingeladen war, klärte uns gleich über die Familienverhältnisse auf. Daß nämlich die zwei Hunde und das Mädchen Veronika die Hauptrolle im Hause spielen. Bei der letzthin gegebenen Gesellschaft von 15 Personen fraß der Hund Clara für über 100 Zloty Handschuhe auf.
Warschau gefällt uns nicht schlecht, aber Europa ist mit China verglichen langweilig. – Rudi ist in der Garage, wo unsere bereits gekauften Möbel stehen, und streicht sie.

27.2.36

Dear family. Der Haushalt hat sich ganz gut eingelaufen. Besonders erleichternd ist der Rückgang der Kälte. Wir hatten an minus 18 Grad, und das Haus war nicht warm zu kriegen. Jetzt sind 0 Grad, und Mischa muß bereits den Schnee für die Skier auf vereinzelten Wegen suchen. Er mag jetzt auch nicht laufen, denn das neue Zugmittel, die Kinder des Chauffeurs, ist verlockend. Er tobt mit ihnen im Garten, und wenn es dunkel wird, kommen sie mit herein. Ollo scheint sich im Hause wohlzufühlen, aber hat Vorurteile gegen das Land. Sie ist durch die Großstadt London verwöhnt, und wir haben ja auch einen ziemlichen Weg in die Stadt. Sie triumphierte geradezu, wie sie Recht gehabt hatte mit ihrer Menschenkenntnis, als sie entdeckte, daß ihr Strümpfe und etwas Unterwäsche fehlten aus dem Koffer. Na, und die Sprache. Englisch wäre wenigstens so ähnlich wie Plattdeutsch gewesen, aber hier wäre ja kein Wort zu verstehen. Abgesehen davon pfeift und singt sie den ganzen Tag, hängt auch schon an Mischa und er an ihr, kann's aber gar nicht erwarten, bis das Baby kommt. Übrigens meine Erfolge moderner Kindererziehung an Mischa werden Jürgen erfreuen (nur den Kindern bis zu incl. 12 Jahren vorzulesen). Mischa äußerte folgendes in Bezug auf das Baby. »Weißt du schon, wann es rauskommt? – Wenn's grade kommt, wenn du auf der To bist, mußt du aufpassen, sonst ziehst du's noch mit runter.«

5.3.36

Wir haben plötzlich Frühling. Über 10 Grad, blauer Himmel, herrliche Sonne. Schon ein paar Tage ist es ungewöhnlich schön. Ich sitze ohne Mantel im Garten, und Mischa spielt begeistert im Sande. Er ist unzertrennlich von den Chauffeurjungen, sie kugeln sich im Moos, springen von den Mauern, werfen mit Steinen nach den Tauben und sonstige Scherze. Mischas schlechtestes Zeug ist noch zu schade, so verschmutzt erscheint er zu den Mahlzeiten im Hause.
Ich war beim Arzt, da mir morgens ein paar Mal die Beine recht weh taten, und ich mir ihn sowieso mal angucken wollte. Er macht den Eindruck eines freundlichen Schlächtermeisters aus einer deutschen Kleinstadt. Er hat 'nen kugelrunden Kopf mit enormer Glatze, eine Kartoffelnase und einen roten Schnurrbart, der sehr peinlich kitzelt, wenn er einem ohne Höhrrohr die Lunge abhört. Er untersuchte also, und es ist alles in Ordnung. Wegen der Beine empfahl er mir eine leichte Gymnastik. Hinlegen, Beine grade ausstrecken und Fußsohlen nach oben biegen. Selbige Übung tat die ersten Male weh, jetzt mache ich sie ohne Schmerzen. Er spricht gebrochenes Deutsch. Nachdem er die Lage des Kindes untersucht hatte, sagte er: »Seine Kind steht gut.« Ich jammerte etwas, weil er 20 Zloty für die Konsultation nimmt und besprach mit ihm die Klinikpreise. Er wird mir also die Adresse einer prima Klinik mit

Hebamme sagen. Für 10 Tage 180 Zloty. Bei dieser Hebamme lägen seine Patienten schon jahrelang, sie wäre ausgezeichnet. Die Entbindung kostet nichts extra, wenn alles normal geht, und falls nötig, wird der Doktor angerufen. In vier Wochen werde ich noch mal zu ihm gehen, und dann wird er mir auch die Klinikadresse geben.

5.4.36

Mit der Welt verbindet uns das tägliche Morgenblatt aus Mährisch-Ostrau, einmal wöchentlich eine Warschauer englische Zeitung und ein Wochenblatt, das wir aus Shanghai bestellten, außerdem die Nachrichten, die der Rundfunk mitteilt. Ich bin sehr faul. Mit der sonntäglichen Anfertigung eines Nachtisch-Luxuspuddings erschöpft sich meine hausfrauliche Tätigkeit. Außerdem lernen wir Polnisch, aber es macht wenig Spaß. Wir leben auch zu isoliert, um es praktisch gut zu lernen. Jürgen bitte ich zu melden, daß ich vor drei Tagen mit Wiederaufnahme von Chinesisch begonnen habe, aber vorerst allein und in ca. 3 Monaten mit Lehrer. Mischa versuchte, sich an einige Wörter zu erinnern, tatsächlich hat er die Sprache völlig vergessen. Dafür fängt er mit Polnisch an. Zunächst die Droh- und Schimpfworte – als Lieblingsausdruck »Cholera«. Damit belegt er die Chauffeurjungen, wenn er seine diktatorischen Ziele nicht erreicht.

Mit Nina,
1936

98

18.5.36

Dear family! Unser Familienleben verläuft außerordentlich heiter, seit Janina vorhanden ist. Der Garten ist ein Genuß, ich liege täglich draußen, neben mir links Janina im Körbchen, rechts Mischa Wege und Häuser bauend auf dem Fußboden und Rudi sich ab und zu dazugesellend. Er spielte heute das erste Mal Tennis, fünf Minuten von uns fort, mitten im Walde. Rudi will täglich spielen, und ich vielleicht, beginnend Mitte Juni, auch. Janinas Augen scheinen blau zu werden. Das Babydunkelblau hellt sich auf. Die Nase wird proportionierter, aber die Ohren wachsen zu rasch.

April 37

Ich werde hier etwa Mitte des Monats wegziehen, erst einmal nach Krakow, schreibt also nicht mehr hierher. Bis ich Euch die genaue Wohnadresse angebe, könnt Ihr, falls Wichtiges, an Rudis Office, Warschau, Krolewska 23 schreiben. Die Gegend hier ist so entzückend, daß es mir einerseits leid tut. Andererseits gab es natürlich auch Nachteile. Hoffentlich schreibt Ihr noch genau über Vats Radio-Vortrag. – Längere Zeit nichts von Euch gehört.

Etwa zu dieser Zeit hatte sie sich mit »Andrej« getroffen, ihrem direkten Vorgesetzten des Aufklärungsdienstes, der von Moskau nach Warschau gekommen war. »Ihm schien, ich strahlte nicht mehr die Fröhlichkeit aus, die ich auf der Schule in Moskau besessen und die alle so gern gehabt hätten. Ob ich unter der Trennung von Ernst leide und wie es mit Rolf (d. i. Rudi Hamburger – E. P.) und mir gehe? Ich sagte ihm, daß ich Ernst sehr schätze und noch immer Sehnsucht nach ihm hätte, aber nicht zu ihm zurück möchte. Und ich sagte ihm auch, wie es mit Rolf und mir stand. Andrej war ein Mensch, mit dem man so etwas besprechen konnte. Ich setzte hinzu, daß es mir nicht schlecht ginge, ich hätte nur das Pech aller lebhaften Menschen, man merke ihnen viel mehr als den stillen an, wenn sie mal nicht ganz so fröhlich sind. Er lachte, nahm meine Hände und sagte: ›Sonja, Sonja.‹ Später teilte er mir mit, er sei mit meiner Arbeit zufrieden, das solle er mir auch vom Direktor ausrichten. Ich hingegen machte ihm klar, wie ungeübt ich mich in meinem Beruf fühlte, daß es mir schwerfiel, den neuen Entwicklungen im Senderbau zu folgen, und ich am liebsten noch eine weitere Ausbildung in der Sowjetunion gehabt hätte. Zu meinem Erstaunen stimmte Andrej zu. Ich sollte für ein paar Monate in die

Sowjetunion kommen und dann wieder nach Polen zurückgehen.«

Daraufhin schickte sie die Kinder letztmalig mit Ollo zu den Schwiegereltern in die tschechische Grenzbaude; ihr Mann bestand darauf, bis zu ihrer endgültigen Trennung seinen Eltern zu verschweigen, daß er nicht Ninas Vater war.

In Moskau erhielt Sonja aus den Händen von Kalinin den Rotbannerorden. »Lange hielt Kalinin meine Hand fest, lange klatschten die Rotarmisten, wahrscheinlich, weil ich die einzige Frau unter ihnen war. Ich habe Kalinins Güte, den Ausdruck seines Gesichts noch heute in Erinnerung.«

Außer »Kalinins Güte« hatte sie durchaus auch anderes wahrgenommen: »Es war die Zeit des Personenkults und der Verletzung sozialistischer Gesetzlichkeit. Falsch wäre, diese Periode, die sich auf viele Menschen tragisch auswirkte, zu übergehen. Als ich meine alten Freunde in Sokolniki besuchte, traf ich nur Lisa und die Kinder an, der Mann war verhaftet worden. Lisa sagte mir ruhig und gefaßt, niemals habe ihr Mann ein Verbrechen gegen die Partei oder die Sowjetunion begangen. Wir hatten beide die gleiche Erklärung. Es könnte sein, daß ihm ein ernster Fehler in der Arbeit unterlaufen war. In einer Zeit, wo die Imperialisten im verschärften Kampf gegen die Sowjetunion zahlreiche Agenten eingeschleust hatten, war es nicht immer leicht für die Verantwortlichen, zwischen Fehlern ehrlicher Genossen und Taten des Gegners zu unterscheiden. Bei so vielen Schuldigen konnte es geschehen, daß auch Unschuldige mit betroffen wurden, aber das würde sich klären. Waren Freunde, denen ich wie mir selbst vertraute, von den Folgen dieser Zeit betroffen, erschütterte es mich tief. Ich blieb überzeugt, sie waren Kommunisten und keine Feinde, aber sie konnten Fehler gemacht haben, die einen Verdacht zur Folge hatten. Ich selbst arbeitete in einem militärischen Apparat, in dem ein einziger Fehler viele Mitarbeiter gefährden konnte und der Schuldige dafür zur Verantwortung gezogen werden mußte.«

Sonja schilderte auch eine Begegnung mit dem damaligen Chef der militärischen Aufklärung (vermutlich General Semjon Urizki, dem Nachfolger des Generals Jan Bersin – beide wurden 1937 oder 38 hingerichtet): »Er befragte mich über meine Erfahrungen in Polen, besonders interessierten ihn unsere Bemühungen um die Aufenthaltserlaubnis, welche Fragen gestellt worden waren, wie wir geantwortet hatten, mit welchem Rang in der Beamtenhierarchie wir verhandelt hatten, welche Möglichkeiten der Legalisierung es in Polen gab, wie illegale Mitarbeiter am geschicktesten auftraten, welche Geschichte man ihnen glauben würde. Während ich antwortete, hielt der Direktor meinen Paß mit vielen Stempeln zur Verlängerung des Aufenthaltes in den Händen und sagte: ›Sonja, ich weiß, was für ein Kampf allein darin steckt, daß ihr euch dort gehalten habt.‹ Es machte mir Freude, in diesem Zusammenhang auf Rolfs Verdienste hinzuweisen. Ich war sehr beeindruckt von diesem Genossen; sah ihn jedoch nicht wieder. Die Genossen in leitender Stellung wechselten damals oft ...«

Rotbannerorden

Im September 1937 kehrte sie auf Umwegen über die skandinavischen Länder nach Polen zurück. Nur eine kurze Zeit blieb sie noch in Warschau, im Oktober zog sie mit den Kindern nach Zakopane. Von da aus mußte sie wiederum nach Danzig reisen, um die dortige Aufklärergruppe beim Aufbau eines neuen Senders zu unterstützen. Von Zakopane aus hielt sie Verbindung zu Bekannten aus Berlin in Genf, die beim Völkerbund beschäftigt waren und ihr wichtige Informationen geben konnten, und auch zu einer Gruppe illegaler bulgarischer Genossen, für die sie Nachrichten nach Moskau übermittelte.

Zakopane, 1.11.37

Wir sind alle ganz begeistert von unserer neuen Wohnstätte. Die Hauptzimmer haben einen Blick auf ein Bergpanorama von 2000 Meter Höhe, die Fenster der Nebenzimmer gehen auf sanfte waldige Abhänge und grüne bekuhte Wiesen. Ollo und ich finden es bis auf die dichter gebauten und meist häßlichen Häuser landschaftlich noch schöner als die Grenzbauden. Die ersten drei Tage mit ganz blauem Himmel und 24 Grad Wärme waren paradiesisch – die Kinder im Garten, der eine kleine Wiese ist, dazu die Berge im Hintergrund – einfach ideal. Das Haus hat sechs Zimmer, eine Veranda, zwei Balkons. Ein großes Zimmer mit extra Eingang werden wir zur Saison vermieten. Ein zweites großes Zimmer mit der Veranda davor, bewohnt Ollo mit Janina.

Nina, 2 Jahre

Krakow ist über drei Stunden weiter, oder vielmehr näher an Warschau. Rudi fährt nur zweimal im Monat hin – vorläufig, da erst im Frühjahr gebaut wird, und zeichnet hier in Zakopane. Unser Haus liegt absolut gebirgshaft-ländlich, auf der holprigen Chaussee kommen ab und zu Pferdewagen mit Einheimischen vorbei, auf allen Wiesen grasen Kühe, aber in 15 Minuten ist man mitten im Städtchen mit Ladenstraße und Kino, das dreimal wöchentlich die Filme wechselt. Die Lebenshaltung ist etwas billiger als in Warschau. Fleisch, Eier, Milch erheblich billiger, Gemüse, Obst teurer. Seht Euch mal auf 'ner Karte an, wo wir wohnen – es ist näher an Wien und Prag als an Berlin.

Nach dem Abruf Sonjas in Juni 1938 aus Polen, war ihr nächster Einsatzort die Schweiz und ihr Einsatz also direkt gegen Nazideutschland gerichtet. Sie fuhr nach einem erneuten mehrmonatigen Moskau-Aufenthalt auf Umwegen zunächst nach England, um die Kinder und Ollo zu holen, die sich bei ihren Eltern und Geschwistern aufhielten, von dort unter falschen Namen mit falschen Papieren durch Nazideutschland, wo sie beim Umsteigen die Gelegenheit nutzte, bei Wartezeiten die Bahnhöfe zu verlassen und sich in den Städten umzusehen. Nun war Deutschland für sie wieder nahegerückt und zugleich in düsterer Ferne. Ende September

1938, als sie in Lausanne eintraf und dort zuerst mit der Familie in einer Pension wohnte, wurde nach dem Einmarsch der deutschen Wehrmacht in Österreich und der Angliederung als »Ostmark« das Münchner Abkommen mit den Westmächten besiegelt. Damit war die Tschechoslowakei dem Hitlerschen Agressionsdrang preisgegeben, was kurz darauf zur Okkupation Böhmens und Mährens führte. Nicht einmal sechs Monate später wurden die übrigen tschechischen Gebiete besetzt – zwanzig Jahre nach dem ersten Weltkrieg warf der zweite Weltkrieg seine Schatten voraus.

»La Taupiniere« in Caux bei Montreux mit Blick auf den Genfer See

Montreux, 28.9.38

Dear family. Alles ist natürlich sehr aufregend. Ein Jammer, daß man nicht um den runden Tisch im Eßzimmer sitzt und über alles reden kann – andererseits natürlich gut, die Reise hinter sich zu haben. Unsere Stimmung hat sich seit der »Einigkeit der Demokratien« trotz des Ernstes der Lage gebessert. Bis Ihr den Brief habt, sind die Würfel vielleicht schon gefallen. Privat ist folgendes zu melden: Wir haben uns in Les Moulins, Gryon, Caux und St. Cergue verschiedenes angesehen und in Caux was Entzückendes gefunden. Am Freitag müssen wir uns entscheiden. Die Nachteile sind Einsamkeit. Es liegt 15 Minuten vom Bahnhof fort. Das nächste Haus ist ein Bauernhaus in 100 Meter Entfernung. Das übernächste Haus gehört einem Notar mit seiner Lehrerin-Frau in

103

150 Meter Entfernung. Er ist auch der Besitzer unseres Hauses. Das dritte Haus in 250 Meter Entfernung ist eine Schule für Kinder von 3 – 12 Jahren (für ca. 20 Kinder), von der Notar-Frau geleitet. Dann kommen eine Weile keine Häuser. Die Schule ist sehr verlockend. Die Leiterin macht einen sympathischen kultivierten Eindruck und würde Mischa gerne nehmen. Schulunterricht täglich 1 Frcs. (Falls dort Essen und Wohnen 5 Frcs.) »Unser Häuschen« hat einen märchenhaften Blick über den See und liegt inmitten grüner Wiesen. Sein besonderer Reiz – es ist ein echtes altes Bauernhaus! Unten Küche mit Holztisch und Holzbänken zum dort Essen (Kohleherd), daneben Wohndiele mit schwerer Holztür ins Freie. Von der Küche die Treppe zum 1. Stockwerk, wo unterm Dach 3 Schlafzimmerchen liegen. Das größte mit Balkon, die ganze Haussüdfront entlang. Da das Haus am Abhang liegt, kann man vom Balkonende auf drei Treppenstufen entlang auch gleich auf die Wiese hüpfen, angebaut sind zwei Ställe. Der einzige Nachteil der »Echtheit« des Bauernhauses sind die kleinen Fenster der Zimmer, durch die das Ganze etwas dunkel wird. Aber das Häuschen ist so originell und hübsch und klein und gemütlich, daß wir ganz begeistert sind. Vergessen habe ich das eingebaute schöne Badezimmer mit einem 100 Liter elektrischen Badeofen, fließend Wasser etc. – Die Bahn fährt 45 Minuten nach Montreux. Es gibt ein paar Lädchen.

Rudi ist für eine Woche hier und wird am 21. über Marseilles nach China zurückkehren. Leider nach ein paar schönen Tagen wieder Schnee und Regen. Die Wiesen sind dabei übersät von Blumen. Wir spekulieren, was Hitler am 28. sagen wird.

23.10.39

Dear family. Ich höre jetzt nicht viel von Euch, aber die Post geht wohl langsam. Ich werde Euch zwischendurch mal immer eine englisch geschriebene Postkarte schicken, das wird sicher schneller gehen. Schreibt nur immer, wie es allen geht. Was machen Jums, was Vaters Arbeiten, Brigitte als Airwardian mit Luftschutzhelm auf dem Kopf kann ich mir vorstellen, hoffentlich bleibt es bei der Theorie. Macht doch mal ein Bild von ihr, damit ihre Kinder und Kindeskinder später stolz auf sie sein können. Ich tue gar nichts, außer daß ich mal den Bauern beim Heuen helfe, Emigranten sind nicht zur Hilfe zugelassen. Hier oben wird was vom Roten Kreuz organisiert, aber mehr als Bänder an Kopfkissen zu nähen, werde ich wohl nicht zu tun kriegen. Man fühlt sich richtig als Parasit in dieser Zeit, mit nichts helfen zu können. Ich habe daher auf einen Aufruf hin mein Blut zwecks Bluttransfusion angeboten im

Falle Verwundeter, wobei zu hoffen ist, daß dem Armen nicht meine schlechten Eigenschaften mit in die Adern laufen.

Letzte Woche war ich in Genf. Blellochs luden mich über Nacht ein – ich blieb bei Marie, die jetzt eine Wohnung außerhalb der Stadt hat in einem wundervollen Garten. Es ist eine Sommerresidenz, ihre Eltern wohnen in der Stadtwohnung – da die andere Wohnung nicht heizbar ist, wird sie zurück müssen, fürchtet sich aber vor dem gemeinsamen Leben, was ich verstehen kann. Blellochs waren wieder besonders nett. Robert war auch da, lebhaft wie immer. Er hat eine erstaunliche Vitalität für sein Alter, wir unterhielten uns aufs Angeregteste. Maries Herz blutet für Polen, sie ist entsetzt über »Rußlands Eroberungswillen« und fürchtet, daß es bei dem wachsenden Antisemitismus in Rußland in Polen schlimm ausgehen wird, obwohl sie andererseits froh ist über jedes Stück, was die Deutschen nicht kriegen. – Ich finde es, nachdem das lähmende Entsetzen über den Ausbruch des Krieges sich gelegt hat (trotz aller Schwierigkeiten und Sorgen, die einen persönlich treffen können), gut so. Und Chamberlains Parole, daß er gegen das Hitlersystem kämpft, läßt glauben, daß sie wirklich nicht vorher aufhören werden.

Kinder blühend und munter wie immer. Tanja behauptet, daß Mischa sich so hübscht (mein Mischa!). Er bekäme jetzt solchen Liebreiz im Gesicht. Rudi schreibt etwas sehnsuchtsvolle Briefe, aber so wie er Shanghai im Moment beschreibt, ist es auch nicht verlockend. Schreibt, was alle machen ...

Mit Nina und Michael vorm Berghaus

Das Berghaus »La Taupiniere« – »Der Maulwurfshügel« – lag in tausendzweihundert Meter Höhe unweit der Ortschaft Caux am Rande der französischen Alpen – mit Blick auf Montreux und den Genfer See. Anfangs war Rolf an ihrer Seite, reiste dann aber zurück nach China, wo er nun ebenfalls für die sowjetische Armee-Aufklärung arbeitete. Das Einrichten des Hauses in Caux besorgte Sonja selbst, auch den Aufbau der Sendeanlage, für die der abgelegene Ort zwar ideal gewählt war, sich jedoch bald als problematisch erwies. Sonja hatte für die Schweiz nur eine Aufenthaltsgenehmigung bis September 1939, die Schweizer Behörden drohten mit sofortiger »Rückstellung von Flüchtlingen in ihr Herkunftsland« bei nur geringster »politischer Tätigkeit«; zudem galt für Juden ein Arbeitsverbot. Trotzdem kamen viele deutsche Flüchtlinge ins Land, bemühten sich um Paßverlängerung, Arbeit oder Weiterreise. Die Geheimdienstler aus West und Ost tummelten sich in Zürich, Bern und Genf, Schreckensmeldungen und wüste Gerüchte kursierten. Immer dramatischer wurde die Situation in den letzten Vorkriegsmonaten und als der Krieg ausbrach. Jeder Amateurfunkverkehr war strikt untersagt, was für Sonjas dennoch operierenden Sender die Gefahr beträchtlich erhöhte, geortet und entdeckt zu werden.

Das Berghaus mit illegalem Sender

Während ihres Londonaufenthalts hatte Sonja im Auftrag der Moskauer Zentrale zu einem deutschen Genossen, der am spanischen Bürgerkrieg teilgenommen hatte, Verbindung aufgenommen und ihn gebeten, ihr zwei zuverlässige Mitarbeiter zu nennen, die bereit wären, zu illegaler Arbeit nach Deutschland zu gehen. Deutsche Genossen kamen dafür wegen ihrer Gefährdung durch die Gestapo kaum in Betracht, deshalb wurden zwei Kommunisten aus dem britischen Bataillon der Internationalen Brigade ausgewählt: Allen Foote und Len Beurton, die Ende 1938, Anfang 39 in der Schweiz eintrafen. Sie sollten, als wohlsituierte englische Reisende getarnt, im nahen Süddeutschland illegale Gruppen unterstützen und auch als Funker ausgebildet werden. Es wurden Anschläge auf Wehrmachts- und Nazieinrichtungen vorbereitet, u. a. auf die Zeppelin-Halle eines Flugplatzes und sogar auf Hitler in einem Münchner Restaurant, wozu es aber wegen des Kriegsausbruchs nicht kam. Sonja nahm auch zu Sandor Rado in Genf Verbindung auf, der dem Widerstandskreis »Rote Kapelle« angehörte, und übermittelte fortan dessen äußerst wichtige Informationen an die Zentrale. Sandor Rado, der als Geograph und Kartograph zur Tarnung eine Kartographische Agentur »Geopress« in Genf unterhielt, war wie sie als Achtzehnjähriger Kommunist geworden und nun GRU-Mitarbeiter. In seinem Buch »Dora meldet« berichtet er über seine Begegnung und Zusammenarbeit mit Sonja:

Ein Unbekannter, der durch Genf reiste, warf einen Brief in unseren Briefkasten im Hausflur. Darin hieß es, an einem der nächsten Tage werde durch einen Beauftragten der Zentrale die Verbindung wiederhergestellt. Tatsächlich fand sich nach einer gewissen Zeit eine hochgewachsene, schlanke Frau bei mir ein. Sie trug ein enganliegendes Kleid und mochte etwa dreißig Jahre sein. Ihre Bewegungen waren weich und ein wenig träge. In meinem Arbeitszimmer wechselten wir das Losungswort.

»Mein Deckname ist Sonja«, sagte meine Besucherin auf deutsch. Sie lächelte. »Ich habe vom Direktor die Weisung, mit Ihnen Verbindung aufzunehmen. Die Zentrale hat mir ihren Namen und Ihre Anschrift gegeben und mich beauftragt, Sie aufzusuchen und mich zu erkundigen, wie es steht. Der Direktor möchte wissen, in welcher Lage sich das Büro befindet und ob Sie Geld haben. Welche Möglichkeiten bestehen, Nachrichten zu beschaffen, und welche Hilfe Sie benötigen, um den Sender zu benutzen? In welcher Zeit kann die Funkverbindung hergestellt werden? Besteht vielleicht eine Chance, über Italien Kontakt zur Zentrale zu halten? Diese Fragen habe ich mit Ihnen zu klären, anschließend muß ich dem Direktor berichten. Über mich werden Sie sicherlich noch weitere Anweisungen erhalten.« Ich teilte ihr zu allen Fragen meine Überlegungen mit und sprach dann über Probleme, die dringend gelöst werden mußten, wollten wir erfolgreich arbeiten. Die Agentur ›Geopress‹ war noch immer ein sicherer Unterschlupf, die örtlichen Behörden mißtrauten mir nicht. Mit dem Ausbruch des Krieges waren die Einnahmen der Firma zurückgegangen, denn nachdem die Schweiz ihre Grenzen nach Westeuropa geschlossen hatte, verloren wir viele ausländische Abonnenten und Auftraggeber. Wir konnten ihnen die Karten nicht mehr zusenden. Aber vom Konkurs waren wir noch weit entfernt, denn die Agentur versorgte die Schweiz mit Karten; nahezu alle bedeutenden Zeitungen nahmen bei uns ein Abonnement auf. Außerdem verkauften wir auch an die Geschäftspartner in Italien und Deutschland; die Verbindung zu ihnen war nicht abgerissen. Was die Kundschaftertätigkeit betraf, so gingen von den Quellen regelmäßig Informationen ein, viel interessantes Material hatte sich angesammelt, das ich nicht an die Zentrale hatte weiterleiten können. Um den Sender benutzen zu können, benötigten wir zunächst qualifizierte Funker und eine geeignete Wohnung. Zuverlässige Leute konnten wir nicht finden. Fraglich war unser Gerät; es war alt und keine besonders vertrauenswürdige Konstruktion. Wir benötigten einen Code, die Sende- und Empfangszeiten mußten festgesetzt werden. »Wie Sie sehen«, sagte ich, »haben wir genug Probleme, Reisen nach Italien halte ich zur Zeit für irreal. Und müssen sie überhaupt sein, wenn wir mit Moskau in Funkverbindung stehen?«

Sonja versprach, am Tag darauf den chiffrierten Bericht an die Zentrale zu schicken. Wir vereinbarten außerdem, daß ich für sie künftig »Albert« sein würde. Ungefähr seit Anfang Januar 1940 hatten wir durch Sonjas Sender eine stabile Funkverbindung mit Moskau. Während der Zeit unserer Zusammenarbeit wußte ich nur wenig über Sonja. Ich hatte keine Ahnung, wo sie wohnte, wer ihre Mitarbeiter waren, und welche Informationen sie sammelte. Die Regeln der Konspiration verboten mir, mich danach zu erkundigen, und ihr, darüber zu sprechen. Ich ahnte lediglich, daß sie eine zuverlässige Mitarbeiterin der Zentrale war und über beträchtliche Erfahrungen verfügte.

Im September 1939, als die deutsche Wehrmacht Polen überfiel, sahen sich andere benachbarte Länder ebenfalls bedroht, selbst die neutrale Schweiz. Die Armee wurde mobilisiert, die Kur- und

Feriengäste verließen die Hotels, fast alle Läden und Restaurants von Caux wurden geschlossen. Die Kontrollen und Denunziationen nahmen zu, besonders Fremde gerieten allenthalben in Verdacht. Sonja wurde von dem Ladenmädchen des nahen Bergdorfs angezeigt, weil die bei ihr einen Morseapparat gesehen hatte, der ein Spielzeug der Kinder war, jedoch auch von den beiden Engländern zum Funktraining benutzt wurde. Diesen »Verdacht« konnte sie, als ein Beamter der Schweizer Sicherheit bei ihr erschien, relativ leicht ausräumen. Weitaus schwieriger war es jedoch, als Ollo, die gute Seele der Familie, aus übertriebener Kindesliebe und Anhänglichkeit zum englischen Konsulat nach Montreux reiste und Sonja dort wegen der Funk- und Spionagetätig-

Mit Len, Michael und Nina im Genfer Park, 1939

keit anzeigte, um deren geplante Abreise mit Michael, Nina und Len ohne sie zu verhindern. Zwar verstanden die Konsulatsbeamten ihr gebrochenes Englisch nur schlecht und sahen sich von derartigen Anzeigen überhäuft, doch die alte Frau ließ nicht locker. Die Kinder mußten anderswo untergebracht, Ollo weggeschickt und die Sendetätigkeit auf dem Berge vorübergehend eingestellt werden. Kein Wort hingegen hatte Ollo darüber ausgeplaudert, daß sie kurz zuvor selbst noch illegal und besten Gewissens politisch tätig geworden war: Sie hatte deutsches Geld, in einer Kleiderbürste versteckt, über die Grenze nach Deutschland geschmuggelt, um es Rosa Thälmann zu bringen. Sie konnte unbehelligt ihren Bruder besuchen und das Geld Rosa übergeben. »Ein Akt der Hilfe und Solidarität, wobei die Möglichkeiten, die wir besaßen, ausgenutzt wurden.« Im Grunde habe es, wie im »Rapport« vermerkt, nichts mit der »Roten Armee« und deren Aufklärungsdienst zu tun gehabt. »Doch die Tatsache, daß deutsche Genossen in der Sowjetunion die Gabe veranlaßt hatten, war für Rosa ein großer moralischer Gewinn, der mehr wog als die beträchtliche Summe.« Und das schien wohl auch auf die Kinderfrau einen großen, unwiderruflichen Eindruck gemacht zu haben. (35 Jahre später schrieb Ruth Werner über diese Ereignisse die Erzählung »Muhme Mehle«.)

Für Sonja wurde es damals zur Existenzfrage, einen neuen Paß und damit eine Aufenthaltsverlängerung und baldige Reisemöglichkeit zu bekommen. Sie entschied sich nach der ohnehin erfolgten Trennung von Rolf für eine Scheinehe mit Len Beurton, einem der beiden Engländer, der sich als einsatzbereiter Mitstreiter und vertrauenswürdiger Freund erwiesen hatte. Im Februar 1940 hatte sie endlich alle Papiere über die Scheidung und für die »Heirat« beisammen. Am 23. 2., dem Gründungstag der Roten Armee, ging sie mit Len zum Standesamt von Caux, der Pförtner und ein dortiger Beamter sprangen als Trauzeugen ein. Mit dieser Eheurkunde konnte sie beim englischen Konsulat einen Paß beantragen, der es ihr im Spätherbst ermöglichte, auf Weisung der Moskauer Zentrale über Frankreich, Spanien und Portugal mit den beiden Kindern nach England zu reisen. Len, der noch weiter für Sandor Rado und die »Rote Kapelle« tätig war, Funker ausbildete und mit »Jim« (Allen Foote) und den Sender betrieb, folgte ihr im Sommer 1942. Da war Frankreich bereits besetztes Land, er mußte auf verschlungenen Wegen mit falschem Paß als John Miller und mit Arztattest reisen: Tbc, militäruntauglich. Nach seiner Heimkehr nach England meldete er sich jedoch sofort freiwillig zur englischen Armee, um am Anti-Hitlerkrieg teilzunehmen – und die »Scheinehe von Caux« hielt dann mehr als ein halbes Jahrhundert, bis zu Lens Tod.

6. Physikerkarriere in England

Nach der Abreise aus Kiel am Morgen nach dem Reichstagsbrand ging Klaus Fuchs am Abend desselben Tages in Berlin zu der Konferenz der kommunistischen Studentengruppen aus ganz Deutschland. Wie damals üblich traf man sich im Hinterzimmer einer Kneipe, dem sogenannten Vereinszimmer. Es war, wie Klaus Gysi es schilderte, für die meisten die erste illegale Zusammenkunft, weshalb man sich als »Rätselfreunde« tarnte. Irgendeiner sei auf diese »glorreiche Idee« verfallen, und Klaus Fuchs habe dann auch launig das Treffen mit der Ermahnung eröffnet, daß man sich daran halten möge und die Anrede »Liebe Rätselfreunde« für alle Anwesenden während der gesamten Konferenz gelte. Im Dunkel der Nacht ging man auseinander, das wirkliche Rätsel war nun aufgegeben und zu lösen: Was nun? Wie weiter? Wohin?

Einige Monate blieb Klaus Fuchs noch in Berlin, fand Unterstützung und Zuflucht bei Genossen und Quäkerfreunden seines Vaters, wechselte mehrmals die Wohnung und erfuhr von der fortdauernden Verfolgung seiner Familie in Kiel. Die Genossen rieten ihm dringend zum Verlassen des Landes, über Paris sollte er nach England reisen, wo er wiederum mit der Hilfe von Freunden seines Vaters rechnen konnte. Er sah es als einen Parteiauftrag an, sein Studium fortzusetzen. »Die Partei hat mich dorthin geschickt, um zu studieren und das Beste daraus zu machen«, war er doch fest davon überzeugt, daß »nach der Revolution in Deutschland Leute mit technischem Wissen für den Aufbau eines kommunistischen Deutschlands gebraucht werden«.

Erst einmal erreichte er als Flüchtling Paris, mittellos, ein junger namenloser Mann, der alles hatte zurücklassen müssen, was bisher sein Leben ausgemacht hatte. Er traf dort Grete Keilson, eine deutsche Genossin, ebenfalls aus Deutschland mit ihrem Mann geflüchtet, die dann während des Krieges in der Sowjetunion lebte und dort Wilhelm Piecks Sekretärin war. »Da also tauchte ein junger Mann aus Berlin auf, von dem man sagte, er sei ein Pfarrerssohn«, erinnerte sie sich später. »Das war natürlich für uns sehr interessant, so was hat man ja nicht alle Tage, und so haben wir miteinander Bekanntschaft gemacht. Wir haben zwar

Klaus Fuchs,
21 Jahre,
vor der Flucht
aus Deutsch-
land

Klaus Fuchs,
21 Jahre,
vor der Flucht
aus Deutsch-
land

wenig miteinander gesprochen, weil er immer irgendwo in einer
Ecke saß und schrieb und schrieb und schrieb. Ich habe ihn manchmal mit nach Hause genommen zum Abendbrot, weil er ja doch
so ganz allein war. Und so sind wir von der Metro Jaures bis Petit,
wo dieses Hotel Meuble war, da sind wir immer zusammen gegangen. Das war ein ganzes Stück, mir schien, wir haben uns da auch
sehr lebhaft unterhalten. Aber als ich ihn dann näher kennenlernte,
mußte ich feststellen, daß ich eigentlich diejenige war, die meist
geredet hat. Er war sehr still, so daß mein Mann, wenn Klaus von
uns wegging, mir sagte, er verstehe nicht, warum ich ihn immer
mitschleppe. ›Der läßt sich doch die Würmer aus der Nase ziehen.‹«

Grete Keilson und ihr Mann hatten Klaus Fuchs in dem von
Henry Barbusse geleiteten Komitee zur Vorbereitung des Pariser

112

Weltkongresses gegen den imperialistischen Krieg und Faschismus getroffen, an dem sich auch Wilhelm Florin von der KPD-Auslandsleitung beteiligte, die zum Widerstand und zur Bildung von Kampfkomitees, von Abwehrstaffeln der Arbeiter und Hilfsorganisationen für die Opfer des Naziterrors aufrief. Einmütigkeit bestand unter den mehr als dreitausend Delegierten aus vielen Ländern, daß der Kampf gegen den Krieg nicht vom Kampf gegen den Faschismus getrennt werden könne und man daher vereint, in breiter Front und grenzüberschreitend Widerstand leisten müsse.

Emil Fuchs hatte von seinem Sohn eine Postkarte aus Paris mit der Unterschrift »Dr. Dietrich« erhalten, wie es zum Zeichen der geglückten Flucht auf Weisung der Partei »über Aachen nach Frankreich« verabredet gewesen war. In seinen Erinnerungen vermerkt der Vater dazu: »Einige Monate litt er in Paris große Not, dann aber wurde er von einer englischen Familie, die durch Bekannte auf ihn aufmerksam gemacht worden war, nach England eingeladen.« Mit einem Kanaldampfer traf er Ende September 1933 auf der Insel ein, sechs Jahre vor Kriegsbeginn, den er längst voraussah. Er war einer von Tausenden Hitlergegnern, einer von Hunderten Kommunisten, die damals dort Zuflucht und günstige Aufnahme fanden, weil viele Engländer angesichts des deutschen und italienischen Faschismus und der japanischen Expansion in Ostasien eine größere Gefahr durch die Rechten als die Linken auf sich und ihr Land zukommen sahen. Selbst die Regierung war sichtlich bemüht, den politischen Flüchtlingen aus Deutschland und Österreich mit Arbeit, Ausbildungsmöglichkeiten, Kleidung und Unterkunft zu helfen. Fuchs gelang es durch Vermittlung eines Quäker-Freundes Bekanntschaft mit der wohlhabenden Familie Ronald Gunns, eines Unternehmers der Imperial Tabacco Company, zu schließen, der ihn in sein Haus in Somerset einlud und großzügig unterstützte, so daß er schon bald das Physikstudium – zu dem er sich von der Mathematik zu wechseln entschlossen hatte – im nahen Bristol aufnehmen konnte. Die Gunns waren selbst keine Quäker, wußten aber von dem großen Respekt, den man dem sozialen Engagement seines Vaters in diesen Kreisen entgegenbrachte. Zweimal war Ronald Gunn in die Sowjetunion gereist, er war ein Sympathisant der russischen Revolution. Durch ihn kam Fuchs schon als Student in ein Team begabter junger englischer und deutscher Physiker um Nevill Mott, dem auch Hans Bethe als Assistent angehörte. Ihr Forschungsgebiet war die Quantenmechanik, die Entschlüsselung der physikalischen Gesetze der Mikrowelt. Nach einjähriger Zugehörigkeit zu diesem Team verfaßte der damals vierundzwanzigjährige Fuchs bereits seine erste wissenschaftliche Abhandlung, die in den Akademieberichten, den »Proceedings of the Royal Society«, in London veröffentlicht wurde: »A Quantum Mechanical Investigation of Cohesive Forces of Metallic Copper«, was ein weiteres Jahr später auch sein Dissertationsthema wurde.

»Ich war ein sehr junger Professor, gerade berufen an die Universität Bristol«, berichtete Nevill Mott. »Zum Glück hatten wir die Möglichkeit, dank der Unterstützung einer Tabakfirma, einigen Wissenschaftlern aus Deutschland Stipendien anzubieten. Die meisten waren Juden. Ich erinnere mich noch – eines Tages kam ein Freund, ein Quäker, in mein Büro und brachte einen jungen, ziemlich wortkargen Deutschen mit, Klaus Fuchs. Er konnte kaum Englisch, aber ich konnte ein bißchen Deutsch. Er wollte bei mir promovieren, er blieb vier Jahre. In dieser Zeit arbeitete er an Fragen, die mich interessierten, ausgehend von der neu entdeckten Quantenmechanik Heisenbergs, Max Borns, Schrödingers, um die Eigenschaften einiger Metalle zu bestimmen. Zum Beispiel, man nahm einfaches Metall, einfach für den Physiker, so wie Natrium, und ich bat ihn, seine elastische Beständigkeit zu errechnen. Wie würde es einem Biegungsversuch widerstehen? Dazu schrieb er eine sehr gute Abhandlung. Und dann untersuchte er dünne Metallschichten, das interessierte die Versuchsmannschaften in Bristol und ist nach wie vor für die Festkörpertechnologie von Interesse. Dadurch zeigte er, daß er ein sehr fähiger theoretischer Physiker war, was seine damals veröffentlichten wundervollen Arbeiten beweisen, auf die man sich heute noch beruft. Hätte es keinen Krieg gegeben und wäre er in England geblieben, wäre er bestimmt mit 40 Jahren Professor an einer britischen Universität geworden. Ich konnte natürlich nicht voraussagen, ob er einen Nobelpreis bekommen würde oder ob er Fellow der ›Royal Society‹ geworden wäre. Aber für einen Mann solchen Kalibers habe ich eine große Karriere in der Physik vorausgesehen.«

So fand Klaus Fuchs starken Rückhalt bei den Wissenschaftlern des Instituts, die sich für ihn einsetzten und für ihn bürgten, als seine KPD-Mitgliedschaft und seine politischen Aktivitäten vor 1933 in Deutschland bei den Behörden des »Home Office« (Innenministerium) bekannt wurden und sein weiterer Aufenthalt in Frage stand. Da jedoch die Denunziation, daß er ein »gefährlicher Marxist« sei, durch die deutsche Botschaft, die Kieler Gestapo und irgendeinen Informanten erfolgt war, gelang es Mott durch seine Intervention den weiteren Verbleib von Klaus Fuchs zu sichern. Der hielt sich, anders als in Kiel oder Berlin, wo er als leidenschaftlicher Diskutierer und Redner bekannt war, bei politischen Gesprächen in Bristol auffallend zurück, wirkte »einsilbig« und »frostig«, hörte meist nur stumm zu. Mott sagte von ihm: »Er war scheu und reserviert, und ich erinnere mich an keine politische Diskussion mit ihm.« Er sprach zwar bald perfekt Englisch, doch er blieb noch lange, auch im Kreis befreundeter Wissenschaftler, selbst bei ihn zweifellos sehr berührenden Themen, ein Außenseiter, den die Vorsicht des politischen Flüchtlings nie ganz verließ. Für sich allein, an den Abenden und in den Nächten, scheint er sich aber desto intensiver der Politik und der marxistischen Philosophie gewidmet zu haben. Die Klarheit und Logik der Schriften von Marx, Engels und Lenin faszinierten den Wissenschaftler. »Die Idee, die mich am meisten beeindruckte«, erklärte Fuchs später über diese Studien, »war die Erkenntnis, daß die Menschheit früher unfähig war, ihre eigene Geschichte und die entscheidenden Kräfte der gesellschaftlichen Entwicklung zu verstehen. Jetzt war der Mensch zum ersten Mal in der Lage, die historischen Kräfte zu verstehen und zu kontrollieren, und deshalb war er zum ersten Mal wirklich frei.«

Im Dezember 1936, nach erfolgreicher Promotion, erhielt Klaus Fuchs auf Empfehlung von Prof. Mott die Möglichkeit, nach Edinburgh zu gehen, wo Max Born, einer der Pioniere der Quantenmechanik, einige der fähigsten Physiker um sich geschart hatte. Auch Hans Kellermann, der wie Klaus Fuchs aus Deutschland geflüchtet war, arbeitete in dieser »Theoretischen Abteilung«, die nur aus einem Zimmer bestand. »Einem großem Zimmer«, wie Kellermann sich erinnerte, »mit einem Tisch und einem Telefon, das an der Wand hing, und wenn ich da hineinkam, dann war Born an seinem Schreibtisch, und da war ein junger Mann, der mit an dem Tisch saß und Papier vor sich hatte und schrieb und rechnete, das war Klaus Fuchs.« Max Born schätzte den »brillanten jungen Kollegen« sehr, er sei »äußerst bescheiden« gewesen, hätte zurückgezogen gelebt und »niemand gehabt, mit dem er die Wochenenden oder freien Tage verbringen konnte«. Stark sei sein Haß auf die Nazis gewesen, von denen er und seine Familie mehr zu erdul-

den gehabt hätten, als viele andere Flüchtlinge. Er habe ihn als lei-
denschaftlichen Rußland-Sympathisanten und auch als einen
»sehr netten, ruhigen Menschen mit traurigen Augen« in Erinnerung. Born verschaffte ihm ein Stipendium, erkannte immer mehr
seine außergewöhnliche Begabung und bezog ihn in die wichtigsten Forschungen ein. Gemeinsam publizierte der berühmte, dreißig Jahre ältere Gelehrte mit seinem jüngsten Assistenten mehrere
grundlegende wissenschaftlichen Arbeiten in den »Proceedings of
the Royal Society«.

»Max Born schulde ich sehr viel«, bekundete Klaus Fuchs noch
in seinen letzten Lebensjahren. »Vielleicht kann ich es am besten
an einer These von Lenin illustrieren, der sagte, daß jede neue
Revolution in der Physik auch eine Revolution des dialektischen
Materialismus bedeutet. Und wie mir Engels geholfen hat, die
Quantentheorie zu verstehen, muß ich sagen, daß Born mir, ohne
daß er das wußte, geholfen hat, diese These von Lenin zu verstehen. Von Born habe ich nämlich gelernt, wie die Quantenmechanik entstanden ist, welch ein kompliziertes Ringen um das Verständnis der Natur das war, die komplizierten, experimentellen
Daten erst einmal in ein Schema einzuordnen, aber darüber hinaus von diesem Schema vorzudringen in das eigentliche Wesen der
Dinge.«

Auf »Umwegen und in vorsichtiger Sprache geführt«, meist mit
»Dr. Dietrich« unterzeichnet, erhielt sein Vater, wie er in seinen
Erinnerungen schrieb, damals hin und wieder Post von seinem
Sohn aus England: »Klaus hatte in Bristol als Gast der Universität
zu Ende studieren können und war Assistent des großen Physikers
Born in Edinburgh geworden. So kam er zur Atomphysik und
schickte mir zwei Abhandlungen, die von ihm in den ›Proceedings
of the Royal Society of London‹ veröffentlicht worden waren,
bestehend aus einer langen mathematischen Formel nach der anderen mit nur wenigen und unverständlichen Worten dazwischen.
Zwei mir befreundete Professoren der Physik, allerdings anderer
physikalischer Gebiete, erklärten sich unfähig, mir zu sagen, was
das alles bedeute. Ich konnte nur feststellen, daß seine Arbeiten
von der ›Royal Society‹ für wertvoll gehalten wurden.«

Noch wurden derartige Forschungsberichte publiziert und weltweit zu Kenntnis genommen, wenn auch nur von wenigen in ihrer
wahren Bedeutung und letzten Konsequenz verstanden. Aber zu
Beginn des Jahres 1939, als Hitler seine Weltherrschaftspläne

schon geschmiedet hatte, traf aus Deutschland in England die auf-
sehenerregende Nachricht ein, daß Otto Hahn und Fritz Straß-
mann im Laboratorium des Berliner Kaiser-Wilhelm-Instituts ein
Stück Uranerz mit Neutronen bestrahlt und dabei nach vielen Versuchen den Nachweis erbracht hatten, daß das Uranatom zerplatzt
war und Spuren eines anderen Elements, nämlich Barium, freige-
setzt worden waren. Das bedeutete nichts anderes, wie Wissenschaftler in aller Welt nun im Laufe dieses schicksalträchtigen
Jahres zur Kenntnis zu nehmen hatten, daß es gelungen war, Uran-
atome zu spalten und dabei durch eine Kettenreaktion explo-
sionsartig Teilchen der Materie in Energie zu verwandeln. Da wußten Männer wie Born, Mott und wohl auch Fuchs, was die Stunde
geschlagen hatte. Es war der letzte Beweis der Einsteinformel:
Energie ist Masse mal Lichtgeschwindigkeit hoch zwei, also Masse
kann in eine unvorstellbar große Menge Energie umgewandelt
werden. Carl Friedrich von Weizsäcker hat später im Rückblick
auf diese Schreckstunde der Wahrheit erklärt: »Jeder Mensch, der
Kernphysik konnte, konnte sich sagen, wenn bei einer Spaltung
des Urankerns mehr als ein Neutron herauskommt, dann wird dieses Neutron wieder Spaltungen auslösen, und das wird in dem
Uran eine Kettenreaktion geben, dadurch wird ein erheblicher Teil
des Urans gespalten werden. Die Energie, die rauskommt, kannte
man, das hieß, das wäre 'ne Bombe. Das wußte man also sofort.«
Nach dem Überfall auf Polen und dem darauf folgenden Vor-
marsch der Naziwehrmacht im Westen, war gerade in England
und in den USA, wo viele deutsche und andere Ausländer Zuflucht
gefunden hatten und wohin nun auch aus den besetzten Ländern
jüdische und nichtjüdische Wissenschaftler kamen, die Furcht
groß, daß Hitler durch diese Entdeckung als erster eine Waffe bisher nie gekannten Schreckens in die Hand bekäme. Weltbekannte
Physiker, darunter Juliot-Curie in Frankreich und Einstein in den
USA, wandten sich an die Regierungen und wiesen sie auf die
außerordentliche militärische Bedeutung und Gefahr hin; sie
drängten auf eine Intensivierung spezieller Forschungsarbeiten.
»Auch in England begann man sehr früh mit Unterstützung der
Regierung am Problem der Atomspaltung zu arbeiten«, schreibt
Robert Jungk in »Heller als tausend Sonnen«. »Kaum hatte
George P. Thomson, Physikprofessor am Imperial College in Lon-
don, im Frühjahr 1939 in der ›Nature‹ die Arbeiten von Joliot und
seinen Mitarbeitern über die Neutronenemission gelesen, als er

sich mit Henry Tizard in Verbindung setzte, einem Wissenschaftler, der seit 1934 die Forschungsabteilung der ›Royal Air Force‹ leitete. Auf Empfehlung Tizards begab sich Thomson ins Luftfahrtministerium. Als er dort den Beamten entwickelte, welche enorme energietechnischen und militärischen Konsequenzen diese Entdeckungen haben könnten, sei er sich wie eine Figur aus einem ›drittklassigen Schundroman‹ vorgekommen, hat Thomson später erzählt. Man nahm aber seine sensationellen Erklärungen durchaus ernst und bot ihm, wenn auch etwas skeptisch, Hilfe durch Lieferung von Uranoxyd und kleine Geldsummen. Beeinflußt mag diese schnelle Bereitschaft durch Informationen über die Sitzung einiger deutscher Atomforscher im Reichserziehungsministerium gewesen sein, die der englische Physiker schon Mitte Mai aus Berlin mitgebracht hatte. Bei Kriegsbeginn wurde Thomson allerdings bedeutet, daß er für seine Versuche keine Vorzugsquote erhalten könne. Es gebe vorläufig Dringenderes zu tun. So kam es, daß zu den als ›nicht so wichtig für die Kriegsanstrengung‹ betrachteten Arbeiten für die Atomspaltung vor allem ausländische Physiker hinzugezogen wurden: O. R. Frisch, der gerade aus Kopenhagen nach England geflüchtet war, Rudolf Peierls und Franz Simon. Der bekannteste ›refugee physicist‹ (Physiker-Emigrant), Max Born, der in Edinburgh lehrte, beschloß schon damals unter dem Einfluß seiner Frau, einer Quäkerin, sich von aller Kriegsarbeit fernzuhalten. Etwas später stieß einer seiner begabtesten Studenten zum Team von Peierls: der über Paris geflüchtete deutsche Pfarrerssohn Klaus Fuchs.«

Ehe Klaus Fuchs zu diesem Forscherteam kam, wurde er im Juni 1940 von Polizisten aus dem Edinburgher Labor geholt und in ein improvisiertes Internierungslager auf der Isle of Man gebracht. Das »Home Office« hatte angesichts des Hitlerschen Vormarschs in Westeuropa eine erneute Überprüfung aller Deutschen angeordnet, besonders in Nähe der Küste, so auch in der Universitäts- und Hafenstadt Edinburgh. Der ersten Internierungswelle am Anfang des Krieges war Klaus Fuchs entgangen, was er seinen »guten Beziehungen zu den Quäkern und ihrer Fürsprache« zuschrieb; er sei »als Emigrant doch recht gut eingestuft worden«. Aber als dann der Zusammenbruch Frankreichs und die Besetzung bis zur Kanalküste erfolgte und eine Invasion Englands drohte, wurde auch er, obwohl sich seine Kollegen für ihn verwandten, als Angehöriger eines »feindlichen Staates« behandelt und mit über zehntausend Deutschen und Österreichern, Nazis und Antifaschisten, auch vielen Kommunisten (u. a. Hermann Duncker, Mitbegründer der KPD) und Juden, unter entwürdigenden Bedingungen nach Kanada verschifft. Er wurde mit Hans Kahle, dem legendären Kommandeur der Thälmann-Brigade im Spanischen Bürgerkrieg, und seinem Physikerkollegen Hans Kellermann, die ebenfalls interniert waren, Mitglied der Lagerleitung. Das »Füchslein«, der schmächtige Neunundzwanzigjährige, gehörte zur »roten Lagerfraktion«, eng mit Kahle befreundet und längst nicht mehr so zurückhaltend wie in den englischen Labors. Er organisierte Diskussionsrunden, hielt politische und naturwissenschaftliche Vorträge und engagierte sich für andere Mitgefangene: »Als Genossen sahen wir unsere Aufgabe darin, zuerst den jüdischen Emigranten das Rückgrat zu stärken, die ja nun völlig desorientiert waren, und auch uns, alle Genossen, davor zu bewahren, daß wir in ein Kriegsgefangenenlager verfrachtet wurden, wo wir dann dem Terror der Nazis ausgeliefert gewesen wären.«

Da sich Max Born zäh und ausdauernd für seinen Assistenten einsetzte und seine Entlassung aus der Internierung forderte, dazu noch Ester Simpson, ein Mitglied der »Society for the Preservation of Science and Learning« als Fürsprecher gewann, gelang es schon gegen Ende des Jahres 1940 seine Rückkehr nach England zu erwirken. Klaus Fuchs blieb jedoch nur kurze Zeit in Edinburgh, dann folgte er dem Ruf von Rudolf Peierls, der als Jude ebenfalls vor den Nazis aus Deutschland geflüchtet war, an dessen Institut in Birmingham. Peierls, der schon die ersten Bombenangriffe der Nazi-Luftwaffe erlebt und selbst mit Brände gelöscht hatte, kannte Klaus Fuchs von Bristol her und hatte eine hohe Meinung von ihm. »Daher fragte ich ihn, ob er uns helfen wolle, und er kam dann und war wirklich sehr, sehr nützlich. Er war ein sehr begabter Theoretiker und half mir sehr viel mit Arbeiten, die wir dort zu machen hatten.« Diese Forschungen, die unter dem Decknamen »Tube Alloys« (Röhrenlegierungen), aufgenommen wurden, galten den zentralen Fragen des Atombombenprojekts, wie Peierls rückblickend erklärte: »Damals war auch Otto Robert Frisch in Birmingham, und wir haben viel über diese neue Entdeckung der Fission gesprochen. Und ich hatte sogar eine theoretische Arbeit geschrieben, um die kritische Masse für eine Kettenreaktion zu berechnen.« Peierls und Frisch verfaßten als Ergebnis ihrer Forschungen und Überlegungen im Jahre 1940 ein an die englische Regierung gerichtetes Memorandum: »Über die Konstruktion einer ›Superbombe‹, die auf der nuklearen Kettenreaktion in Uran basiert.« Daran war Klaus Fuchs zwar nicht von Anfang an beteiligt, doch er kam bei den weiteren maßgeblichen Forschungsarbeiten hinzu: »Als ich aufgefordert wurde, daran mitzuwirken, das war nach Ausbruch des 2. Weltkrieges, aber noch vor dem Überfall auf die Sowjetunion, war mir natürlich klar, daß hier Entwicklungen stattfanden, die von großer Bedeutung sein würden. Meine Arbeitsgebiete waren zunächst Abschätzungen über die notwendige Größe einer solchen Bombe, doch bald konzentrierten wir uns auf Fragen der Isotopentrennung. Es war ja notwendig, das Uran 235 von Uran 238 zu trennen. Das war einer der Wege zur Atombombe.«

Zu dieser Zeit hatte Klaus Fuchs die tragische Nachricht aus der Heimat erreicht, daß sich seine Schwester Elisabeth das Leben genommen hatte. Den jungen Physiker traf dieses Unglück tief, und er wäre gern an der Seite seines Vaters gewesen, der Elisabeths Kind, den vierjährigen Enkel, der ebenfalls Klaus hieß, zu sich genommen hatte. Doch einen Weg dahin gab es für ihn nicht. Sein brennender Haß auf die Nazis drängte ihn zum Handeln, alle etwaigen Bedenken, Rücksichten oder Ausflüchte fielen weg. Ihm war nun bis zur letzten Konsequenz klar, daß es an dem Platz, wo er sich mit all seinen Kräften und Fähigkeiten einsetzte, um weit mehr als die Entscheidung über eine wissenschaftlich-technische Entwicklung ging.

7. Liebesbriefe aus Oxford

Sonjas Reise im zweiten Kriegswinter mit den beiden Kindern aus der Schweiz nach England dauerte mehr als zwei Monate. Am 18. Dezember 1940 fuhren sie, von Len verabschiedet, im ungeheizten Autobus in Genf los, passierten die französische und die spanische Grenze unter strengsten Gepäck- und Kleiderdurchsuchungen, nachts ging es über die Pyrenäen und nach Barcelona, weiter mit dem Zug von Barcelona nach Madrid und über die portugiesische Grenze bis Lissabon, das sie am Weihnachtsabend erreichten, alle drei krank. Das englische Konsulat brauchte drei Wochen, um die nötigen Papiere und die Reisemöglichkeit auf einem der wenigen noch verkehrenden Schiffen nach England zu beschaffen. Noch einmal drei Wochen dauerte die Seereise, die in einem Konvoi mit zwölf anderen Schiffen und zunächst in entgegengesetzter Richtung nach Gibraltar erfolgte, kriegsgemäß wegen der U-Boot- und Fliegergefahr in verdunkelten Kabinen und mit griffbereiten Rettungswesten.

Mitte Februar erreichten sie Liverpool, wo Sonja als einzige der Passagiere verhört wurde: Wo ist Ihr Mann? Warum ist er nicht mitgekommen? Warum sind Sie nicht bei ihm geblieben? Wo wollen Sie sich niederlassen? Wovon wollen Sie leben? Wovon lebt er?

Selbst wenn sie es gewollt hätte, auf manche dieser Fragen konnte sie auch Tage und Wochen nach ihrer Ankunft keine Antwort geben. In London waren wegen der deutschen Luftangriffe besonders die Kinder und auch viele ältere Einwohner evakuiert worden. Sonjas Eltern und Geschwister wohnten, was sie erst nach und nach erfuhr, in weniger gefährdeten Gegenden. Sie versuchte in Oxford, wo die Eltern vorübergehend bei Freunden lebten, eine Bleibe für sich und die Kinder zu finden, was aber nahezu hoffnungslos war, da es in den weniger bedrohten Städten und Ortschaften allzuviele Wohnungssuchende gab. Nach mehrmaligem Umzug von einer Untermietsstube in die andere entdeckte sie schließlich ein möbliertes Zimmer, das aber die Wirtin nur einer Person vermieten wollte – also mußte sie die Kinder zunächst in einem Internat unterbringen.

Schließlich gelang es ihr, in Kidlington, nahe Oxford, einen Bungalow zu mieten, wohin für einige Zeit auch ihre Schwester Brigitte zog.

Kurz nach ihrer Ankunft in England bemühte sich Sonja, wie schon in der Schweiz über Funk verabredet, an einer bestimmten Straßenkreuzung in Nähe des Londoner Hydeparks ihren Kontaktmann für die Aufnahme ihrer Informations- und Sendetätigkeit in England zu treffen. Jede zweite Woche fuhr sie wieder nach London und wartete vergeblich zur festgesetzten Stunde trotz Bombenalarms und giftiger Bemerkungen der dort patrouillierenden Prostituierten. Erst nach drei Monaten fand die Kontaktaufnahme statt: »Ein Mann kam auf mich zu, nicht der erste in dieser verdammten Straße, aber diesmal war es der richtige. Er begrüßte mich mit den abgesprochenen Erkennungsworten, und ich eilte beschwingt zwei Straßen weiter, wo unser endgültiger Treffpunkt war. Der sowjetische Genosse brachte mir Grüße und Glückwünsche zur Ankunft und gab mir genügend Geld, um aller finanziellen Sorgen ledig zu sein. Er hatte einen Autounfall gehabt, dadurch war sein Kommen hinausgezögert worden. Nun erläuterte er mir die Bedeutung der Arbeit in einem Land, das Krieg gegen die Nazis führte, in dem aber einflußreiche reaktionäre Kreise jederzeit zu einer Verständigung mit Hitler auf Kosten der Sowjetunion bereit wären. Die Zentrale wünschte Nachrichtenmaterial. Welche Kontakte könnte ich aufnehmen? Zum Militär? Zu politischen Kreisen? Ich sollte versuchen, ein Nachrichtennetz aufzubauen. Wann könnte meine Funkstation arbeiten?«

Ihre Briefe an Len, der in der Schweiz zurückgeblieben war und weiter für Sandor Rado den Sender betrieb, schrieb sie im Original englisch und noch mehr als bisher auf Alltägliches, Familiäres und Allerprivatestes konzentriert. Bei der immer bedrohlicheren Kriegslage und den andauernden Bombardierungen nahm der Deutschenhaß zu, und es galt, so wenig auffällig wie nur möglich zu sein, um nicht zusätzlich beargwöhnt zu werden. Dennoch schrieb sie fast Woche für Woche – Liebesbriefe einer Illegalen über Grenzen und Fronten hinweg:

Oxford, Ende Februar 1941
Dear Len, mach Dir um mich und die Kinder keine Sorgen. Ich gebe zu, die Reise war schwer, zu schwer fast für mich, aber jetzt ist alles vorbei. Ich konzentriere mich darauf, für die ersten drei Monate komplette

Ruhe zu haben. Ich habe nicht nur mein Gewicht wiedergewonnen, sondern sogar ein wenig zugenommen. Das blaue Kostüm, das Du so magst, aber immer unbefriedigend gebügelt fandest, ist sogar fast ein wenig zu eng. Die Kinder sind an einem 99% bombensicheren Platz. Ich bin andauernd beim Zahnarzt usw. und fühle mich (vielleicht, weil ich nicht genug Vorstellungskraft besitze) sehr ruhig bei den Bombenangriffen in London, wo ich hin und wieder über Nacht bleibe. Ich bin ruhig in Bezug auf mein eigenes Leben, aber ich hasse es, die Flieger und die Bomben zu hören. Die U-Bahn Stationen mit ihrem »Nachtleben« sind sehr beeindruckend. Da sind lange Reihen von Doppelstockbetten, und Hunderte gehen dorthin, um eine sichere Zuflucht zu haben, einige schon seit Monaten, und es hat sich ein fremdartig anmutendes »Gemeindeleben« entwickelt. Sie kommen mit ihren Bündeln nach sieben Uhr an, besonders Leute mit Kindern (obwohl nicht mehr viele Kinder in London sind), sie packen ihr Abendbrot aus und gießen sich Tee aus Thermoskannen ein, nehmen ihr Strickzeug heraus, ihre Zeitungen, Vater raucht, Mutter tratscht, die Kinder spielen Verstecken, die Müden legen sich in den oberen Betten schlafen, die Verliebten sitzen aneinander geschmiegt zusammen, der Backfisch lackiert sich die Fingernägel, ein anderer lockt sich die Haare, ein Kommunist liest ein Buch über Marxismus vor. Viele, viele verschiedene Leute zusammengeworfen, die Atmosphäre trauter Heimlichkeit verbreitend auf ihren kleinen Doppelstockbetten im gedämpften Licht der U-Bahn Station. Die lauten Züge fahren ein und aus, halten, Menschenmassen strömen heraus, andere hinein, jeder bemüht, auf keine der schlafenden Personen, die kein Bett mehr fanden, zu treten. Die Umstände scheinen besser zu werden, es gibt Lautsprecher, die Musik abspielen, und eine Art transportabler Kantine serviert Tee und etwas zu essen. Du wirst lachen, aber ich könnte mir vorstellen, zwei Monate auf den verschiedenen Stationen zuzubringen und dann ein Buch darüber zu schreiben, kein journalistisches, eine richtige Erzählung. Es wundert mich, daß das noch niemand gemacht hat, es gibt Hunderte von Möglichkeiten, wie ich finde. Ich lief durch viele Londoner Stadtteile. Vieles ist zerstört, aber weniger, als ich erwartet hatte, und es überrascht mich, wie das normale Leben weiterläuft. Ich merke, daß ein großes Geschäftshaus, das in Trümmern liegt, einen weniger bedrückt als eine kleine zerbombte Wohnung – die Wäsche, Kinderkleider, die noch auf der Leine über dem Küchenofen hängen.

Insgesamt sind die Leute netter zu mir, als ich zu hoffen wagte. Aber die Wirtin meines Oxforder Stübchens sagte mir, daß ich umziehen müßte. »Weil«, wie sie anderen erklärte, »sie so ausländisch aussieht, und ich so sehr britisch bin, daß ich es nicht aushalte«. Armer Len, was für eine Frau hast Du genommen? Du merkst, daß die Leute, die noch nicht gelitten haben in diesem Krieg, viel snobistischer und intoleranter sind als die, welche der Krieg berührte. Ich halte die Einstellung des normalen Menschen hier dem Krieg gegenüber für die richtige. Sie haben nicht diese großtuerische Glorifizierung des Krieges, die ich so verachte. Alle stimmen sie überein, daß Krieg eine bestialische Sache sei, daß jeder ihn gerne vermieden hätte, er nun aber unabdingbar sei, um Schlimmeres als Krieg zu verhindern.

Habe ich je den ersten Soldaten erwähnt, den wir bei unserer Ankunft trafen? Das war im Zug nach Oxford. Nina gewann sein Herz im Sturm, er formte eine kleine Pistole aus ihrer Knete, sein Käppi saß bald auf ihrem Kopf, und ein kleiner, lustig geschnitzter Hund aus seiner Hosentasche hing bald an einer Schnur um ihren Hals. Dann zog er seine Jacke aus, und die Kinder starrten bewundernd auf die Tätowierungen, die den Körper des ehemaligen Matrosen bedeckten. Nina konnte ihre Augen nicht von einer nackten Frau nehmen, um die sich eine Schlange wand – sie stellte die peinlichsten Fragen dazu. Michael, der anständige Bursche, mochte mehr zwei Tauben, die an einem Herz zerrten. Nina wollte unbedingt die gleiche Dekoration, so daß der Soldat schließlich auf ihren Arm spuckte, seinen Tintenstift nahm und ihr ein wunderschönes Bild bis hinauf zum Ellenbogen malte, daß ich für 2 Wochen nicht abwaschen durfte. Michael erlaubte er, seinen Dolch zu benutzen, den er immer wieder in den Boden des Abteils warf, das Gewehr wurde ihm erklärt, schließlich schenkte er ihm eine Fliegerbrille. Er errötete vor Freude, und die beiden spielten stundenlang Karten. Das gab mir ein gutes Gefühl.

Manchmal wundere ich mich, daß Du so wenig schreibst. Natürlich wäre ich, wenn Du Details schriebest, nur neidisch. Neidisch auf Valentine, die Deinen Raum saubermacht, neidisch auf die Person, die Dir das Essen macht, und noch viel neidischer auf jeden, mit dem Du Deine Freizeit verbringst ...

Anfang März 41

Lieber Len. Danke für Dein Telegramm, ich habe an Dich gedacht an Deinem Geburtstag und noch mehr am 23., unserem Hochzeitstag. Es scheint so lange her zu sein. Der Tag selbst war solch eine Mischung aus Sorgen und fremdartigen Gefühlen für uns beide. Du erinnerst Dich daran, genau wie ich, da bin ich mir sicher. Du warst nicht zufrieden mit mir, weil ich so aufgeregt und verzweifelt wegen all der Schwierigkeiten war, und ich wollte, daß Du einen Hut trägst, und wir mußten so lange auf das Omelett warten und die Kuchen, die O. gebacken hatte, und Du, wie ein Schuljunge – aber sehr schön in Deinem blauen Anzug aussehend. Aber der ganze Tag hatte wenig mit uns zu tun, und deswegen hege ich nicht so tiefe Gefühle, wenn ich an diesen Tag denke. Es ist komisch, welche Momente Herz oder Gehirn sich aussuchen, um sich an sie zu erinnern. Wochen zuvor mußten wir diesen Bilderbuchbürokraten aufsuchen mit seiner starren Erscheinung. Wir sind in sein Büro gegangen, Du hast immer noch gehumpelt, und wir beide saßen auf der unkomfortablen kleinen Ledercouch. Er schrieb unsere Personalien auf, und aus irgendeinem Grunde fühlten wir uns beide in dem Moment sehr glücklich. Es ist deprimierend zu schreiben und nicht zu wissen, wann der Brief ankommt, vielleicht gar nicht. Ich fragte Dich, ob Du ab dem 14. Januar an diese Adresse schreiben könntest, und ich habe noch nicht einen einzigen Brief von Dir. Der letzte, den ich von Dir habe, ist vom 30. Dezember oder 1. Januar. Dieser hier ist der dritte Brief, den ich Dir schreibe, seitdem ich hier bin. Wir haben viele Probleme. Nach einer langen Zimmersuche fanden meine Schwester mit ihrem Baby und ich zwei Räume, aber die Vermieterin schmiß uns raus, weil sie kein Baby in ihrem Haus haben wollte. Wir suchten zehn Tage von morgens bis abends weiter, fanden etwas und zogen ein, ich packte all unser Zeug aus, und daraufhin sagte der Vermieter uns, daß er lieber eine einzelne Frau und nicht drei Personen haben würde. Also müssen wir wieder ausziehen. Wir sind so leise und atmen kaum, auf daß sie uns nur wohnen lassen – aber siehst Du, da sind Hunderte von Leuten, die ein Zimmer suchen, und sie alle haben keine Babys. Ich könnte etwas finden, aber ich will nicht, daß meine Schwester mit dem Baby allein wohnt. Sie hat eine schlechte Gesundheit und ist sehr traurig, daß sie getrennt wurde von ihrem Mann. Und sie ist nicht der Typ, der es aushält, alleine zu sein. Laß uns hoffen, daß wir bald etwas finden, wo wir uns ausruhen können. Wie auch immer, ein kleines Problem, wenn man bedenkt, was in der Welt passiert, aber Du, der Umziehen so sehr haßt, wirst uns verstehen. Sie lebte in Nr. 5, soweit ich mich erinnere. Gestern habe ich die Kinder für eine Stunde besucht, es war sogar noch trauriger, als sie im Glander Internat zu besuchen. Die Schule mag es nicht, wenn die Eltern kommen und sie zeigt es auch. Michael schien sehr glücklich zu sein und sich mit jedermann zu verstehen. Aber er ist der älteste Junge dort, er lernt absolut gar nichts, wie ich fürchten muß. Trotzdem werde ich ihn und Nina bis mindestens Ostern dort lassen. Die Lehrer und insbesondere der Direktor und die Hausfrau sind sehr nett, ziemlich modern und fortschrittlich, das Essen scheint gut zu sein und die Kinder fröhlich. Nina, das arme Mädchen, hat Probleme, die Sprache zu lernen. Die ersten beiden Sätze, die sie lernte, waren »Stop it« und »Go away«. Ich vermisse sie, wenn ich sie doch nur für ein Wochenende hier haben könnte, aber es gibt keine Hoffnung, daß ich eine eigene Wohnung finde, weil eine mit zwei Zimmern in jemandes Wohnung schwer zu organisieren ist. Ich besuchte meinen Bruder, war rudern mit ihm und denke, daß ich nicht viel von ihm sehen werde. Brigitte behält ihre Londoner Wohnung, was sehr günstig für mich war, ich blieb dort zwei Nächte, kaufte ein und machte Stadtrundfahrten. Der Vorteil der Wohnung ist, daß es Parterre in einem soliden Haus ist, so daß man bei Fliegeralarm in keinen Bunker gehen muß. Die erste Nacht konnte ich wegen des Lärms nicht schlafen, in der zweiten hatte ich mich so daran gewöhnt, daß ich kaum aufwachte. Wenn die Kinder nicht wären, würde ich dort bleiben. Ich lese viel und genieße es. Das Leben ist teuer, und ich bin mir noch nicht sicher, wie ich es organisieren werde. Ich wünschte, Du wärst hier und wir könnten es besprechen.

20.3.41

Es scheint unglaublich – wir haben einen eigenen Platz gefunden, einen kleinen Bungalow, vier Meilen vor Oxford in einer Art Vorort mit vielen kleinen Reihen von Bungalows. Es ist ein kleines Etwas mit vier kleinen Räumen, einer kleinen Küche, einem Bad und einem großen Garten. Ich bin ziemlich glücklich damit, aber die Miete ist fürchterlich, £ 3 pro Woche. Der Bungalow ist möbliert, ich teile ihn mit meiner Schwester und ihrem Baby. Und ich werde die Kinder von dieser teuren Schule nehmen und sie bei mir haben. Wie schön es sein wird, die Kinder zurückzuhaben – ich hoffe, dieses Mal kommt nichts dazwischen. Wir werden in zwei Wochen dort einziehen. Wenn Du kommst, wird natürlich auch ein Platz für Dich da sein. Meine Schwester will sowieso zu ihrem Mann, wenn möglich, in ein paar Wochen.

Kidlington, 3.5.41

Mein lieber Len! Seit Tagen will ich Dir schon schreiben, es scheint lächerlich zu sagen, in den letzten sieben mal 24 Stunden hätte ich keine Zeit gehabt, aber es ist wirklich wahr. Obwohl ich jeden Morgen um 7 aufstand und um 12 zu Bett ging, hatte ich keine freie Minute. Das Einkaufen, das Aufräumen, das Waschen der Kleidung, die Kinder, das Ausbessern, es ist unvorstellbar, wie viel Zeit das verbraucht, ich bewundere Ollo noch nachträglich für ihre Fähigkeit, all das selbst zu tun. Natürlich gibt es hier und da einige Stunden, die ich anderweitig verbringe, ab und zu verbringe ich zwei Tage mit Vater in London, aber das wirft den Haushalt jedesmal so zurück, daß es Stunden dauert, das wieder aufzuholen. Auch der Garten hier braucht seine Zeit, Wasser- und Senfkresse können schon gegessen werden, Salat und Radieschen zeigen ihre ersten Blätter.

Unwichtige Neuigkeiten, ich frage mich, warum ich Dir all die Tage schreiben wollte, wenn ich nichts zu erzählen habe – ich glaube, der Wunsch, Dich bei mir zu haben, läßt mich Dir schreiben, viel mehr als irgendwelche Neuigkeiten selbst. So viele kleine Begebenheiten – Du würdest lachen, wenn Du mich heute gesehen hättest, wie ich mit dem Kinderwagen losrannte, um ihn mit einem Sack Kohle zu beladen, denn ich hatte gerade rechtzeitig gehört, daß welche angekommen sei. Was bedeutet, daß wir – Hurra! – seit Wochen das erste Sonnabendbad bekommen, da wir den Herd mit Kohle heizen müssen. Normalerweise bade ich die Kinder jeden zweiten Tag im Küchenbecken, das gerade die richtige Größe für sie hat, wenn sie die Knie an das Kinn ziehen. Barbara und ich benutzen den Wasserkocher in der Küche unter viel Gelächter und Akrobatik für unsere hygienischen Zwecke. Es ist lustig, dieser Lebensstil macht mich pausbäckig und sonnenverbrannt. Ich hatte Schwierigkeiten, eine vernünftige Schule für Michael zu finden. Die Oxforder Highschool nimmt Jungen nur ab elf Jahren – es ist eine Art Schule zweiten Grades, die Elementarschule in unserem Vorort ist zu anspruchslos, und die auf die Public-schools vorbereitenden Schulen sind zu versnobt und zu teuer. Ich habe jetzt eine gefunden, die billiger als die teuersten ist, dort werde ich ihn als Tagesjungen hinschikken, Gott weiß, wie lange ich mir das leisten kann. Meine finanzielle Situation ist so unsicher, wie sie es war, als ich ihn an das Chillon College schickte. Es ist nicht perfekt, aber ich werde ihn dort lassen, auch wenn das heißt, keine Hilfe im Haus zu haben, kein Kino und ein bescheideneres Leben.

Es ist Mitternacht. Der Luftalarm hat gerade angefangen, jemand wird ausgebombt oder tot sein, bevor ein paar Minuten vergangen sind. Ich gehe besser schlafen. Ich schlafe auf dem schlechtesten Bett im Haus, ein sehr schmales und hartes Campingbett, ohne ein Kissen unter meinem Kopf, da ich nicht weich und zu bequem werden will. Meine ehrgeizigen Ideen habe ich vorerst aufgegeben. Etwas zu tun und Gemüse pflanzen und »graben für den Sieg« – wie es hier genannt wird – ist auch eine Arbeit. Aber sobald wir Hilfe für den Haushalt finden, werde ich darauf zurückkommen. Deine Briefe vermitteln mir, daß Du daran glaubst, bald herkommen zu können, Du scheinst Dir dessen fast sicher zu sein. Ich jedenfalls glaube weniger als sonst daran, so wie die Dinge aussehen. Ich finde es in Ordnung, wenn Deine Uniform khakifarben ist, Du hast braune Augen, aber das paßt dazu, der Mann meiner Schwester hat blaue Augen – wie auch immer, die Airforce ist moderner. Du wirst Dich in ihr auch besser fühlen, nehme ich an. Du überschätzt mich. Auch ich bevorzuge eine besser aussehende Uniform an Dir – zu müde, ich gehe besser ins Bett.

1.6.41

Seltsam, wie solch ein Spaziergang so nah am Haus die ganze Haushaltsatmosphäre und all die anderen Sorgen vertreibt. Ich fühle mich leicht, zufrieden und gesund, und ich habe dieses Gefühl, aufregend jung zu sein, ohne Last und Beschwernis. Zu meiner Überraschung habe ich dieses Gefühl noch nicht verloren. Fast schäme ich mich dafür, es scheint meinem Alter nicht angemessen zu sein. Ich schaue nach links und nach rechts, und weil dort niemand ist, fange ich an, den Weg zur nächsten Brücke zu rennen. Ich setze mich und denke immer noch, allein zu sein, deshalb könnte ich mich genausogut hinlegen und ein bißchen singen – eine Angewohnheit, wenn ich Zufriedenheit ausdrücken möchte, obwohl ich mir über meine schreckliche Stimme und meine falschen Töne im klaren bin. Die Blumen in meiner Hand brauchen Wasser, und es ist spät. Ich gehe langsam zurück, unter der Brücke steht ein Paar, und sie küssen sich. Ich kann es nicht vermeiden, an ihnen vorbeizulaufen. Ich erkenne den Fliegersoldaten – das Mädchen schaut auf, und ihr glückliches erhitztes Gesicht wird weiß vor Schreck, es ist die 15jährige Tochter des Nachbarn. Sie mußte sich so sicher gefühlt haben, so weit weg von Zuhause und von allen Personen, da muß ich vorbeikommen, armes Kind. Natürlich werde ich ihrer Mutter nichts sagen, aber ich kann es dem Kind nicht sagen, daß ich nichts verraten werde, da sie das ermutigen könnte, und sie ist doch noch so jung.

Ich fühle mich plötzlich alt, ich habe wirklich ganz schön viele graue Haare. Ich habe mit meiner Mutter darüber gesprochen und ihr gesagt, daß ich sie vielleicht färben möchte. Sie sagt, daß es manchmal grün anstatt weiß wird, was für ein schrecklicher Gedanke, und dann sagt sie, daß ich ein Typ bin, der sehr schön aussehen wird mit einem jungen Gesicht und weißen Haaren, und daß sowieso die Dinge, die attraktiv an mir sind, nicht vom Alter abhängen, und daß ihre Vermieterin, die ein Doktor ist und mich gesehen hat, meinte, daß ich schrecklich viel Sex-Appeal habe. »Obwohl«, wie Mutter fortfuhr, »ich nicht hoffe, daß du dieses während der Abwesenheit deines Mannes benutzt.« Tja, Ehemann, was sagst Du dazu?

8. Juni 41

Morgen kommen die Eltern zu ihrem wöchentlichen Nachmittagsbesuch, meine Beziehung zu Vater ist wunderbar, eigentlich ist jedermanns Beziehung zu Vater zur Zeit wunderbar. Da er jetzt 65 ist, mußte er sich von der Universität zurückziehen. Das hat unangenehme Konsequenzen, denn er hat sehr wenig Geld. Es läuft darauf hinaus, sich einen anderen Job zu suchen. Er ist viel zu bescheiden, viel zu aristokratisch, viel zu vornehm und viel zu stolz, um ein guter Jobsucher zu sein. Das ist eigentlich eine Schande und zeigt, daß vieles falsch ist mit der Welt von heute, daß er sich Sorgen machen muß, um einen Job zu finden, der ihn über Wasser hält. Seine wissenschaftliche Kompetenz steht außer Frage, er wird überall als Ehrengast empfangen und überall als weltbekannt gerühmt, als herausragend in seinem Wissensgebiet usw. Sein ganzes Leben hat er an Dingen von wahrem wissenschaftlichen Wert gearbeitet, aber mit 65 Jahren weiß er nicht, ob er einen Job finden wird, um sich Brot und das Nötigste kaufen zu können. Seine Zeit ist ausgefüllt mit Bücherschreiben, die von erstrangigen Instituten, Regierungsstellen usw. in Auftrag gegeben wurden. Aber all das ist ehrenamtlich, nichts wird bezahlt. Eine lächerliche Situation. Mit Mutter komme ich gerade so zurecht, sie geht mir immer auf die Nerven, wenn ich sie länger als eine Stunde sehe, so wie sie es immer getan hat seit dem Tag meiner Geburt. Brigitte ist in der Hinsicht noch viel schlimmer, die gute Barbara hat mehr Geduld und sagt, das ist unsere Schuld. Denn Mutter ist ja eine gute Seele, wann immer wir wollen, daß sie kommt und nach den Kindern schaut, macht sie es. Liest Du all das mit Ungeduld, nicht wissend, warum ich Sachen wie diese schreibe, oder bist Du dankbar für meinen Versuch, etwas von meinem Leben hier aufzuzeichnen und Dich daran teilhaben zu lassen? Ich weiß nicht. Ich habe für Michael aus London den »Dog Crusoe« als ein Geschenk von Dir mitgebracht. Am heutigen Sonntag zog er sich mit dem Buch in den Armsessel zurück und hat sich seitdem kaum bewegt, er liest und liest. All das sind kleine Dinge, sie sind sehr überschattet durch die Weltsituation, es sieht auf jeden Fall im Moment nicht besonders rosig aus ...

Juli 41

Ich finde es schwierig, jetzt, wo Deine Rückkehr so unwahrscheinlich ist, so daß es lächerlich erscheint, all die kleinen täglichen Dinge zu erwähnen. Intellektuell gesehen ist das Leben sehr interessant. Es gibt viel zu lesen, ich fühle, wie ich das von morgens bis abends machen könnte, aber die Zeit ist knapp. Man trifft nette Leute, man fühlt sich nicht so abseits der Ereignisse wie in dem kleinen Berghaus. Ich würde auch gerne mehr ins Kino gehen. Zu Vorlesungen, zu Konzerten, ins Theater, aber ich gehe nicht. Die Busverbindungen sind schlecht am Abend, alleine gehen macht keinen Spaß. Ich denke, wenn Du hier wärst, würden wir öfter ausgehen und es genießen, zu lesen und zu diskutieren. Oxford ist ein Zentrum für intellektuelles Zeugs geworden. Meine Schwester Brigitte war für drei Tage bei uns. Michael war sehr angetan von ihr und sie von ihm. Sie machten eine Fahrradtour zusammen. Ich war mit den Kindern auf dem Land für einen Sonntagsspaziergang. Nina wollte Vögel beobachten, sie ging auf Zehenspitzen, verhielt sich still, einen Finger vor ihrem Mund, vor einem blühenden Busch mit einem singenden Vogel – ein Bild perfekter Schönheit. Die Art, wie sie langsam und vorsichtig auf den Baum zulief, kann man sich nicht vorstellen in ihrer Anmut. Komisch, wie manche Leute mit solch lieblichen Bewegungen geboren sind und andere sie einfach nicht haben. Laß uns hoffen, daß sie das nicht verliert, wenn sie selbstbewußter wird. Michael ist gut in der Schule, er war der beste im Englischdiktat – ja, schon bin ich wieder mitten im Kindergerede ...

14.8.41

Liebster Len, nichts Neues von Dir seit ungefähr drei Wochen, als drei Briefe auf einmal kamen. Ich bin sehr müde, aber es macht keinen Sinn, das Briefeschreiben zu verschieben. Dieses neue Ausbreiten des Krieges, dieses schreckliche Blutvergießen – ich nehme an, der Mensch hat eine Art Sicherheitsgrenze in seinem Gehirn, so daß man sich nicht die ganze Zeit klar vorstellen kann, was vorgeht in diesem 20. Jahrhundert, da man sonst verrückt würde. Aber diese Begrenzung ermöglicht es einem, das Haus sauberzumachen, Salat zu pflanzen, den Kindern die Haare zu kämmen und ihnen beizubringen, sich die Hände zu waschen vor dem Essen, es macht es sogar möglich, einen anspruchslosen Film zu genießen, Poesie zu lesen, über Witze zu lachen. Hör nicht zu oder besser lies nicht, da diese Stimmung sich bald in die richtige ändern muß, mein normaler todsicherer Glaube, daß nach diesem Krieg eine bessere Welt aufgebaut werden wird.

Erst jetzt merke ich, wie sehr ich unterbewußt mit Deiner Rückkehr gerechnet habe. Du kennst all die kleinen, täglichen Dinge. Dieser Spaziergang, den wir zusammen machen müssen, der Pudding, den Barbara heute gemacht hat und den sie wieder machen muß. Wenn Du hier bist, wenn ich nur rechtzeitig erfahre, daß Du kommst, kann ich ein paar Eier für Dich aufsparen, da es nur eins pro Person und Woche gibt. Dieses Buch, was ich gerade lese, werden wir diskutieren, wenn Du hier bist. Wie angenehm es Dir sein wird, mit Michael zu reden. Ich muß ein paar gute Strümpfe aufheben, nein, wenn Du bald kommst, muß ich nicht, meine Beine sind sehr braun, Du wirst sie ohne Strümpfe mögen. Und einen Tag werden wir das Boot nehmen, losrudern und dann den reizenden Berg mit den Schafen darauf besteigen, und die Sicht über das ganze Land und das alte Haus neben der Kirche werden Dich begeistern. Und wir müssen Mittag essen in dem gleichen Gasthaus mit dem lustigen alten Kellner, in dem ich letzte Woche war. Und Du wirst mich von der Bahn-Station abholen, damit ich nicht so schwere Sachen tragen muß. Und die Abende werden nie wieder einsam sein – und nun verbiete ich mir selbst jegliches Taggeträume wie dieses und gewöhne mich daran, daß keines dieser Dinge wahr wird. Weißt Du, ich habe definitiv die Hoffnung auf Dein Kommen aufgegeben. Ich kann mir nicht vorstellen, was sie jetzt überzeugen könnte, Dir ein Transitvisum zu geben, wenn sie es für die letzten 6 Monate verweigert haben. Aber, bitte, laß mich detailliert wissen, was Du versucht hast und worauf Deine noch existierende Hoffnung gebaut ist. Oder hast Du die auch verloren? Für mich sind die Details nicht wirklich nötig, da ich weiß, daß Du Dein Bestes versucht hast, mich zu erreichen, und wenn nicht mich – dann das Land. Aber die Eltern fragen manchmal, und einmal auch George. Barbara erwartet ihren Mann, bezieht die Betten neu, kocht ein besonderes Abendessen, zieht ihr schönstes Kleid an und rennt den ganzen Tag mit Lockenwicklern im Haar herum, um schön zu sein, wenn ER ankommt. Er kommt jetzt praktisch jedes Wochenende oder Sonntag, da er näher an uns stationiert ist. Es ist hart für mich, nicht manchmal sentimental deswegen zu werden. Ich habe ein neues Kleid, ich denke, es ist das erste, das Du nicht kennst. Barbara gab mir den Stoff irgendwann als Geschenk, es ist rot mit kleinen weißen Tupfen, kurzen Puffärmeln, einem runden, farbigen Stehkragen und einem weißen Gürtel. Es paßt sehr gut zu dem Teil meines Haares, der noch schwarz ist. Hey, ich wünschte, mir wäre wirklich spaßig zumute. Liebster, Joyce or not Joyce, alle meine vernünftigen Gedanken helfen nicht, ich vermisse Dich so sehr.

August 41
Es ist ein anderes Leben, da wir Hilfe im Haus haben. Sie kommt viermal die Woche für zwei Stunden. Natürlich bleibt genug Arbeit übrig,
aber es ist nicht mehr das hektische Umherhetzen ohne Pause. Ich
genieße es, selbst Sorge für die Kinder zu tragen – sag, was Du willst –
es ist ein Unterschied, ob eine Kinderfrau sie wäscht, kämmt, füttert,
oder wenn Du es selbst machst. Obwohl es natürlich bedeutet, daß
man weniger Zeit für sich hat. Die Frühlingszwiebeln und der Spinat
kommen nicht, und ich fürchte, der Mohn auch nicht. Vielleicht ist es
gut, daß die Blumen nicht kommen. Es erinnert mich zu sehr an die Vergangenheit. Aber der Salat ist vorzüglich, ich werde bald wieder neuen
pflanzen. Barbara ist fort für ein paar Tage. Ihr Mann hat Urlaub, und
ich genieße es, das Haus für mich alleine zu haben. Ich mag es, für eine
Weile allein zu sein. Und ich liebe es, das Baby alleine zu umsorgen,
obwohl es mir einen gewissen Schmerz bereitet, ich möchte so schrecklich gerne noch eins haben. Ich weiß, es ist hoffnungslos im Moment,
und es wäre unvernünftig, selbst wenn es möglich wäre, aber das
ändert nichts daran, daß ich den intensiven Wunsch habe.
Ernst ist Ninas anhaltende Reaktion auf den ersten Bombenangriff, den
sie erlebt hat. Sie beschreibt sehr plastisch das Beben des Hauses und
wie es ein schrecklich lautes Geräusch»in den Mauern unter dem Bett,
über dem Bett, in meinen Ohren, in der Decke, überall« gab. Wann
immer sie einen Reifen platzen hört, ist sie ängstlich, und jeden Abend
protestiert sie gegen das Zubettgehen, weil»Bomben wieder das
Geräusch machen werden«. Insgesamt nehmen Kinder es sehr normal
auf. Sie scheinen sich daran zu gewöhnen, so wie die Erwachsenen.
Natürlich ist der Distrikt, in dem wir leben, zu 90 % sicher ...
Wie verbringst Du deine Zeit? Ich möchte sehr, daß Du Dich mit sinn-
vollen Dingen befaßt. Oh, und bitte verliebe Dich nicht in jemand anderen – und wenn doch, laß es mich wissen.

12.9.41
Lieber Len, Dein letzter Brief erreichte mich vor zwei Wochen. Ich
erwarte den nächsten nicht bald, man gewöhnt sich an die langen
Intervalle, aber man gewöhnt sich nie daran, das metallische Klicken
zu überhören, wenn andere unwichtige Briefe durch den Türschlitz fallen und sie mit Gelassenheit aufzuheben. Wenn ich wüßte, daß Du in
drei Monaten hiersein würdest, würde es mir nichts ausmachen. Ich
hätte die Willenskraft, Dich nicht so viel in meinen Gedanken zu haben,
aber so, wie es ist, sinniert man die ganze Zeit und macht sich Sorgen,

Hoffnungen und wieder Sorgen. Es ist nutzlos und ermüdend, noch lange so weiterzumachen. Oft habe ich entschieden, Dein Nichtkommen für sicher anzunehmen und entsprechend zu handeln. Aber dann schien wieder ein Möglichkeit da zu sein, und ich wartete weiter. Ich würde auch gerne weiter und länger warten, wenn es sicher wäre, daß Du kommst. Nur dieser unentschiedene Stand der Dinge macht mich unausgeglichen, ich fühle, daß ich gerne all meine Kraft benutzen würde, um die Vergangenheit und Dich auszublenden. Und wenn ich das alleine nicht schaffen würde, einfach mit dem ersten zusammenzugehen, der es will. Brutal, das aufzuschreiben. Es tut vielleicht genauso weh, als wenn es schon ein Fakt wäre – aber das ist es, was ich oft fühle und denke. Ich war Dir mental und physisch treu, wie es scheint, sogar unterbewußt, da ich, als ich so schreckliche Qualen beim Zahnarzt litt, als der Zahnarzt mich betäubte (mit Gas), Deinen Namen rief, bevor ich bewußtlos wurde.

Ich lese den Brief durch, vielleicht sollte ich ihn nicht abschicken, Du wirst ihn mißverstehen. Ich werde nichts tun, das Dir schaden oder Dich verletzen könnte, so lange Du weg bist und es eine Chance Deines Kommens gibt. Sogar wenn ich wollte (und ich will nicht), würde ich es nicht tun, es wäre so gemein Dir gegenüber, Du dort drüben, inmitten von lauter Sorgen. Aber bitte komme bald. Bitte schreibe oft in der Zwischenzeit ...

23.10.41

Mein lieber Junge, es ist einer dieser Tage, an denen der Wind alles beherrscht. Die Wolken segeln mit enormer Geschwindigkeit. Die Bäume beugen sich tief – ich vermisse das Wasser. Du kamst eines Tages nach Hause, nachdem Du den Kai entlanggelaufen bist und hast mir darüber erzählt. Ich vermisse Dich mehr als das Wasser. Ja, zehn Monate sind vorbei, und die Hoffnung, daß Du kommst, wird jeden Monat geringer. Ich habe nicht mal große Hoffnungen auf Glück, wenn Du kommst – unsere Vergangenheit erlaubt das nicht. Und trotzdem, ich vermisse Dich, ich fühle mich Dir nah, ich fühle stark wie immer, auch in den Momenten des tiefen Widerspruchs bei den Dingen, die uns zusammenbinden. Ich mache mir Vorwürfe, daß ich Dir nicht geschrieben habe während der letzten Wochen. Aber ich hatte alle Hoffnungen aufgegeben, daß meine Briefe Dich erreichen würden, und war überrascht, gestern einen Brief von Dir zu bekommen, geschrieben am 25. September. Du erwähnst zwei meiner Briefe, Juni und September, ich habe ungefähr vier oder fünf dazwischen geschrieben, die

Du nicht gekriegt hast. Du darfst keine Scheu haben, mich nach Hilfe zu fragen. Es gilt, was gar nicht gesagt werden muß, daß ich nur glücklich wäre, wenn ich Dir helfen könnte. Ich habe verschiedene Sachen ohne Erfolg versucht. Aber meine Möglichkeiten sind noch nicht erschöpft. Obwohl ich ein bißchen depressiv werde und ungeduldig durch den Verlust von Zeit, den die Fehlschläge bringen. Wenn alles schiefgeht, bitte, Len, zweifle nicht daran, daß ich alles probiert habe, was möglich war.

11.12.41

Genau nachdem ich das Telegramm abgesandt habe, in dem ich sage, daß Du aufhören sollst, Briefe zu schreiben, kam dein Brief vom November an – der, in dem Du mir rätst, Shakespeare zu lesen und seinen Geburtsplatz zu besuchen. Du bestätigst auch den Erhalt meines Septemberbriefes, und deswegen werde ich weiterschreiben. Meine Lektüreauswahl ist limitiert auf das Bibliotheksangebot. Shakespeare, wie Du Dir vielleicht denken kannst, kenne ich zum Teil – modernes Zeug ist nicht so gut repräsentiert in der Bibliothek. Ich hab mit Biographien angefangen, aber irgendwie ist die eine genauso wie die andere – immer das Haus des Lehrers oder Direktors mit 4 bis 8 Kindern, in einem lieblichen Landhaus am Wasser, wo man die Kirchenglocke hören kann und die Mutter solch eine herzliche Person ist und Vater solch ein gerader Charakter, bewundert bei jung und alt, reich und arm. Meine Landspaziergänge sind jetzt beschränkt, da mehr Arbeit da ist. Da B. mich verlassen hat und wir jetzt drei Leute in vier Räumen sind, werde ich einen Evakuierten aufnehmen müssen – ich bevorzuge ein Kind vor einem Erwachsenen, obwohl das natürlich nicht nur die Arbeit vermehren, sondern mich noch mehr an das Haus binden wird. Aber das ist das wenigste, was ich tun kann für den Kriegsaufwand (nicht zu vergessen das Stricken für Royal Navy und die Russen – wie jeder andere auch). Einmal im Monat geh ich ins Kino, das ist fast ein Prinzip, da ich sonst nie am Abend wegkomme und am Tag in London nie genug Zeit ist für Filme. Das Kino ist nur zehn Minuten Fußweg vom Haus entfernt.

Es scheint, daß der größte Teil Deiner Briefe verlorengeht – aber es ist es wert, Dinge aus anderen Briefen zu wiederholen –, dieser eine wird vielleicht genauso verlorengehen. In einem meiner Briefe habe ich Dir geschrieben, daß ich Dir bis jetzt treu war. Ich wiederhole es, da Du vielleicht manchmal darüber nachdenkst. Ich erinnere mich nicht, ob ich es erwähnt habe, daß eine ziemlich nette Person in mich verliebt ist, aber wir sehen uns sehr selten, und ich habe mich nie auch nur küssen lassen. Es tut gut, einige nette Komplimente zu hören und mit wirklicher Wärme und Sorge begrüßt zu werden. Aber da ich nicht die Absicht habe, es weiterzutreiben, wird es besser bald gestoppt werden. Und es scheint nicht fair ihm gegenüber, es so weit kommen zu lassen. Also ist dies definitiv nichts zum Sorgen machen. Ich habe es nur um der Wahrheit willen erwähnt. Und du? Tja, Männer haben das Privileg, in dieser Hinsicht anders beurteilt zu werden. Und Dein Leben ist insgesamt soviel unangenehmer als meines, daß ich fast wünschen sollte, jemand wäre für Dich da. Aber wie auch immer meine Meinung ist, Du würdest nicht lange danach fragen, wenn Du Dich wirklich verlieben solltest, also bitte ich Dich nur, mich den Fakt wissen zu lassen, wenn es passiert. Weihnachten wird bald da sein. Ja, ich werde auch an Dich denken am Weihnachtsabend, und ich weiß, ich werde Dich vermissen, obwohl das Haus sehr voll sein wird. Die Eltern, Barbara, Frank, Duncan und vielleicht sogar Brigitte und Tony werden kommen.

28.6.42

Ich habe oft die Briefe von Dir gelesen, in denen Du über deine Beziehungen zu anderen Leuten sprichst – mich inklusive. Ich wünsche so sehr wie Du selbst, daß Du die Umgebung haben könntest, die Du Dir wünschst. Das wäre wichtiger für Dich, als zu mir zurückzukehren, wichtiger für Deine Entwicklung und Deine Zufriedenheit im Leben. Was ich für Dich wünschte, so man wählen könnte, wäre, daß Du hierher kommst, daß wir einige wenige Monate oder wenigstens Wochen zusammenhaben. (Während der Zeit könntest Du eine Ausbildung bei einer der Streitkräfte haben und daß sie Dich irgendwohin schicken, wo der Kampf am heißesten ist, und daß Du dort eine individuelle Aufgabe mit dem richtigen Maß an Abenteuer, Gefahr, Verantwortung übertragen kriegst, und da das nur ein Traum ist, könnte ich hinzufügen, daß ich wünschte, daß Du erfolgreich wärst und lebend zurückkommen würdest!) Ich weiß nicht, ob Du immer noch viel über unsere Zukunft und die möglichen Schwierigkeiten usw. nachdenkst. Ich möchte nicht, daß Du komplett aufhörst über mich nachzudenken, aber Du sollst nicht mehr über Probleme nachdenken, die vielleicht wieder auftauchen. Es mag komisch sein, daß ich das jetzt sage, da ich immer die war, die wollte, daß die Dinge zwischen uns durchdacht und so klar wie möglich sind.
Endlich ist der Sommer da. Welch simple Worte, wie oft gesagt, aber wieviel meinen sie. Ich komme gerade vom Schwimmen. Sich in die

brennende Sonne zu legen, noch tropfend vom Schwimmen, die Bienen zu hören und die verschiedenen Blumen zu riechen, die Grashalme über einem sich bewegen sehen, all das bringt mich in einen Zustand kompletter Ruhe und des Glücks.

Michael spricht nicht oft von Dir, aber immer in einem bestimmten Zusammenhang. Wann immer es etwas Mutiges zu tun gibt oder ich jemanden dafür bewundere, etwas Mutiges getan zu haben, sagt er, oh, Len hätte das auch hingekriegt. Ich glaube, Dein unerschrockenes Skilaufen und Dein furchtloses Schwimmtraining müssen ihn beeindruckt haben.

Juli 42

Ich fühle jetzt manchmal, daß neben meiner Aufgabe, Michael zu kleiden und zu ernähren, meine Rolle in seinem Leben kleiner wird. Das ist natürlich und stört mich nicht. Andererseits fühle ich mich ihm immer noch näher als irgendeiner anderen Person auf der Welt und weiß, daß ich seine Ansichten, Gedanken und Launen stark beeinflusse, obwohl er seine täglichen Interessen mit anderen teilt. Diesen Morgen hatte ich große Schwierigkeiten mit Michael. Er mag seine Schule sehr und ist normalerweise ruhig und beherrscht. Diesen Morgen hat es geregnet, und ich gab ihm einen Brief mit, der sagte, daß er schon um 11 Uhr gehen müßte, weil er einen Zahnarzttermin hatte. Der Regen machte es erforderlich, daß er seinen alten Regenanzug anzog, sein Jersey mit dem Hochziehkragen und die Wellingtons. Er begann sich aufzuregen: »Ich bin sicher, daß ich zu spät komme, wenn ich alles das anziehen muß und vor der Stunde wieder ausziehen muß.« Wie immer, wie an hundert anderen Morgen, erklärte er mir, daß er fertig sei, aber die Schuhe und Zähne waren nicht sauber, das Haar nicht gekämmt. Ich befahl ihm, das zu tun. Auf einmal fing er an zu weinen. »Kann ich nicht hier zu Hause bleiben, bis wir zum Zahnarzt müssen. Es lohnt nicht, für zwei Stunden zur Schule zu gehen.« Ich mochte das nicht, da er genug Stunden durch seine Krankheit verpaßt hatte und es war auch noch nicht zu spät für den Schulanfang. Michael bestand darauf, flehte mich an, weinte. Mein Herz war schwer, als ich ihn so unglücklich sah. Doch ich dachte, daß er in Zeiten wie diesen, wo er jeden Tag von mir und meinem Schutz getrennt werden könnte, jetzt besser durch seine Schwierigkeiten durchmüsse. Er stand da, schluchzend: »Mutter, du weißt nicht, wie ich mich fühle, wenn du es wüßtest, würdest du mich nicht fortschicken.« Ich erklärte ihm alles, wie wichtig es ist zu lernen, solche Aufregungen zu überstehen und wie gut er sich fühlen würde, wenn er nach all dem doch geht und seine Stunden macht und daß er danach sehen wird, wie übertrieben seine Aufregung war. Tja, ich sandte ihn trotzdem los, aber mit dem Kompromiß, daß ich ihm einen Brief mitgab, der erklärte, warum er so spät kam. Es paßte mir nicht, ihn loszuschicken in diesem aufgeregten Zustand auf seinem Fahrrad inmitten des Verkehrs. Drei Stunden später traf ich ihn beim Zahnarzt wieder. Er war sehr fröhlich, die anderen waren gerade von der Kapelle zum Unterricht gegangen, als er ankam, und niemand hatte irgend etwas gemerkt. Ich sagte:»Siehst du.« Und er:»Das ist nicht logisch, das zu sagen, Mutter«, und recht hatte er.

Juli 42

Liebster Len, der Mensch ist schwach, ich hatte eigentlich nicht mehr daran glauben wollen, daß die Möglichkeit Deines Kommens bestünde. Trotzdem gibt es Momente, in denen ich zutiefst verzaubert bin von der Vorstellung, wie es sein wird, wenn Du ankommst. Ich bin entschlossen, dann den Haushalt für 3 bis 7 Tage hinter mir zu lassen und diese Zeit komplett mit Dir zu verbringen. Es hängt von der Jahreszeit und dem Wetter ab. Entweder in einem Hotel in London (ich kenne eins, das einen großen Garten mit Liegestühlen hat und das sehr landmäßig ist) – oder irgendwo, wo es wirklich schön ist, auf dem Lande. In vielerlei Hinsicht wäre es vielleicht komfortabler in unserem Bungalow. Aber Du weißt ja, daß Barbara und das Baby da sind, daß wir so nicht die Zurückgezogenheit hätten, die wir nach solch einer langen Trennung wollen. Ich würde ja auch jede andere Jahreszeit dem Winter vorziehen. Irgendwie war alles, was wir hatten, so sehr mit der Natur verbunden ...

Die Zeit des Wartens war vorbei, noch ehe der Winter kam. So viel Persönliches die Briefe auch zur Sprache bringen, von den dramatischen Ereignissen und gefahrvollen Unternehmungen gerade dieser 20 Monate verraten sie nichts. Nach dem Naziüberfall auf die Sowjetunion im Juni 1941 hatte Sonjas Kundschaftertätigkeit für die Rote Armee noch an Bedeutung gewonnen. Zweimal wöchentlich sendete sie nachts trotz schärfster Funkkontrollen an die Zentrale, mindestens zweimal monatlich fuhr sie nach London zu illegalen oder privaten Treffs. Sie erhielt von ihrem Vater, der auch nach seiner Verabschiedung von der Ökonomie-Hochschule weiter mit linksgerichteten Wirtschaftswissenschaftlern und Labourpolitikern Kontakt hielt, wichtige Informationen und industrielle Daten. Noch weiterreichende Verbindungen, bis in Regierungs- und Geheimdienstkreise, nutzte ihr Bruder Jürgen, um Analysen über die deutsche Kriegswirtschaft und die militärischen Planungen der Alliierten zu übermitteln, auch zur immer wieder aufgeschobenen »Zweiten Front« jenseits des Kanals. Darüber hinaus lernte sie durch ihn Personen kennen, die auf speziellen Gebieten bestens bewandert waren – so mit Ernst Kahle, dem Kommandeur der Thälmann-Brigade im Spanischen Bürgerkrieg (den auch Klaus Fuchs kennengelernt hatte), der nach Flucht und Internierung nun über die Kriegslage in englischen Zeitungen schrieb und durch die KPD-Auslandsleitung an sonst unzugänglichen Hintergrundinformationen kam. Und eines Tages – es war im Spätsommer 1942 – stellte ihr Bruder Jürgen die Verbindung mit Klaus Fuchs her ...

8. Entscheidung in Birmingham

Die Nachricht vom verzweifelten Sprung seiner Schwester aus dem fahrenden Zug und die nun Moskau bedrohende Naziarmee hatten Klaus Fuchs gegen Ende des Jahres 1941 in Birmingham zur Entscheidung gedrängt. Er war kein Abenteurer, kein Hasardeur und kein Spion, der aus der Kälte kam und zu eisigen Entschlüssen neigte. Ein kühler Rechner war er im Kreis der Wissenschaftler, die sich die theoretische und praktische Entwicklung der Uranbombe, speziell die Berechnung ihrer kritischen Masse und Zündung, zum Ziel gesetzt hatten. Es war ihm klar, daß er damit entscheidend beteiligt war, eine Waffe von apokalyptischer Zerstörungskraft zu schaffen. Er wußte zwar durch Einblick in geheime Berichte aus Berlin, deren Auswertung man ihm übertragen hatte, daß die deutschen Kernphysiker sich auf der falschen Fährte befanden, doch keinesfalls war die Gefahr gebannt, daß sie nicht doch noch vor Kriegsende die Bombe haben würden. So war es für viele der Wissenschaftler, zumal die aus Deutschland und Österreich geflüchteten Antifaschisten, das entscheidende Motiv für ihre Mitarbeit am Atomprojekt: Hitlerdeutschland um jeden Preis dabei zuvorzukommen. Es war Klaus Fuchs auch bekannt, daß es bereits Kontakte zwischen den Regierungen Englands und den USA gab, die Forschung und technologische Entwicklung zur Produktion gemeinsam zu betreiben. An eine Zusammenarbeit mit der Sowjetunion oder auch nur an ihre Information war jedoch nicht gedacht, obwohl der englische Premier, Winston Churchill, beim faschistischen Überfall auf die Sowjetunion erklärte: »Rußlands Gefahr ist auch unsere Gefahr« und »jede technische und ökonomische Hilfe, die möglich und nötig ist« im gemeinsamen Kampf gegen Nazideutschland zusicherte.

Was auch immer die Regierenden erklärten, Klaus Fuchs war in den Jahren seit seiner Flucht zu viel Widersprüchlichem, Heuchelei, Verblendung und antikommunistischen Vorurteilen selbst auf Seiten eingeschworener Hitlergegner begegnet, als daß er noch etwas auf solche Verlautbarungen gab. Von früh an durch seinen Vater anvertraut, galt für ihn der buchstäblich biblische Grundsatz: »Verleugne niemals dein Gewissen«, wobei für ihn Gewissen zugleich Wissen, kritisches Denken und Handeln bedeutete. Er formulierte es später, als er vor Gericht gestellt wurde, noch drastischer und selbstbewußter: »Es muß von Zeit zu Zeit Menschen geben, die vorsätzlich Schuld auf sich nehmen, weil sie eine Situation klarer erkennen, als jene, die die Macht haben.«

Schmerzlich, mit minimalem Verständnis hatte er hingenommen, daß er im ersten Kriegsjahr verhaftet und ein Jahr lang in einem Lager gefangengehalten wurde, ohne verläßliche Informationen vom Kriegs- und Weltgeschehen, nur weil er ein Deutscher war. Er hatte auch die Häme und Attacken, die endlosen Erörterungen, die Zweifel an den eigenen Überzeugungen unter Gesinnungsgenossen und an sich selbst wegen des Hitler-Stalin-Paktes erfahren. Zum ersten Mal vermochte er sich nicht völlig mit der sowjetischen Politik zu identifizieren. Nach langen quälenden Grübeleien beschied er sich jedoch damit: »Das russisch-deutsche Abkommen war schwer zu verstehen, aber schließlich akzeptierte ich, daß Rußland so gehandelt hatte, um Zeit zu gewinnen und seinen Einfluß auf dem Balkan erweitern zu können, gegen die Umtriebe Deutschlands. Schließlich schien der Überfall Deutschlands auf die Sowjetunion zu beweisen, daß die Sowjetunion sich nicht entzog und bereit war, eine Außenpolitik zu betreiben, die das Risiko des Krieges mit Hitlerdeutschland einschloß. Rußlands Angriff auf Finnland war gleichfalls schwer zu verstehen, aber die Tatsache, daß England und Frankreich die Intervention in Finnland vorbereiteten, zu einer Zeit, als sie nicht bereit waren, ernsthaft gegen Deutschland zu kämpfen, machte Rußlands Erklärung verständlich, daß es seine Verteidigung gegen mögliche imperialistische Angriffe vorbereiten müsse. Letzten Ende akzeptierte ich, daß meine Zweifel falsch waren und die Partei Recht hatte. Als dann Deutschland wirklich Frankreich überfiel, war ich interniert und lange Zeit waren mir Zeitungen verboten. Wir wußten nicht, was draußen und in England vorging, ich hatte keine Chance, den wirklichen Charakter des britischen Volkes in diesem Kampf gegen den Faschismus kennenzulernen.«

Nun war die Lage anders, er war hier am Ort und mit einer bedeutenden Aufgabe betraut. Die Westmächte und die Sowjetunion waren Alliierte, doch noch immer blieben Mißtrauen und Vorbehalte gegen dieses Land und die dort machthabenden Kommunisten. Auch in Birmingham waren die früheren politischen Aktivitäten des Physikers Klaus Fuchs bekannt und im streng geheimen »Tube Alloys«-Programm neue Sicherheitsüberprüfungen gegen ihn eingeleitet worden, obwohl man ihm nach langem Hin und Her die englische Staatsbürgerschaft zuerkannt hatte. Dennoch sollte er auf Weisung des Geheimdienstes nur die für seine Aufgaben nötigen Informationen und Einblicke erhalten, was Prof. Peierls, der dortige Projektleiter, und die anderen Wissenschaftler als unzumutbar und für ein Forscherteam als unpraktikabel zurückwiesen. Hatte Klaus Fuchs anfangs auch nicht das Ausmaß der dortigen Arbeit erkennen können, so wurde es ihm spätestens klar, als ihm das Memorandum Prof. Peierls an die britische Regierung in die Hände kam. Dessen Hauptpunkte lauteten: »1. Als Waffe wäre der Superbombe so gut wie nichts entgegenzusetzen. 2. Wegen der Verbreitung radioaktiver Substanzen durch den Wind ist zu erwarten, daß die Waffe nicht eingesetzt werden kann, ohne eine große Zahl von Zivilisten zu töten, und deshalb ist ihr Gebrauch durch dieses Land wohl nicht in Betracht zu ziehen.«

Die Forschungsarbeiten und auch die technologischen Vorbereitungen für den Bau der Bombe wurden ungebremst fortgesetzt und von Woche zu Woche intensiviert, obwohl kaum damit zu rechnen war, daß sie gegen Hitlerdeutschland noch zum Einsatz kommen würde. Indessen nahm gerade zu dieser Zeit in der englischen Öffentlichkeit der Unmut über das Verzögern der zweiten Front durch die Westalliierten angesichts der gewaltigen Kriegsverluste der Sowjetunion zu, es wurde mehr und effektivere Hilfe gefordert. »Zu dieser Zeit hatte ich volles Vertrauen zur russischen Politik und war davon überzeugt, daß die westlichen Alliierten vorsätzlich zuließen und zusahen, wie sich Rußland und Deutschland gegenseitig vernichteten«, erklärte Klaus Fuchs dazu und stand mit dieser Befürchtung nicht allein. Er wußte von anderen Wissenschaftlern, die über die Konsequenzen ihrer Arbeit an der Bombe nachzudenken begannen und sich keineswegs politischen Überlegungen verschlossen. Selbst ein Mann wie der Däne Niels Bohr, von dem grundlegende Erkenntnisse zur Atomphysik stammten und der auf abenteuerliche Weise in die USA flüchtete, wo ihn Fuchs 1944 traf, ging schließlich so weit, sich mit seinen politischen Bedenken direkt an Präsident Roosevelt zu wenden. »Er hat offenbar viel intensiver nachgedacht als all die anderen«, so urteilte Klaus Fuchs, als er sich dazu in dem Dokumentarfilm äußerte. »In seinem Memorandum kommt auch sehr deutlich die

Notwendigkeit des harmonischen Zusammenwirkens zwischen den USA und der UdSSR zum Ausdruck. Und um das notwendige Vertrauen herzustellen, plädierte er dafür, daß die USA vor Einsatz der Atombombe die UdSSR unterrichten sollten. Roosevelt brachte es dann auch in einer Diskussion mit Churchill zur Sprache, aber Churchill war absolut dagegen, und er ging in seinem ersten Ausbruch so weit zu sagen, man sollte Niels Bohr verhaften als einen Verdächtigen.«

Das war freilich ein Jahr später, als Klaus Fuchs seine Entscheidung bereits getroffen hatte. Was dann Niels Bohr in einem kleinen Kreis von Wissenschaftlern noch pointierter äußerte, mußte ihm jedoch wie eine Bestätigung vorkommen. Beide dachten über den Krieg gegen Hitler hinaus und waren sich der Bedrohung durch die Bombe auch danach bewußt, falls sie nur im Besitz der einen Seite blieb. Wollte die Sowjetunion nicht ihre Unabhängigkeit verlieren und vom Wohlwollen der Westmächte abhängig sein, müßte sie eigene Atomwaffen haben, meinte Bohr, und sah damit wie Fuchs die Gefahr des atomaren Wettrüstens oder der atomaren Erpressung, wenn nicht gar eines atomar geführten Krieges voraus.

Ohne Zweifel war Klaus Fuchs schon bevor er solch prominenten Zuspruch erhielt, zu dem Entschluß gekommen, auf eigene Faust zu handeln. Er wußte, daß er niemanden in seiner Nähe, auch nicht befreundete Wissenschaftler und die hochgeschätzten Teamkollegen fragen und zu Rate ziehen konnte, mehr noch, daß er sich gegen die eingeschworene Gemeinschaft stellte, die alle ihre Kräfte und Fähigkeiten für Monate und Jahre dieser Arbeit gewidmet hatte. Wie problematisch letzten Endes das Resultat dieser wissenschaftlichen Entdeckung war, mochte zunehmend auch manch anderer an seiner Seite empfinden, doch angesichts des andauernden Krieges, von Bombardierungen und angedrohten und dann zur Realität gewordenen deutschen V-Waffen, die noch schlimmere Endkampfszenarien befürchten ließen, verschloß es allen den Mund, die wie er etwas kompetent zu sagen und zu tun in der Lage gewesen wären. Also entschied er, im Geheimen zu handeln und das zu tun, was andere von Präsidenten, Ministern und der Generalität offiziell, allerdings vergeblich, gefordert hatten. Er gab sein Wissen weiter und setzte damit die Sowjetunion über die Entwicklung der ungeheuerlichsten Waffe der Menschheitsgeschichte in Kenntnis.

Lapidar berichtete Jürgen Kuczynski in seinem Buch »Freunde und gute Bekannte« darüber: »Klaus war ja ein Genosse und kam nach seiner Ankunft aus Frankreich natürlich zu mir, da ich politischer Leiter in England war. Wohl etwa 1942 hatte mir Bernal, der berühmte Physiker und spätere Präsident des Weltfriedensrates, mit dem ich gut befreundet war, ganz vage erzählt, daß man bei der Vorbereitung einer ganz gefährlichen, ungeheuer wirksamen Waffe war, das war alles, was ich wußte. Klaus Fuchs erzählte mir natürlich Näheres, denn er war ja direkt daran beteiligt, und er fragte, ob das nicht wichtig für die Sowjetunion sei. Ich sagte: ›Selbstverständlich‹ und gab ihm eine Verbindung zu einer Sowjetstelle.«

Klaus Fuchs dachte zuerst nur daran, die Ergebnisse seiner eigenen Arbeit weiterzugeben, immerhin ein beträchtlicher wissenschaftlicher Beitrag, der sich zumeist direkt oder indirekt auf das Forschungsprojekt der Bombe bezog. Nur ein Teil davon ist in den Vorkriegsjahren und noch nach Kriegsausbruch in den Abhandlungen der »Royal Society«, der britischen Akademie London und Edinburgh veröffentlicht worden, einige der bedeutendsten in Zusammenarbeit mit Max Born. Aus einer bloßen Aufzählung der veröffentlichten Titel mag vielleicht auch der Nichtfachmann ersehen, mit welch vielfältigen Themen sich Klaus Fuchs befaßt hatte und was es hieß, daraus die für Wissenschaft, Kriegsrüstung und nicht zuletzt für politische Entscheidungen relevanten Erkenntnisse auf illegalem Wege weiterzuvermitteln.

Elektronentheorie der Metalle

»A Quantum Mechanical Investigation of Cohesive Forces of Metallic Copper«. Proc. Roy. Soc. (London) A151 (1935), p. 585 bis 602

»A Quantum Mechanical Calculation of the Elastic Constants of Monovalent Metals«. Proc. Roy. Soc. (London) A153 (1936), p. 622-639

»The Elastic Constants and Specific Heats of the Alkali Metals«. Proc. Roy. Soc. (London) A157 (1936), p. 444-450

»The Conductivity of Thin Metallic Films According to the Electron Theory of Metals«. Proc. Cambr. Phil. Soc. 34 (1938), p. 100-108

»Operator Calculus in the Electron Theory of Metals«. Proc. Roy. Soc. (London) A176 (1940), p. 214-228

»Crystal Theory of Metals: Calculation of the Elastic Constants«. (mit H.W. Peng)Proc. Roy. Soc. (London) A180 (1942), p. 451-476

Statistische Mechanik
»The Statistical Mechanics of Condensing Systems«. (mit M. Born) Proc. Roy. Soc. (London) A166 (1938), p. 391-414
»The Vapour-Pressure Curve«. Proc. Roy. Soc. (London) A179 (1942), p. 194-201
»Statistical Mechanics of Binary Systems«. Proc. Roy. Soc. (London) A179 (1942), p. 340-361
»The Statistical Mechanics of Many Component Gases«. Proc. Roy. Soc. (London) A179 (1942), p. 408-432
»Pressure Dependence of the Equilibrium Constant of Ammonia«. Proc. Roy. Soc. (London) A179 (1942), p. 433-438
»On the Statistics of Binary Systems«. Proc. Roy. Soc. (London) A181 (1943), p. 414-415

Relativitäts- und Quantenfeldtheorie
»On the Invariance of Quantized Field Equations«. Proc. Roy. Soc. (Edinburgh) LIX (1938/39), Part II, p. 109-121
»On Fluctuations in Electromagnetic Radiation«. (mit M. Born) Proc. Roy. Soc. (London) A170 (1939), p. 252-265
»The Mass Centre in Relativity«. (mit M. Born) Nature 145 (1940), p. 587, p. 933
»Reciprocity, Part II: Scalar Wave Functions«. (mit M. Born) Proc. Roy. Soc. (Edinburgh) LX (1939/40), Part I, p. 100-116
»Reciprocity, Part III: Reciprocal Wave Functions«. (mit M. Born) Proc. Roy. Soc. (Edinburgh) LX (1939/40), p. 141-146
»Reciprocity, Part IV: Spinor Wave Functions«. Proc. Roy. Soc. (Edinburgh) LX (1939/40), p. 147-163

Theorie des Atomkerns
»On the Stability of Nuclei Against ß-Emission«. Proc. Camb. Phil. Soc. 35 (1939), p. 242-255
»On the Statistical Method in Nuclear Theory«. Proc. Roy. Soc. (London) A174 (1940), p. 509-522

Ein Mann mit dieser wissenschaftlichen Leistung, der sich entschließt, Forschungsergebnisse – und seien es vorrangig auch eigene – weiterzugeben, überschreitet eine Tabu-Grenze und muß sich als Außenseiter oder Abtrünniger sehen, selbst wenn er sich dabei auf das Wohl und Wehe der gesamten Menschheit, auf eine friedliche Zukunft und den Sozialismus beruft. Er selbst hat später vor Gericht von dem Konflikt gesprochen, in den er sich gestellt sah: »Im Verlauf meiner Forschungsarbeit hatten sich natürlich persönliche Bindungen und Freundschaften entwickelt, die ich trotzdem nicht in Frage stellen wollte. Ich verwandte meine marxistische Philosophie dazu, um in meinem Inneren zwei verschiedene Abteilungen herzustellen. Eine Abteilung, in welcher ich mir erlaube, meine Freundschaften zu pflegen, persönliche Beziehungen zu haben, Leuten zu helfen und in allem der Mensch zu sein, der ich sein wollte und der ich vorher gewesen bin im Umgang mit der Kommunistischen Partei und ihren Sympathisanten. Ich konnte frei und heiter sein, ohne Angst zu haben, mich zu enttarnen, weil ich wußte, daß die andere Abteilung eingreifen würde, wenn Gefahr drohte. Ich konnte einfach die andere Abteilung vergessen und mich trotzdem auf sie verlassen. Es erschien mir zu dieser Zeit, daß ich ein freier Mann geworden war, weil ich es geschafft hatte, in der anderen Abteilung völlig unabhängig von der mich umgebenden Gesellschaft zu sein ...«

Im Rückblick erklärte er dieses Verhalten mit der ihm eigenen Unbedingtheit als »kontrollierte Schizophrenie«. Aber war das nicht jedes Tun und Lassen in der Illegalität und noch dazu in einer solchen Ausnahmesituation? Als in Guido Knopps TV-Historienserie »Topspione – Verräter im Geheimen Krieg« und den zugelieferten »Goldmann«-Büchern Klaus Fuchs an die Reihe kam, geriet diese »Schizophrenie« (wie auch in anderen Publikationen) ins Zentrum der Deutung und Betrachtung: »Patentrezept: gespaltene Persönlichkeit. Solange die beiden ›Abteilungen‹ im Kopf von Fuchs säuberlich getrennt blieben, konnten ihm kaum Fehler unterlaufen. Wie ›kontrolliert‹ diese selbstdiagnostizierte Schizophrenie auch immer war, Fuchs hatte eine Lösung für Loyalitätskonflikte und Skrupel gefunden, die alle Geheimdienste der Welt wohl gern patentieren lassen würden. Für den GRU (Aufklärungsdienst der Roten Armee) jedenfalls erwies er sich als der vollkommenste Glücksfall. Weil er aus innerer Überzeugung handelte, war nicht einmal Bargeld vonnöten, um Informationen aus dem Zentrum der westlichen Kernforschung zu erhalten.« Geschildert wird, wie sich dieser »Überzeugungstäter« dem sowjetischen Militärattaché Kremer, der zugleich GRU-Resident unter dem Decknamen »Alexander« war, »kontrolliert« angenähert habe: »Bei ihrem ersten Treffen in einem Haus in der Nähe des Hydeparks händigte Fuchs seinem Kontaktmann Durchschläge von Kalkulationen über die bei einer Kernspaltung auftretenden Kräfte aus. Mit Naivität und Kaltblütigkeit, den charakteristischen Merkmalen ihres neuen Agenten, wurden die sowjetischen Geheimdienstler nur wenige Tage später konfrontiert. Fuchs wollte sich vergewissern, ob seine Informationen auch an der richtigen Stelle landeten, und spazierte geradewegs in die Botschaft der Sowjetunion in London, um sich zu erkundigen. Zufällig traf er Kremer auf einem Gang des Gebäudes. ›Alexander‹ war einen Moment perplex angesichts dieses Verstoßes gegen alle Vorsichtsregeln, zog Fuchs dann aber schnell in einen leeren Büroraum und versicherte ihm, er sei tatsächlich an die Auslandsaufklärung der Sowjetunion geraten. Anschließend begann er dem Geheimdienstneuling einige grundlegende Lektionen im Handwerk der Spionage zu vermitteln.«

Jürgen Kuczynski hat zu dieser entscheidenden Kontaktaufnahme in dem Dokumentarfilm aus dem Jahre 1989 nichts von solchen Eskapaden berichtet, sondern lediglich: »Ja, zunächst hatte er eine Verbindung zu jemandem aus der Sowjetbotschaft, das habe ich arrangiert, und als diese abbrach, wohl aus Vorsicht von Seiten des Genossen aus der Sowjetbotschaft, habe ich die Verbindung zu Sonja gemacht. Also beide Verbindungen von ihm habe ich arrangiert.« Und Klaus Fuchs dazu: »Er gab mir dann beim nächsten Besuch eine Adresse, zu der ich zu einer bestimmten Zeit gehen sollte, das war zunächst mal in London meine Anlaufadresse. Später wurde eine etwas konspirativere Methode gefunden, daß ich mich zu bestimmten Zeiten mit einer Genossin treffen sollte, wir haben dann jedesmal verschiedene Treffpunkte ausgemacht, entsprechende Erkennungszeichen wurden vereinbart.«

Kurz vor seinem Tod hat Klaus Fuchs noch einmal die Gründe seiner Entscheidung bekräftigt: »Ich habe mich nie als Spion gesehen. Ich konnte nur nicht verstehen, warum der Westen nicht bereit war, die Atombombe mit Moskau zu teilen. Ich war der Ansicht, daß etwas mit einem so ungeheuren Vernichtungspotential den Großmächten in gleichem Maße zugänglich sein mußte. Die Vorstellung, daß eine Seite in der Lage sein sollte, die andere mit einer solchen Waffe zu bedrohen, fand ich einfach entsetzlich. Das wäre so gewesen, als würde ein Riese auf Liliputanern herumtrampeln. Ich hatte nie das Gefühl, mir etwas zuschulden kommen zu lassen, als ich Moskau mein Geheimwissen zur Verfügung stellte. Es wäre mir wie ein sträfliches Versäumnis erschienen, es nicht zu tun.«

9. Banbury

Nach den Jahren der Ungewißheiten scheint es fast ein Idyll zu sein, betrachtet man Sonjas Alltag im Spätsommer 1942, als Len aus der Schweiz zurückkehrte und die Familie nach fast zwei Jahren wieder vereint war. Die Scheinehe hatte sich trotz der langen Trennung und anderer Versuchungen in eine wahre Lebensgemeinschaft verwandelt. Man zog nach Summertown in ein Haus im grünen Randgürtel von Oxford. Das Haus war nur ein Uralt-Häuschen, die einstige Kutscherwohnung gegenüber einer Villa, jedoch mit einem grasbewachsenen Hinterhof und vielen Schuppen, früheren Pferdeställen, und rundum hundertjährigen Mauern aus Kalkstein. Freilich zogen sie nicht allein wegen des malerischen Umfelds dahin, sie konnten schwerlich in einer Stadtwohnung den Sender installieren und Funkverkehr betreiben, den die Kriegsgesetzlichkeit auch in England strengstens untersagte. Selbst in der Summertown-Ländlichkeit war es bedenklich, eine Antenne vom Hausdach zu einem der Schuppen zu spannen. Sonja mußte einen Bittgang zu der Besitzerin der Villa gegenüber antreten, der auch das Kutschhaus gehörte, und unter allerlei Vorwänden um Erlaubnis nachsuchen. »Sie war einverstanden und verhielt sich auch bei anderen Gelegenheiten freundlich zu uns«, heißt es dazu in »Sonjas Rapport«, als sei dies von größter Wichtigkeit gewesen. »Ich war zufrieden, daß diesmal Len die Antenne errichten konnte. Im Bungalow Kidlington war ich allein auf dem Dach herumgeklettert.« Wurde nicht gesendet, kam das Sendegerät, das viel handlicher als in den Vorkriegsjahren war, aus dem Haus und wurde in der alten Mauer versteckt. »Wir lockerten einen Stein an einer Stelle, wo der Mörtel bereits brüchig war, nahmen den Stein dahinter heraus, taten unseren kleinen Sender hinein und legten den bemoosten Verschlußstein zurück. Der Mauer war keinerlei Veränderung anzusehen.«

Immer noch erhielt Sonja Informationen von ihrem Bruder Jürgen und ihrem Vater, von Hans Kahle und auch einem englischen Luftwaffenoffizier, der aus Sympathie zur Sowjetunion zur Mithilfe bereit war. Da er mit technischen Aufgaben befaßt war, hatte er Zugang zu neuesten Entwicklungen der Flugzeugkonstruktion und konnte exakte Daten und sogar Zeichnungen und Konstruktionsteile von Maschinen beschaffen, die sich noch im Versuchsstadium befanden. Auch Bekannte von Len, die jetzt im Kriegsdienst waren, informierten über militärische Neuentwicklungen, unter anderem über das Radar und über Landungsfahrzeuge, wobei sie zumindest ahnten, für wen diese Informationen bestimmt waren. »Wir hatten es bis zum Ende des Krieges nicht schwer, Menschen zu gewinnen, denn die Arbeit für die Sowjetunion war zu dieser Zeit Arbeit für den Verbündeten Englands im Krieg gegen Hitler«, berichtete Sonja. »Das englische Volk sympathisierte mit der Sowjetunion. Wurde in Kriegsbetrieben bekannt, ein Waffenmaterial gehe nach Murmansk, erhöhte sich die Produktion merklich, in einigen Fällen bis auf das Doppelte. Selbst ›Damen der höheren Gesellschaft‹ konnten sich dieser Stimmung nicht entziehen und strickten Fausthandschuhe für die Rote Armee! Die Verzögerung einer zweiten Front auf dem Kontinent durch England und die USA löste bei vielen Menschen Empörung oder zumindest Unbehagen aus. Trotz aller Versprechungen ließen die beiden Länder ihren Verbündeten bluten – auch später griffen sie nur mit beschränkten Mitteln ein. In den Städten Englands stand 1942 in roter Farbe die Forderung des Volkes an den Mauern: ›Beginnt die zweite Front jetzt!‹«

Trotzdem blieb für Sonja und Len und alle, die ihnen Hilfe leisteten, die Gefahr, entdeckt und als Landesverräter gebrandmarkt und verurteilt zu werden. In dem Bericht über dieses Summertown-Jahr heißt es: »Irgendwann mußte mit der Entdeckung meines Senders gerechnet werden.« Äußerste Vorsicht galt es bei den Zusammenkünften zu wahren, besonders mit Informanten, die keine konspirative Erfahrung hatten und manchmal ziemlich unbefangen agierten. Oft gab es Verabredungen fern von Summertown und Oxford, zweimal im Monat traf sie sich in London mit dem sowjetischen Kontaktmann, bei besonderen Anlässen auch öfter. Meist wohnte sie dann bei ihren Eltern, die wieder nach London zurückgekehrt waren, oder bei den Geschwistern. Selbst die Verabredungen zu ihren Besuchen, wenn sie nach London reiste, umschrieb sie in ihren Briefen und gab nur notfalls verschlüsselt Daten und Termine kund, meist in Mitteilungen über den Familienalltag versteckt. Aus der entscheidenden Zeit von Ende 42 bis Sommer 43, als sie sich mindestens einmal im Monat mit Klaus Fuchs traf, sind so gut wie keine Briefe vorhanden. Vielleicht sind sie vernichtet worden, als nach dem Krieg Sonjas Tätigkeit ins Visier der englischen und amerikanischen Geheimdienstler geriet und Hausdurchsuchungen zu befürchten waren. Bei dem hohen Preis, um den es ging, hätte die kleinste Spur nicht nur für sie zum Verhängnis werden können.

Ein halbes Jahrhundert verging, ehe Sonja ihrem »Rapport« hinzufügte, worüber sie bis dahin hartnäckig geschwiegen und jede Beteiligung bestritten hatte. In die englische Ausgabe »Sonya's Report«, 1991 in London veröffentlicht, hat sie in das England-kapitel eine kurze Schilderung eingefügt:

Gegen Ende 1942 gab es ein weiteres unerwartetes Ereignis. So weit ich begriff, hatte ein Genosse, der wertvolle militärische Informationen besaß, die Verbindung mit der Sowjetunion verloren, und zwar schon seit geraumer Zeit. Er hatte sich an meinen Bruder Jürgen gewandt und ihn als Leitungsmitglied der KPD-Organisation in England um Rat gefragt. Jürgen sagte mir, er hätte eine codierte Nachricht an die Zen-trale des sowjetischen Aufklärungsdienstes geschickt und die Antwort bekommen, daß der Kontakt hergestellt werden sollte. Der Name die-ses Kontaktmannes: Klaus Fuchs. Damals wußte ich nicht, daß er ein hervorragender Wissenschaftler war und mit einer Gruppe zusammen-arbeitete, die eine Atombombe bauen sollte, in Zusammenarbeit mit den USA. Das war natürlich Top secret und damit Jürgen und mir nicht bekannt. Ich wußte jedoch, daß Klaus Fuchs in Birmingham lebte, und wahrscheinlich arrangierte er über Jürgen ein Treffen in der Umgebung von Banbury, das zwischen Birmingham und Oxford liegt. Als ich Klaus zum ersten Mal traf, machten wir einen Spaziergang Arm in Arm, wie es einem altbewährten Prinzip für ein illegales Meeting entspricht. Wir diskutierten über viele Dinge, die mit unserem eigentlichen Gegenstand nichts zu tun hatten. Es war angenehm, sich mit einem so intelligenten Genossen und Wissenschaftler zu unterhalten. Ich stellte gleich bei die-ser ersten Begegnung fest, wie ruhig, nachdenklich, taktvoll und kulti-viert er war. Wir sprachen über Bücher, Filme und die gegenwärtigen Ereignisse.
Bei unserer nächsten Zusammenkunft hatte er Fragen an die Zentrale, die mir eine Vorstellung von der Art seiner Arbeit gaben. Ich codierte sie und sandte sie über meinen Sender an die Zentrale. Für unsere Treffs bediente er sich eines ›Briefkastens‹, obgleich dieses Wort in unserem Fall nicht genau die Sache erfaßt. Ich suchte die Orte für unsere gehei-men Treffen aus und arrangierte sie außerhalb der Stadt in wenig

besuchten Gebieten, so daß ich mein Fahrrad benutzen konnte. Dieses Rad hatte einen bequemen Kindersitz, für den meine Tochter Nina schon fast zu groß geworden war. Als ich mein jüngstes Kind dann im Herbst 1943 erwartete, habe ich den Sitz mit einem neuen farbigen Kissen verschönt: Dahlien auf einem grünen Hintergrund – ich sehe es heute noch vor mir.

Die ländliche Umgebung und die Möglichkeit, sich dort freier bewegen zu können, halfen uns, die Gegend besser kennenzulernen und im Auge zu haben. Klaus sagte mir einmal, es tue ihm gut, aus der Stadt herauszukommen und mit mir zu reden. Er war zurückhaltend und bescheiden, ich glaube nicht, daß er in irgendeiner Hinsicht auffällig gewesen wäre. Ich habe unsere Meetings nicht nur deshalb außerhalb der Stadt verabredet, weil es auf offenem Feld schwieriger war, uns zu beobachten, sondern auch wegen der dort leichter aufzufindenden Wege und Treffpunkte. Ich erinnere mich, wie ich einen schmalen Pfad ging, über einige Wiesen hinweg, und eine Stelle im Unterholz am Waldrand fand, wo wir als Nachrichtendepot ein kleines Loch graben wollten. Klaus stand neben mir und beobachtete mich durch seine Brillengläser. Das fand ich ganz in Ordnung, denn ich war ein ganz normaler Durchschnittsmensch und viel praktischer als er. Ich schaute mal zu ihm auf und dachte für mich: Oh, du großer Professor!

Klaus hat mich in meiner Wohnung nie besucht, und ich bin nie zu ihm gegangen. Keiner wußte des anderen Adresse. Ich glaube fast, er wußte nicht einmal, daß ich Jürgens Schwester war. Einmal, es muß 1943 gewesen sein, als ich noch in Oxford, in Summertown, lebte, gab mir Klaus einen dicken Band von Blaupausen, mehr als 100 Seiten, die ich schnellstens auf den Weg bringen sollte. Um mit meinem sowjetischen Kontaktmann außerhalb des regulären Weges zusammenzukommen, mußte ich sofort nach London fahren und zu einer bestimmten Uhrzeit an einem bestimmten Ort ein Stück Kreide mit einem Faden darauf ablegen. Dieses Kennzeichen bedeutete, daß wir uns unbedingt treffen müßten. Zwei Tage später fuhr ich mit dem Rad die wenigen Meilen von Oxford in Richtung Sheltenham, was heute die Verbindung der A 40 und der A 34 ist, nach ungefähr 6 oder 7 Meilen bog ich in eine Seitenstraße ein. Das war vereinbart, notfalls Tag um Tag, doch gleich beim erstenmal war er da. So versteckte ich mein Rad, stieg zu ihm ins Auto, übergab die komplizierten Formeln und Zeichnungen und hoffte sehr, daß sie wohlbehalten nach London und nach Moskau kämen.

Klaus und ich haben nie mehr als eine halbe Stunde miteinander verbracht, wenn wir uns trafen. Wenige Minuten wären zwar auch genug gewesen, wenn wir auf das Vergnügen verzichtet hätten, draußen vor der Stadt ein paar Schritte zu gehen und miteinander zu reden. Zudem sah es weniger verdächtig aus, daß wir spazierengingen und uns nicht gleich wieder trennten. Niemand, der nicht in einer solchen Isolierung und Bedrängnis gelebt hat wie wir damals, wird es vielleicht ermessen können, wie kostbar ein solches Treffen mit einem deutschen Genossen war. In dieser Hinsicht war Klaus Fuchs noch in einer viel schwierigeren Lage als ich, die ich die Familie um mich hatte. Unsere Gemeinsamkeit in unserer gefährlichen Arbeit brachte aber auch eine große Nähe und schuf eine unlösliche Verbundenheit ...

Sie erwähnt, daß ihr die Zentrale bestätigte, wie wertvoll ihre Übermittlungen gewesen seien. »Natürlich war ich sehr erfreut über diese Aufgabe. Je mehr ich zu leisten hatte, desto besser fühlte ich mich. Ich war mir durchaus bewußt, wie bedeutend das Material von Klaus war, obwohl ich nicht bis ins Letzte wußte, daß der Bau der Atombombe das Ziel war. Meine Rolle dabei war gering, ich war einfach nur der Bote, der mit der technischen Übermittlung betraut war, mehr nicht.« In der ursprünglichen deutschen Fassung von »Sonjas Rapport« war noch ausführlicher davon die Rede, ohne daß außer dem Zeitpunkt vermerkt war, worauf sich die hohe Anerkennung durch die Moskauer Zentrale bezog: »Auf einem Treffen in London, das im August 1943, einen Monat vor der Geburt meines zweiten Sohnes Peter stattfand, begann abends ein starkes Gewitter mit orkanartigem Sturm. Sergej, mein Kontaktmann, war da, hatte aber unter diesen Umständen mein Erscheinen kaum erwartet. Er überbrachte mir das Lob des Direktors für eine Nachricht, die ich ihm zuvor gegeben hatte. Entweder war Sergej inzwischen in Moskau gewesen, oder er hatte den Auftrag erhalten, mir die Worte genau mitzuteilen. Der Direktor hatte gesagt: ›Wenn wir fünf Sonjas in England besäßen, wäre der Krieg früher zu Ende.‹ Ich fand mich nicht so tüchtig, war aber sehr glücklich. Besser hätte niemand den Sinn unserer Arbeit ausdrücken können: Den Faschismus vernichten und damit das Ende des Krieges für alle Menschen erreichen. Jede Stunde früher zählte.«

Von Klaus Fuchs liegen außer den Aussagen in dem Dokumentarfilm »Die Väter der tausend Sonnen« so gut wie keine authentischen Zeugnisse über die damaligen Geschehnisse vor. Lediglich die englischen Verhörprotokolle aus dem Jahre 1950, die lange Zeit als »Top Secret« galten, aber Ende der achtziger Jahre an die Öffentlichkeit gelangten, umreißen immerhin die politische und wissenschaftlich-technische Problematik des Falls aus seiner Sicht. Es war jedoch die Sicht eines Mannes, der sich vor Gericht gestellt und von der Höchststrafe bedroht sah, der zwar keinen Kniefall tat und auch nicht zum Taktieren neigte, seinen Bekennermut allerdings zu zügeln wußte und nach letzten Gründen und Begründungen seines Handelns sowieso nicht gefragt wurde. Zunächst war er von William Skardon verhört worden, einem einstigen Chefkriminalisten des Londoner Morddezernats, der nun bei der MI 5-Spionageabwehr als der raffinierteste Agentenjäger galt. Ihm schilderte Fuchs nach anfänglichem Schweigen und Leugnen schließlich seinen Lebensweg, warum er zum Kommunisten geworden und später zu seiner schwerwiegenden Entscheidung in Birmingham gekommen war. Zur »Sache« selbst sagte er nur:

Kurz nach meiner Entlassung aus der kanadischen Internierung wurde ich gebeten, bei Professor Peierls in Birmingham an kriegswichtigen Arbeiten mitzuwirken. Ich nahm an und begann die Arbeit, ohne zunächst zu wissen, was es für eine Arbeit war. Ich glaube nicht, daß es einen Unterschied zu meinen späteren Aktivitäten gemacht hätte, wenn ich die Natur dieser Arbeit von vornherein gekannt hätte. Als mir das Ziel und der Zweck dieser Arbeit klar wurde, beschloß ich, Rußland zu informieren und stellte den Kontakt über ein anderes Mitglied der kommunistischen Partei her. Seitdem hatte ich kontinuierlichen Kontakt mit Personen, die mir vollkommen unbekannt waren, außer daß ich wußte, daß sie, welche Informationen ich ihnen auch gab, diese an russische Vertreter übergeben würden. Zu dieser Zeit hatte ich volles Vertrauen zur russischen Politik und war davon überzeugt, daß die westlichen Alliierten vorsätzlich zuließen, daß sich Rußland und Deutschland gegenseitig vernichteten. Deshalb zögerte ich nicht, alle Informationen, die ich hatte, weiterzugeben, auch wenn ich gelegentlich versuchte in erster Linie über die Ergebnisse meiner eigenen Arbeit zu informieren ...

Zu weiteren Geheimverhören war extra ein Physiker hinzugezogen worden, der beim britischen Rüstungsministerium angestellt war: Dr. Michael Perrin. Sowohl das Protokoll des Skardon-Verhörs wie das der wissenschaftlich-technischen Befragung Perrins hielt man für so wichtig, daß man es nicht nur unverzüglich der britischen Regierung, sondern auch dem USA-Präsidenten zukommen ließ:

Die Aussage von Fuchs an Perrin, die als Top Secret eingestuft wurde, lautete über die erste Periode – von 1942 bis Dezember 1943 – wie folgt:

Fuchs sagte mir, daß er seinen ersten Kontakt Anfang 1942 hatte. Zu dieser Zeit trat er in das Team von Prof. Peierls an der Universität von Birmingham ein, das unter Vertrag mit dem »Tube Alloys«-Programm stand. Fuchs erklärte, daß er während der ersten Periode streng darauf bedacht war, dem Agenten nur die Resultate seiner eigenen Arbeit zu übergeben. Er war an einer Studie beteiligt, die eine grundlegende Theorie und ein mathematisches Verfahren für die Lösung von Problemen entwickeln sollte, die mit dem Prozeß der Ausbreitung von Gasen bei der Trennung der Uran-Isotope zur Gewinnung von reinem Uran 235 zusammenhängen. Und er sagte mir, daß er zu dieser Zeit praktisch nichts weiter über die Möglichkeit einer Kettenreaktion wußte, als das, was in der wissenschaftlichen Literatur veröffentlicht war, und bestimmt nicht irgendeine Möglichkeit der Benutzung von Plutonium als Alternative für das U 235 in Betracht zog. Er sah in diesem Teil des Atomenergieprojekts bestenfalls eine zukünftige Möglichkeit der Energiegewinnung.

Im Einklang mit seinem Vorsatz, nur die Resultate seiner eigenen Arbeit zu übergeben, beschränkte er sich im wesentlichen darauf, dem russischen Agenten lediglich Kopien jener Forschungsberichte auszuhändigen, die er während seines Aufenthaltes an der Universität Birmingham geschrieben hatte. Diese waren in Maschinenschrift (›M.S.‹-Series), und er übergab gewöhnlich eine Kopie auf Durchschlagpapier. Der Agent, mit dem er Kontakt hatte, verstand nichts von den technischen Details, dennoch schien er keineswegs überrascht zu sein, als er hörte, daß die Arbeit auf die Herstellung einer Atombombe zielte. Bei anderer Gelegenheit fragte er Fuchs, was noch erstaunlicher war, nach dessen Meinung über die elektro-magnetische Methode als Alternative für die Trennung der Uran-Isotope. Zu dieser Zeit wußte selbst Fuchs nichts von einer solchen Methode und hatte sie bisher nie in Erwägung gezogen.

Abgesehen von den detaillierten Papieren, die er selbst verfaßt hatte, teilte Fuchs dem Agenten in allgemeinen Wendungen mit, daß die Realisierung dieses Projekts im Vereinigten Königreich bereits aktiv betrieben werde und eine kleine Pilotanlage des Rüstungsministeriums in den »Valley«-Werken von Nordwales eingerichtet worden sei, um das Prinzip der Diffusion des Trennungsprozesses zu testen. Fuchs sagte, daß er keine Details der Bauzeichnungen oder der Konstruktion der Ausrüstung dieser Pilotanlage weitergegeben habe. Er informierte jedoch den Agenten darüber, daß eine ähnliche Anlage in den Vereinigten Staaten vorhanden sei und eine Zusammenarbeit zwischen beiden Ländern bestünde. Außer der Frage nach der elektromagnetischen Separation, konnte sich Fuchs an keine wesentlichen Fragen erinnern, die ihm gestellt worden sind. Einige der wenigen Anfragen seien so ungenau und undeutlich gewesen, daß sie ihm nahezu bedeutungslos vorkamen.

Wohlweislich unterließ es Klaus Fuchs, auch nur den geringsten Hinweis über den Ort, den Zeitpunkt oder irgendwelche Einzelheiten der Zusammenkünfte mit Sonja oder anderen Kontaktpersonen preiszugeben. Er sprach nur von einem »Agenten« oder dem »sowjetischen Agenten«, eine weibliche Person wurde deshalb wohl auch bei den Nachforschungen zunächst kaum ins Kalkül gezogen. Daß der »Agent« keine Fachkenntnisse besaß, wie Fuchs erklärte, dennoch aber überraschende Fragen nach bestimmten Forschungsdetails stellte, sorgte eher für Verwirrung, als daß es auf eine bestimmte Spur führen oder Aufklärung über den Wissensstand der Gegenseite liefern konnte. Daß anfangs vor allem Berichte – Kohlepapierdurchschläge – der zum Teil in den höchst seriösen »Royal Society«-Proceedings veröffentlichten eigenen Forschungsergebnisse und Berechnungen weitergegeben wurden, wirft zudem Fragen über die Selbstbestimmung und das offenbar vorausgesetzte staatliche Verfügungsrecht gegenüber geistigem Eigentum in der Wissenschaft auf, auch die vieldiskutierte »Galilei«-Frage, welche Verantwortung gegenüber den Resultaten der eigenen Forschungen dem Forscher dann noch zukommt und bleibt. Klaus Fuchs glaubte trotz und wegen der damaligen Kriegssituation das moralische Recht – das politische sowieso – auf seiner Seite zu haben, obwohl er sich nicht sofort alle verfügbaren Forschungsergebnisse beschaffte und weitergab. Allerdings überschritt er bereits nach einigen Treffen – etwa zur Zeit, als die Schlacht um Stalingrad entbrannt war – diese selbstgezogene Grenze und informierte Sonja dann weit über die eigenen Formel-

155

und Zahlenreihen hinaus, indem er sowohl vom Bau der Pilotanlage in Nordwales als auch über die ihm zur Kenntnis gekommene englisch-amerikanische Zusammenarbeit am Atomprojekt berichtete.

Carl Friedrich von Weizsäcker erklärte zu dieser Problematik und zum Gewissenskonflikt eines Wissenschaftlers in der Zeit bedrohlichster Welt- und Waffenkonflikte: »Ich würde sagen, daß der Wissenschaftler, etwa Atomphysiker, der erfährt, daß etwas möglich ist wie eine Atomwaffe, was wahrscheinlich die Weltgeschichte verändert, der hat einen Schock fürs Leben mitbekommen, das ändert sich nicht mehr. Und, daß er dann überlegt, was kann ich nun in dieser Situation tun, und daß verschiedene Menschen sehr verschiedene Konsequenzen ziehen, das finde ich sehr natürlich. Und daß da Leute, die die Möglichkeit sahen, etwa auch Sachverhalte weiterzumelden auf die andere Seite, das getan haben, hat mich eigentlich nicht sehr überrascht, hat mich nicht sehr verwundert, das kann ich mir ganz gut vorstellen.«

Als Jürgen Kuczynski gefragt wurde, ob das für Klaus Fuchs ein großer Gewissenskonflikt war, erwiderte er: »Keine Ahnung, wir haben nie darüber gesprochen, und es erschien mir selbstverständlich, was er tat.« Und auf die Frage: »Was war Klaus Fuchs für ein Mensch?« – die Antwort: »Ich würde sagen, erstens war er ein wirklich großartiger Genosse und, was keineswegs identisch ist, ein großartiger Mensch.«

10. Familie

Im Gegensatz zu Sonja lebte Klaus Fuchs allein, getrennt von seiner Familie, seit er aus Deutschland geflüchtet war, selbst brieflich nur über Umwege und Hindernisse hinweg mit dem Vater in Berlin, dem lungenkranken Bruder Gerhard in der Schweiz und der Schwester Christel in den USA verbunden. Der spätere sowjetische Kontaktmann Alexander Feklissow fragte Klaus Fuchs nach dessen Rückkehr aus den USA nach England, ob er nicht dieses Junggesellenleben satthabe und daran dächte, zu heiraten und eine Familie zu gründen, was ihm ja auch in den wissenschaftlichen und gesellschaftlichen Kreisen, in denen er verkehre, noch mehr Ansehen und Zutrauen verschaffen würde. Darauf habe Fuchs, schreibt Feklissow in seinen »Notizen eines Kundschafters«, ganz ernst, als seien es ihn sehr belastende Gedanken, geantwortet: »Ich bin mir darüber im klaren, daß ich mich durch das Treffen mit Ihnen, durch meine Hilfe für die Sowjetunion einer großen Gefahr aussetze. Man könnte sagen, ich bewege mich auf einem Minenfeld. Ein falscher Schritt, der kleinste Fehler in unserer gemeinsamen Arbeit hätte für mich verhängnisvolle Folgen. Ich persönlich bin bereit, sie auf mich zu nehmen. Doch möchte ich, ehrlich gesagt, nicht, daß meine Frau und meine Kinder meinetwegen leiden. Deshalb gehört es nicht zu meinen Plänen, in England eine Familie zu gründen. Ich möchte der Sowjetunion helfen, bis sie ihre Bombe gebaut und erprobt hat. Danach werde ich nach Hause, in ein befreites Deutschland, zurückkehren. Dort habe ich Freunde, dort werde ich heiraten und in Ruhe arbeiten. Das ist mein innigster Wunsch.«

Sonja hingegen empfand einen starken Rückhalt darin, daß sie in schwierigsten Zeiten die Familie – Eltern, Geschwister, den Mann und die Kinder – meist um sich oder wenigstens in erreichbarer Nähe hatte und litt sehr unter den zeitweilig notwendigen Trennungen. Aber sie war sich auch der Gefährdung für die gesamte Familie bewußt. Da sie nach dem Erscheinen von »Sonjas Rapport« von vielen Lesern danach gefragt wurde, antwortete sie Jahrzehnte darauf in einem Nachwort: »Ich begann diese Art

Die Eltern,
Berta und René
Kuczynski, in
England

Arbeit mit dreiundzwanzig und hörte damit zwanzig Jahre später auf. Das ist nun mal die Zeit, in der man Kinder kriegt, und obwohl ich ein Offizier (letzter Dienstrang: Oberst – E. P.) der Roten Armee war, war ich auch eine Frau und wollte unbedingt Kinder haben. Ich nahm das Risiko auf mich und fürchtete fast ständig um sie. Aber mir vorzustellen, ohne sie und jetzt ohne meine sechs Enkelkinder und drei Urenkel zu leben, ist undenkbar.«

Sie hatte auch in ihren Briefen an die Mutter, die von ihrer illegalen Tätigkeit im Gegensatz zum Vater und dem Bruder so gut wie nichts wußte, diesen Anspruch und den Wunsch nach Kindern immer wieder bekräftigt und gegen alle Einwände verteidigt. Glücklich darüber, daß Len nach fast zweijähriger Trennung nun seit Ende August 1942 wieder an ihrer Seite war, schien es ihr ganz selbstverständlich, daß in ihrem Summertown-Haus ein fast normaler Alltag herrschte. Normal war auch für sie, daß sie »täglich die Kämpfe der Sowjetunion verfolgten, um Moskau und Leningrad bangten, die Widerstandskraft seiner Bürger bewunderten, um die Toten trauerten«. Ihre illegale Tätigkeit, ebenso jede Hilfe und Entscheidung, die von England aus den Kampf gegen Hitlerdeutschland unterstützte, sahen sie mit allem, was an den fernen Fronten geschah, in einem selbstverständlichen Zusammenhang. Nach der Gründung des »Nationalkomitees Freies Deutschland«

am 12. Juli 1943 in Krasnogorsk fand sich auch in England ein Initiativausschuß für eine »Freie Deutsche Bewegung« zusammen, dessen Aktionsprogramm als erstes Ziel nannte: »Größtmögliche Unterstützung des Kampfes der Alliierten gegen den deutschen Faschismus.« Zum ersten Vorsitzenden und späteren Präsidenten wurde Sonjas Vater gewählt, der parteilose Wirtschaftswissenschaftler Prof. Dr. René Robert Kuczynski. Ein russischer Chronist jener Ereignisse (Wladimir Tschikow »Les Espions Atomiques de Staline: Le Dossier, Paris 1996) nennt weitere, aber nicht offizielle Aktivitäten der Kuczynski-Familie zu dieser Zeit: »Sonja sendete per Kurzwelle, was ihr möglich war, doch wenn die Papiere zu umfangreich oder zu kompliziert waren, gab sie die an Kremer (GRU-Resident, offiziell Sekretär des Militärattachés) weiter, der sie im Diplomatengepäck nach Moskau beförderte. Auf diese Weise vermittelte sie auch Erkenntnisse aus Churchills Kriegskabinett, die ihr Vater gesammelt hatte. Dieser unterhielt gute Verbindungen zu hohen Kreisen, insbesondere zu Stafford Cripps, dem britischen Botschafter in der Sowjetunion. Sonja hatte ihren Vater für diese GRU-Tätigkeit gewonnen. Sie übermittelte auch die Materialien, die ihr Bruder dank seiner vielfältigen Beziehungen beschafft hatte.«

Len, der Spanienkämpfer, hatte sich zum Kriegsdienst gemeldet und bei der Luftwaffe beworben. Doch die einstigen Angehörigen der Internationalen Brigaden waren bei der »Royal Air Force« nicht allzu willkommen. Die Einberufung ließ auf sich warten, doch angesichts des an immer mehr Fronten geführten Krieges war es sicher, daß sie eintreffen würde. In »Sonjas Rapport« bekennt sie freimütig: »Bevor er sich in Gefahr begab, wollte ich ein Kind von ihm. Ich wünschte es mir sehr und hatte wie schon zuvor die Entschuldigung, daß Säuglinge eine gute Legalisierung bedeuteten. Nina war nun schon sechs Jahre alt. Ich bestand darauf, als Ende 1942 die Einkreisung der deutschen Armee bei Stalingrad begann und sich der Sieg an dieser wichtigen Front abzeichnete. Len stimmte schließlich zu, weil er der Meinung war, er müsse mich in dieser Frage entscheiden lassen.«

Als sich Sonja das zweite, dritte oder vierte Mal mit Klaus Fuchs traf, war sie schwanger, hochschwanger dann, als sie ihn das letzte und vorletzte Mal traf. Am 8. September 1943 wurde ihr drittes Kind geboren, ein Junge, dem sie den Namen Peter-John (»Pejo«) gab. Kurz nach der Geburt des Sohnes erreichte Len der Einberufungsbefehl. Die Pilotenausbildung wurde ihm verweigert, auch als Funker ließ man ihn nicht zu einer Luftwaffen- oder Nachrichteneinheit gehen, weil außer seinem Spanieneinsatz wohl auch seine Mitgliedschaft in der KP – wenn nicht auch seine illegalen Aktivitäten in der Schweiz – bekanntgeworden waren. Nun drang er darauf, zu einer Kampftruppe der Armee versetzt zu werden. Zu seiner Überraschung kam er in ein Garderegiment, zu den »Coldstream Guards«, die zu den königlichen Elitetruppen zählten, und erhielt eine Infanterie- und eine Panzerausbildung. Mit den »Coldstream Guards« nahm er noch an den letzten Kämpfen des Krieges auf dem europäischen Festland teil; seine Panzereinheit gehörte zu den Spähtrupps des 1. Panzerbataillons der »Guards«. Sonja schrieb in einem Brief an ihren Bruder: »Hör und staune! Len entwickelt sich zum Mustersoldaten – bester Soldat von 800 Mann.« Was an Lens Ausbildung und Umgebung von besonderem Interesse war, berichtete sie der Zentrale. Er war zuerst zur Ausbildung in der Nähe von Oxford stationiert gewesen, mehrmals besuchte sie ihn dort auf dem Truppenübungsplatz und bekam da auch selbst interessante Einblicke.

Oxford-Summertown, 8. September 1943

Liebe Mutter, um dreiviertel eins war ich noch einkaufen; Äpfel, süßen Mais, diesen Schreibblock, und ich war beim Zahnarzt. Und jetzt ist das Baby zwei Stunden alt, was Dir zeigt, daß ich es leicht hatte. Es ist ein Junge, und er wiegt nur 6 Pfund 9 Ounces. Aus Erfahrung weiß, ich, daß meine Muttergefühle erst 24 Stunden nach der Geburt erwachen. Also wird dieses die einzige nüchterne Beurteilung sein, die ich je über ihn abgeben werde: Es ist das süßeste Baby, das ich je gesehen habe, absolut anbetungswürdig. Um zwei fingen die Wehen mit größerer Geschwindigkeit und Stärke an, und um drei war er geboren. Obwohl er klein ist, scheint er keine Frühgeburt zu sein. Ich konnte es selbst sehen, er hatte alles, sogar Augenbrauen und Fingernägel. Ich hatte keine Narkose, aber ab und zu eine Injektion. Es ist sehr angenehm, ihn hier zu haben. Ich hab einen schönen privaten Raum im Acland Schwesternheim (und es ist billiger als in London). Du bist natürlich jederzeit willkommen hier, um uns zu sehen. Entweder jetzt oder später, wenn ich zu Hause bin, oder irgendwann, wie immer Du es möchtest. Jederzeit außer am Sonnabend, wenn Len den ganzen Tag weg ist, um Michael zurückzubringen. Ich muß mich selbst kneifen, um zu glauben, daß es real ist, daß das Baby schon da ist.

September 43

Liebe Mutter, es war sehr nett von Dir zu kommen. So wie es immer ist, sage ich mir, Peter sieht von Tag zu Tag viel schöner aus: Du hättest jetzt kommen sollen, um ihn zu sehen. Was noch wichtiger ist, er nimmt gleichmäßig zu. Jetzt, an seinem 11. Tag, wiegt er sechs Ounces mehr als bei seiner Geburt, was sehr befriedigend ist ...

Oktober 1943

Liebe Mutter, ich habe gerade Deinen Brief erhalten. Wir werden am 28. um 5.10 Uhr mit dem Zug ankommen, das heißt, wenn wir ein Taxi kriegen, sind wir um 5.30 Uhr bei Dir, ansonsten so gegen 6 Uhr. Könntest Du dann etwas heißes Wasser fertig haben. Das Baby wird hungrig sein, und ich muß die Nahrung fertigmachen, wenn wir da sind. Es geht ihm sehr gut, aber er schreit jede Nacht von 3 bis 5 immer wieder, gerade genug, um für mich das Schlafen unmöglich zu machen. Um fünf halte ich es nicht mehr aus und füttere ihn und kann normalerweise nicht mehr einschlafen, was sehr unpraktisch ist. Abgesehen davon geht es mir wirklich sehr gut, und die Rückenschmerzen sind fast weg. Wir haben die Räume umarrangiert. Das Wohn- und Eßzimmer wird mein und Peters Raum, der andere große Gästeraum ist jetzt unser Wohnzimmer und sieht sehr komfortabel und geschmackvoll aus. Der Raum, in dem Du und Vater schliefen, wird das Kinderzimmer, und das Zimmer daneben das von Len. Auf diese Weise werden die anderen nicht durch das Babygeschrei gestört, und ich habe die Chance, das Baby aus meinem Raum ins neue Wohnzimmer zu schieben, wenn es schreit. Auch muß ich nicht die leidige Treppe rauf- und runtersteigen mit dem Baby, und es kann aus dem neuen Raum direkt in den Garten geschoben werden. Auch gibt es eine Gasheizung im Kinderzimmer, und wir können alle Kinder dorthin schicken, wenn sie eine zu große Belastung sind. Obwohl meine Intelligenz sich sehr verbessert oder wenigstens den alten Stand wieder erreicht hat, mein Stil offensichtlich noch nicht. Da Bin's umziehen, gibt es vielleicht eine Chance, daß sie Dir Dein Bücherregal zurückgeben und ich meines haben kann, dasjenige, was Rudi entworfen und einem Freund von mir gebaut hat. Wir brauchen genau so etwas, wir haben furchtbar wenige Schränke und Regale usw. Auf der anderen Seite, Du hast es mit von Berlin herübergebracht – sonst wäre es überhaupt nicht hier.

17.11.43

Ich bin ein bißchen genervt von der Arbeit und dem Haushalt, werde deswegen für zwei Stunden mit dem Fahrrad zusammen mit Len ins Ländliche fahren, da die Sonne toll scheint und mir guttun wird und Michael auf das Baby aufpaßt. Ich werde Dir auch ein paar alte Bücher schicken, morgen nachmittag. Was ist mit Vaters Plänen? In Liebe Ursel

Dezember 43

Len kam am Sonnabendnachmittag, um uns für 4 Stunden zu sehen (dafür muß er 4 Stunden jeweils hin- und zurückreisen). Er ist sich sicher, daß er eine Woche Urlaub während Weihnachten kriegen wird.

Ende Dezember 43

Len schreibt verdrießliche Briefe, wieviel schlimmer alles ist, nachdem er Urlaub hatte. Aber er wird aufgeheitert durch die Nachricht, daß es eine neue Chance für ihn gibt, fürs fliegende Personal zu volontieren nach seinem Einführungstraining. Sein Vorgesetzter hat ihm versprochen, die Sache zu unterstützen. Da er nie ein Bewunderer des Kleinbürgers war, konnte er es sich nicht vorstellen, daß solche Typen existieren. Für 6 Wochen ist er jetzt in ständigem Kontakt mit den 25 Männern seiner Baracke. Nicht ein einziges Mal hat er sie die Worte »Churchill, Krieg, Rußland, Italien, Teheran, Hitler« oder irgend etwas über die Kämpfe äußern hören. Ich möchte in London bleiben während des Wochenendes vom 14. zum 16. Januar, da Len möglicherweise in der Zeit Urlaub hat. Aber ich weiß noch nicht, was ich mit meinen drei Kindern machen werde. Wahrscheinlich bringe ich das Baby mit, aber alle drei wären zu viel – für mich und alle Betroffenen.

Februar 44

Len kommt morgen für eine Woche nach Hause. Er haßt Panzer als Kriegsinstrumente – brutal, und einzig und allein zerstörerisch in ihrem Zweck. Aber er mag es, diese Monster zu fahren. Und er mag den Platz, an dem er ist. Essensverpflegung und Leute sind so viel besser als in Schottland. Ich schicke Dir ein Buch, das ich sehr entspannend finde. Nachdem man jahrelang über nichts anderes gehört hat als Nazibrutalitäten von Deutschland. Ich bin optimistisch und fröhlich, soweit es den Krieg betrifft. Erfolg an allen Fronten. Und ich bin froh, daß die Europäer nicht apathisch und ohne Rückgrat in all den befreiten Ländern sind, sondern voll neuer Lebensfreude. Ich hoffe, ich sehe Dich in zwei Wochen in Deiner Wohnung. Alles Gute und Liebe Ursula

März 44

Liebe Mutter, ich bin natürlich sehr glücklich, da das Hospital ein Telegramm geschickt hat, daß Len außer Gefahr ist. Ich zögerte, Dir ein Telegramm zu schicken aus genau dem Grund, daß es Dich erschrecken könnte. Ich war in diesen Tagen sehr beunruhigt, wenn der Telegrammbote kam. Zweimal Telegramme Len betreffend, eins von Brix und eins von Marguerite. Schon wenn ich die Jungs mit ihrem Käppi und ihrem Fahrrad in die Straße einbiegen sah, hielt ich den Atem an. Da Brix kommt, werde ich eine Chance haben, Len zu besuchen. Die Vorstellung, daß es ihm wieder schlechter gehen könnte und ich keine Chance habe, ihn zu sehen, verfolgte mich. Aber nun, da er das Schlimmste hinter sich zu haben scheint, fühle ich mich nicht mehr so rat- und hilflos deswegen. Natürlich würde ich gern noch einmal hinfahren, vielleicht Ende des Monats, aber vielleicht schaffe ich es, das mit der Hilfe von Nachbarn zu arrangieren. Mrs. Button und meine Putzfrau mögen Dich sehr. Sie sagten mir beide, wie nett Du seist. Ich danke Vater für seinen Brief. Ich freue mich sehr, daß die Arbeit genau das ist, was er will. Nochmals danke, daß Du kamst, als ich Dich brauchte. In Liebe Ursula

Sonntag, März 44

Liebe Mutter, ich komme gerade von Len, es geht ihm sehr viel besser. Er war den ganzen Tag auf, und es wurde ihm bereits »erlaubt«, das Mittagsgeschirr seines Blocks von 30 Leuten abzuwaschen. Ich nahm ihn für seinen ersten Spaziergang für 30 Minuten mit hinaus. Dein Paket kam genau an, als ich da war. Len wird aus dem Hospital Mitte oder Ende der nächsten Woche entlassen und für 2 Wochen am 20. oder 21. nach Hause kommen. In dem Fall würde ich für nur einen Nachmittag nach London kommen und Dein Kommen wäre nicht nötig. Willst Du mehr Zwiebeln? Ursel

28.6.44

Liebe Mutter, alles Gute zum 65. Mögen die zwei Enkel gut und nett sein. Hoffentlich siehst Du nicht nur ihren ersten Geburtstag, sondern auch noch viele folgende Geburtstage. Ich hoffe, unser Paket kommt rechtzeitig an.

Wir hatten eine wunderbare Zeit in den Cotswolds. Ich blieb dort drei Tage. Es waren richtige Ferien. Sogar das Wetter war gut. Die Landschaft und die wundervollen Dörfer waren haargenau die Abwechslung, die ich wollte. Am ersten Tag fuhr ich 45 Meilen mit dem Fahrrad. Das meiste davon in hügliger Landschaft. Und wir fuhren sogar noch weiter am 2. Tag. Nicht schlecht für eine ältere Frau, oder? (Insbesondere da ich vor der Abfahrt ein Pint meines Blutes für die Verwundeten der Heimatfront opferte.) Wir hatten einen Raum in einer alten Hütte in einem alten verschlafenen Dorf gegenüber einer alten Kirche. Genau wie ich es mir erträumt hatte. Mrs. Innes hatte Pejo und war sehr angetan von ihm. Ich fuhr mit dem Fahrrad von Widlington bis in unser Dorf. Es war gut so und ich bin sehr froh, weil 8 Stunden, nachdem ich zu Hause ankam, Len auftauchte mit drei Tagen Urlaub; danach wird er in Schottland stationiert sein. Damit nicht genug, er hat etwas typisch Len-mäßiges und Schreckliches getan. Als er sah, daß die Airforce ihm nicht die gewünschte Heimatfront-Aktivität geben würde, hat er sich bei der Armee für jeglichen möglichen aktiven Dienst beworben. Und sie haben das angenommen. Alles, was wir bis jetzt wissen, ist, daß er in Schottland einer speziellen Armee-Einheit zugeordnet wird. Erst war er sehr erfreut, aber jetzt sitzt er still da und schaut auf mich und auf Pejo und auf Pejo und auf mich. Ein langes Wochenende mit Vater (und vielleicht auch Dir) wäre wirklich sehr schön. Ich werde am 9. in London sein, alle anderen Wochenenden sind auch frei. Len fragte, was sagt Deine Mutter über Pejo? Ich erwiderte ihm, sie ist sehr zufrieden mit ihm. Lens Erwiderung: Nur sehr zufrieden? Nicht angetan? Tja, ich versicherte ihm, daß Du angetan seist. Alles Gute und einen ruhigen Tag mit so vielen Familienmitgliedern wie möglich wünsche ich Dir.

Sommer 44

Danke für Deinen Brief und danke, daß Du auf meine zwei aufgepaßt hast. Len wird vielleicht am Montag zu seinem neuen Stationierungsort gehen, zwanzig Meilen von Bournemouth, 6 Meilen von der Küste. Er wird sich nach einer Wohngelegenheit in den kleinen Dörfern für uns umschauen.

Wie schrecklich, diese Bombe. Es scheint, je näher das Ende des Krieges kommt, desto unzufriedener und ungeduldiger denkt man darüber. Sogar ohne Bomben fühlt man so. Ich denke, es ist die Realität, daß so schrecklich das Ende auch sein wird, trotzdem große Probleme vor uns liegen werden, wenn der Frieden kommt. Oder ist es nur, daß 5 Jahre Krieg mehr sind, als irgend jemandes Nerven vertragen können?

Anfang 45 (?)

Lieber Len! Ich denke viel über die Lager für jüdische Sklavenarbeiter nach – jeder hat darüber gelesen und redet darüber. Und alle sprechen von den Deutschen, die es getan haben. Zuerst möchte ich etwas einwenden. Mein Lieber, es ist keine Überraschung für mich, das sind keine Neuigkeiten. Das alles läuft, seit der Faschismus an die Macht kam in Deutschland vor 12 Jahren. Es passierte, und die Regierung hier wußte davon, bevor der Krieg anfing und wir alle darüber Bescheid wissen konnten. Aber alle hätten darüber Bescheid wissen können, wenn es euch gesagt worden

Len Beurton als Soldat, 1945

wäre, wie schrecklich und abartig der Nazismus ist. Viele Flüchtlinge in diesem Land und in Ländern in aller Welt haben Zeugnis darüber abgelegt. Es wurde publiziert, die Zeugen waren zumeist politische Gegner des Faschismus, es wurde aber so aufgefaßt, als seien das alles Kommunisten, deswegen wurde ihnen nicht vertraut und es nicht einmal für nötig erachtet, die Fakten zu veröffentlichen. Das ging über 7 Jahre so, während denen kein Parlamentsmitglied ohnmächtig wurde oder seinen Appetit verloren hat aufgrund dieser Fakten. Die Beziehungen zu Hitler waren freundschaftlich. Wenn Du darüber gelesen hast, hast Du diese Grausamkeiten angezweifelt, und wie auch immer, es wurde ja nur wenig publiziert. Die Polen und die Russen haben übrigens die Fakten öffentlich gemacht, vor einigen Jahren schon, ohne daß die Öffentlichkeit hier es wußte oder glaubte. Das deutsche Volk dafür verantwortlich zu machen, ist, meiner Meinung nach, nicht richtig. Ich kann nicht glauben, daß sie es alle wußten, vielleicht in der Form von Gerüchten, daß die Zustände in den Lagern sehr schlimm seien – aber keine Fakten. Der Deutsche als solcher kann für eine Menge verantwortlich gemacht werden, aber nicht dafür. Und genau diese barbarischen Grausamkeiten werden angesehen als von den Deutschen als Nation begangen. Ich glaube, es ist sehr schlecht, in den Berichten nicht

165

zu erwähnen, daß dies organisierte Nazis waren und daß nur »gute«
Nazis dafür ausgewählt wurden. Solche Dinge können nicht von einem
Volk getan werden, sie werden getan von »ausgewählten« Subjekten.
Und sie wurden so vielen Deutschen angetan, die Antifaschisten waren.
Heute in einem Laden: eine kleine, eher ruhige, alte jüdische Frau sieht,
daß getrocknete Pfirsiche verkauft werden. Sie fragt, ob sie ein Pfund
haben kann. Man sagt ihr, daß sie nur ein halbes bekommen kann. Sie
lächelt, nimmt die Früchte, dankt höflich und geht hinaus. Ein Zischen
geht durch den Laden. Die Verkäuferin sagt: »Sie ist eine Deutsche, die
genau wie alle diese Deutschen immer das Doppelte ihres Anteils will.
Sind diese deutschen Lager nicht schrecklich?« Man kann sich gar nicht
vorstellen, daß anders reagiert würde in diesem Laden. Warum nur sagt
niemand: Diese arme alte Frau, was wird sie unter Hitler gelitten haben,
vielleicht sind Verwandte von ihr in solchen Lagern gestorben. Und
wäre sie nicht hier, hätten sie die Nazis dort gewiß schon umgebracht.
Heute kam Dein Brief aus Bovington an, ich freue mich über jeden Tag,
den Du später abreist. Es ist immer ein Tag länger, den Du noch hier
bist, und ist ein sicherer Tag. Aber die Vorstellung, daß Du immer noch
im Land bist, macht es schwierig, der langen Trennung entgegenzuse-
hen. Den ganzen gestrigen Abend dachte ich, warum bin ich nicht los-
gegangen, Dich noch mal zu sehen. Natürlich dachte ich, als Dein Brief
ankam, daß Du innerhalb von drei Tagen abfahren würdest. Ich hörte
von einer Frau, die 5 Tage mit ihrem Mann auf der Verladestation verbrachte. Wenn ich wüßte, wo Du bist, würde ich sofort kommen, selbst
wenn ich Dich nur für ein paar Minuten sähe. Auf einmal scheint mir
Dein Weggehen ohne Abschied schlimmer zu sein als die Qual bei
einem Abschied. Sei es drum, vielleicht bist Du noch ein paar Tage hier
und kannst sogar noch einmal nach Hause kommen. Aber ich nehme
an, das ist nur Wunschdenken und steht außer Frage, sobald Du am
Verladepunkt bist ...

Januar 45

Liebe Mutter, Glückwünsche zu Vaters Erfolg. Es ist wirklich gut, zwei
Jahre Sicherheit, Arbeit, die ihn interessiert, eine Gehaltserhöhung.
Könntest Du nicht eine tüchtige Putze finden anstelle der Vogelscheu-
che, die ich das letzte Mal bei Dir gesehen habe? Pejo spricht jetzt fast
jedes Wort, das mit seinem Leben verbunden ist und manchmal zwei
Worte zusammen. Len wird mit dem 7-Uhr-Zug morgen früh abfahren, um 10.30 in Victoria-Station zu sein. Er will, daß ich Dir seine
besten Grüße schicke.

Ich habe einen Brief von der Vermieterin bekommen. Ich kann das Haus noch für 12 Monate länger haben, da das Endes des Krieges noch fern zu sein scheint. Ich hoffe, die russische Offensive hat keinen Effekt auf die vorgesehene Länge unseres Vertrages. Ich bin sehr erleichtert, es wäre hoffnungslos und schlimm gewesen, einem neuen Wohnplatz hinterherzujagen, einer neuen Putze usw. Nichtsdestotrotz fühle ich eine gewisse Enttäuschung, daß ich weitere 12 Monate hier festgenagelt sein werde. Vor zwanzig Minuten, als ich gerade anfing, diesen Brief zu schreiben, kam ein Bericht, daß die Oder nahe Breslau von den Russen erreicht wurde. Die Geschwindigkeit ist überwältigend. Ein wenig hinter den Oder verläuft die Front bei Landeshut, glaube ich. Sie werden bald dort sein. Jede Stadt und jeder Platz, an den man denkt, ist mit der Hoffnung verbunden, daß damit der Krieg verkürzt wird und jeder Schritt uns dem Sieg näherbringt, und man fühlt sich froh und aufgeregt. Sich all die Nazihauptquartiere in diesen Städten vorzustellen, läßt mich an Ilja Ehrenburgs Worte denken, aber da hört die Vorstellungskraft auch auf. Daß Russen in russischen Uniformen die Hauptstraße in Breslau langlaufen oder eine moderne Fabrik in Landeshut betreten – ich wage kaum, mir das vorzustellen. Dinge passieren so schnell. Vor 3 Wochen schien es unmöglich. Meine anhaltende Depression ist auf jeden Fall verschwunden. Das nächste Mal in London werde ich mehr Zeit haben, Dich und Vater zu sehen. Alles Gute Ursel

März 1945

Liebster Len! Ich packte Pejos Kinderstuhl auf seine 4 Räder und schob ihn in den Garten. Er geht hinterher, ihn vor sich herschiebend, ganz rot im Gesicht vor Anstrengung. Ich hebe ihn immer runter, wenn Pejo in ihm steht, sonst könnte er hinausfallen. Es ist so lustig, ihm dabei zuzugucken, wenn er den Deckel von dem riesigen Mülleimer nimmt, der Deckel ist im Durchmesser genau seine Größe. Zweimal fiel er wegen des Gewichts hin, aber er ließ den Griff nicht los. Und jetzt kriegt er es ganz geschickt hin, den Deckel draufzupacken und abzunehmen. Es ist so warm, daß ich ihm sein Abendbad im Garten in einer Zinkbadewanne herrichtete. Er sieht so süß aus. Wenn er sitzt, paßt er genau rein. Erinnert mich an die Brotschüssel, in der wir ihn gebadet haben, als wir in Bedford waren, weißt Du noch?

Liebling, wo wirst Du jetzt sein? Frankreich? Deutschland? Auf jeden Fall noch nicht im Kampf, aber ich mache mir schon Sorgen. Ich habe das gleiche Vertrauen in Deine Fähigkeiten während der Gefahr. Ich weiß, daß Du furchtlos und schnell bist, daß Du Deinen Kopf nicht verlierst, sondern für Gefahrenmomente lebst. Aber Du weißt genau, so gut wie ich, daß es nicht nur von Deinen Fähigkeiten abhängt. Es tut mir leid, aber meine Einstellung zu diesem neuen Job von Dir, ist nicht sehr heroisch. Irgendwie ist es einfacher für denjenigen, der in Aktion ist, als für den Partner, der zu Hause wartet. Ich möcht Dich nur lebend zurückhaben. Ich weiß, daß Du kein Feigling oder Drückeberger bist und daß Du die Gefahr suchen wirst, aber das macht mir natürlich Sorgen. Sicher freut es mich, daß Du es bevorzugst, die Nazis zu bekämpfen, als sich erst nach dem Sieg über sie herzumachen, und ich weiß, daß es Dir guttun wird, ein wenig zu kämpfen. Um meiner und um Pejos willen, ich möchte, daß Du zurückkommst. Du erinnerst Dich an die Briefe, die wir letztens von diesem Spanienkämpfer gelesen haben, der in diesem Krieg gerettet wurde. Es war nicht viel Persönliches in diesen Briefen, da sie das nicht veröffentlicht haben. Aber es gab dort einige Briefe an seine Frau, die er schrieb, bevor er in den Kampf ging. Und ich stimmte ihm nicht zu. Nein, ich will nicht sagen, daß ich ihm nicht zustimmte, aber ich glaube nicht, daß ich nach dem Inhalt leben könnte. »Was wir verpassen, können wir nur finden, wenn wir die Humanität in ihrer Tiefe erkennen und nicht in der Enge der privaten Erinnerung.« Er sagt, daß, wenn dem Partner irgendwas passiert, der andere nicht denken muß, daß es »zu Ende« sei. Aber das wäre die unabänderliche erste Reaktion: »Es ist zu Ende.« Es wäre nur Leere da. Der eine Teil des Lebens ist zu Ende, zerbrochen. Natürlich wird man weiterleben mit all den anderen wichtigen Dingen, die das Leben ausmachen. Aber der Teil, der bedeutet Du und ich, und der durch alle Gedanken und Handlungen geht, würde schmerzvoll vermißt werden, und die privaten Erinnerungen würden nie verloren gehen. Was ich als wichtig betrachte ist, abgesehen von dem persönlichen Verlust und Schmerz, daß man die Proportion zu dem Verlust anderer Menschen und in Proportion zu generellen Vorfällen sehen muß. Man darf sich nicht in seinem Schmerz verlieren. Aber das ist mehr oder weniger meine Aufgabe und nicht Deine. Etwas worüber Du Dir vorher Gedanken machen solltest, ist Deine Reaktion zu der Eventualität, ein Invalide zu werden, hier habe ich feste Ansichten. Ich denke, man muß auf jeden Fall versuchen, sich durchzuringen, ein neues Leben der jeweiligen Kondition entsprechend aufzubauen. Aufgeben zu wollen wäre Versagen. Es gibt immer eine Aktivität, die ein Leben nützlich macht, und oft entwickelt man neue Interessen und Fähigkeiten, wenn man gezwungen ist, andere aufzugeben. Es gibt eine wichtige Sache, die ich betonen möchte. Glaube mir, ich werde zu Dir stehen. Niemals darf

168

der Gedanke in Deinen Kopf eindringen, daß Du eine Last für mich werden könntest oder für mich abstoßend wärest, wenn Du als Invalide zurückkämest. Wenn Du wirkliches Vertrauen in unsere Beziehung hast, darfst Du keine Zweifel oder Ängste haben in dieser Hinsicht, versprich mir das. Jetzt genug davon. Du wirst wieder bei uns sein. – Ich denk die ganze Zeit an Dich. Aber natürlich ist es mir unmöglich, mir Dein Leben vorzustellen. Was Du tust, ist so vollständig unwirklich und anders von unserem armen friedvollen Leben.

In einem der Briefe, der wie viele andere ohne genaue Datierung überliefert ist, wird »diese Bombe« erwähnt – nicht die Atombombe, von der sie Berechnungen und Formeln weitervermittelt hatte. Hier war die »V 1« gemeint, die erste sogenannte »Vergeltungswaffe«, eine mit einem Treib- und schwerem Sprengsatz ausgerüstete Flügelbombe, von denen zwölftausend Stück in Deutschland, Nordfrankreich und Belgien bereitgestellt waren. Mitte Juni 44 wurde mit dem Abschuß der »V 1« begonnen, bis Ende Juni erreichten mehr als tausend den Raum London, etwa 700 wurden beim Anflug abgeschossen. Von September an wurden auch »V 2«-Waffen auf London abgefeuert; gegen diese ballistischen Raketen gab es damals keine Abwehr, so daß es nochmals zu erheblichen Schäden und mehr als dreißigtausend Toten und Verletzten unter der Zivilbevölkerung kam, während militärische Objekte kaum angegriffen wurden. Oxford und die umliegenden Ortschaften – wie auch Summertown – blieben jedoch während des gesamten Krieges nahezu völlig von Luftangriffen und auch »V 1« und »V 2«-Treffern verschont.

Aber angesichts dieser Ereignisse zerschlugen sich für Sonja und die Familie alle Pläne für die Sommermonate. Andere Verpflichtungen kamen auf sie zu, denen sie sich nicht entziehen wollte und konnte. Ihr Bruder, der im Sommer 1944 einen Band seiner »Geschichte der Lage der Arbeiterklasse im Kapitalismus« mit einer grundlegenden Analyse der Wirtschaft des faschistischen Deutschlands in England veröffentlicht hatte, wurde von der USA-Botschaft in London und direkt vom »Büro für amerikanische Bombenstrategie« zu speziellen Untersuchungen der ökonomischen Kriegsfolgen in Deutschland herangezogen. Nach Sonjas Anfrage und der Bestätigung durch die Moskauer Zentrale, ging ihr Bruder auf das Angebot ein, dort im Offiziersrang festangestellt zu arbeiten, Tür an Tür mit der Spionageagentur O.S.S., der Vorgängerorganisation der CIA. Es gehörte zu den Seltsamkeiten dieser Kriegsjahre, daß gerade von dorther starkes Interesse und die Bereitschaft kam, mit Kommunisten zusammenarbeiten, deren fachliche Kompetenz und zweifelsfreie antifaschistische Haltung man zu schätzen wußte. In seinen »Memoiren« berichtet Jürgen Kuczynski darüber: »Meine Aufgabe war, zunächst zu versuchen, Volkseinkommensberechnungen zu machen; später konzentrierte ich mich auf Arbeitskräftebilanzen –, hatte aber Einsicht in alle ihre Daten über die faschistische Produktion von Tanks und Flugzeugen und so weiter. Außer uns erhielten diese Zahlen, wie aus dem Verteiler hervorging, nur noch Roosevelt und Eisenhower, Churchill und Ismy.« Sonja vermerkte in ihrem »Rapport« dazu: »Jürgen übermittelte mir diese Übersicht regelmäßig, und ich gab sie weiter an die Zentrale. Ich glaube zu wissen, daß der Oberbefehlshaber der sowjetischen Armee ebenso regelmäßig den Inhalt erfuhr. Dieses höchst vertrauliche Blatt, das die errechneten Zahlen laufend veröffentlichte, gehörte zur ›United States Stratetic Bombing Survey‹ (Übersicht über die amerikanische Bombenstrategie).«

Im November des Jahres 1943 hatte Sonja sich noch einmal mit Klaus Fuchs getroffen. Sie war beauftragt worden, einen Treffpunkt für ihn in New York festzulegen, wo er Verbindung zu einem sowjetischen Kontaktmann aufnehmen sollte. Durch seine bisherigen Informationen wußte sie von dem gemeinsamen englischamerikanischen Atombombenprojekt, jedoch nichts Näheres über den Ort, die Dauer und den Arbeitsbereich von Klaus Fuchs bei dem zukünftigen USA-Aufenthalt, sie hatte lediglich die weitere Verbindung zu ihm zu arrangieren. »Ich hatte in New York im Jahre 1928 einige Monate gelebt, und ich zermarterte mir das Gehirn, um mich an wesentliche Stellen in der Stadt zu erinnern«, berichtete Sonja in ihrem Englisch-»Report« 1991: »Ich erinnerte mich an zwei Orte, den Proshit Book Shop Uptown, wo ich gearbeitet hatte, und die Henry Street, Settlement 256, eine bekannte Straße für arme Juden in New York Eastside. Damals hatte ich dort gewohnt. Anstatt Miete zu bezahlen, haben wir zweimal die Woche Sozialarbeit unter der Leitung einer fortschrittlichen und sehr respektablen Lillian Wald geleistet. Ich suchte diese Siedlung aus, fand Wege der Verständigung und Codeworte für den Treff. Ich glaube, daß sie von Klaus Fuchs und seinem Partner benutzt wurden.«

11. Los Alamos

Bereits Ende 1940 hatte zwischen England und den USA der Austausch von wissenschaftlichen Informationen über die Entwicklung von Nuklearwaffen begonnen. Es gab jedoch Schwierigkeiten und Kompetenzstreitigkeiten in der Zusammenarbeit, da die englischen Wissenschaftler nicht als gleichberechtigt anerkannt wurden und ihnen der Zutritt zu den geheimen Labors und Forschungsstätten in den USA anfangs verwehrt blieb. Erst im August 1943 einigten sich Roosevelt und Churchill bei einem Treffen in Quebec auf eine enge Kooperation und das Zusammenlegen ihrer Forschungspotentiale: vom englischen »Tube Alloys«- und amerikanischen »Manhattan«-Projekt. Sie schlossen ein Geheimabkommen, daß trotz anderweitiger früherer Vereinbarungen (u. a. mit der Sowjetunion) festlegte, »keine Informationen über die Atombombe an Drittländer« weiterzugeben. Grund für die engere Zusammenarbeit beider Länder war neben mangelnder materieller Ressourcen und der Bedrohung von Forschungsstätten sowie erster Pilotanlagen in England durch deutsche Luftangriffe, die eine Verlegung nach Übersee ratsam machten, auch das beträchtliche Interesse der USA am Forschungspotential, das die englischen Wissenschaftler auf einigen wichtigen Gebieten einzubringen hatten. Das betraf vor allem das Problem der Trennung des Uran-Isotops 235 von gewöhnlichem Uran, dem sich das Birminghamer Team von Prof. Peierls mit seinem Assistenten Klaus Fuchs gewidmet hatte. Beide gehörten zu den ersten englischen Kernphysikern, die zur Mitarbeit an dem nun mit gewaltigem Aufwand vorangetriebenen Atombombenprojekt, das sein Zentrum in Los Alamos (New Mexico) hatte, eingeladen wurden. Im Dezember 1943 traf Klaus Fuchs in New York ein und wurde sofort einer Forschergruppe zugeteilt, die an der Entwicklung eines Gasdiffusionsverfahrens zur Gewinnung von Uran 235 für eine Fabrik in Oakridge arbeitete. Schon dort nahm er an den Beratungen amerikanischer und englischer Wissenschaftler teil, die sich mit den grundlegenden Problemen der Entwicklung des »Babys«, wie man in diesem Kreis die Atombombe nannte, befaßten. Er erhielt einen Passierschein für die verschiedenen, allesamt strengen Sicherheitsvorkehrungen unterliegenden Objekte des »Manhattan Engineer District«.

Nach Guido Knopps Darstellung in dem Fernsehfilm und dem Buch »Topspione« hat sich das von Sonja arrangierte erste Treffen des sowjetischen Kontaktmannes mit Klaus Fuchs in New York überaus abenteuerlich zugetragen: »Fuchs spielte niemals Tennis, doch an einem regnerisch-kalten Samstagnachmittag im Februar 1944 stand er an einer Straßenecke in der New Yorker Lower East Side mit einem Tennisball in der Hand. Der Ball war das Erkennungszeichen, das er bei seinem letzten Treffen mit Sonja für den neuen Kontaktmann in New York verabredet hatte. Nach wenigen Minuten spazierte ein untersetzter Brillenträger vorbei. Er trug Handschuhe und hatte unter seinen Arm ein weiteres Paar Handschuhe geklemmt. Der Spaziergänger fragte beiläufig: ›Können Sie mir den Weg zur Grand Central Station erklären?‹ Fuchs hatte seinen neuen Kurier getroffen. ›Raymond?‹ fragte Fuchs, und sein Gegenüber nickte ... Der Spion und sein Kurier plauderten in aller Seelenruhe an Straßenecken, in Bars und in Restaurants. ›Raymond‹ war in Amerika aufgewachsen, er sprach englisch ohne Akzent. Darüber hinaus bemerkte Fuchs schnell, daß der sowjetische Geheimdienst für diese Mission einen Mann mit naturwissenschaftlichen Kenntnissen ausgewählt hatte. ›Raymond‹ hieß mit richtigem Namen Harry Gold. Weder Fuchs noch er wußten, daß hinter den Kulissen in Moskau der GRU gezwungen worden war, den Top-Spion an das mächtigere KGB abzugeben. Gold war Chemiker, wie Fuchs auch überzeugter Kommunist und schon seit Jahren V-Mann des KGB. Doch verglichen mit seinen jetzigen Aufgaben waren alle Informationen, die er bisher beschafft hatte – chemische Verfahren für zivile Nutzung –, kleine Fische. Im Gegensatz zu Fuchs, der es strikt ablehnte, mit Geld für seine Spionage entlohnt zu werden, hatte der Sohn russischer Einwanderer von seinen Agentenführern hin und wieder dreistellige Dollarbeträge entgegengenommen. Dennoch war auch er Verräter aus Überzeugung.«

Zutreffend daran ist neben der strikten Zurückweisung jeglicher Entlohnung, worauf Klaus Fuchs bei all diesen Kontakten beharrte, auch der erwähnte Hintergrundkonflikt der sowjetischen Geheimdienste. Auf Weisung aus Moskau war die Verbindung zu Klaus Fuchs vom Aufklärungsdienst der Roten Armee zum NKGB (in dieser Zeit: Narodnij Komitet Gossudarstwennoi Besopasno-

sti – Volkskomitee für Staatssicherheit) übergegangen. In dem sogenannten »Schwarzbuch des KGB« (London, 1999), das sich angeblich auf nach England geschleuste Akten des KGB-Überläufers Oberst Wassili Mitrochin stützt, wird dazu erklärt: »Als Fuchs Ende 1943 als Mitglied der britischen Wissenschaftlergruppe, die am Manhattan-Projekt mitwirken sollte, nach Amerika ging, wurde er – auch wenn er selbst es nicht erfuhr – von der GRU unter dem Codenamen ›Rest‹ (später ›Charles‹) dem NKGB übergeben. Im selben Jahr hatte zuvor die Zentrale die Residenturen in Großbritannien und den USA angewiesen: ›Die Denkfabriken (wissenschaftlichen Forschungseinrichtungen) müssen in unsere Zuständigkeit gebracht werden.‹ Es war nicht das einzige Mal, daß sich die GRU gezwungen sah, Forderungen ihres mächtigeren ›Nachbarn‹ nachzugeben.« Alexander Feklissow, der spätere sowjetische Führungsoffizier und Kontaktmann zu Klaus Fuchs in England nach dessen Rückkehr aus Amerika, war NKGB-Offizier und hat in seinen bereits erwähnten »Notizen eines Kundschafters« darauf verwiesen, daß sich der sowjetische Geheimdienst sehr wohl über die wesentlich größeren Möglichkeiten im klaren war, nun an allerwichtigste geheime Unterlagen über den Stand des englisch-amerikanischen Atombombenprojekts heranzukommen. Größte Vorsicht sei geboten gewesen, da die supergeheimen Labors und Anlagen sowie alle dortigen Mitarbeiter strengstens überwacht und in Los Alamos nahezu hermetisch von der Außenwelt abgeschirmt wurden. »In solchen Fällen war es dringend geboten, die als Kundschafter tätigen Sowjetbürger, die in den USA unter dem Schirm der Botschaft und anderer sowjetischer Einrichtungen arbeiteten und von der Spionageabwehr Washingtons ständig beobachtet wurden, von direkten Kontakten mit einer so wertvollen Quelle strikt auszuschalten«, berichtete er. »Deshalb stellte ›Raymond‹, der amerikanischen Staatsbürger Harry Gold, die verabredete Verbindung zu Fuchs in den ersten Februartagen 1944 her und erhielt seitdem von ihm Informationen über den Bau der Fabrik in Oakridge sowie über die wissenschaftlichen Forschungsarbeiten der englischen Mission. Im Laufe von fünf Monaten traf sich ›Raymond‹ regelmäßig mit Klaus Fuchs in verschiedenen Stadtteilen New Yorks. Die erhaltenen Unterlagen übergab er Jazkow.«
Eine dramatische Wendung ergab sich jedoch bald nach den ersten Treffen mit dem neuen Kontaktmann vom NKGB, als der sonst absolut zuverlässige Klaus Fuchs zu dem vereinbarten Tref-

fen im August nicht erschien und über Tage und Wochen auch keine Nachricht von ihm eintraf. Es mußte das Schlimmste befürchtet werden: Krankheit, Unfall, Abberufung, Rückkehr nach England oder daß er in Verdacht geraten oder gar in Haft genommen worden war. Nach langwierigen Nachforschungen, die sich bis nach Birmingham erstreckten und vermutlich auch Sonja in Oxford nicht ausließen, konnte festgestellt werden, daß er mit unbestimmtem Ziel New York im August verlassen hatte. Da man von Klaus Fuchs' Schwester wußte, die in Cambridge, Massachusetts, bei Boston lebte, schickte man ›Raymond‹ zu ihr. Der erfuhr aber nur, daß ihr Bruder in den Südwesten gereist sei, eine Adresse hatte sie nicht. Raymond hinterließ für ihn eine Nachricht, in der Hoffnung, daß er spätestens zu Weihnachten hierher käme. Doch es vergingen auch die Weihnachtstage, ehe sich Klaus Fuchs im Januar 1945 meldete. Er hatte bereits seit der überstürzten Abreise aus New York seine Tätigkeit im allergeheimsten Atomzentrum Los Alamos aufgenommen. Noch Anfang Februar 1945 trafen sich »Raymond« und Klaus Fuchs in der Wohnung seiner Schwester Christel, als sie und ihre Familie abwesend waren. Dabei teilte er mit, daß man Peierls und ihn in Los Alamos ohne Verzug mit wichtigen Forschungsarbeiten und der Lösung physikalisch-mathematischer Probleme betraut habe. Nach seiner Kenntnis sei die Schaffung der Uranbombe nahegerückt, gleichzeitig und ebenfalls erfolgreich würde an der Entwicklung der Plutoniumbombe gearbeitet. Er übergab dazu ausführliche schriftliche Unterlagen mit mathematischen Berechnungen, Maßangaben und Zeichnungen zur Bombe.

Die folgenden Treffen wurden durch die weiter verschärften Sicherheitsmaßnahmen erschwert, war es doch Fuchs untersagt, während der kommenden Monate das Gebiet des Atomzentrums zu verlassen. Deshalb verabredete man sich für Juli in der Stadt Santa Fe in der Nähe von Los Alamos, wofür Fuchs einen Busfahrplan und einen Stadtplan mitgebracht hatte, in den er den Treffpunkt einzeichnete. Es war absehbar, daß bis dahin bereits ein erster Atombomben-Test stattfinden würde. Dichter Stacheldrahtverhau umzäunte das Gelände, keine Schilder, nicht einmal Adressen existierten für das Camp der Forscher, unter denen fähige junge Kernphysiker aus aller Herren Länder waren, nicht wenige schon mit Rang und Namen. Wilde Canons und gewaltige Gebirgsketten umgaben das Hochplateau mit den Forschungslabors in eilig errichteten Militärbaracken. Während des Krieges waren geheime Straßen zur mehr als 300 Kilometer entfernten Wüste Alamogordo gebaut worden, nun als Transportweg ausersehen, denn dort sollte als glühender Feuerball erstmals himmelhoch – höllengleich die Bombe explodieren.

Spätestens am 8. Mai 1945, am letzten Tag des Krieges in Europa, der auch in Los Alamos jubelnd gefeiert wurde, war klar, daß an einen Einsatz der Bombe gegen Hitlerdeutschland nicht gedacht werden konnte. Viele der Wissenschaftler, die damit ihre Mitarbeit gerechtfertigt hatten, gerieten nun in Gewissenskonflikte, einige rieten, besorgt über die zukünftige Bedrohung durch diese Waffe, zum Innehalten. Bereits im Jahr zuvor, als das Ende des Krieges absehbar war, hatte sich Niels Bohr mit dem schon erwähnten Memorandum an Präsident Roosevelt gewandt und auf die ungeheuren Gefahren und Konflikte verwiesen: »Je weiter die wissenschaftlichen Forschungen auf diesem Gebiet fortschreiten, desto klarer wird es, daß die für diesen Zweck üblichen Maßnahmen nicht genügen und daß sich die grauenerregende Aussicht auf eine Zukunft, in der sich die Nationen um diese furchtbare Waffe streiten werden, nur durch ein weltumspannendes, auf voller Ehrlichkeit beruhendes Abkommen vermeiden läßt ... Informationen mussen ausgetauscht werden können, und bei allen industriellen und militärischen Planungen muß restlose Offenheit herrschen.« Im ähnlichen Sinne äußerte sich eine Gruppe von Wissenschaftlern um Leo Slizard, die nach dem Kriegsende in Europa nun auch vor dem von mächtigen US-Interessengruppen geforderten Einsatz dieser Bombe gegen Japan warnten: »Wenn die Vereinigten Staaten das erste Land wären, daß diese neuen Mittel zur rücksichtslosen Zerstörung der Menschheit anwendete, würden sie auf die Unterstützung aller Welt verzichten, den Rüstungswettlauf beschleunigen und die Chancen für ein künftiges internationales Abkommen zur Kontrolle derartiger Waffen zunichte machen.«

UNCLASSIFIED

MANHATTAN

This Document Consists of ~~5~~ Page(s)
No. ~~2~~ of ~~2~~ Copies Series ~~B~~

SCIENTIFIC RESEARCH & DEVELOPMENT PERSONNEL

(Please PRINT or TYPE. Answer all questions fully. If "None", so
indicate. If space is insufficient attach additional sheets as
necessary.)

1. NAME: **FUCHS**   **Klaus**   **E.J.**
   ___Last___   ___First___   ___Middle Initial___

2. PRESENT ADDRESS: **P. O. Box 1663   Santa Fe,   New Mexico**
   ___No. and Street___   ___City___   ___State___

3. PLACE WHICH YOU REGARD AS YOUR "HOME TOWN": **Birmingham, England**
   ___City___   ___State___

4. PLACE OF BIRTH: **Russelheiman, Germany** 5. DATE OF BIRTH: **Dec. 29, 1911**
   ___City   State or Country___   ___Month Day   Year___

6. FAMILY: List the following members of your family, even though deceased:

	NAME	HOME ADDRESS (City & State)	OCCUPATION
FATHER	Emil Fuchs	Berlin, Germany	Prof. of Theology
MOTHER	Else Fuchs	deceased	
SPOUSE	None		
BROTHERS (B)	(B)Gerhard Fuchs	Davos-Platz, Switzerland	Invalid
SISTERS (S)	(S)Elisabet Kettowsky	deceased	
CHILDREN (C)	(S)Kristel Heineman	Cambridge, Mass.	housewife.
(Designate after each name B, S, or C)			

FINAL DETERMINATION
UNCLASSIFIED
L. M. Redman

Redd 11 87
5/19/87

7. MILITARY SERVICE: List your military service and that of members of your
   family listed above:

NAME	BRANCH OF SERVICE	RANK	FROM	TO
None				

CLASSIFICATION CANCELLED
PER DOC REVIEW YEARS 1973.

UNCLASSIFIED

8. ELEMENTARY AND HIGH SCHOOL EDUCATION:

NAME OF SCHOOL	LOCATION (CITY & STATE)	YEARS FROM	YEARS TO
Humanistisches Gymnasium	Eisenach, Germany	1921	1930

9. UNDERGRADUATE EDUCATION:

COLLEGE OR UNIVERSITY	LOCATION (CITY & STATE)	MAJOR FIELD	DEGREE	YEARS FR	YEARS TO
U. of Leipzig	Leipzig, Germany	Math.		'30	'31
U. of Kiel	Kiel, Germany	Math.		'31	'33
U. of Berlin	Berlin, Germany	Math.		'33	'33
U. of Bristol	Bristol, England	Theo. Physics	Ph.D.	'33	'36

10. GRADUATE EDUCATION:

COLLEGE OR UNIVERSITY	LOCATION (CITY & STATE)	MAJOR FIELD	DEGREE	YEARS FR	YEARS TO
Univ. of Bristol	Bristol, England	Theoretical		'36	'37
Univ. of Edinburgh	Edinburgh, Scotland	Physics	D.Sc.	'37	'41

11. FELLOWSHIPS, SCHOLARSHIPS, INTERNSHIPS, TEACHING ASSISTANTSHIPS, HOSPITAL RESIDENCIES: (See No. 17)

FIRM OR INSTITUTION	LOCATION (CITY & STATE)	TITLE	FR	TO
Carnegie Trust Fund	Edinburgh, Scotland	Research Fellow	'39	'4o

12. HONORARY DEGREES:

COLLEGE OR UNIVERSITY	LOCATION (CITY & STATE)	DEGREE	YEAR

CLASSIFICATION
PER DOC REVIEW JAN. 1973.

-2-
MD-H-1

---

13. MEMBERSHIP IN HONORARY AND PROFESSIONAL SOCIETIES:

SOCIETY	CLASS OF MEMBERSHIP	YEARS FR	YEARS TO	OFFICE HELD & YEAR
The Institute of Physics (England)	Fellow	'43		

14. LISTING IN "AMERICAN MEN OF SCIENCE", "WHO'S WHO" AND SIMILAR PUBLICATIONS:

PUBLICATION	EDITION OR YEAR

15. OFFICES HELD IN NATIONAL SOCIAL AND FRATERNAL ORGANIZATIONS:

ORGANIZATION	OFFICE	YEAR

16. PRINCIPAL HOBBIES:

17. FULL TIME TEACHING APPOINTMENTS WITH COLLEGES AND UNIVERSITIES:

COLLEGE OR UNIVERSITY	LOCATION (CITY & STATE)	TITLE	YEARS FR	YEARS TO

CLASSIFICATION CANCELLED
PER DOC REVIEW JUL 1973

MD-H-1

---

18. LIST LAST THREE TECHNICAL OR RESEARCH POSITIONS PRIOR TO CONNECTION WITH THE MANHATTAN ENGINEER DISTRICT:

DESCRIPTION OF POSITION OR DUTIES	FIRM OR INSTITUTION	LOCATION	TITLE	YEARS FR	YEARS TO
Carnegie Research Fellow	Univ. of Edinburgh	Scotland		'39	'4o
Research Ass't	Department of Scientific And Industrial Research	London		'41	'43

19. PUBLICATIONS: List principal scientific contributions in the form of publications, inventions, and patents prior to connection with the Manhattan District.

Publications on the following subjects:

Electron theory of metals (Cohesion, Elasticity)

Theory of Condensation and allied subjects.

Nuclear theory.

Quantum Field theory.

20. TECHNICAL OR RESEARCH WORK FOR, ON, OR IN CONNECTION WITH THE PROJECT NOW UNDER THE SUPERVISION OF THE MANHATTAN DISTRICT: (Include work performed under auspices of NDRC, OSRD, etc., prior to establishment of Manhattan District)

FIRM OR INSTITUTION	LOCATION (CITY & STATE)	TITLE	DATES FROM (DATE)	TO (DATE)
Brit. Supply Mission	New York, N.Y.	Technical Officer	12/43	8/44
Brit. Supply Mission	Project "Y"	"	8/44	date

CLASSIFICATION
PER DOC R...

MD-H-1

---

20. (Continued)
DETAILED DESCRIPTION OF WORK PERFORMED (Do not use code symbols. Use actual names of materials, processes, etc.)

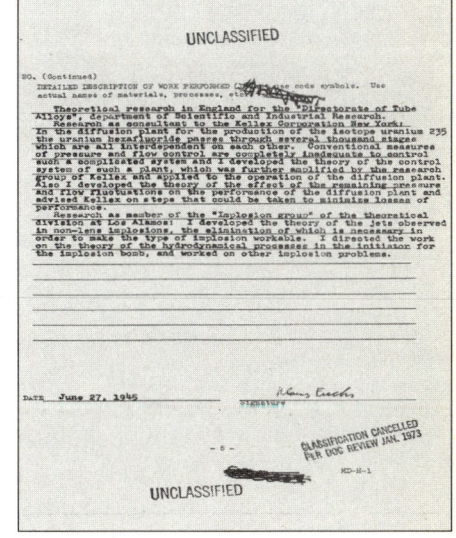

Theoretical research in England for the "Directorate of Tube Alloys", department of Scientific and Industrial Research. Research as consultant to the Kellex Corporation New York. In the diffusion plant for the production of the isotope uranium 235 the uranium hexafluoride passes through several thousand stages which are all interdependent on each other. Conventional measures of pressure and flow control are completely inadequate to control such a complicated system and I developed the theory of the control group of Kellex which was further amplified by the research group of Kellex and applied to the operation of the diffusion plant. Also I developed the theory of the effect of the remaining pressure and flow fluctuations on the performance of the diffusion plant and advised Kellex on steps that could be taken to minimize losses of performance.
Research as member of the "Implosion group" of the theoretical division at Los Alamos. I developed the theory of the jets observed in non-lens implosions, the elimination of which is necessary in order to make the type of implosion workable. I directed the work on the theory of the hydrodynamical processes in the initiation for the implosion bomb, and worked on other implosion problems.

DATE   June 27, 1945   [signature] Klaus Fuchs

CLASSIFICATION CANCELLED
PER DOC REVIEW JAN. 1973

-5-
MD-H-1

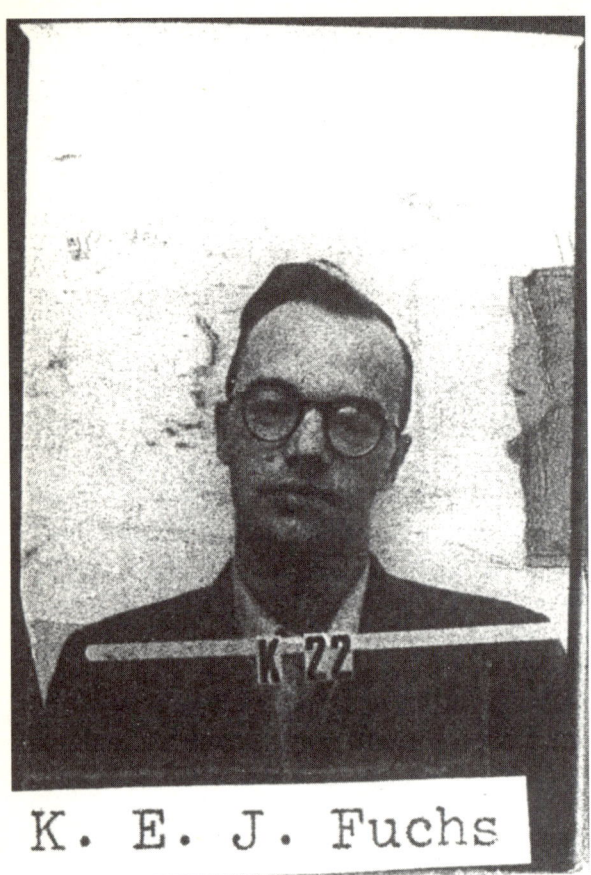

An diesen Überlegungen und Auseinandersetzungen war Klaus Fuchs beteiligt und tief davon betroffen, doch auch in seinem Handeln bestärkt. Robert Jungk berichtet in seinem Buch »Heller als tausend Sonnen«: »Seine Kollegen erinnern sich, mit welcher Intensität Fuchs den seit Anfang 1945 immer häufiger stattfindenden Diskussionen über die politischen und sozialen Konsequenzen der Bombe zuhörte. Er sagte selten etwas. Nur einmal, als jemand meinte: ›Wir sollten alle die Weiterarbeit verweigern, weil die Regierung ihren stillschweigenden Kontrakt mit uns bricht, wenn sie die Bombe zu Angriffszwekken verwendet‹, mischte er sich ein und sagte mit vernichtend trockener Sachlichkeit: ›Dazu ist es jetzt wohl zu spät. Die Sache ist ja nun schon in den Händen der Techniker.‹ Weniger hochmütiges Selbstgefühl als Mitgefühl mit seinen enttäuschten Kameraden müssen Fuchs bewegt haben, als er im Februar und Juni 1945 in Cambridge und Santa Fe dem Sowjetagenten ›Raymond‹, alias Harry Gold, alles mitteilte, was er über die Atombombe wußte. Er sagte sich wohl: ›Die reden, hoffen, warten und werden immer wieder enttäuscht, weil sie die wahre Natur der politischen Macht nicht kennen. Ich aber handle. Vielleicht verhindere ich den nächsten Krieg.‹«

Mit vielen dieser Männer und ihren Familien hatte er freundschaftlichen Umgang, war ein hilfsbereiter Kollege, sogar bereit, gelegentlich als »Babysitter« oder Chauffeur auszuhelfen und jemandem Besorgungen abzunehmen. Besonders gern tat er es,

Klas Emil Julius Fuchs, Identificationcard, Los Alamos, 1945 wenn das Ziel Santa Fe war. Es war dann weniger auffällig, dorthin zu den vereinbarten Treffs und kreuz und quer, um vor jeder Beschattung sicher zu sein, durch die kleine Stadt zu fahren. Weil viele Einwohner einander kannten und Fremde auffielen, hielt Fuchs nur kurz an dem verabredeten Treffpunkt an und ließ »Raymond«, den Kontaktmann, einsteigen, dann fuhr er mit ihm durch wenig belebte Vorortstraßen. Über das Junitreffen vermerkt Feklissow in den »Notizen eines Kundschafters«, daß Fuchs sehr bewegt über das Kriegsende und die Zerschlagung des Faschismus gesprochen habe. Er wolle seine Arbeit und Hilfe für das Sowjetvolk fortsetzen, versicherte er, weil er in seiner Existenz und Stärke die sicherste Garantie für eine friedliche und bessere Zukunft sah. Und er übergab schriftliche Unterlagen über das Endstadium der Arbeiten an der Uran- und Plutoniumbombe sowie an deren Zündmechanismus. Man erwartete bei dem bevorstehenden Test eine Sprengkraft von rund 10000 Tonnen Trinitrotoluol.

Nach dem Treffen in Santa Fe war Klaus Fuchs mit den anderen Wissenschaftlern Zeuge dieses ersten Tests in der Wüste von Alamogordo. Auf einem hohen Eisengerüst war die Bombe montiert worden. Keiner hatte, obwohl mit dunklen Brillen ausgerüstet und mit Sonnenschutzcreme eingeschmiert, direkt in den grellen Feuerball geblickt, doch den gleißend hellen Widerschein des Höllenfeuers hatten sie alle auf den umliegenden Bergen gesehen. Selbst die Offiziere der Militäreskorte waren entsetzt, einer soll ausgerufen haben, die Bombentüftler hätten die Kontrolle verloren. Der Vicechef des Manhattan-Projekts, General Farrell, beschrieb es mit den Worten: »Das ganze Land war erhellt von einem versengenden Licht, dessen Stärke viele Male größer war als das der mittäglichen Wüstensonne. Dreißig Sekunden später kam zuerst die Explosion, der Luftdruck prallte hart gegen die Leute und Dinge, und dann folgte fast unmittelbar ein lautes anhaltendes schauerliches Donnern, wie eine Warnung vor dem Jüngsten Tag.« In der Nähe von »Ground Sero« waren durch die über alle Erwartungen starke Explosion die Beobachtungs- und Meßinstrumente zerstört worden. Das brachte manchen Wissenschaftler außer Fassung, aber nicht ihren obersten Chef, General Groves. »Na, da muß der Knall ja ziemlich groß gewesen sein«, soll er befriedigt erklärt haben. »Der Krieg ist aus. Eine oder zwei von diesen Dingern, und Japan ist erledigt.«

In dem Dokumentarfilm schildert Christel Holzer, wie sie von ihrem Bruder im Sommer 1945 davon erfuhr: »Die ersten Jahre waren für mich in Amerika sehr einsam. Da war es eine besondere Freude, als Klaus mich damals besuchen konnte. Ich kann mich noch gut daran erinnern, als er kam, nachdem die erste Bombe in Alamogordo explodiert war, und er hat uns Bilder davon gezeigt. Darüber war ich sehr entsetzt, da doch unser Vater ein sehr konsequenter Pazifist war. Ich fragte Klaus, wieso kannst Du denn an einer solchen schrecklichen Waffe mitarbeiten. Und da sagte er dann: ›Ich habe das Gehirn dafür, und wenn ich es nicht tue, dann wird es jemand anderes tun. Doch solange ich daran arbeiten kann, werde ich alles tun, was in meiner Macht steht, um zu verhindern, daß es benutzt wird.‹ Damals wußte ich ja nicht, daß er dafür sein Leben aufs Spiel setzte.«

Am 19. September 1945 traf sich Klaus Fuchs wieder mit »Raymond« in Santa Fe, nachdem der verheerende Einsatz der Atomwaffe in Hiroshima und Nagasaki erfolgt und der Krieg auch in Japan beendet war. Die Schriftstücke, die er übergab, betrafen die Weiterführung der Arbeit an der Plutoniumbombe und Angaben über das in den USA verfügbare Uran 235 und Plutonium, woraus sich in Moskau auf den Umfang der möglichen Produktion von amerikanischen Kernwaffen in den nächsten Jahren schließen ließ. Alexander Feklissow, der in seinen »Notizen« darüber berichtet, hatte zu dieser Zeit noch keinen direkten Kontakt zu Klaus Fuchs, jedoch Kenntnis aus KGB-Akten und durch Mitteilungen, die er später von Fuchs in England erhielt.

Die genaueste und verläßlichste Auskunft gibt zweifellos das Aussageprotokoll vom Londoner Verhör durch Michael Perrin aus dem Jahre 1950. Trotz der nüchternen Fach- und Amtssprache mit den nur versteckt anklägerischen Untertönen läßt sich erkennen, welches Gewicht und welches Ausmaß seinem »Verrat« aus der Sicht seiner Verfolger und Richter zukam:

Fuchs war Mitglied der britischen »Diffusion Mission«, die im Dezember 1943 nach New York kam, und er blieb dort, als der größere Teil in das Vereinigte Königreich zurückkehrte. Während dieser Zeit erfuhr er sehr viel mehr über das amerikanische Programm, insbesondere über den Bau einer großen Fabrik für den Gasdiffusionsprozeß, die in Verbindung mit einer zweiten großen Produktionsstätte arbeitete, in der das elektromagnetische Verfahren angewandt wurde. Er wußte, daß beide Werke in »Site X« waren, aber er sagte mir, daß er damals nicht wußte, wo das war, und er es deshalb nicht dem neuen russischen Agenten mitteilen konnte, mit dem er in den USA Kontakt hatte. Er konnte aber über den allgemeinen Plan des amerikanischen Programms und das annähernde Timing informieren. Nun hatte er seine ursprüngliche Absicht, nur solche Informationen weiterzugeben, die das Resultat seiner eigenen Arbeit waren, fallengelassen; er lieferte technische Unterlagen über die amerikanische Gasdiffusionsanlage aus. Er sagte mir, daß er den Agenten allgemein über die dort benutzten Membranen informiert habe, die aus gesintertem Nickelpuder hergestellt wurden, er hätte jedoch keine technischen Details gekannt. Sein wichtigster Beitrag war, Kopien aller Berichte zu übergeben, die das New Yorker Büro der britischen »Diffussion-Mission« erarbeitet hatte. Diese trugen die Seriennummer »M.S.N.«, und er übergab normalerweise ein Manuskript jeden Berichts, nachdem es für die Vervielfältigung getippt war. Während dieser Zeit, sagte Fuchs, hatte er keine konkreten Kenntnisse über den Reaktorprozeß oder über die Bedeutung des Plutoniums. Er war zu einem kurzen Aufenthalt in Montreal und wußte, daß sich die dortigen Teams damit befaßten, einen kleinen, auf schwerem Wasser basierenden Reaktor zu entwikkeln und zu bauen. Er interessierte sich nicht sehr für diese Arbeit und dachte, daß sie sich nur auf die langfristige Möglichkeit der Entwicklung von Atomkraft als Energiequelle beziehen könne. So weit er sich erinnern kann, gab er deshalb nichts darüber an den russischen Agenten weiter. Er sagte mir, daß er zu dieser Zeit bei den Begegnungen mit dem Agenten den Eindruck hatte, daß die Russen ein großes allgemeines Interesse an dem Projekt hatten und daß seine Bedeutung voll gewürdigt würde, aber er glaube nicht, daß die Russen selbst etwas Ernsthaftes taten.

Als Fuchs dann im August 1944 nach Los Alamos ging, erfaßte er zum ersten Mal ganz das Wesen und die volle Bedeutung des amerikanischen Atomenergieprogramms und die Wichtigkeit des Plutoniums als eine Alternative zu U 235. Er erfuhr zu dieser Zeit ebenso, daß beabsichtigt war, einen Plutonium-Reaktor als Alternative zu der U 235 produzierenden Fabrik in Oakridge zu bauen (sic). Den ersten Kontakt, nachdem er nach Los Alamos ging, hatte er im Februar 1945, als er den russischen Agenten in Boston, Massachusetts, traf. Dort schrieb Fuchs einen Bericht, wie er sagte, der einige Seiten umfaßte und das gesamte Problem des Baus einer Atombombe aus seiner Sicht zusammenfaßte. Der Bericht schloß auch eine Aussage über die spe-

ziellen Schwierigkeiten ein, die bei der Herstellung der Plutoniumbombe bewältigt werden mußten. Er berichtete über die sehr hohe
spontane Zerfallsrate von Plutonium und die Schlußfolgerung, daß eine
Plutoniumbombe durch Nutzung der Implosion zu einer schnelleren
und stärkeren Explosivität gebracht wird als bei der einfachen
»Gewehrschuß-Methode«, die bei der U 235-Bombe benutzt werden
konnte. Er berichtete, daß die kritische Masse für Plutonium weniger
betrug als bei U 235 und zwischen 5 und 15 Kilogramm für eine Bombe
notwendig sein würden. Zu diesem Zeitpunkt war noch nicht klar, ob
eine gleichmäßige Kompression des Kerns besser mit Hilfe eines hoch-
explosiv wirkenden »Linsensystems« oder durch eine Vielfachzündung
von auf der Oberfläche einer homogenen Kugel verteilten Explosiva
erreicht werden konnte. Er berichtete über die damaligen Vorstellungen zum Gebrauch des Zündmechanismus, obgleich diese zu der Zeit
sehr vage waren und man noch glaubte, daß eine konstante Neutro-
nenquelle ausreichend sein würde. Als er seinen Bericht im Februar
1945 schrieb, bezog er sich nur auf den hohlen Plutoniumkern für die
Atombombe, da er damals die Möglichkeit eines festen Kerns noch
nicht kannte.

Er traf den russischen Agenten Ende Juni 1945 in Santa Fe wieder und
übergab ihm diesmal einen detaillierten Bericht, den er schon in Los
Alamos geschrieben hatte, wo er Zugang zu bedeutenden Unterlagen
hatte, so daß alle seine Angaben (Zahlen) korrekt waren. Dieser zweite
Bericht beschrieb die Plutoniumbombe komplett, die zu dieser Zeit kon-
struiert war und zum »Trinity«-Test in Alamogordo vorbereitet wurde.
Er übergab eine Zeichnung der Bombe und ihrer Komponenten mit
allen wichtigen Daten. Er berichtete, daß die Bombe einen festen Plutoniumkern haben würde, und beschrieb die Zündung, die etwa
50 Curie Polonium enthielt. Alle Details über das »Tampern«, über die
Aluminiumhülle und das hochexplosive Linsensystem wurden übergeben. Er informierte über die verwendeten Sprengstoffe »Baratol« und
»Composition B«, obgleich er selbst nicht wußte, was damit genau
gemeint war. Dem russischen Agenten wurde mitgeteilt, daß der »Trinity«-Test ein Explosionsäquivalent von etwa zehn Kilotonnen TNT
erbringen würde, und er nannte Details und die annähernde Kenn-
zeichnung des Standorts. Fuchs sagte mir, daß er zu dieser Zeit die Konstruktion der Testanlage nicht im Detail kannte und deshalb darüber
keine Informationen gegeben habe. Er hatte noch einige weitere Treffen mit dem Agenten in Santa Fe im Herbst 1945 und Frühjahr 1946,
aber er erinnerte sich nicht an genaue Daten. Dabei übergab er einige

Informationen über die Delta-Phase des Plutoniums und »wahrscheinlich« gab er Hinweise über die Nutzung von Gallium als Legierungsbestandteil. Aber er betonte, daß er keine anderen Informationen zur Metallurgie des Plutoniums übermittelt und die Technik der Vorbereitung oder der Fabrikation nicht beschrieben habe.

In der letzten Zeit in Los Alamos oder vielleicht auch kurz nach seiner Rückkehr ins Vereinigte Königreich gab Fuchs dem russischen Agenten einige allgemeine Informationen über die Möglichkeit, eine »gemischte« Bombe zu entwickeln. Er betonte besonders ihre Vorteile für die Vereinigten Staaten, weil sie schon beides hatten: eine Anlage zur Plutonium-Produktion sowie ein Werk für die Isotopentrennung, so daß sie beide Materalien nutzen konnten. Der russische Agent, mit dem er zur Zeit seines USA-Aufenthaltes (in New York und Los Alamos) Kontakt hatte, war fähiger die Informationen zu verstehen, die ihm gegeben wurden, als es bei seinen Kontakten im Vereinigten Königreich der Fall war. Fuchs beschrieb ihn als einen Ingenieur oder Chemieingenieur. Offensichtlich hatte er jedoch keine detaillierten Kentnisse über Kernphysik oder den Status der Mathematik, mit dem Fuchs kompetent umzugehen wußte.

Ungesagt blieb in diesem Verhör, daß Klaus Fuchs in der »letzten Zeit in Los Alamos« zutiefst erschüttert und verzweifelt war, weil über alle Bedenken und Mahnungen der Wissenschaftler nach dem Kriegsende in Europa hinweggegangen und trotz ihres Einspruchs der Abwurf von zwei Atombomben über japanischen Städten vorbereitet wurde. Schon nach dem eiligen Test am 16. Juli 1945 in der Wüste Alamogordo, auf den Präsident Truman gedrängt hatte, um damit auf der Potsdamer Konferenz (17. Juli bis 2. August 1945) – allerdings vergeblich, wie er verwundert feststellen mußte – gegenüber Stalin und zugunsten westlicher Nachkriegsvorteile einen Trumpf auszuspielen, war der Befehl dazu ergangen. »Stalin hat dazu nicht einmal eine Frage gestellt«, soll der ernüchterte Truman zu Churchill danach gesagt haben. Der US-Außenminister Byrnes glaubte aber das Desinteresse des Sowjetführers damit tröstlich erklären zu können, daß dieser »die Bedeutung wohl nicht erfaßte«. Aus Shukows Erinnerungen weiß man jedoch, daß Stalin am selben Abend mit Molotow die Mitteilung Trumans über die »neue Waffe« diskutiert hatte, von der man nicht zuletzt durch Klaus Fuchs längst Kenntnis besaß, und sofort Schlußfolgerungen für die Forcierung des sowjetischen Atombombenprogramms daraus zog. In den »Erinnerungen und Gedanken« des sowjetischen Marschalls ist dies dokumentiert: »Während der Konferenz unternahm der Leiter der amerikanischen Delegation, Präsident Truman, offenbar zur politischen Erpressung, eine psychologische Attacke gegen Stalin. Nach einer Sitzung der Regierungschefs, an das Datum erinnere ich mich leider nicht mehr, teilte Truman Stalin mit, daß die USA eine Bombe von ungewöhnlicher Sprengkraft besäßen, ohne sie als Atombombe zu bezeichnen. Bei dieser Mitteilung stierte Churchill, wie man im Ausland später schrieb, Stalin ins Gesicht, um zu sehen, wie dieser reagieren würde. Stalin zuckte jedoch mit keinem Muskel: Er tat so, als hätte er den Worten Trumans keine besondere Bedeutung beigemessen. Churchill und viele andere britische und amerikanische Autoren meinten später, Stalin hätte die Bedeutung dieser Mitteilung wahrscheinlich wirklich nicht erkannt. Tatsächlich erzählte Stalin nach der Rückkehr von dieser Sitzung in meinem Beisein Molotow von dem Gespräch mit Truman. Molotow sagte prompt: ›Sie wollen im Kurs steigen.‹ Stalin lachte. ›Sollen sie nur. Man muß mit Kurtschatow sprechen, daß er die Arbeiten beschleunigt.‹ Ich verstand, daß es um die Atombombe ging. Damals war bereits klar, daß die Regierung der USA die Absicht hatte, die Atombombe als Mittel der Stärke auszuspielen, um ihre imperialistischen Ziele im Kalten Krieg durchzusetzen. Am 6. und 8. August sollte die Probe aufs Exempel gemacht werden. Die US-Luftwaffe warf zwei Atombomben auf die dicht besiedelten japanischen Städte Hiroshima und Nagasaki, ohne daß auch nur die geringste militärische Notwendigkeit dazu bestanden hätte.« Umgehend nach der Konferenz und Stalins Rückkehr nach Moskau wurde am 20. August 1945 ein sowjetisches »Sonderkomitee für die Koordinierung aller Arbeiten zur Nutzung inneratomarer Energien des Urans« gebildet, dem unter der Leitung von L. P. Berija: G. M. Malenkow, N. A. Wossnesenski, B. L. Wannikow, A. P. Sawenjagin, I. W. Kurtschatow, P. L. Kapiza, W. A. Machnejew und M. G. Perwuchin angehörten.

Noch während der Potsdamer Konferenz war bereits der US-Kreuzer »Indianapolis« mit den beiden Bomben auf dem Weg von San Francisco zu der Marianeninsel Tinian, dem größten Pazifik-Stützpunkt der amerikanischen Bomberflotte, von dem aus sie dann speziell umgebaute B-29 »Superfortress«-Kampfflugzeuge über Hiroshima und Nagasaki abwarfen. In beiden Städten starben nahezu eine Viertelmillion Menschen. Mehr als dreihunderttausend überlebten strahlenverseucht und litten noch Jahrzehnte schwer unter den Folgen des nuklearen Infernos.

Klaus Fuchs war bei dem schon erwähnten letzten Treffen mit dem amerikanischen Kontaktmann »Raymond« nicht wiederzuerkennen, wie der später bei seinem Verhör zu Protokoll gab. Er sei verstört gewesen, erregt, wie er diesen sonst so sachlich-emotionslosen Wissenschaftler nicht kannte; er habe von Partys gesprochen, die man jetzt nach dem ungeheuerlichen Einsatz der ungeheuerlichen Bombe in Los Alamos veranstalte. Er habe dabei auf die Likör- und Schnapsflaschen in seinem Wagen gewiesen, die er für eine Feier zum »Zelebrieren des erfolgreichen Gebrauchs der Atomenergie als Waffe« noch an diesem Abend besorgt habe. Er fuhr weit hinaus aus der Stadt Santa Fe und hinauf zu einem der umliegenden Hügel, wo er dann anhielt, ausstieg und sich sehr besorgt über »die furchtbaren Zerstörungen« äußerte, die diese Waffe, an deren Erschaffung er nicht unerheblich beteiligt war, angerichtet hatte. Er warf sich nun vor, daß er nicht mit diesem Tempo und gleich gar nicht mit dem Einsatz noch in diesem Krieg gerechnet habe, auch habe er »die industrielle Kapazität der USA unterschätzt, so ein gigantisches Unternehmen zum Erfolg zu führen«. Er gebrauchte dabei die Wendung: »gigantic undertaking«, was auch eine »gigantische Leichenbestattung« heißen konnte.

Mitte Juni 1946 verließ Klaus Fuchs Los Alamos, besuchte noch einmal seine Schwester Christel in Cambridge, Massachusetts, und flog dann mit einer Militärmaschine von Montreal zurück nach England.

12. Great Rollright

Nachdem sich Klaus Fuchs bei dem letzten Treffen in Banbury Ende des Jahres 1943 von Sonja verabschiedet hatte, erfuhr sie nichts mehr von ihm über seine Tätigkeit in den USA, und es gibt nur Mutmaßungen, ob und wann und wo sie ihn nach dem Krieg und seiner Rückkehr nach England wiedertraf. Zu all den Spekulationen, die bis in die jüngste Zeit in die Welt gesetzt worden sind, haben beide bis zu ihrem Tode geschwiegen und nur die wildesten Gerüchte zurückgewiesen und als Unsinn abgetan. Fest steht jedoch, daß sie Jahrzehnte später in der DDR noch einmal zusammentrafen. Doch auch darüber gibt es nur eine spärliche authentische Auskunft. In einem der überlieferten Briefe Sonjas vom August des Jahres 1945 findet sich der hintergründige Satz, den sie, als sie mit ihren drei Kindern einige Wochen in einem Waliser Ferienort verbrachte, an ihre Mutter schrieb: »Es ist zum Beispiel sehr angenehm, einmal ganz abzuschalten, weder zu lesen, noch zu denken, obwohl letzteres natürlich passierte, wegen der Atombombe und der japanischen Kapitulation.«

Sie war bis zum Kriegsschluß in Abstimmung mit der Moskauer Zentrale und der Londoner KPD-Zentrale an einer Aktion englischer und amerikanischer Geheimdienste und des Militärs beteiligt, die eine Gruppe deutscher Antifaschisten, allesamt Kommunisten, zum illegalen Einsatz nach Deutschland entsandten. Nach einer intensiven Ausbildung, bei der sie Fallschirmabsprünge und den Sprechfunkverkehr über »Walkie-Talkie« trainierten, wurden sie mit US-Flugzeugen weit hinter der deutschen Westfront abgesetzt. (»Sonjas Rapport«: »Ein USA-Flugzeug würde über dem Absprunggebiet erscheinen und den Kontakt vom Himmel zur Erde über Walkie-Talkie zu ihnen aufnehmen.«) Fast alle erfüllten ihren Auftrag und übermittelten auch an Sonja nach ihrer Rückkehr Informationen über die Situation in den zerbombten Städten und ihre Kontakte zu Widerstandsgruppen. Kurt Gruber, ein gebürtiger Westfale, illegaler Parteiarbeiter in Berlin bis 1936, kam jedoch mit der Besatzung des Flugzeuges um, aus dem er abspringen sollte. Ein weiterer Genosse, Werner Fischer, war mit Nazipapieren in seinem Einsatzgebiet abgesetzt worden, er blieb verschollen.

Ihre Tochter Nina Blankenfeld schildert in dem Erinnerungsband »Die Tochter bin ich« die Siegesfeiern in den englischen Städten im Mai 1945: »Große Freude herrschte im Land, in der Schule und in unserer Straße«, schreibt Nina. »Obwohl es Fett, Mehl und Süßigkeiten nur auf Lebensmittelkarten gab und jeder nur ein Ei pro Woche erhielt, spendeten alle für die Siegesfeier. Es wurden Kekse gebacken und Limonade gekauft. Die Kinder unserer Straße saßen draußen an langen Tafeln. Mein kleiner Bruder trug einen weißen Pullover, und meine Mutter hatte ihm um Hals und Ärmchen Schleifen in den Farben der englischen Fahne gebunden. Er war Engländer, weil er in Oxford zur Welt gekommen war.« Der Alltag jedoch war noch immer von den Notwendigkeiten und der Doppelbödigkeit der illegalen Tätigkeit Sonjas geprägt, wovon die Kinder manches zu spüren bekamen, wenn sie auch vieles erst später zu deuten und zu

Nina, 1945

verstehen wußten, wie Nina berichtete: »Wir Kinder mußten täglich im Haushalt und im Garten helfen, dabei kamen wir erst um vier aus der Schule. In England ist das so. Aber dafür hat man auch keine Schularbeiten auf. Manchmal schlief meine Mutter um diese Zeit. Das taten andere Mütter im Dorf nicht, und ich dachte: Mich schickt sie Unkraut jäten, und sie will schlafen. Wir wußten ja nicht, daß sie nachts oft überhaupt nicht oder nur zwei Stunden schlief. Sie mußte nicht nur den Sender bedienen und Funksprüche aus der Sowjetunion aufnehmen; die Funksprüche kamen in Zahlen an, und sie mußte sie gleich nachts nach einem Geheimcode entziffern und das Papier verbrennen.«

Kurz nach dieser Siegesfeier auf der Georgestreet des damals ziemlich ländlichen Oxforder Vororts Summertown zog die Familie, während Len noch bei der Army in Deutschland war, nach Great Rollright um, in ein kleines Dorf in der hügligen Landschaft

187

der Cotswolds, etwa dreißig Kilometer vom bisherigen Wohnort entfernt. Alle Häuser und die jedes Grundstück und die vielen Schafweiden umgrenzenden Mauern waren aus gelblichem Kalkstein errichtet, weit war der Ausblick, Wälder gab es dort so gut wie keine. Sonja gefiel die Gegend und das zweihundertfünfzig Jahre alte Haus über alle Maßen: »Mit den dicken Holzbalken, den niedrigen Stuben, umgeben von Hof, Scheune und verwildertem Garten, außerdem betrug die Miete nur ein Drittel von dem, was wir bisher gezahlt hatten. Vielleicht würde es mir gelingen, Zimmer zu vermieten, um jemanden für die Kinder im Haus zu haben, wenn ich reisen mußte. Für das Funken wären Mitbewohner allerdings ungünstig.«

2. Mai 1945

Liebe Mutter, Du wirst von meinen neuen Plänen gehört haben. Ein siebenräumiges unmöbliertes Farmhaus, drei Meilen von Chipping Norton, 80 Meilen von London, am Anfang der Cotswolds. Nachteile: Elektrizität wird gerade erst verlegt. Spätestes Datum für Elektrizität im Haus: Winter. Das heißt im schlimmsten Falle sieben Monate ohne Strom. Zweitens: eine verdammt kalte Küche mit Kochen auf einem Kohlenofen, drittens: zwanzig Minuten Busfahrt für Nina, um zur Schule zu kommen. Viertens zweifelhaft, ob Hilfe im Dorf vorhanden ist, und wenigstens 75 % mehr Haushaltsarbeit als im Summertowner Avenue Cottage. Wichtigste Vorteile: hervorragende Luft, 100 Fuß hoch, aber ziemlich windig und kalt; zweitens: wundervolle Landschaft drumherum; drittens: ein verschlafenes, stilles, schönes Dorf; viertens: Sicherheit und eigenes Haus; fünftens: ein Badezimmer, fließend Wasser, ein idealer Boiler, elektrisches Licht und Steckdosen, wenn der Strom da ist; sechstens: bezaubernde Räume, groß mit niedrigen Dekken; siebtens: ein jetzt verwilderter Garten, aber Len wird ihn später in Ordnung bringen, mit Stachelbeeren, schwarzen und roten Johannisbeeren, Birnen, Äpfeln, Pflaumenbäumen; achtens: viel Schränke und Regale; neuntens billig: 75 Pfund im Jahr. Ich war gerade dabei, mich auf eine andere Art von Leben vorzubereiten. Pejo ist im Kindergarten. Ich treffe hier in Oxford mehr interessante Leute, da ich zweimal im Monat ins Theater gehe – statt dessen dort komplette Isolation, ein komplizierter Haushalt, Pejo den ganzen Tag da, und ich weiter weg von London. Öllampen, Kohleofen, 7 Kohlenfeuer, keine Einkaufsmöglichkeit im Dorf, keine Hilfe, brrr – und trotzdem bin ich sehr angetan und aufgeregt und will es nehmen.

August 45

Liebe Mutter, wir sind in Criccieth, in unseren ersten richtigen Ferien, die wir seit einer Ewigkeit endlich haben, sehr gut dran mit dem Wetter. Wir können immer den ganzen Tag draußen sein und an einigen Tagen hatten wir Sonne von morgens bis abends. Die Kinder sehen entsprechend gut aus. Für mich selbst wünschte ich nur, daß ich einen Tag am Strand dösen könnte, ohne daß Pejo versucht, mir die Augen auszupicken, sobald ich sie schließe. Ich kaufe ein und wasche ab usw. Und ich möchte Nina nicht die ganze Zeit nerven. Sie spielt lieber mit anderen Mädchen am Strand, aber natürlich ist es auch in vielerlei Hinsicht Entspannung für mich. Es ist zum Beispiel sehr angenehm, einmal ganz abzuschalten, weder zu lesen, noch zu denken, obwohl letzteres natürlich passierte, wegen der Atombombe und der japanischen Kapitulation. Sehr verwundert mich, daß, obwohl ich nichts tue, ich mich überhaupt nicht langweile. Davor habe ich mich zuvor gefürchtet. Aber ich habe weder angefangen zu sticken, noch war ich in der Bibliothek, noch lese ich die Bücher, die ich mitgebracht habe.

September 1946

Liebe Mutter! Ich kann jetzt wenig kaufen. Willst Du meine Kleider-
marken haben? Wenn Len demobilisiert ist, kann Micha seinen Armee-
mantel umgefärbt tragen, er braucht dringend einen. Ich werde ab
Mitte Februar Zimmer mit Pension vermieten. Wenn Du irgend jemand
weißt, empfiehl mich doch als »perfekte Hausfrau« mit »Gemüse aus
eigenem Garten« ...

Dezember 1946

Weihnachten war ganz eigenartig. Ich hatte zwei deutsche Kriegsge-
fangene, die hier im Dorf auf der großen Farm von Londsdale arbeiten, eingeladen, mit uns zu feiern. Sie haben ein »demokratisches Erzie-
hungslager für Gefangene« hinter sich. Kaum saßen wir bei Kaffee und
echtem Pfefferkuchen, als es an die Tür klopfte. Acht »Glockenläuter«
kamen herein und folgten altem Brauch: Sie hielten 14 Glocken mit
unterschiedlichem Klang in den Händen und spielten Weihnachtsme-
lodien, es war wunderschön. Die Dorfbewohner schienen von meinen
Besuchern überrascht, und ich fand es richtig, eine kleine Rede zu halten über Weihnachten, Friede auf Erden und die Notwendigkeit, die
Feindschaft des Krieges zu überwinden.

Zu dieser Zeit riß die Funkverbindung mit der Zentrale ab, auch zu den sowjetischen Genossen in London gab es keinerlei Kontakt mehr. Immer wieder holte Sonja nachts den Sender hervor, doch ihre Kennworte und Anfragen, die sie in den Äther schickte, blieben unbeantwortet. Die für solche Fälle vereinbarten Ausweichkontakte kamen nicht zustande. Ein »toter Briefkasten« bei einer Bahnunterführung unweit von Rollright, zu dem sie immer wieder hinradelte, blieb leer. Das bedeutete nicht nur, daß jede Nachricht ausblieb und keinerlei Informationen weitervermittelt werden konnten. Sie erhielt auch keine Geldmittel für notwendige Aufwendungen und ihren Lebensunterhalt mehr. »Ich war nicht verbittert«, schrieb sie rückblickend in »Sonjas Rapport«. »Ich hatte meine Arbeit niemals als Versorgungsmöglichkeit, sondern als Tätigkeit eines Kommunisten betrachtet. Sicher gab es Gründe für das Verhalten der Zentrale. Das hat sich später bestätigt. Trotzdem war es für mich bedrückend. So viele Jahre hatte ich für diese Arbeit gelebt, nun waren die Tage leer.«

Len war noch bis Ende des Jahres 1946 bei der Armee in Deutschland. Auch ihr Bruder Jürgen war seit Beginn dieses Jahres in Berlin, am 18. März hatte er seine erste Vorlesung gehalten. »Etwa 150 Studenten waren gekommen, um erstmals einen Marxisten und Kommunisten an der Berliner Universität zu hören«, notierte er in seinen »Memoiren«. »Im Tagebuch steht ›gut gegangen‹. Aber ich glaube, das ist übertrieben. Es war meine einzige Vorlesung in diesem und den folgenden Semestern, die ich ganz vorgelesen hatte – dazu noch im Wintermantel wegen der Kälte.« Jürgen hatte Len, der zuletzt mit seiner Armee-Einheit in Berlin stationiert war, vor dessen Rückkehr nach England treffen und davon informieren können, daß wie in Sonjas Fall auch andere Kontakte »augenblicklich« unterbrochen seien.

Da bald darauf Jürgen Kuczynskis gesamte Familie nach Berlin übersiedelte, sind die meisten Briefe, die Sonja in den folgenden Jahren schrieb, an die »Lieben in der Heimat« gerichtet, wohin es sie nun selbst immer mehr zog, obwohl es da für sie, Len und die Kinder, besonders für Michael, der sich um ein Universitätsstudium in England bewarb, erhebliche Hindernisse und Bedenken gab.

Great Rollright, März 1947

Meine Lieben in der Heimat! Ich habe eure Briefe vom 23.2. und 26.2. zu beantworten. Ich habe nicht schon eher geschrieben, weil erstens mit Michael alles in der Schwebe hing, und weil ich selbst für ein paar Wochen überbeschäftigt war. Ich hatte eine Arbeit angenommen, die mir mein Landlord-Metrologist vorgeschlagen hatte. Und nach dem Tag der Annahme hatten wir alle nacheinander besonders heftige Erkältungen. Ich konnte vier Tage lang kein einziges Wort sprechen. Die Familie war natürlich davon begeistert! Nun ist die Arbeit abgeliefert. Ein Katalog aller im Jahre 1936 vorgekommenen Erdbeben.

Zunächst danke ich euch sehr herzlich für euer Angebot, Mischa bei euch aufzunehmen und alles was drum und dran hängt. Es ist ein beruhigender und schöner Gedanke, dies zu wissen. Ich kann ja plötzlich sterben (vertrocknen z.B.!) Im Moment kann ich mich nicht dazu entscheiden, Micha zu schicken, aber ihr erlaubt mir doch, darauf zurückzukommen, falls ich in ein paar Monaten anders darüber denke? Im Juni sind die higher schoolcertificate Examen, und falls das Institut glaubt, Mischa kann es schaffen, würde er sich im Dezember um das Examen für das Universitätsstipendium bemühen. Inzwischen habe ich festgestellt, daß es in keinem Falle möglich ist, ihn dieses Jahr in irgendeine Universität zu bekommen. Es werden nur 10 % Schüler genommen, alle anderen Plätze sind für Schüler reserviert, die schon ein bis zwei Jahre bei den Universitäten angemeldet sind, und es werden überhaupt nur Scholarshipboys ausgewählt im Moment, das heißt solche, die letztes Jahr ihre Universitätsstipendien gewannen und bis dieses Jahr mit der Aufnahme warten mußten. Wenn ich ihn also doch nach Berlin schicken sollte, wird er in keinem Falle ein Semester haben, aber ich würde versuchen, ein Universitätspapier zu erhalten, das ihm Universitätsreife bescheinigt.

Mein Zögern hat vor allem mit meiner Beurteilung der allgemeinen politischen Lage zu tun. Einerseits fände ich es für ihn ganz besonders wichtig (noch wichtiger als das Studieren), ihn in der richtigen politischen Umgebung zu haben, und das wäre die Eure. Manches, was mir jetzt in seiner Entwicklung fraglich erscheint, wäre dann so gut wie gesichert. Andererseits glaube ich immer mehr daran, daß, wenn er kommt und wir nicht kommen, was leicht passieren kann, ich für Jahre von ihm getrennt wäre und ich ihn nicht nur nicht sehen, sondern überhaupt nichts von ihm hören würde. Ich finde immer mehr die beste Lösung, daß wir alle kommen. Aber je mehr ich es mir wünsche, desto unmöglicher scheint die praktische Durchführung zu sein. Ich kann keinesfalls mit englischer und amerikanischer Erlaubnis rechnen. Sollte es bald so kommen, daß ich diese Erlaubnis nicht mehr brauche, würde ich Dich jedenfalls bitten, alle von Dir aus möglichen Schritte zu tun, bei anderen etwaigen Stellen, die mir die Erlaubnis geben können. Ich könnte z.B. mit Kind und Kegel zu der von Dir erwähnten Universitätsfeier kommen und dann vielleicht gleich weiter. Aber das würde in der Hauptsache Kind bedeuten und so wenig Kegel, daß es eine wirklich zu leichtsinnige Handlung wäre. Das würde wohl auch eine äußerst beschränkte Bewegungsfreiheit bedeuten. Aber Euch zur Universitätsfeier zu treffen, scheint mir ein sehr guter Gedanke zu sein. Ich habe unser Haus hier bereits vermietet, vom 12. August bis zum 8. September. Wir wollen in dieser Zeit nach Criccieth reisen. Len wird sich innerhalb dieser Zeit vierzehn Tage Ferien nehmen. Da könnte er auf die Kinder in Criccieth aufpassen und ich Euch treffen. Natürlich weiß ich in meiner Unbildung nicht, ob das mit den Daten von Euch klappt. Laßt es mich gleich wissen.

Wenn man sich auf das Lesen der respektablen englischen und amerikanischen Presse beschränkt, so sieht es so aus, als ob wir uns in allernächster Nähe des nächsten Krieges befänden. Ich habe Kritiken von »Inside USA« gelesen und will versuchen, es zu bekommen. Leider ist »Natural history of nonsense« noch immer vergriffen, obwohl der

Buchhändler glaubte, es in ein paar Tagen zu haben. Ich werde noch zehn Tage warten und Euch dann meine Kopie schicken. Ich kann mir vorstellen, daß ich Euch als ein völlig verwirrtes und verrücktes Huhn vorkomme, aber ihr seht die Lage von Eurer Atmosphäre aus und ich von unserer hier, und obwohl wir im Prinzip alles gleich beurteilen mögen, so spielt doch die Atmosphäre, in der man lebt, eine gewisse Rolle.

Der Tennisplatzkauf in Schlachtensee ist doch wirklich sehr schön. Denk an mich, Jürgen, falls Du später den Teil daneben mal bekommen kannst. Ich liebte ihn besonders. Die ganz alten Apfelbäume, der saure Kirschbaum mit dem großen abgebrochenen Ast. Die Herzkirschen am Baum dicht daneben, die Himbeeren mehr zu Gaffrons Seite, und auch der Pflaumenbaum. Na, das ist wohl alles nicht mehr da. Ich sah es ja zum letzten Mal 1930. Vielen Dank für Eure letzten Zeitschriftensendungen, die ich teils an die Geschwister weiterleitete. Sie kamen sehr gelegen, besonders »Die Wirtschaft«-Nummern, da ich von der W.E.A. (»Workers Education Association«, wo sie zu der Zeit Lehrgänge besuchte, E. P.) gebeten worden war, über »Germanies postwar economics in relation to Europe« zu sprechen, oder so ähnlich. Da hatte ich dann die neuesten Produktionsziffern usw. Nun ist es fast schon ein Jahr her, daß ihr drüben seid. Zu lange für mich.

Politisch sieht die Welt einigermaßen aufgeregt aus. Ich habe absolutes Vertrauen in die Zukunft und bin oft geradezu freudig erregt. Viele Menschen machen den Fehler, die Heftigkeit der augenblicklichen Reaktion (und es wird noch weit schlimmer werden), mit Stärke der Reaktion zu verwechseln. Allerdings bin ich auch oft deprimiert im Gedanken daran, was diese Herrschaften noch alles an Leiden über die Welt bringen werden, bevor sie vernichtet sind, gerade da sie dem Ende zugehen.

Herbst 1947

Über mich selbst ist einfach nichts zu berichten. Da ich Kindern und Mann ein Heim zu schaffen habe, muß meine Existenz momentan als so gut wie wertlos betrachtet werden. Ich bin nicht so wichtig, daß dies ein großes Unglück ist, aber für immer kann ich mich dem nicht freiwillig fügen. Für solche Existenz ist jeder Mensch zu gut und zu wichtig. Ich sehe andererseits hier nicht viel Möglichkeit, diesen Zustand zu ändern. Oder liegt das bereits an mir und nicht an den äußeren Umständen? Schließlich kann man doch überall was leisten, wenn man leistungsfähig ist?

Der News Chronicle brachte gestern einen Bericht, wie ungehalten Amerikaner und Engländer über das Bestehen des Kulturbundes in Berlin sind. Ich hoffe, das verursacht Dir in Schlachtensee keine Wohn- oder sonstigen Schwierigkeiten? Ich werde sehr bald wieder an Euch schreiben, nachdem ich in London gewesen bin. Sind meine Briefe so inhaltslos wie lang? Das wäre schrecklich ...

28.11.47

Lieber Jürgen und Marguerite.

Die anderen werden euch Vaters Tod mitgeteilt haben. Ich habe Euch in den letzten Wochen nicht geschrieben. Ich wußte, daß Ihr auf dem laufenden gehalten wurdet durch Bine, und es erschien mir sinnlos, Euch die tragischen Einzelheiten seines täglichen Schwächerwerdens zu beschreiben. Die Idee, das all das in einem »Hospital public ward« vor sich ging, darf bei Euch keinen bitteren Geschmack hinterlassen. Vater wußte bis zum Schluß nicht, wie krank er war, und zog es vor, im public ward zu sein. Vielleicht gaben ihm gerade das Gefühl des Nichtisoliert-seins, also einer von vielen Patienten zu sein, und die dauernde Anwesenheit der vergnügten jungen Schwestern Hoffnung und Ablenkung. Sein Bett stand nicht in einer Reihe mit anderen Kranken, und es ist wahr, daß man ihm seine Wünsche beinahe von den Augen ablas, während er in einer Privatklinik nach einer Nurse hätte klingeln müssen, und dazu war er zu bescheiden. Vat war bis zum Schluß wunderbar und in manchem unerwartet gefaßt. Er war doch nie vorher richtig krank gewesen. Und nun erwies er sich als mutig, geduldig, hoffnungsvoll und positiv. Er klagte fast nie. Er war rührend dankbar für jeden unserer Besuche, und selbst in den letzten Tagen lächelte er, wenn einer von uns kam. Bis drei Tage vor seinem Tode sprach er noch ab und zu über aktuelle Dinge wie das neue Budget, Daltons Absetzung usw. Er hatte auch noch die Freude, seinen ersten Band der Demographie der Kolonien in den Händen zu halten. Deinen Brief, Jürgen, über die 7.-November-Feier las ihm Brigitte vor, als wir zusammen dort waren.

Sommer 1948

Politisch und ökonomisch sieht es in diesem Lande unerfreulich aus. Ich glaube, man kann sagen, daß – seit die Kartoffeln nun auch rationiert sind – eine ganze Reihe von Menschen nicht genug zu essen haben, ich meine nicht nur den Kalorienwert, sondern daß sie hungrig sind. Uns persönlich betrifft es nicht, da wir selbst Kartoffeln pflanzen und ernten. Besonders widerwärtig ist, daß enorme Mengen von Kon-

serven mit Luxusinhalt zu enormen Preisen überall zu haben sind. Öl
für 20 Shilling die Flasche kannst du z. B. kaufen so viel du willst. Eine
Hühnerbrühe-Konserve für 2,60 ergibt einen Suppenteller voll usw.
Die Regierung verhält sich zur erwarteten ökonomischen Krise wie ein
Kaninchen zur hypnotisierenden Schlange. Paralysiert sitzen sie da,
ohne Maßnahmen für einen vernünftigen Ausweg. Nur zwei Ret-
tungsringideen jagen sich in ihren Köpfen: Export und Marshallplan,
Marshallplan und Export. Sie bemerken nicht, daß sie: a) das Falsche
exportieren, b) daß der Markt von ihren Exportwaren bald gesättigt ist,
c) daß das Material für Export mehr als knapp wird, d) daß unsere Preise
zu hoch sind, e) daß Export allein uns nicht helfen kann. Sie bemerken
nicht, daß der Marshallplan mit seinem Tabak und Trockeneiangebot
sehr beschränkte Rettung bietet, um es milde zu fassen, und sie bemerken nicht die anderen gefährlichen Konsequenzen dieses Planes. Gute
Nacht, meine Lieben, es wäre schön in einem Lande mit euch zu sein.

August 1948
Inzwischen kamen noch weitere Zeitschriften. Die Nummer des »Aufbau« mit den Beiträgen aus der Tschechoslowakei fand ich besonders
gut, und obwohl Jürgen ihn als Person nicht sehr wohlwollend zu beurteilen scheint, gefallen mir die Aufsätze von Kantorowicz jedes Mal.
Allerdings finde ich die Geschichte, die in seiner »Ost und West«-Zeit-
schrift läuft (»Campe, der Sohn des Bürgers«) unverdaulich banal und
ungeschickt geschrieben.
Aus allem, was ich so höre, besteht nur 2 % Chance für Mischas Pläne.
Ich ging daher zum russischen Konsulat, wo ich informiert wurde, daß
Deutsche, die in die Ostzone wollen, nur die Erlaubnis der Russen brauchen. Es dauere ungefähr vier Monate, sie zu erhalten. Ich werde also
auch die dazu nötigen Papiere ausfüllen. Ich sehe Mischa jetzt wenig,
wenn wir uns sehen, stehen wir uns gut, was natürlich teils auf die Seltenheit des Sehens zurückzuführen ist. Er scheint im Moment ausschließlich Marxismus und Philosophie zu lesen. In dem »Scientific
industrial research Co.«, wo er jetzt schon ein Jahr arbeitet, hat man
ihm die erste völlig selbständige Arbeit gegeben. Ich glaube, das Studieren und Ausprobieren neuer Farbmittel. Trotzdem besteht er darauf,
daß er Literatur, Philosophie etc. studieren will.
Endlich ist Peter auf Ferien – für vierzehn Tage. Um Geld zu sparen,
kam Nina ihm bis London entgegen, und ich fuhr nach Hause. Sie stiegen eine Station zu früh am anderen Ende aus – nun warte ich auf die
Rechnung für dreißig Meilen Taxifahrt!

14.9.48

Meine Lieben. Wie schon in meinem letzten Brief erklärt, wäre ein Wiedersehen mit euch die größte Freude, die mir dieses Jahr bringen könnte. Da das Herkommen nicht gelungen ist und das Nach-Berlin-Kommen so schrecklich schwierig ist, werde ich nun mit aller Energie Prag versuchen. Wenn es mir gelingt, möchte ich Mitte November dort sein, oder falls unmöglich, Anfang Januar. Schreibt mir nun ganz konkret Jürgens, aber viel lieber Eure gemeinsame Möglichkeit, dann dort hinzukommen ...

1948

Lieber Joe, ich freue mich, daß Du und Vera okay sind und daß ihr Euren Jungen für Weihnachten erwartet, ist eine wundervolle Sache. Einmal zu Hause und komplett erholt, wird er so stark wie eh und je sein. Um genau zu sein, wenn er nicht solche starken Fundamente hätte, hätte er nicht durch all das gehen können, so wie er es tat. Und ihr bekommt ihn in einer angenehmen Phase zurück. Wir jedenfalls haben viel Spaß an Peter. Meinen dreien geht es wirklich sehr gut. Michael bekam sein höheres Schulzertifikat, aber hat kein Stipendium gewinnen können, vielleicht aber dieses Jahr für nächstes Jahr.

Gerade bereite ich mich darauf vor, ins Ausland zu fahren und Jürgen, wenn möglich, irgendwo zu treffen, wo wir beide hingehen und generelle Zukunftsentscheidungen über Michael treffen können. Jürgen war auf dem Wroclaw-Kongreß, eine Schande, daß ich nicht gehen konnte. Nina ist hübsch und gesund. Ihr letztes Ding war: Mami, wenn ich es schaffe, einen Millionär zu heiraten, glaubst du, ob ich ihn fragen könnte, daß er mich zu einem Holiday-Camp mitnimmt als unsere Hochzeitsreise?

Jetzt zu Tito: die Sache schockte und deprimierte uns. Wir lasen alles Erhältliche und diskutierten es. Die Kritik an der Bauernfrage und an der Art, wie sie über Produktion denken, kann ich nicht beurteilen. Die Kritik, daß sie die Einstiegsmöglichkeit in die Partei abgeschafft haben und nur eine Auswahl von Mitgliedern zusammenbehalten haben, was sie von den Massen isoliert, kann berechtigt sein. Ich weiß von Arbeitern aus diesem Land, daß es wirklich schwierig war, ein Parteimitglied zu treffen, daß die Partei unzugänglich war für den normalen Mann. Daß das gefährlich ist und auf den falschen Pfad führen kann, ist klar. Auf der anderen Seite wäre es auch eine Gefahr, die Ränge für alle, die eintreten wollen, zu öffnen, nachdem die Partei der dominierende Faktor in dem Land wurde. Karrieristen, Feinde und bis dato politisch ignorante Mitglieder können eine Partei verwässern und die Partei auch bedrohen. Egal, sie haben übertrieben mit nur einer kleinen Elite. Ein Fehler, von dem ich überzeugt bin, und der auch der gefährlichste ist, sie haben nationalistisch-chauvinistische Tendenzen. Diese Gefahr ist besonders aktuell für ein Land, das nie wirklich unabhängig war und das immer ein Bauer in dem imperialistischen Schachspiel war und das sich selbst von den Unterdrückern befreit hat und das erfolgreich seinen eigenen sozialistischen Staat aufbaut. Sie sind berechtigterweise stolz und auch entsprechend begeistert, und wir sollten alle bewundern, was erreicht wurde. Aber sie haben die Proportionen verloren, der Erfolg stieg ihnen zu Kopfe. Und hier kommen wir zu dem Grund, warum ich sie als ernsthaft schuldig bezeichne. Sie sind nicht in der Lage, international zu denken. Sie sehen ihr Land nicht im Zusammenhang zu der ganzen Welt und dem Geschehen rundum. Und das würde in einem Land mit einer wirklichen kommunistischer Führung nicht passieren. Im Moment bereitet sich die ganze Welt auf den größten »Machtkampf« aller Zeiten vor. Jede verfügbare Kraft wird mobilisiert gegen den Kommunismus, gegen kommunistische Länder, gegen Rußland. Nur die komplette Einheit und Koordination aller sozialistischen Länder wird die Kraft haben, dem Kalten Krieg zu widerstehen, dem Krieg der Nerven, dem Krieg der dreckigen Propaganda, dem ökonomischen Krieg und vielleicht dem heißen Krieg mit Atombomben. Wie kann ein kleines Land wie Jugoslawien es wagen, einen Keil in diese Einheit zu treiben? Ein Fressen für den Feind, weil sich da ein Land beleidigt fühlt und nicht ganz richtig behandelt, aus welchem Grund auch immer. Einen solchen Schritt zu dieser Zeit zu unternehmen, ist unentschuldbar in meinen Augen. Und es war Tito, der diese Schwierigkeiten öffentlich gemacht hat, der sein Problem wichtiger fand und damit den Schaden anrichtete, der schon angerichtet wurde und der noch angerichtet wird. Das ist nur meine persönliche Ansicht in dieser Sache, ich weiß nicht, ob es mit den offiziellen Ansichten übereinstimmt.

In einem Gespräch würde ich mehr ins Detail gehen. Wann werden wir dieses Gespräch haben? Wann sind Deine Markttage, Joe? Wäre es ein großer Verlust, einen Sonnabend zu opfern? Und was sind Veras freie Tage? Als ein Weihnachtsgeschenk für Dich und Vera möchte ich Euch einladen, uns ein Wochenende, wann auch immer es Euch paßt, zu sehen. Laß mich wissen, wann, je früher, desto besser für uns. Ja, Du kannst Dich nicht über die Quantität des Briefs beschweren, obwohl die Qualität vielleicht gelitten hat, da Peter mir beim Tippen helfen wollte und er mir die ganze Zeit Pennys in die Bluse geworfen hat.

17.2.49

Liebe Marguerite. Heute kam Dein langer Brief vom 7.2., den ich Dir Abschnitt für Abschnitt beantworten möchte. Ja, mit Jürgen war es nicht so schön, wie es hätte sein können. Das war insofern mein Fehler, als ich mir zuviel davon erwartet hatte. Wenn man zwei Jahre lang so viel aufspeichert, wie ich es für Jürgen getan hatte, und sich so sehr auf einen Menschen freut, wie dies bei mir der Fall war, und dann in Prag einen so sehr beschäftigten, übermüdeten Menschen tifft – dem die angeschleppten Probleme des andern als ein ziemlich nichtiges Durcheinander erscheinen –, dann muß es schief gehen. Er fand mich hysterisch, zerfahren und unschlüssig in Entscheidungen. Ich fand ihn gereizt und brutal. So was kann vorkommen, aber es ist ein Jammer, wenn es bei einem Wiedersehen nach sehr langer Zeit geschieht. Wie Du weißt, waren wir schon Dutzende Male wütend aufeinander und ärgerlich, doch dies war ein erfrischender Bestandteil unseres guten Verhältnisses gewesen. Aber diesmal ging ich ihm auf die Nerven, was eine ganz andere Sache ist, und das machte mich so unsicher und fassungslos, daß ich wirklich nicht ich selber war. – Na, Schwamm auch darüber. Prag war sehr anregend. In vielen Dingen geht es den Leuten schlechter als hier. Aber dieser überwältigende Geist, daß Dinge besser und besser werden, war sehr präsent. Jürgen war ununterbrochen müde und hatte weder Zeit noch Geduld für meine Probleme, was ein Schock für mich war, da ich sehr darauf gezählt habe, ihn zu sehen. Er hielt Vorträge, sah Unmengen von Leuten, schrieb Artikel und was nicht noch alles während seines kurzen Aufenthaltes und stellte mich nicht einmal den vielen Leuten vor, die er kannte. Was sehr anregend für mich gewesen wäre nach der Rollright-Isolation. Trotzdem war es die Reise wert und tat mir gut.

Für einen Moment hatten sich Sonja und Jürgen ohne das gewohnte, nahezu uneingeschränkte Vertrauen und Verständnis gegenübergestanden, das ihr politisches Einverständnis sowieso einschloß. Als es zwölf Jahre später dennoch ein weiteres Mal –, ohnehin aus kaum nachvollziehbaren Gründen – zu einem ähnlichen Zerwürfnis und kritischer Entfremdung kam, schrieb Jürgen Kuczynski an seine Schwester einen klärenden Brief: »Liebe Ursula, entschuldige, wenn ich Dir auf Deinen Brief, ohne Abstand und auf die Gefahr hin, Dich in Deiner Meinung nur zu bestärken, schreibe, daß er mich nicht nur geärgert hat. Glaubst Du wirklich, Du könntest unser Verhältnis, das ja schließlich ein halbes Jahrhundert gedauert und solch eine feste Basis hat, durch irgendwelche Dummheiten irgendwie ernstlich ändern! Daß es irgendwie dadurch beeinflußt wird, daß ich mich über Dich ärgern muß und Dich mal einige Zeit nicht sehe, oder daß Du es jetzt nicht ›über Dich bringen kannst‹, mir Dein Manuskript zu schicken! Daß ich in einer Welt, die täglich so viel kleinen und größeren Dreck um sich wirft, mir mein Verhältnis zu Dir, das fester Bestandteil meines Lebens ist, ob Du es willst oder nicht, ganz gleich, was Du jetzt oder künftig treibst, wegdiskutieren, wegpsychologisieren etc. lasse?! Verhalte Dich wirklich so blöd, wie Du willst. In dieser Beziehung kannst Du nichts mehr ändern, dazu ist die Vergangenheit zu stark ...«

21.4.49

Lieber Jürgen und alle Lieben in Berlin! Was für ein Segen, in den alten Lehnsessel zu sinken (ich habe einen neuen Bezug dafür gemacht, und es sieht sehr professionell aus), um diesen Brief zu schreiben. Es ist 9.30 Uhr abends und jede Minute wird Nina hereinplatzen von ihrem wöchentlichen Dorf-Sozial-Tag, wo Alt und Jung alte Tänze lernen. Das wird, wie auch immer, nur eine Unterbrechung von einigen Minuten sein, da es sowieso schon Zeit für sie ist, ins Bett zu gehen. Ja, ich tippe in dem Lehnsessel und beweise damit wieder einmal, daß die Notwendigkeit die Mutter der Erfindung ist. Meine Rücken tut am Abend weh, und in Deinem Stuhl zu sitzen mit einem Tablett über den Lehnen, auf dem die Schreibmaschine steht, erlaubt es mir, mich sehr bequem zurückzulehnen. Eine andere Erfindung habe ich übrigens, wenn ich draußen tippe, was ich sehr oft tue. Um die Seite in der Schreibmaschine vorm Flattern zu bewahren, befestige ich eine Wäscheklammer am Ende davon – was die Seite durch das Gewicht herunterhängen läßt –, bin ich nicht clever? Es war gut von Dir zu hören nach Deinen erfolgreichen Ferien, und ich hoffe, die erreichte Humanisierung von Jürgen reicht entsprechend lang genug, um Dir, Marguerite, zu nutzen. Daß sie immer noch da wäre, wenn ich Jürgen wiedertreffe, ist zuviel, um darauf zu hoffen, selbst für einen Optimisten wie mich. Das Leben ist ein bißchen düster hier im Moment, keine Untermieter, keine Hilfe, und Len jeden Abend völlig steif, nachdem er sich gerade von neun Tagen Hexenschuß erholt hat. Ein Segen, die Kinder gehen für zehn Tage nach Lowestaft. Nachdem alles gewaschen, gebügelt und eingepackt wurde, tauchte Peter mit einer Kiste voller Spielsachen auf, die er mitnehmen wollte. Wir hatten trotzdem wundervolle Ostern. Sonnenschein vier Tag lang, jemand berichtete »News Chronicle«, daß seine Erbsen einen Inch pro Tag vier Tage lang gewachsen seien. Die Kinder sind übermäßig aufgeregt über das morgige Wegfahren. Nina reist alleine mit Mark und Peter, außer daß sie von Station zu Station von Brigitte in London gebracht wird. Ninas Zeugnis war schlecht. Jeder Lehrer erwähnt »zu schwatzhaft« oder »Mangel an Kontrolle«. Len, der will, daß die Kinder die britische Zurückhaltung besitzen, ist wirklich böse deswegen.

Das Buch »In den Schützengräben Stalingrads« fand ich überdurchschnittlich gut, und das will einiges heißen, wenn man weiß, wie selten ich eine Kriegsgeschichte lobe. Der Fortschritt meines eigenen Buches ist fast bei Null – mit den Kindern ohne Hilfe und dem kranken Len. Aber von morgen an für zehn Tage muß ich aufholen. Reni war zu Lens Freude ein absolut begeisterter Beifahrer auf dem Motorrad. Als er eine Woche ihres Aufenthaltes in der 2 bis 10 Uhr Schicht war, nutzten sie die Morgenstunden und sahen eine Menge von den Cotswolds. Len ißt Vitaminpillen seit zwei Wochen, und sie scheinen ihn wirklich weniger nervös und unternehmungslustiger zu machen. Ich selbst war die letzten zwei Monate nicht einen Tag ohne Zahnschmerzen. Ich hatte zwei Backenzähne raus, und die Wurzeln eines Frontzahnes raus, was eine richtige Operation war und das Zahnfleisch beschädigt hat. Ich lebe immer noch von Kartoffelbrei und Zahnschmerzpillen. Mein Garten hat nicht die volle Aufmerksamkeit dieses Jahr, das Buch hat Vorrang. Während der Ferien der Kinder werde ich aber die Chance haben, daran zu schreiben. Danach werde ich aufholen mit dem Graben und Säen.

Die Dinge verbessern sich überhaupt, Briefe von vielversprechenden Untermietern kommen in Massen, und das erste junge Paar tauchte auf. Ich fragte sie, wann sie ihr Baby erwarte, und sie sagte: »Morgen«. Da dachte ich, ich muß sie nehmen. Sie ist zwanzig. Aber meine Idee war, Untermieter zu haben, die wie ein Gottesgeschenk sind, wie auch immer, sie werden in zwei Wochen auftauchen, wenn sie aus dem Krankenhaus kommt. Ich fragte sie, ob sei einen Jungen oder ein Mädchen haben will, und sie sagte, wir sind nicht wählerisch. – Ich fühlte mich miserabler als ich erwartete, als ich Peter und Nina hinter den Fenstern des Zuges sah, aber der heutige Frieden zu Hause ist wundervoll. Eine dumme Sache passierte, als ich die Eier unserer Bruthenne heute holen wollte, schauten 5 kleine Hühner unter ihrem Flügel hervor. Wie sehr Peter das gefallen hätte.

10.5.49

Meine Lieben. Zur Feier des Aufhebens der Berlin-Blockade noch schnell ein abendliches Zeilchen an euch. Ich hoffe, die Paketpost wird bald wieder funktionieren, so daß mein Kleiderbündel und die reservierten Süßigkeiten abgehen können. Wie zu erwarten, waren alle Läden in ein paar Tagen ausverkauft, und man scheint sich zu überlegen, ob das Rationieren wieder eingeführt werden soll.

17.10.49

Augenblicklich bin ich nicht gerade vergnügt. Du kennst Lens Fähigkeit, bei den falschen Gelegenheiten einzuschlafen und wie ich ihn sogar schon auf Stühlen und im Bad aufwecken mußte. Ich dachte, der schlimmste Fall sei gewesen, als er einmal einschlief, während ich ihm mein Manuskript vorlas. Aber nein, keineswegs. Als er um 5.30 Uhr früh auf dem Wege zur Arbeit war, schlief er auf seinem Motorrad ein. Das Motorrad setzte wie ein braves Pferd die Fahrt fort, aber Lens Fuß rutschte im Schlafe von der Pedale, blieb zwischen zwei Radteilen, und er brach sich, abgesehen von anderen Wunden, zweifach sein Bein. Unsere Landwege sind um halb sechs morgens nicht gerade belebt, so lag er bis 7.15 Uhr dort. Das Schreckliche war, daß ich nur zwei Kilometer entfernt von ihm in meinem Bett schlief und nichts merkte. Noch nie bin ich mir so treulos vorgekommen. Um 9.30 Uhr kam ein Polizist und berichtete mir, Lens blutbefleckte Kleidung voller Psychologie hinter seinem Rücken verborgen, von dem Unfall. Er teilte mir mit, die Ambulanz hätte ihn nach Oxford ins Radcliff-Krankenhaus gefahren. Die nächsten zwei Stunden verbrachte ich in der Telefonkabine auf dem Dorfgrün, mit der Dorfbevölkerung, die natürlich schon vor mir von allem wußte, um die Kabine drapiert. Len und die Ambulanz waren von dieser Welt verschwunden. Nach fünf Anrufen in Radcliff, vier bei der Polizei, drei beim Doktor, zwei im nächsten Krankenhaus in Chipping Norton, stellte sich heraus, der Ambulanzfahrer war nicht begeistert von dem Gedanken, die 33 Kilometer ins erstklassige Radcliff zu fahren und hatte ihn daher in das weit primitivere Krankenhaus in 15 km Entfernung nach Banbury gebracht. Da liegt er nun, sein Arm mit zwei Knochenbrüchen und sein Bein mit zwei schweren Brüchen im Gips. Sie rechnen mit drei Monaten Krankenhaus und drei Monaten zu Hause liegen, aber das Wichtigste, sie glauben, das Bein wird wieder ganz in Ordnung kommen.

Kannst Du mir aus Deiner Erfahrung raten, wie ich Len beschäftigen kann? Ich habe schon ein Buch über Teppichknüpfen gekauft und dachte an irgendeinen Kursus per Post, Politik, Geschichte oder Journalismus. Kennst Du irgend etwas Gutes? Natürlich kann er mit dem Teppich erst anfangen, wenn der Arm wieder beweglich ist, es ist auch eine sehr teure Sache und unsere finanzielle Lage hat sich durch diese Angelegenheit nicht gerade gebessert. Nina verhielt sich, als sie von dem Unfall hörte, echt Nina: »Ist Vati ohnmächtig geworden?« – »Nein.« – »Bist Du ohnmächtig geworden, als Du davon gehört hast.« – »Nein.« – Sie vorwurfsvoll: »Warum nicht?« – Peter mischt sich ins Gespräch. »Wann ist Vati zurück, um mit meinem Meccano zu bauen?« – Nina: »Vielleicht wirst Du keinen Vati mehr haben, um zu bauen.« Nachmittag, als ich aus dem Krankenhaus von Len zurückkam, entschloß sie sich zu einem Dorfspaziergang, und bei jeder Tür, wo sie anhielt und nach der Zahl der gebrochenen Knochen befragt wurde, vergrößerte sich die Zahl immer mehr, so daß gegen Abend ein Strom trauernder Besucher bei uns eintraf, den ich leider durch Richtigstellung der Tatsachen etwas enttäuschen mußte.

Dezember 49

... Welchen Teil der Arbeiterklasse erreicht unsere Presse? Die intelligentesten fünf Prozent. Parteiarbeiter treffen andere Parteiarbeiter und glauben, der unorganisierte Durchschnitt bewegt sich, was Intelligenz und Wissen anbetrifft, so ziemlich auf derselben Ebene. Intellektuelle haben ein noch falscheres Bild, sie haben nicht einmal den Arbeiternachbarn oder den Arbeiter in der Kneipe oder im Beruf neben sich, um sich ein Urteil zu bilden, sie treffen nur den Arbeiter in der Partei, und ihre Propaganda, besonders die Presse einschließlich der Tagespresse, ist über den Kopf des Durchschnittsproleten hinweggeschrieben. Es erreicht ihn nicht. Lenin fand die Worte »Brot« und »Frieden« und verstand es, damit den Bauern und den Arbeitern politische Zusammenhänge klar zu machen. – Seit mehreren Jahren teile ich mein Haus mit Arbeiterfamilien. Ungelernter Arbeiter, gelernter Elektriker und ungelernter Arbeiter wechselten sich ab. Lieblingslektüre Comics. Sonntags gelangweilt und beschäftigt, schließlich Kartenspiel mit Ehefrau. Ich gab ihnen täglich den Daily Worker und auch Sovjetweekly. Die Bilder im Sovjetweekly interessierten, aber natürlich nicht zu vergleichen mit dem Interesse für die Comics meiner Tochter. Unterhaltung mit dem gelernten Elektriker: »Die Zeitung versteh ich nicht, ich lese überhaupt nur Sport und Comics. Sind die Bilder im Daily Worker wahr? Ich meine, leben wirklich die meisten Russen in schönen Wohnungen und sehen die Kinder so gesund aus? Ich meine, gibt's in Rußland keine Slums und haben sie da keine armen Klassen wie bei uns?« Das war, nachdem er monatelang unsere Zeitung täglich in sein Zimmer bekam. Vielleicht brauchte nicht der ganze Daily Worker für diesen Standard erreichbar zu sein, aber zumindest ein Teil der Artikel. Warum kümmern wir uns nicht darum, daß die Armee in Intelligenzprüfungen eine Durchschnittsmentalität von zwölf Jahren feststellt? Warum nicht einfache klare Sätze, lebhafte, eindringliche, unkomplizierte Wortbilder, wie für Zwölfjährige? Ich bin kein intelligenter Snob und kein Pessimist. Nach der Revolution werden wir imstande sein, das Mentalitätsalter enorm zu heben. Im Augenblick muß die Botschaft und Propaganda der Partei diese Menschen, wie sie heute sind, in ihrem erschreckenden Maß von Unwissenheit und Interesselosigkeit erreichen.

Januar 50
Meine Erlaubnis, Euch zu besuchen, ist von dem amerikanischen Militärbüro verweigert worden. Sie sagen, daß die Einreise nach Österreich und Deutschland nur in dringenden Fällen gestattet sei, das gelte nur bei lebensgefährlicher Krankheit eines nahen Verwandten. Die Sekretärin, eine kleine Untertanin, die mich abfertigte, machte mir überhaupt keine Hoffnung. Sie tat mich – ich meine: meinen Antrag – in eine Akte und sagte, ich könne ja mal im Sommer nachfragen, ob sich was geändert habe an den Bedingungen. Obwohl ich ja gar nicht fest damit gerechnet hatte, bin ich nun doch sehr enttäuscht und merke, daß ich mich in Gedanken doch schon bei Euch sah und viele Pläne hatte. Ich bin natürlich auch wütend, daß es daneben gegangen ist, und überlege mir, ob ich nicht versuchen soll, ein russisches Visum zu bekommen. Ob ich nicht einfach mit diesem Visum hier abfliegen könnte und in der russischen Zone landen? Aber das soll man ja auch nur sehr schwer bekommen und wahrscheinlich braucht man trotzdem ein britisches? Meinen Paß habe ich bis 1.5.1950 verlängert bekommen und auch ein Visum, das mir gestattet, alle europäischen Länder zu besuchen, einschließlich Türkei und Sowjetunion.
Solltest Du, Jürgen, z.B. mal nach Frankreich kommen, würde ich auf jeden Fall versuchen, Dich dort zu treffen. Allerdings darf man momentan kein Geld nach Frankreich mitnehmen, und ich müßte wohl eine Adresse angeben, wo ich umsonst wohnen kann oder so was, aber das wäre wohl zu organisieren. Es ist natürlich nicht dasselbe wie nach Deutschland zu kommen, aber es wäre schon außerordentlich gut, Dich zu sehen, schon um praktische Fragen zu besprechen.

Ich bin hier ein Fisch auf dem Trockenen. Ich wäre in Deutschland leistungsfähiger. Ich möchte auch persönlich und emotional gesehen lieber in Deutschland sein. Die zwei Hauptfragen sind: a) Wird es mir möglich sein, die Kinder auf einem Ernährungsniveau zu halten, das ihre Gesundheit vor dauerndem Schaden bewahrt? b) Ist es praktisch möglich, daß ich beruflich arbeite, ganz gleich in welcher Form (administrativ, literarisch, pädagogisch, organisatorisch, buchhändlerisch oder ganz was anderes), wenn ich einen Haushalt und zwei (falls Mischa hier bleibt) Kinder bei mir habe. Wenn selbst Marguerite, die doch auch beruflich Vorzügliches leisten könnte, noch immer keine Hilfe hat und halb im Haushalt ertrinkt, wo Du doch einen Einfluß hast, der meinen weit überragt – was soll ich dann tun? Diese Fragen mögen theoretisch sein im Moment. Falls Du glaubst, es besteht die Möglichkeit, Dich im Laufe des nächsten halben Jahres irgendwo zu treffen, ist dann Zeit zur Besprechung? Falls nicht, sind sie nicht theoretisch. Denn ich habe mich endgültig entschlossen zu kommen: Wo ein Wille ist, da ist auch ein Weg. Ich bin natürlich sehr interessiert daran, daß Du eventuell administrativ arbeiten wirst. Ich fand übrigens Deinen Artikel in »Die Arbeit«: »Deutsche Außenwirtschaft und Investitionen« (trotz des schrecklichen Wortes Investitionen) besonders interessant. Für mich wenigstens klärte er viele Fragen. Und er weicht so erfrischend ab von so vielen abgeleierten Phrasenartikeln unserer Presse in allen Ländern. Daß Du eine Familiengeschichte schreiben willst, finde ich völlig verrückt. Aber vielleicht mildert sich meine Ansicht, wenn Du etwas ausführlicher darüber schreiben würdest. Außer Vat und Dich haben wir niemanden in der Familie, mit dem wir protzen können. Ein Großvater war ein reicher Bankier, der andere verspielte sein halbes Vermögen und hatte eine Schwäche für Dienstmädchen, so viel ich weiß. Ein Urgroßvater hatte, glaube ich, einen Verkauf mit Schnürsenkeln in Galizien, der andere war wohl etwas politisch freiheitlich gesinnt? Aber vielleicht machst Du es mehr historisch sozial? Langsamer Aufstieg einer Familie? Wo findest Du das Material?

28.1.50

Das Leben ist winterlich und einsam hier. Der alljährliche Kampf mit den unvernünftigen zugigen Fenstern und den geborstenen Wasserrohren hat eingesetzt, und meine riesige Steinflurküche mit Treppe nach oben und zwei Ausgängen in den Hof gefällt mir im Moment gar nicht. Sogar Ninas neues Mäusepaar ist erfroren, ein Schlag, der sie besonders schmerzlich traf, da die Mäusemutter Babys erwartete. Nina hatte bereits eine Namensliste für die freudigen Ereignisse bereit, und die Kinder rannten jeden Morgen hinaus, um zu sehen, ob sie schon da waren. Ich las Scheers »Begegnungen«, von dem mir zwei Kapitel gut gefielen, las mit Genuß den Kollwitzband. Wieviel mehr sie in ihren Briefen lebt, als in ihren Tagebüchern, aber das liegt wohl auch an der miserablen Auswahl, die Hans Kollwitz getroffen hat? Eine der kurzen Geschichten aus der Arktis ist hervorragend. Ich heulte fast und schickte sie an Reni in der Hoffnung, daß sie die ins Englische übersetzt. Ohne ein Wort der Propaganda, ohne Sentimentalität und Phrasen drückt sie das aus, was so viele russische Novellen einem mit Hilfe eines Hammers in den Kopf zu jagen versuchen. Hervorragend ist nicht das richtige Wort. Len, dem ich sie gleich übersetzte, sagte »delightful«, und das ist richtig. Ich meine die Geburt des Kindes auf dem »Gurkenland« mit dem tausend Kilometer entfernten Arzt als Helfer. Schluß mit diesem »intellektuellen« Ausbruch über Bücher. Ich war ja so lange mit meinem eigenen Tratsch beschäftigt, daß ich gar nicht zu besseren Autoren kam – ich las sie absichtlich nicht, sonst hätte ich nicht gewagt, selbst weiterzumachen; nun genieße ich sie wieder.

Mit Len sieht es nicht rosig aus. Nachdem er das Bein schon seit fast vier Monaten von oben bis unten in Gips hat, bereitete der Arzt uns darauf vor, daß es noch weitere vier Monate in Gips bleiben muß. Die Knochen wachsen sehr langsam zusammen. Natürlich irritiert es ihn. Manchmal kitzelt es ihn derartig im Knie, daß er aus purer Verzweiflung das andere Knie zu kratzen beginnt. Jetzt habe ich unsere Ofenrohrbürste mit zwei Meter langem, beweglichem Drahtstiel unter sein Bett gelegt, und die schiebt er in den Gipsverband, sein Bein im Verband wird nämlich immer dünner, und da ist jetzt Raum genug für den Drahtstiel als Kratzapparat, und Len ist besserer Laune.

Als dieser Brief geschrieben wurde, lief längst die Observation von Klaus Fuchs durch den englischen Geheimdienst und auch die Suche nach allen Kontaktpersonen, die zur Übermittlung der Daten an die Sowjetunion beigetragen hatten, und war gerade am Tage zuvor zu einem bedrohlichen Abschluß gekommen. Davon wußte Sonja nichts. Noch immer war der Funkkontakt mit der Zentrale unterbrochen und kein Ansprechpartner in London oder an anderen vereinbarten Ausweichplätzen erreichbar. Einige Warnzeichen hatte es jedoch gegeben, als sie und Len von einem österreichischen Genossen über den Verrat Jims (Allen Footes), ihres englischen Mitarbeiters in der Schweiz, unterrichtet worden waren. Kurz darauf waren zwei Herren, Abgesandte der britischen Spionageabwehr MI 5 (Abteilung 5 des militärischen Geheimdienstes, Spionageabwehr) in Great Rollright erschienen, die höflich, doch sehr direkt ihr Anliegen zu erkennen gaben. Nach kurzem Vorgeplänkel sagten sie Sonja auf den Kopf zu, daß sie seit vielen Jahren eine russische Agentin sei, freilich gewisse Schwierigkeiten mit der Moskauer Politik gehabt habe, so beim Nichtangriffspakt mit Nazideutschland und dem Finnlandkrieg. Die Herren gaben vor zu wissen, daß Len und sie gegenwärtig in England nicht mehr aktiv seien, und versicherten, keineswegs gekommen zu sein, um sie zu verhaften, sondern um ihnen eine Kooperation vorzuschlagen. Besonders seien sie an Auskünften über ihre illegale Tätigkeit in der Schweiz mit Jim alias Allen Foote interessiert, sie hätten Informationen, daß sie beide gute Bekannte von ihm seien.

Darüber wird in »Sonjas Rapport« berichtet, ohne den bedrohlichen Hintergrund des Fuchs-Falles zu erwähnen: »Ich überlegte: Wir bezogen die englische Parteizeitung und waren zu diesem Zeitpunkt Mitglieder der Partei. Vater war Präsident der linken freien deutschen Bewegung gewesen. Jürgens politische Bücher waren bekannt. Ich erwiderte, ich hätte zwar meine Enttäuschung gehabt, aber ich könne mich nicht als Antikommunist bezeichnen. Außerdem sei ich der Ansicht, Loyalität als englischer Bürger und linke Auffassungen widersprächen sich nicht ... Der Besuch beschäftigte uns: Hatte der Verräter Foote uns wirklich ›geschützt‹ und der englischen MI 5 unsere ›Enttäuschung‹ über den Finnlandkrieg mitgeteilt? Schenkte die MI 5 ihm Glauben, oder benutzten sie diesen Trick, um uns in Sicherheit zu wiegen und uns auf die Schliche zu kommen? Wir wurden vor diesem Besuch und auch danach nicht beobachtet. Wir waren trainiert genug, um das beurteilen zu können. Jedenfalls rechneten wir seit dem Besuch der MI 5 damit, daß wir für die Zentrale nicht mehr in England arbeiten konnten. Aber das schien ja sowieso schon von der Zentrale aus entschieden.«

In den Briefen nach Deutschland wird die Reise im Januar 1949 nach Prag erwähnt, bei der Sonja ihren Bruder Jürgen wiedertraf. Sie schilderte ihm damals, überwältigt von dem Augenblick des Wiedersehens nach vielen Jahren, ihre schwierige Situation in England seit Kriegsende, den Abbruch der Arbeit und jeglicher Verbindung zu den sowjetischen Genossen, die offensichtlichen Nach-

stellungen durch MI 5, Lens gesundheitliche Probleme und seine
Unzufriedenheit, die Geldschwierigkeiten und die Sorgen um die
ungewisse Zukunft. Auf diese allzu emotionalen Bekundungen
und die beinahe panische Ratlosigkeit der Schwester, die er von
ihr nicht kannte, reagierte Jürgen ziemlich kühl und verletzend,
wie in den Briefen erwähnt. Im Rückblick gestand sie sich ein:
»Dabei war mir gänzlich entfallen, daß Jürgen für Herzausschüt-

ten und Gefühlsausbrüche nichts übrig hatte. Er wollte meine Pläne kurz wissen und ob er mir irgendwie helfen könne, ansonsten war er die ganze Zeit in Prag beschäftigt und hatte nur zweimal eine halbe Stunde Zeit für mich. Jürgen sagte mir, ohne Einverständnis der Zentrale wäre mein Aufenthalt in Deutschland sehr erschwert.«

Schon in Prag hatte sie den eindringlichen Rat ihres Bruders befolgt, vor jedem weiteren Schritt ihre Zusammenarbeit mit der Moskauer Zentrale zu klären. Obwohl es ungewöhnlich war und jeglichen Richtlinien widersprach, entschloß sie sich, zur sowjetischen Botschaft in Prag zu gehen und dort einen Brief für die Zentrale zu hinterlegen. Sie berichtete darin vom Abbruch der Verbindungen und all ihren Versuchen, den Kontakt wieder aufzunehmen, kennzeichnete den Ort des vereinbarten Verstecks für den Notfall, wo sie regelmäßig vergeblich nachgeschaut hatte, und bat darum, ihrer Abreise aus England und Übersiedlung nach Ostdeutschland zuzustimmen. Mit dem bisher verwendeten Code hatte sie den Brief verschlüsselt und den Umschlag an den »Direktor der militärischen Aufklärung der Armee, Moskau-Arbat« adressiert. Als Absender gab sie an: »Sonja, Brasilien.«

Es dauerte fast ein Jahr, bis kurz vor dem 28. Januar 1950, an dem sie ihren letzten Brief aus Great Rollright nach Deutschland schrieb, ehe sie auf ihren Notruf an die Moskauer Zentrale eine Antwort erhielt. Sie war wieder einmal zu der Bahnunterführung geradelt und fand endlich im Versteck unter dem verabredeten Baum eine Nachricht, die ihr das Einverständnis mit ihrer schnellstmöglichen Abreise aus England signalisierte. Erst Monate später, bereits nach Deutschland zurückgekehrt, erfuhr sie von einem Abgesandten der Moskauer Zentrale, man habe »für längere Zeit die Verbindung unterbrechen müssen, jedoch Geld und eine Nachricht unter den Baum gelegt: unter den vierten Baum hinter der Bahnunterführung, ohne Berücksichtigung der Querstraße«. Erst durch den in der Prager Botschaft abgegeben Brief wurde der Ort des Verstecks hinter der Querstraße richtiggestellt.

13. Nachkrieg in Harwell

Auf abenteuerlichen Wegen war Emil Fuchs im Sommer 1945 mit seinem zwölfjährigen Enkelsohn aus Vorarlberg, nahe der schweizerischen Grenze, wo er mit ihm in den letzten Kriegsjahren Zuflucht gefunden hatte, nach Deutschland zurückgekehrt. Sein Sohn Gerhard war in der Schweiz, schwerkrank nach Haft und Verfolgung; der Schwiegersohn und Vater des Enkels in Brünn, lange verborgen und illegal tätig, Teilnehmer am slowakischen Partisanenkampf und nun nach Ostdeutschland unterwegs; die Tochter Christel mit dem Mann und den drei Kindern in den USA. Sie schickte Pakete und half über die bitterste Not hinweg. In »Mein Leben« beschreibt Emil Fuchs das völlig überraschende Wiedertreffen mit dem jüngeren Sohn, dem nun 44jährigen Klaus Fuchs:

Ende Juli, Anfang August 1946 nahm ich wieder an der Jahresversammlung der »Religiösen Gesellschaft der Freunde« in Pyrmont teil. Es waren schöne, sonnige Tage. Eines Tages nach dem Mittagsmahl saß ich im Liegestuhl im Garten. Da sah ich einen großen, dunkelhaarigen Mann auf mich zukommen. Ich ahnte nicht, wer es sein könne, aber mein Herz fing an zu klopfen. Er beugte sich über mich und sagte: »Vater« – ich sah in seine Augen und wußte, daß es mein Sohn aus England war. Solche Augenblicke, die nur dem geschenkt werden, der lange entbehrt hat, sind Geschenke Gottes, wie sie denen nicht zuteil werden können, die nicht entbehren mußten. Es sind die unbeschreibbaren Stunden von Freude, wie sie die Erde kaum sonst bietet. – Klaus war nach Deutschland gesandt, um mit hervorragenden deutschen Physikern über Probleme seiner Arbeit zu sprechen, hatte mich in Frankfurt nicht angetroffen und konnte nun, ehe er nach Göttingen zu Professor Hahn fuhr, zwei Stunden bei mir sein. Als ich nach Frankfurt zurückkam, sagten mir meine Hausleute, es sei ein großer, dunkler Herr dagewesen und habe ein Paket und einen Brief abgegeben. In dem Brief stand geschrieben, daß er im Auftrag meines Sohnes dieses Lebensmittelpaket abgebe. Klaus wollte nicht, daß ich erführe, er sei es selbst gewesen, wenn er mich nicht getroffen hätte. Als ich Klaus an sein glänzendes Auto begleitete – er trug die Uniform eines Obersten, da damals Zivilpersonen von England her nicht nach Deutschland durften –, sagte er: »Sieh, Vater, so reise ich durch Deutschland. Aber ich werde nie vergessen, wie ich es als verfolgter Flüchtling durchwanderte!« Nun reiste er ab – zu seiner großen, leitenden Arbeit und – seinem schweren Schicksal.

Klaus Fuchs hatte sich schon von Amerika aus bemüht, seinen Vater zu finden, um ihm zu helfen und ihn nach mehr als zwölfjähriger Trennung wiederzutreffen. Nun nutzte er die Gelegenheit zu einem kurzen Wiedersehen, als er mit einer Gruppe englischer Wissenschaftler nach Deutschland geschickt worden war, um an einer Vernehmung der von den Engländern und Amerikanern unter Aufsicht gehaltenen prominenten deutschen Kernphysiker in Göttingen teilzunehmen. Wegen des befürchteten Geheimnisverrats war es selbst Otto Hahn, dem im Dezember 1945 »in Abwesenheit« der Chemie-Nobelpreis für seine Entdeckung der Atomspaltung verliehen worden war, strengstens untersagt, die sowjetische oder auch nur die französische Zone zu betreten. Man hatte Klaus Fuchs wohl auch deshalb für diese Mission in Deutschland ausgewählt, weil er bereits in den ersten Kriegsjahren im Auftrag des SIS – des Britischen Geheimdienstes – die Forschungsarbeiten der deutschen Atomwissenschaftler verfolgt hatte. Kurz nach Kriegsende waren sowohl die bekanntesten Atomwissenschaftler (darunter Hahn, Heisenberg, von Laue, Gerlach, Bagge, Diebner, von Weizsäcker, Harteck) wie auch zahlreiche Raketenforscher in allen Besatzungszonen verhaftet und interniert worden, die Kernphysiker der Westzonen bis Anfang 1946 auf dem feudalen englischen Landsitz »Farm Hall«, während die Raketenexperten um Wernher von Braun nach Amerika gebracht wurden, um dort bald wieder an Forschungsprogrammen der Rüstung mitzuarbeiten. Nicht viel anders erging es den Wissenschaftlern aus dem Osten Deutschlands (Gustav Hertz, Manfred von Ardenne, Max Steenbeck, Peter Adolf Thießen, Heinz Barwich u. a.), die in die sowjetischen Labors, Konstruktionsbüros und Waffenschmieden geholt wurden.

Die englische Regierung hatte sich nach dem Atombombenabwurf über Hiroshima und Nagasaki zur Schaffung eigener Kernwaffen entschlossen, um nicht völlig in die Abhängigkeit der USA zu geraten. Geplant war die Errichtung eines Kernforschungszentrums in Harwell, einer englischen Kleinstadt, achtzig Kilometer von London entfernt. Außerdem war der Bau von Reaktoren und einer chemischen Fabrik zur Gewinnung von Plutonium in Windskale und für Uran 235 in Capenhurst sowie eine Anlage für die Konstruktion und Montage der Bomben in Aldermaston vorgesehen. Trotz hartnäckigen amerikanischen Widerstandes gegen diese englischen Pläne, der so weit ging, daß anfänglich sogar die Übergabe von Dokumenten bisheriger gemeinsamer Forschungen aus Los Alamos verweigert wurde, einigte man sich auf Kompromisse und ließ auch Klaus Fuchs freie Hand, den Robert Oppenheimer als Mitglied des wissenschaftlichen Forschungsrates an der Universität in Princeton, USA, hatte gewinnen wollen. Fuchs entschied sich für Harwell und wurde dort als Leiter der Abteilung theoretische Physik im Atomforschungszentrum eingesetzt. Dies in Kenntnis der düsteren Worte, die gerade Oppenheimer seinen aus Los Alamos davoneilenden Kollegen nachgerufen hatte: »Unsere Waffe hat die Unmenschlichkeit und Gnadenlosigkeit des modernen Krieges unbarmherzig zugespitzt. In einer urhaften Weise, die von keiner Banalität, von keinem Humor und keiner Übertreibung ausgelöscht werden kann, haben die Physiker die Sünde kennengelernt.«

Schon bei seinem kurzen Deutschlandaufenthalt im Sommer 1946 hatte sich Klaus Fuchs um eine Reisegenehmigung für seinen Vater nach England bemüht, und auch englische Quäker hatten ihn eingeladen und im Berliner Konsulat darum ersucht. Er erhielt aber kein Visum und nicht einmal irgendeinen Bescheid, bis Freunde nachfragten und erfuhren, daß bei englischen Stellen der absurde Verdacht aufgekommen sei, Emil Fuchs begünstige Nazis, da sein gelegentlicher seelsorgerischer Beistand, den er auch jungen verzweifelten Nazis geleistet hatte, derart denunziert worden war. »Es gehört zu den schweren Erfahrungen, daß mitten im unendlichen Leid die Mißgunst und Gehässigkeit bestimmter deutscher Menschen nicht aufhörte, sondern viel Unheil anrichtete«, stellte er dazu in seiner Biographie fest. Um fast ein Jahr verzögerte sich dadurch die geplante Reise:

Es war Herbst 1947 geworden, und ich mußte, wenn ich nun fuhr, über Weihnachten bleiben. Das war für meinen Enkel und für mich eine schwere Sache. Aber die Frankfurter Freunde nahmen sich seiner an, und er hatte ein schönes Weihnachten auch ohne mich. Ich reiste zunächst zu meinem Sohn Klaus nach Abingdon, wo er in einer behaglichen Pension als Junggeselle lebte und für mich ein Zimmer genommen hatte. Er fuhr jeden Tag die zehn Meilen nach Harwell zur Atomenergie-Versuchsstation, die damals schon Sir John Cockroft leitete, neben dem Klaus der Leiter der theoretischen Abteilung war. Wir beide hatten sofort eine tiefe Gemeinschaft des Austausches und Lebens wiedergewonnen, und ich durfte seine Freunde und deren Frauen kennenlernen und einen Eindruck von der Arbeit und dem Leben dieser Gruppe gewinnen, die ja nun eine Arbeit zu leisten hatte, deren Bedeutung für die ganze Menschheit man zu ahnen begann. Es war natürlich der Kreis der jüngeren Mitarbeiter, mit denen er neben der beruflichen in freundschaftlicher Verbindung stand. Sie vor allem lernte ich kennen: hart und schwer arbeitende Männer der Wissenschaft, eng verbunden durch ihre Arbeit und deren Interessen und dabei miteinander wieder fröhlich und teilweise kindlich heiter. Überall merkte ich, daß mein Sohn von allen geliebt und hochgeschätzt wurde. Das erfuhr ich auch bei den Besuchen und Zusammentreffen mit den bekannten Wissenschaftlern, mit denen er befreundet war. Durch einen von ihnen erfuhr ich erst, daß er eine wahrhaft führende Stellung innehatte. Er sprach von seiner Tüchtigkeit, und ich sagte ihm, daß ich dann wohl hoffen dürfe, daß mein Sohn einmal Universitätsprofessor werde. Da sagte er lachend: ›Die Hoffnung müssen Sie aufgeben. Wer eine Stellung hat wie Ihr Sohn, der wird nicht wieder Professor.‹ So hörte ich, daß er eine für seine Jugend erstaunlich wichtige Aufgabe hatte. Innerlich erschütterte mich die Schau dieses märchenhaften Weges: 1933 in Lynchjustiz zum Tode verurteilt; ein einsamer Flüchtling, der, um sein Leben bangend, über die Grenze geschleust wurde; hungernd in Paris. Durch eine englische Familie nach Bristol geholt, konnte er sein Studium fortsetzen. Die Universität lud ihn als Gast ein, so daß er sein Studium frei hatte. Er machte seinen Doktor in Physik, wurde zu Professor Born nach Edinburgh empfohlen und wurde dessen Assistent. So kam er zur Forschung in der Kernspaltung. Nach Ausbruch des Krieges wurde er als Deutscher in Kanada interniert. Da er aber in den ›Proceedings of the Royal Society of London‹ einige Aufsätze über Kernspaltung geschrieben hatte, wurde er gesucht, als man anfing, die Bombe herzustellen. Er erhielt die englische Staatsangehörigkeit und wurde dem Team zugeteilt, das in Los Alamos an der Herstellung der Bombe arbeitete. Hier hat er die erste Versuchsexplosion miterlebt. Viel wurde davon gesprochen, und ich durfte die erschütternden Bilder dieser Explosion sehen. Nach der Rückkehr aus den USA wurde ihm die

Stellung anvertraut, die er zur Zeit meines Besuches innehatte, und er füllte sie mit großer Fähigkeit und Ruhe aus. Wir sprachen nicht über Politik. Er begann nicht damit, und ich fragte nicht, obwohl in mir eine große Frage stand. Wir hatten, als Hitler zur Herrschaft kam, miteinander ausgemacht, daß jeder dem anderen nur so viel von seiner Arbeit sagen solle, als ihm unbedingt nötig schien. Keiner konnte wissen, ob er ein Vertrauen so bewahren könne, wie es nötig war. Je weniger man wußte, desto besser. Ich hielt mich weiter an diese Abmachung. Was war zu fragen? Er mußte wissen, wie er seinen Weg gehen müsse, ob unter Änderung seiner Überzeugung oder anders. Ich konnte es nicht erkennen. Doch war es gut, daß mich nie das Bewußtsein verließ, daß ich mit meiner Familie den harten Bitterkeiten derer, die ins Räderwerk der gewaltigen Umwälzungen verflochten sind, noch nicht entgangen war.

Kurz nach der Ankunft seines Vaters hatte sich Klaus Fuchs zum ersten Mal mit Alexander Feklissow getroffen, der unter dem Decknamen »Eugene« von der Aufklärungszentrale des KGB als dessen neuer Verbindungsmann und Führungsoffizier nach England entsandt worden war. In den »Notizen eines Kundschafters« berichtet Feklissow, daß er vor seiner Abreise vom Chef der Aufklärung, Generalleutnant Sawtschenko, auf die außerordentliche Bedeutung des Kontakts mit Klaus Fuchs »für die Entwicklung eigener Kernwaffen als erstrangige Staatsaufgabe« hingewiesen worden sei. Jedes Treffen mit ihm sollte genauestens vorbereitet und jede gegnerische Beschattung ausgeschlossen sein, um keinerlei Gefährdung des Wissenschaftlers zuzulassen. Immerhin erfolgte die Wiederaufnahme der Verbindung zu Klaus Fuchs in einer Zeit, als der Kalte Krieg heftig entfacht war und die Spionagehysterie wilde Blüten trieb.

Ihr erstes Treffen fand in einem Bierlokal eines abgelegenen Londoner Stadtteils statt, das »Eugene« mit Bedacht ausgewählt und bereits weit vor der vereinbarten Zeit aufgesucht hatte, um das Umfeld und die anwesenden und hinzukommenden Gäste inspizieren zu können. Auf der gegenüberliegenden Straßenseite wartete er auf Fuchs, der pünktlich kam und eine bestimmte Zeitung bei sich trug und in dem Lokal auf die Theke legte, wie es ausgemacht war. Nachdem auch Eugene ins Lokal gekommen war, bestellte er ein Bier und mischte sich in ein Gespräch der Gäste ein, die an einer Tafel mit Boxerfotos über ihre jeweiligen Favoriten debattierten. Er sagte den Satz, der als Erkennungszeichen galt: »Bruce Woodcock ist der beste englische Boxer aller Zeiten.« Darauf antwortete Eugene: »Tommy Farr ist bedeutend besser als Bruce Woodcock.« Das war die Antwortparole. Wie zu erwarten, lösten diese Worte unter den Boxinteressierten einen Streit aus, was es Fuchs und Eugene leichtmachte, unauffällig an den Tresen zurückzukehren und sich mit einigem Abstand aus dem Lokal zu entfernen. Auf der Straße fanden sie zusammen, als sie sich vergewissert hatten, nicht verfolgt zu werden, begrüßten sich und stellten einander mit den Decknamen vor: »Eugene« – »Charles«.

»Er erzählte, daß man ihn in Harwell gut aufgenommen hätte, daß die Leitung auf seine Meinung hörte und er über alle Arbeiten zur Entwicklung des englischen ›Dings‹ unterrichtet sei«, vermerkte Feklissow dazu in seinen »Notizen«. »Ich bat den Wissenschaftler, mir einige Fragen zu beantworten, was er auch tat. Dann überreiche ich ihm ein Blatt Papier mit den Fragen, zu denen ich ihn bat, bei unserem nächsten Treffen eine Information mitzubringen. Klaus las sich das Papier aufmerksam durch und gab es mir zurück mit der Bemerkung, das ginge in Ordnung. Dann verabredeten wir unser nächstes Treffen und eine Reihe Ersatztreffen für den Fall, daß er nicht zum Haupttreff kommen könne. Da ich befürchtete, er würde die Zeiten, Tage und Orte der verabredeten Treffen durcheinanderbringen, bat ich ihn, sich im Notizbuch verschlüsselte Notizen zu machen. Klaus erwiderte jedoch, daß er dies nicht tun möchte und sich alles gut gemerkt hätte. Um mich davon zu überzeugen, bat ich ihn, die Verabredungen zu wiederholen. Er lächelte und nannte exakt alle Verabredungen. Wie mir General Sawtschenko aufgetragen hatte, sprach ich über die Absicherung unserer Zusammenkünfte. Klaus erwiderte, daß er die Notwendigkeit eines solchen Ratschlags durchaus verstünde und bat mich ebenfalls, nur zum Treff zu kommen, wenn ich ganz ›sauber‹ sei. Wir verabredeten auch Methoden der gegenseitigen Überprüfung vor jedem persönlichen Kontakt.«

Bis zum Mai 1949 trafen sie sich regelmäßig im Abstand von zwei bis drei Monaten, nur zweimal erschien Klaus Fuchs nicht, doch später an einem Ersatzort. Er erkundigte sich wiederholt nach dem Stand der sowjetischen Forschungs- und Entwicklungsarbeit, schätzte sie ziemlich genau ein und hoffte, daß die Arbeit rasch und gut voranging. »Mit meinen Informationen will ich nur vermeiden, daß meine Moskauer Kollegen Umwege gehen und kostbare Zeit verlieren«, erklärte er bei einem der Treffen. »Ich möchte der Sowjetregierung helfen, materielle Mittel einzusparen und die Frist für die Fertigstellung der Kernwaffe zu verkürzen.« Feklissow berichtete, daß Fuchs ihm während der anderthalb Jahre ihres Kontakts folgende Materalien übergeben habe:

1. detaillierte Angaben über die Reaktoren und die chemische Fabrik zur Gewinnung von Plutonium in Windskale;

2. eine vergleichende Analyse der Funktionstüchtigkeit von Uranöfen mit Luft- bzw. Wasserkühlung;

3. das Grundschema der Wasserstoffbombe und theoretische Daten zu ihrer Herstellung, erarbeitet von Wissenschaftlern der USA und Englands im Jahre 1948;

4. die Ergebnisse der Erprobung einer Wasserstoffbombe im Gebiet des Eniwetok-Atolls durch die Amerikaner;

5. Angaben über den Stand der englisch-amerikanischen Zusammenarbeit auf dem Gebiet der Herstellung von Atomwaffen.

Eher als selbst Klaus Fuchs geglaubt hatte, war dann das sowjetische Atomprogramm ans Ziel gelangt – eine Test-Bombe wurde Mitte August 1949 in der Steppe bei Semipalatinsk zur Explosion gebracht. An Bord eines US-Spionageflugzeuges über Südostasien hatten die hochempfindlichen Geigerzähler angezeigt, daß die Maschine in eine davon ausgehende hochradioaktive Wolke geraten war. Die Nachricht wirkte weltweit und besonders in den USA und Großbritannien wie ein Schock. Zwischen Truman und Atlee sowie den alarmierten Militär- und Geheimdienstchefs fanden hektische Beratungen statt, alle nur erdenklichen Sicherheitsvorkehrungen und Überprüfungen wurden in die Wege geleitet. Die überraschende Nachricht, die keinen Zweifel daran ließ, daß die Sowjetunion trotz größter Kriegsschäden und des vermuteten wissenschaftlich-technischen Rückstandes in einer so extrem kurzen Zeit die »Atomlücke« geschlossen hatte, brachte sofort den Verdacht vom »Verrat des Atomgeheimnisses« auf. Da die Zündung der allerersten Bombe in Los Alamos erfolgt war und die sowjetische Bombe ziemlich genau der in Nagasaki abgeworfenen (Plutoniumbombe, »Fat man« genannt) entsprach, kam man zu dem Schluß, daß die Daten über den Bau dieser Bombe von Leuten, die daran mitgearbeitet hatten, an die Sowjets ausgeliefert worden sein könnten, einschließlich der weiterführenden Forschungsunterlagen zur Wasserstoffbombe. Damit begann eine fieberhafte Suche der Geheimdienste nach verdächtigen Wissenschaftlern und allen nur irgendwie im Atomprogramm tätigen Personen, die sich bis nach England und insbesondere Harwell erstreckte.

So geriet Klaus Fuchs gleich von Anfang an in den Blick der Sicherheitsdienste, besonders des FBI, das mit Eifer seine Nachstellungen gegen die einst in den USA tätigen Ausländer betrieb. Von den englischen Behörden wurden die Akten beschafft. Sogleich kamen die »linken Ansichten« zutage, die Fuchs als Schüler und Student geäußert hatte, die Mitgliedschaft in der KPD und seine im englischen Kollegen- und Freundeskreis vertretenen Ansichten zum Anti-Hitlerkrieg und zur Sowjetunion. Zudem waren dem amerikanischen und englischen Geheimdienst nach der Besetzung Deutschlands die Akten des Gestapo-Archivs in die Hände gefallen, worunter sich auch eine Liste der meistgesuchten Hitlergegner befand, auf der Klaus Fuchs als Nummer 210 registriert war – mit dem Vermerk: »Nach Deutschland verbringen, wenn man ihn in der Sowjetunion findet.« Zu diesen »Indizien« kam schließlich noch der Verrat des sowjetischen Militärattachés in Ottawa, Igor Gusenko, hinzu, der über hundert geheime Dokumente der Chiffrierabteilung ausgeliefert hatte, die später auch zur Entschlüsselung des sowjetischen Übermittlungscodes durch den US-Geheimdienst führten. In einem dieser Dokumente wurden Klaus Fuchs und seine Schwester Christel namentlich genannt, letzter Anstoß, die Verfolgungsmaschinerie der Geheimdienste in Gang zu setzen.

Bevor man an Klaus Fuchs herantrat, der zu dieser Zeit nochmals von seinem Vater besucht worden war, stellte das FBI bei der Schwester Christel in Cambridge Nachforschungen an. Emil Fuchs, der Vater, war mit seinem Enkel mehrere Monate bei ihr und in amerikanischen Quäkergemeinden zu Gast gewesen, ehe er mit dem nun vierzehnjährigen Jungen im Juli 1949 per Schiff nach Southampton reiste. Vier Wochen hatten sie in England gemeinsam mit Klaus Fuchs verbracht. »Es war für uns alle eine ganz herrliche Zeit unbekümmerter Freude«, berichtete Emil Fuchs in seinen Erinnerungen darüber. »Die beiden Klause, Onkel und Neffe, verstanden sich wundervoll. Wir hatten frohe Abende mit Lachen, Scherzen und Spielen. Wir trafen Freunde und sahen England. Wir ruderten auf der Themse in Oxford und besuchten Cambridge. Als aber der Abschied kam, merkte ich sehr, wie mein Sohn mit dem

Gefühl der wiederkehrenden Einsamkeit und schweren Belastung kämpfte. Nie vergesse ich die Augen, die uns nachsahen, als wir zum Flugzeug über den Flugplatz gingen und abflogen.« Auch Christel hatte sich drei Jahre zuvor von ihrem Bruder Klaus auf ähnliche Weise verabschiedet und ebenfalls mehr gespürt als gewußt, welcher drohenden Einsamkeit und Belastung er damals entgegenging. Sie war schon und wurde nun wieder vom FBI verhört und mit Haft und sogar Ausweisung aus den USA bedroht. Man wußte indessen, daß sie im Jahre 1945, als ihr Bruder wiederholt bei ihr in Cambridge zu Besuch gewesen war, mehrmals ein Amerikaner aufgesucht hatte. Einmal war damals nur das Dienstmädchen anwesend gewesen, das den FBI-Beamten mitgeteilt hatte, der Mann habe

Emil Fuchs und sein Enkel Klaus ▮▮▮▮▮ ▮▮▮▮▮ auf der USA-England-Reise, 1949

sich nach Klaus Fuchs erkundigt. Durch ihre Personenbeschreibung und Kontrolle der damaligen Hoteleintragungen kam man auf die Spur von »Raymond« alias Harry Gold, den sowjetischen Agenten, und fand bei ihm, als die Wohnung in seiner Abwesenheit durchsucht wurde, jenen Stadtplan von Santa Fe, den ihm Klaus Fuchs mit dem gekennzeichneten Treffpunkt übergeben hatte. Darauf entdeckte man Fingerabdrücke von Klaus Fuchs. Angesichts der vorgelegten »Beweise« verlor Harry Gold, als das FBI ihn später zum wiederholtem Male verhörte, die Nerven; er legte schließlich im Mai 1950 ein Geständnis über seine Tätigkeit im Dienst und Sold der sowjetischen Aufklärung ab, auch über seine Kontakte zu Ruth und David Greenglass, den Rosenbergs und Klaus Fuchs.

Der englische Geheimdienst MI 5 wurde von den ersten Ermittlungen des FBI gegen »Raymond« unverzüglich in Kenntnis gesetzt, was zur intensiven Observation von Klaus Fuchs durch die

Spionageabwehr in Harwell führte. Es entging ihm nicht, daß er unter Beobachtung stand, seine Post kontrolliert und das Telefon abgehört wurde, weshalb er eine Zeitlang nicht zu den vereinbarten Treffs mit dem sowjetischen Kontaktmann kam. Zum ersten Mal, seit er eine leitende Stellung einnahm, wurde er nicht zu der englischen Delegation hinzugezogen, die mit den Amerikanern über die Zusammenarbeit auf dem Gebiet der Atomenergie verhandelte. Im September 1949 gaben höchste englische Regierungsstellen die Order, mit den Vernehmungen von Klaus Fuchs zu beginnen. Allerdings sollte das zunächst nur in Form »abtastender Gespräche« geschehen.

Die Realität sah aber so aus, daß er in die ehernen Klauen der Justiz des Königreichs Großbritannien geriet, auch darin gehorsamer Juniorpartner der USA, jedoch immer mit der Perücke altenglischer Rechtsstaatlichkeit. Darauf glaubte Klaus Fuchs sich berufen und sozusagen am künstlichen Schopf aus der Bredouille ziehen zu können. Doch gezielt begann die Vernehmung durch William Skardon, dem raffinierten einstigen Kommissar der Londoner Mordkommission, der auf Spionagefälle und Kalte-Kriegs-Affären spezialisiert war. Fuchs wußte von seinem Vater, dem in Leipzig, also in der damaligen Ostzone, eine Professur an der Theologischen Fakultät in Aussicht gestellt worden war, daß ihn vor seiner USA- und Englandreise zweimal der amerikanische Geheimdienst CIC in Frankfurt am Main verhört hatte. Einer der Vernehmer hatte ihn gefragt, ob er denn nicht wisse, daß er da im Osten mit SED-Leuten verkehren müsse. »Selbstverständlich«, hatte er darauf geantwortet. »Mit vielen haben wir zusammen gegen Hitler gekämpft. Kann eine solche Zusammengehörigkeit einfach aufhören?« Man hatte ihm Angst einzujagen versucht, drüben würden doch so viele Dinge geschehen, bei denen es für einen Christen nur heißen könne, die seien von Übel. »Aber solche Dinge geschehen auch hier!« hatte sein Vater da geantwortet – und Gelächter geerntet.

Nun jedoch war es bitterer Ernst, als Klaus Fuchs mit dem MI 5-Mann Skardon von der bereits erfolgten Übersiedlung seines Vaters nach Leipzig sprach. Wäre es nicht denkbar, so die Falltür des Verhörs, daß die dortigen Machthaber, die Sowjets, mittels der physischen und psychischen Existenz des Vaters leichthin den Sohn erpressen und gar bis zum Verrat drängen könne – hier in Harwell, in diesem höchst staats- und kriegswichtigen Forschungs- und Wissenschaftszentrum? Tangiere das nicht sogar die große Politik? Klaus Fuchs glaubte, auf solche Befürchtungen eingehen zu müssen, brachte selbst in Vorschlag, daß er ja seine Arbeit und leitende Stellung in Harwell aufgeben und in ein Lehramt an einer der englischen Universitäten wechseln könne, umworben hatte man ihn allenthalben – und insgeheim wäre ihm vielleicht ein Wechsel zu einer Universität fern der Insel die allerliebste Lösung aller Probleme gewesen. Aber er bekam bei den Gesprächen mit Skardon, die längst knallharte Vernehmungen waren, zu spüren, daß immer mehr Verdachtsmomente gegen ihn vorlagen. Schließlich wurde ihm Belastungsmaterial präsentiert, das das FBI in den USA zusammengeholt hatte: jenes entschlüsselte Telegramm des sowjetischen Generalkonsuls in New York nach Moskau über die Begegnung zwischen Harry Gold und Fuchs in der Wohnung der Schwester; der Stadtplan von Santa Fe mit dem eingezeichneten Treffpunkt und den identifizierten Fingerabdrücken; Fotos von Gold und ein Kurzfilm über ihn in den Straßen eines Stadtviertels. Der MI 5-Chefermittler ließ nun alle vornehme Bemäntelung fallen und behauptete, auf die Fotos und Filmaufnahmen verweisend, daß Klaus Fuchs diesem Mann, dem Agenten einer »feindlichen Macht«, augenscheinlich hochgeheime Berichte und Dokumente aus dem Atomzentrum Los Alamos übergeben habe.

Offenbar waren indessen auch der Direktor des englischen Atomzentrums in Harwell, John Douglas Cockroft, und andere leitende Mitarbeiter über den sich erhärtenden Verdacht gegen Klaus Fuchs unterrichtet worden. Der selbst sagte über diese dramatisch sich zuspitzende Lage fast vier Jahrzehnte später: »Ein konkreter Verdacht war auf mich gelenkt worden. Nach den Fragen, die mir gestellt wurden, mußte ich annehmen, daß über das Material, das ich von New York aus weitergegeben hatte, irgendwelche Informationen an die amerikanischen Behörden gelangt waren. Und dann kam der Tag, an dem der Stellvertreter des Direktors, das war Dr. Skinner, mit dem ich persönlich sehr eng befreundet war, zu mir sagte: ›Klaus, gegen dich sind Anklagen erhoben worden. Wenn du uns versicherst, daß nichts dran ist, dann werden wir uns wie ein Mann hinter dich stellen und es mit dir durchkämpfen.‹ Das war ein Moment, dem ich nicht gewachsen war. Als Kundschafter hätte ich mich freuen müssen, als Mensch ging es hier plötzlich für mich um die Frage der menschlichen Beziehung, daß man sich mit Freunden so eng verbunden fühlen kann, daß die einem volles Vertrauen schenken – in dem Moment habe ich mich verraten.«

Jürgen Kuczynski, der Bruder Sonjas, sagte zu diesem Bekenntnis:»Das war das eine Mal, wo er – wo das Menschliche in falscher Weise überwog. Ja, ja, ja, eine tragische Sache, aber eine wundervolle Tragik, auch wenn sie zu einem Unglück führte.« Chefermittler Skardon konnte triumphieren. Wohlweislich hatte man Klaus Fuchs trotz der fortdauernden Verhöre weiterhin in Harwell seiner Arbeit nachgehen lassen, ohne allzu offensichtliche Beschränkungen oder Isolierung. Gerade daß die Freunde und Kollegen in dieser Situation um ihn waren und durchweg zu ihm hielten, schockierte ihn, so daß er – Auge in Auge mit ihnen – nicht mehr imstande war, bei seinem Schweigen und Leugnen zu bleiben. In Begleitung des Chefermittlers Skardon wurde er ins Kriegsministerium nach London gebracht, und dort erklärte er sich zur Aussage bereit, die er mit einem Rückblick auf sein Leben, die Kindheit und Jugend, die antifaschistischen Gesinnung und den Weg als Kommunist und Wissenschaftler bis zur Flucht nach England begann. Er sprach von seiner Entscheidung in Birmingham, von Los Alamos und Harwell, von seinen Konflikten, besonders nach Kriegsende und in allerletzter Zeit. Er wußte genau, daß es für ihn jetzt um Kopf und Kragen ging und die USA schon seine Auslieferung gefordert hatten, mitten im kältesten Winter des Kalten Krieges, bedroht von der Todesstrafe, falls er dort vor Gericht gestellt würde.

Laut Protokoll, das der Präsident der USA zugestellt erhielt, erklärte Klaus Fuchs, befragt von William Skardon, am 27. Januar 1950 im britischen Kriegsministerium, u. a. folgendes:

In der Nachkriegszeit hatte ich einige Zweifel an der russischen Politik, es war nicht das erste Mal. Ich kann unmöglich bestimmte Begebenheiten nennen, weil nun die Kontrollmechanismen gegen mich arbeiteten und auch Tatsachen von mir fernhielten, denen ich nicht ins Gesicht sehen konnte, aber sie drangen tief in mich ein, und letzten Endes gelangte ich an den Punkt, wo mir klar wurde, daß ich viele Maßnahmen der russischen Regierung und der kommunistischen Partei nicht akzeptieren konnte. Aber ich glaubte immer noch, daß sie eine neue Welt aufbauen würden und ich eines Tages daran teilhaben könnte und ich dann aufstehen müßte, um ihnen zu sagen, daß es Dinge gibt, die sie falsch machen. Während dieser Zeit war ich nicht sicher, ob ich alle Informationen weitergeben sollte, die ich hatte. Wie auch immer, es wurde mir zusehends klarer, daß die Zeit, in der Rußland seinen Einfluß auf Europa erweitern würde, in sehr weiter Ferne lag, und daß ich deshalb für mich entscheiden mußte, ob ich weiterhin für viele Jahre fortfahren sollte, Informationen zu übergeben, ohne mir selbst sicher zu sein, ob ich recht tat. Ich entschied mich, daß ich es nicht tun sollte. Ich ging nicht zu einem Treffen, weil ich krank war. Ich entschied mich, auch zum nächsten nicht zu gehen. Kurze Zeit später sagte mir mein Vater, daß er möglicherweise in die Ostzone Deutschlands gehen würde. Zu dieser Zeit waren meine Gedanken seinen näher als jemals zuvor, weil er ebenfalls glaubte, daß sie letzten Endes versuchten, dort eine neue Welt aufzubauen. Er war mit vielem nicht einverstanden, das war schon immer so. Doch er wußte, ginge er dahin, würde er das auch sagen, denn er glaubte, auf diese Weise könnte er ihnen zu der Einsicht verhelfen, daß sich eine neue Welt nicht erschaffen läßt, wenn man einige der fundamentalen moralischen Regeln im Umgang mit den Menschen zerstört. Ich war nicht in der Lage, meinen Vater davon abzuhalten dorthin zu gehen. Jedenfalls wurden mir dadurch einige Fragen, die mich betrafen, noch klarer. Ich fühlte, daß der Übergang meines Vaters in die Ostzone, seine Briefe, mich sehr berührten und ich nicht sicher war, ob ich auch dahin gehen sollte oder nicht. Vermutlich hätte ich nicht allein für mich den Mut aufbringen können, um es durchzustehen, und mein Vater war im Begriff, in die Ostzone zu gehen. Einige Monate vergingen, und ich kam immer mehr zu der Überzeugung, daß ich Harwell verlassen mußte. Ich war mit der Tatsache konfrontiert, daß Beweise vorlagen, daß ich in New York Informationen übergeben hatte. Ich hatte die Chance zu gestehen und in Harwall zu bleiben oder zu verschwinden. Ich war jedoch meiner selbst nicht sicher genug, um in Harwell zu bleiben, und deshalb wies ich die Anschuldigungen zurück und entschloß mich, Harwell zu verlassen. Jedoch ich wußte, wenn ich Harwell unter diesen Umständen verließ, tat ich zwei Dinge: Ich würde Harwell einen schweren Schlag versetzen, all der Arbeit, die ich liebte, und außerdem würden Menschen verdächtigt werden, die ich liebte, die meine Freunde waren und die glaubten, daß auch ich ihr Freund sei. Ich mußte der Tatsache ins Auge sehen, daß es mir möglich gewesen war, mit einer Hälfte meiner Gedanken freundschaftlich mit Menschen umzugehen, enge Freundschaften zu schließen und sie gleichzeitig zu täuschen und sie zu gefährden. Ich mußte erkennen, daß der Kontrollmechanismus, der mich vor Gefahren, die mir drohten, gewarnt hatte, mich davon abgehalten hatte zu erkennen, daß die Kombination der drei Ideen, die mich zu dem gemacht hatte, was ich war, falsch war – in Wirklichkeit war jede einzelne von ihnen falsch. Es gibt eben bestimmte Standards moralischen Verhaltens, die man in sich hat und nicht einfach ignorieren kann. Man muß in seiner eigenen Psyche Klarheit haben, ob Handlungen recht oder unrecht sind. Und man muß fähig sein, bevor man die Autorität eines anderen akzeptiert, die eigenen Zweifel klar zu erkennen und versuchen sie zu lösen. Ich fand heraus, daß ich letzten Ende durch äußere Umstände bestimmt war.

Ich weiß, daß ich nichts umkehren kann, und ich weiß, daß es jetzt das einzige ist, was ich tun kann, den Schaden, den ich angerichtet habe, wiedergutzumachen. Das Erste ist sicherzustellen, daß Harwell so wenig wie möglich Schaden erleidet und daß ich für meine Freunde so viel wie möglich von dem Teil unserer Beziehungen bewahren muß, der gut war. Dieser Gedanke steht bei mir augenblicklich ganz im Vordergrund, und ich finde es schwer, mich auf irgendwelche andere Punkte zu konzentrieren. Ich begreife jedoch, daß ich das Ausmaß der Informationen, die ich gegeben habe, klarstellen muß, damit ich, so weit es mein Gewissen mir erlaubt, dazu beitrage, andere Leute davon abzuhalten, das weiter zu tun, was ich getan habe. Ich kenne niemanden mit Namen, der damit beschäftigt ist, für russische Behörden Informationen zu sammeln. Es gibt Leute, die ich vom Sehen kenne, denen ich mein Leben anvertrauen würde und die mir ihres anvertrauen würden. Und ich weiß nicht, ob ich fähig wäre, etwas zu tun, was sie letztlich ausliefern würde. Sie befinden sich nicht in unserem Atomprojekt, sie sind die Vermittler zwischen mir und der russischen Regierung gewesen.

Zuerst dachte ich, alles, was ich zu tun hätte, wäre, die russische Regierung darüber zu informieren, daß hier die Arbeit an der Atombombe weiterging. Sie wollten mehr Einzelheiten haben, und ich war einverstanden, sie zu liefern. Ich konzentrierte mich zunächst auf die Ergebnisse meiner eigenen Arbeit. Aber insbesondere in Los Alamos tat ich, was meiner Meinung nach das Schlimmste war, was ich getan habe, nämlich Informationen über die Konstruktionsprinzipien der Plutoniumbombe weiterzugeben. Später in Harwell begann ich zu sortieren, aber es ist schwer, genau zu sagen, wann und wie ich es auseinander genommen habe, weil es ein Prozeß war, der auf und ab ging, parallel zu meinen inneren Kämpfen. Das letzte Mal, daß ich Informationen weitergegeben habe, war im Februar oder März 1949.

Bevor ich an dem Atomprojekt mitzuarbeiten begann, waren die meisten der Briten, mit denen ich persönlichen Kontakt hatte, auf dem linken Flügel stehende Leute, und sie waren bis zu einem gewissen Grade von derselben Philosophie durchdrungen wie ich. Seit ich in Harwell war, traf ich Engländer der verschiedensten Art, und ich bin schließlich dahin gekommen, in vielen von ihnen eine tief verwurzelte Festigkeit anzutreffen, die sie instand setzt, einen anständigen Lebensweg einzuschlagen. Ich weiß nicht, woher das kommt, aber es ist da.

Nach diesem Geständnis wurden alle Rücksichten und Zusicherungen, die William Skardon noch am Anfang der »Gespräche« Klaus Fuchs gegeben hatte, fallengelassen und seine Verhaftung verfügt. Am 3. Februar wurde er vor dem Londoner Stadtgericht, in Anwesenheit nur weniger Zuhörer, vom Staatsanwalt Humphrys beschuldigt, in der Zeit zwischen 1943 und 1947 mindestens in vier nachweisbaren Fällen einer unbekannten Person Informationen übergeben zu haben, die geheime atomare Forschungen betrafen und zu kriegerischen Zwecken gegen Großbritannien genutzt werden konnten. Er erklärte, Fuchs sei einer der bedeutendsten theoretischen Physiker der Gegenwart und deshalb an den wichtigsten Forschungsarbeiten zur Entwicklung der Atombombe beteiligt gewesen. Durch seine außergewöhnliche Befähigung sowie die exakteste Einhaltung der Arbeits- und Sicherheitsvorschriften habe er die Leiter und seine Kollegen beeindruckt und über seine wahre Gesinnung täuschen können. Nun habe sich herausgestellt, daß er im Grunde seines Herzens Kommunist gewesen und geblieben sei. Systematisch und voller Überzeugung, nicht um des Geldes oder irgendwelcher materiellen Vorteile willen, habe er der Sowjetunion über eine lange Zeit Geheiminformationen von höchstem Wert übermittelt. Durch die Staatsanwaltschaft wurde mit dieser Anklage die Sache dem Gericht übergeben.

Aus den Zeitungen des nächsten Tages erfuhr auch Alexander Feklissow, der sowjetische Führungsoffizier, was mit Klaus Fuchs in den Wochen und Monaten, seit es keinen Kontakt mehr gegeben hatte, in Harwell und London geschehen war. Feklissow listete die Schlagzeilen der Presse auf, die bezeugen, daß die Meldung über die Verhaftung von Klaus Fuchs »wie eine Bombe« einschlug: »Fuchs lieferte den Roten die Atombombe aus«, »Fuchs – der gefährlichste Spion des Jahrhunderts«, »Fuchs hat auch die Daten der Wasserstoffbombe verraten!« In sensationeller Aufmachung wurde Fuchs zugeschrieben, alle vorhandenen Atomwaffengeheimnisse Englands und der USA den Russen übermittelt zu haben. Es wurde berichtet, die USA hätten die Auslieferung von Fuchs verlangt, um ihm dort den Prozeß zu machen. Die englische Regierung lehnte das aber ab, weil Fuchs im Jahre 1942 die englische Staatsbürgerschaft erhalten hatte.

Über das schnell darauf folgende Gerichtsverfahren berichtete in seinen »Notizen« Alexander Feklissow, der sich trotz der Gefährdung noch in England aufhielt und nicht zusätzlich durch eine überstürzte Abreise auf sich aufmerksam machen wollte. Der Prozeß fand am 1. März 1950 vor dem zentralen Strafgericht Old Baily in London statt. FBI-Direktor Hoover bot dem Leiter der englischen Spionageabwehr, P. Sillitoe, Hilfe bei der Gerichtsverhandlung an und sprach die Bitte aus, daß ein offizieller Vertreter des FBI den Verhandlungen beiwohnen könne. Die englischen Behörden lehnten jedoch auch dieses »Hilfsangebot« ab. Sie wollten den Prozeß offenbar so schnell wie möglich abschließen, um keine konkreten Details bekannt werden zu lassen – ohne Kreuzverhör, ohne Zeugenanhörungen, ohne Geschworene.

Es gab im Prozeß lediglich einen Zeugen der Anklage, den Mitarbeiter von MI 5, William Skardon, der Fuchs vernommen hatte. Die Sitzungen wurden von den allerhöchsten Vertretern der englischen Gerichtsbarkeit geleitet: Vorsitzender Richter war Lord Goddard, Oberster Richter Englands; Hauptankläger war der Generalstaatsanwalt Englands, Hartley Shawcross; als Verteidiger trat der bekannte Rechtsanwalt D. C. Bennet auf. Shawcross warf Fuchs in seiner Anklagerede vor, er hätte nach eigenem Geständnis die Geheiminformationen an die Sowjetunion geliefert, die zunächst Verbündeter war, später jedoch zum Feind wurde. Der Verteidiger Bennet betonte, Fuchs sei Antifaschist, er hätte gegen Hitler gekämpft und England hätte seine außerordentliche Begabung für seine Zwecke benutzt. Richter Goddard erklärte in seinem Urteilsspruch, der Angeklagte habe England und den USA irreparablen Schaden zugefügt, sein Verbrechen unterscheide sich kaum vom Hochverrat. Dem Angeklagten billigte man in diesem ungewöhnlichen Prozeß nur ein kurzes Schlußwort zu, während der Verhandlung las man lediglich einige Auszüge aus seinem schriftlichen Geständnis vor. Insgesamt dauerte das Verfahren nicht mehr als anderthalb Stunden. Das Urteil lautete: 14 Jahre Gefängnishaft. Fuchs wurde von dem englischen Gericht in erster Linie deshalb nicht zu lebenslanger Haft oder zum Tode verurteilt, weil die Sowjetunion, die von ihm die geheimen Informationen erhielt, im Krieg Verbündeter Englands und nicht Feind gewesen war.

In dem unvollendet gebliebenen dritten Band seiner Autobiographie »Mein Leben« schrieb Emil Fuchs, der Vater, vermutlich in den sechziger Jahren (er starb 1971) über jene Tage und Wochen, als ihn die Nachricht von der Verhaftung und Verurteilung seines Sohnes erreichte:

Für ein Wochenende hatten wir im Quäkerkreis gemeinsam stille Tage verabredet, die wir bei einem Freund in Werdau (bei Zwickau) zubringen wollten. Wir waren den Sonnabendnachmittag dort und begannen am Sonntag früh die gemeinsame Andacht. Kurz nach ihrem Beginn wurde ich herausgerufen, jemand wollte mich sprechen. Der Betreffende stellte sich als Journalist, Reporter aus Berlin, vor und fragte mich, was ich zum Schicksal meines Sohnes Klaus zu sagen hätte. Völlig überrascht fragte ich, was dies wohl sei. Er scheinbar überrascht: »Sie wissen noch nichts? Gestern ist ihr Sohn verhaftet worden unter der Anklage, Atomgeheimnisse an Sowjetrußland verraten zu haben.«

So kam die Kunde des schweren Ereignisses zu mir. Ich erklärte kurz, daß ich nichts wisse und nichts dazu zu sagen hätte und ging in die Stille zurück, wo ich den Freunden kurz sagte, was ich gehört hatte. Wir fuhren in der Stille fort, und ich suchte die Erschütterung zu bezwingen, was mir auch geschenkt wurde, wenn auch das große Erschrekken und die schwere Angst um meinen Sohn blieben. Demgegenüber war das Spektakel, das in der Welt losging und auch mich traf, eine wesenlose Sache, die zwar bewältigt werden mußte, aber an das Wirkliche des großen Schicksals nicht rührte.

Je mehr ich nachdachte, desto deutlicher wurde mir, was das für eine Entscheidung war für einen Menschen im Dienste Englands und lebend in bewußter politischer Klarheit des Denkens und Sichinformierens. Ihm ging es darum, daß der Atomkrieg nicht ausbreche, was nur verhindert werden konnte dadurch, daß beide – USA und UdSSR – die Waffen besaßen. Ich erbebte innerlich, als mir klar wurde, welche inneren Kämpfe mein Sohn durchgemacht hatte und welche Jahre innerlicher Kampfeshaltung, um diese Tat zu tun.

Dann kam die große Angst. Wird man nicht diesen Verrat so schwer nehmen, daß man zu einem Todesurteil kommt? Es tauchte mein alter Freund Corder Catchpool (englischer Quäker) vor mir auf, ihm schrieb ich eine Anfrage darüber. Ich hatte eine Nacht, in der ich träumte, ich ginge mit Corder in einem engen langen Gang. Vor uns ging mein Sohn zwischen zwei Wachtmeistern auf eine eiserne Tür zu, die den Gang abschloß. Sie erreichten die Tür, öffneten sie, gingen hindurch und schlossen sie wieder. Ich fiel vor der Tür auf die Knie und schrie: »Corder! They do it. They do it really!« – Ich war immer gegen die Todesstrafe. Seit ich aber selbst etwas davon erlebt habe, was sie bedeutet – nicht nur für den Schuldigen, sondern für die Väter und Mütter – ist es mir ganz klar, daß niemand es verantworten kann, Leben – vor allem junges, hoffnungsvolles Leben – zu vernichten. Wie sehr aber geschah das im Krieg und im politischen Morden, wie sehr geschieht es noch, und wie furchtbar ist die Entwicklung, die zu diesen Möglichkeiten wieder hinführt nach allem, was wir seit 1914 erlebt haben, woran wir schuldig wurden und wieder werden!!!

Corder konnte mich etwas beruhigen, in England gäbe es die Todesstrafe in solchen Fällen nur im Krieg. Nun kamen die Untersuchungshaft und die Verhandlungen. Schon aber war ich und war meine Umgebung belastet mit dem Sturm der Reporter, die aus Westberlin jede Gelegenheit benutzten, um von mir irgend etwas über mich, meinen Sohn, unsere Familie zu erfahren. Einige empfing ich zunächst, um ihnen zu sagen, daß ich nichts sagen könnte. Da wir aber erlebten, daß das benutzt wurde, um Artikel über uns zu schreiben, die zwar gänzlich aus den Fingern gesogen waren, aber doch dazu dienten, die Spannung zu verschärfen, empfing ich niemand mehr. Das bedeutete, daß meine Hausgenossen mich förmlich bewachen mußten. Der Erfolg war, daß man die raffiniertesten Methoden anwendete, um doch zu einer Aussprache mit mir zu kommen – oder daß man eigene Möglichkeiten schuf, etwas über mich zu sagen, ohne wirklichen Stoff zu haben.

Emil Fuchs, Professor in Leipzig 1949-1959

Zwei der bösartigsten Berichte will ich anführen: Ein Reporter aus der Münchner Illustrierten brachte einen Bericht, wie elend ich wohnte. Unser Haus, noch vom Krieg beschädigt, wurde abgebildet, ein Pfeil zeigt die Fenster, hinter denen ich wohne. (Sie hatten damals schon Glas; als ich einzog, war das zum Teil noch nicht der Fall). Vor der Türe meines Zimmers stünden zwei Polizisten. Wenn ich zur Universität ginge, begleiteten sie mich und stünden zu beiden Seiten des Katheders während meiner Vorlesung, natürlich mit geladenen Revolvern. So etwas konnte man – vielleicht könnte man es noch – die guten westdeutschen Bürger glauben machen, sowohl von Brutalität der Kommunisten als von Charakterschwäche eines dort arbeitenden Menschen. Man konnte sich vorstellen, daß ich unter solchen Bedingungen Vorlesungen halten würde. Sogar ein Bild von mir selbst – »unter großen Schwierigkeiten gemacht« – brachte das Blatt.

Eines Tages kam ein Buchhändler, Antiquar, der mich nicht zu Haus traf, aber Listen einer großen Bibliothek eines verstorbenen Pfarrers vorlegte, die dessen Witwe verkaufen wollte. Ich sollte feststellen, ob ich da etwas brauchen könnte. Es war Winternachmittag, kalt, meine Freunde luden ihn zum warmen Zimmer ein und sogar zum Mitessen. Im ebenfalls warmen Zimmer nebenan wohnte die Mutter meiner Freunde, die mit uns in der Wohngemeinschaft eingeschlossen waren. Ich kam, suchte mir eine ganze Reihe Bücher aus der Liste aus, die ich auch später geliefert bekam, und wir schieden freundschaftlich. – Kurz darauf erhielt ich von Freunden einen Artikel zugesandt, in dem derselbe Mann – es war offenbar ein Reporter, der sich von einem Antiquar einen Auftrag für mich verschafft hatte – in bösartigster Weise über meine Hausgenossen, die alte mit uns wohnende Mutter und schließlich über mich selbst und meine traurigen Lebensverhältnisse schrieb. Alles unwahr, wir lebten ja gewiß noch in der Knappheit der Nachkriegszeit, aber immerhin besser als sehr viele Menschen im damaligen Deutschland, und warm hatten wir es immer. Er schrieb von der frierenden alten Großmutter usw.

Inzwischen wurde in der englischen und amerikanischen Presse – man kann sogar sagen in der Presse der ganzen Welt – über uns und unsere Familie allerhand geschrieben, meistens aus der Luft gegriffen und meistens im Tone der Entrüstung über diese Menschen oder im Tone unerwünschten Mitleids mit dem Entgleisten und seinem Vater. Hier und da erhob sich auch eine Stimme des Verstehens, in der man heraushörte, daß der Verfasser ahnte, welche inneren Kämpfe ein Mann durchmachen mußte, der als politisch klar sehender Mensch – wie mein Sohn – durch seine große Begabung in die Lage versetzt wurde, Möglichkeit des Eingreifens in die Geschichte zu haben. Er konnte die Möglichkeit umgehen – und einmal als englischer Lord in einer schönen Villa sterben. – Durfte er das? Er glaubte, es nicht zu dürfen, griff ein und war nun bereit, die Kosten zu zahlen.

In seinem Schlußwort nach seiner Verurteilung zu 14 Jahren Haft, der höchsten Strafe, die England für solche Vergehen kennt, sagte er dem Richter, der beklagt hatte, daß er keine Möglichkeit zu einer höheren Strafe habe, folgendes:»Herr Richter! Sie haben mich zu dieser Strafe verurteilt, weil ich diese Ergebnisse meiner Forschung an Rußland ausgeliefert habe. Sie haben mich nicht verurteilt für das, was mir als meine Schuld aufliegt, dies, daß ich durch sieben Jahre alle meine Freunde täuschen mußte!« Als ich ihn zum ersten Mal nach Jahren in England im Gefängnis besuchte, sagte er mir:»Ich kann es England nicht übelnehmen, daß man mich verurteilte. Diese englische Regierung konnte nicht anders handeln. Aber ich glaube, ich habe besser für das wahre Wohl auch des englischen Volkes gehandelt als seine eigene Regierung.« Er hatte sich eine innere Überlegenheit über sein Schicksal erkämpft, die mir ein großer Trost wurde – daß er neun Jahre seines Lebens verlor, schwere Demütigungen durchleiden mußte und auch gesundheitlich sehr geschwächt wurde, kann dadurch nicht gutgemacht werden.

Ein Schweizer Pfarrer schrieb in der»Neuen Zürcher Zeitung« einen Artikel, in dem er aus all dem, was er so lesen und erfahren konnte, sowohl über mich als über meinen Sohn weisheitsvoll schrieb. Er kam zu dem Ergebnis, daß ich, der unter dem Einfluß des Quäkertums stehende Pfarrer, meine Kinder zwar»mit Gewissen, aber ohne Vernunft« erzogen hätte. Meine Schweizer Freunde waren darüber empört und erwiderten ihm energisch. Ich aber schrieb ihnen, Aufregung sei nicht nötig, der Mann habe völlig recht, wenn wir so vernünftig gewesen wären wie andere Leute, hätten meine Kinder und ich auch»Heil Hitler« gesagt und uns das ganze Schicksal erspart. – Warum sich so verantwortlich fühlen für die Dummheiten der Welt und gar der Regierungen?

Wenn ich heute die Sammlung von Äußerungen durchblättere, die teilweise öffentlich, teilweise in Briefen an mich über diese Sache geschehen sind, dann kann ich nur sagen, daß wohl der ganze geistige Problemkreis darin zum Ausdruck kommt – dann aber auch echtes Verstehen, zartes Verstehen, wahre Teilnahme und öfter wirkliche Bewunderung. Froh machte mich, daß eine Freundin aus England schrieb, sie habe aus seinem Freundeskreis erfahren, daß er die Achtung und Liebe seiner Freunde nicht verloren habe.

Bei einem Zusammensein von Professoren der Universität kam die Sprache darauf, daß dieser Mann mein Sohn sei, da sprang einer der bekanntesten, international anerkannten Gelehrten auf und schüttelte

mir die Hand und sagte: »Das hätte ich nicht für möglich gehalten, daß
ich heute, an diesem Tag, mit dem Vater dieses Mannes zusammensit-
zen könnte.« Bei einer Autofahrt mit einem Freunde sprachen wir über
die Sache. Als ich dann ausstieg, sagte der Chauffeur zu mir: »Sie sind
der Vater von Dr. Klaus Fuchs. Ich kann Ihnen nur sagen: Hätten wir
doch mehr solche Leute, die so alles einsetzen für ihre Sache.« Die russische Botschaft schickte einen Beamten, er war beauftragt, mir zu
sagen: »Wir verfolgen die Sache ihres Sohnes mit größter Teilnahme.
Wir haben öffentlich erklärt, daß nie ein Beamter der sowjetrussischen
Regierung irgend etwas von ihm empfangen habe. Darüber hinaus tun
wir wohl auch ihm das Beste, wenn wir uns gänzlich zurückhalten.«
Schwer waren außer mir meine Tochter Christel in den USA und mein
Sohn Gerhard in der Schweiz getroffen. Meine Tochter wurde mit ihrer
ganzen Familie, selbst den noch kleinen Kindern, mehrmals vernommen, weil man vermutete, ihr Bruder habe sich bei Besuchen in ihrem
Haus mit Agenten getroffen. Sie war lange in Gefahr, aus den USA aus-
gewiesen zu werden, und hatte lange unter dem Mißtrauen der Behörden zu leiden, fand aber auch – besonders im Kreise der Quäker – viel
230   Freundschaft und Hilfe. Mein Sohn Gerhard opferte seine kleinen

Ersparnisse und sandte die Frau eines Rechtsanwaltes, die selbst Juristin ist, nach London, damit sie seinem Bruder Klaus zur Seite stehe. Sie konnte wenig ausrichten, ihm nur einen genauen Bericht der Sache bringen. Seine Lage in der Schweiz wurde sehr erschwert. Er war ja darauf angewiesen, daß er die Arbeitserlaubnis immer wieder bekam, galt er doch als Emigrant. Trotz seines hohen Ansehens, das er sich durch seine Arbeit für die Tuberkulosefürsorge erworben hatte, wurde deutlich, daß man ihm so bald als möglich die Erlaubnis entziehen werde. Dies trug mit dazu bei, daß er früher nach Deutschland zurückkehrte, als die Ärzte es wünschten. So erlag er 1951 der wieder ausgebrochenen Tuberkulose.

Der Bruder
Gerhard,
1909-1951

Ich selbst hatte durch alle diese stürmischen Tage hin meine Aufgaben zu tun, teilweise mit Mißtrauen, ja mit Haß angesehen, teilweise mit hoher Achtung und Teilnahme ausgezeichnet. Sehr gut war es, daß die Hausgemeinschaft mit der Familie Hager mit echtem Verstehen das alles miterlebte und mir helfend zur Seite stand – vor allem auch in der Abwehr der Reporter. Deren Interesse hörte nie auf. Immer einmal wieder wurde ich unerwartet überfallen oder unerwartet antelephoniert – aus Bonn, aus Zürich, aus London usw., wenn etwas von meinem Sohn irgendwo in den Zeitungen stand. Während der Feier meines 80. Geburtstages 1954 wurde ich herausgerufen durch ein dringendes Telefongespräch. Es war ein Reporter aus London, der mich anrief.

Noch bei meinem letzten Besuch meines Sohnes im Gefängnis zu Wakefield wurde ich auf der Rückreise von einem Reporter überfallen. Als der Zug sich in Bewegung setzte, öffnete sich die Tür meines Abteils, ein Herr setzte sich mir gegenüber und begann das Gespräch: »I think you are Professor Fuchs?« Ich sagte ja und fragte, woher er das wisse. »Wir von der Presse erfahren allerlei.« Nun begann er mich auszufragen über das

231

Befinden, Tun, Aussichten meines Sohnes. Ich antwortete stereotyp: »Ask the administration of the prison. I cannot tell you anything.« Erst auf der einzigen Haltestelle des Zuges zwischen Wakefield und London stieg er aus. In der Presse erschien ein Machwerk über meinen Sohn, das mich in Sorge versetzte, wie die Gefängnisverwaltung das aufnehmen würde. Ich schrieb also dem Direktor, wie das Gespräch zustande kam und daß kein Wort davon von mir stamme. Er antwortete: Man müsse das nicht tragisch nehmen. Das Gefängnis wisse ja, was man von Reportern zu halten habe ...

Einige der bekanntesten Atomwissenschaftler, darunter Kollegen und Freunde von Klaus Fuchs aus England, haben sich nach dessen Tod über den »Fall« in dem Dokumentarfilm von 1989 geäußert. Rudolf Peierls, der mit ihm in Birmingham grundlegende Forschungsergebnisse erzielt hatte, nannte Klaus Fuchs noch immer seinen Freund, auch wenn er den damaligen »Schock« nicht verhehlen konnte: »Er wohnte für lange Zeit in unserem Haus, und wir waren sehr eng befreundet, auch später in Los Alamos und nach dem Kriege, als er in Harwell war, kam er sehr oft zu uns nach Birmingham, und wir sind zusammen in die Ferien gegangen. Also er war ein sehr guter Freund und daher war es natürlich ein sehr großer Schock, als wir hörten, was er während all dieser Zeit gemacht hatte. Ich habe ihn seit 1950 nicht mehr gesehen. Ich weiß nicht, wie mein Gefühl sein würde, wenn ich ihn wiedergesehen hätte.«

Professor Nevill Mott, zu dem der zweiundzwanzigjährige Klaus Fuchs 1933 als Student nach Bristol gekommen war, erklärte: »Ich habe ihn im Gefängnis nicht besucht. Und ich habe ihn in der DDR auch nicht gesehen, obwohl ich einmal da war. Ich glaube, ich fühle, daß Klaus Fuchs das gemacht hat, was er für richtig hielt, und das kann ich ihm nicht übelnehmen. Aber es würde mir nicht leichtfallen zu sagen, es ist alles verziehen; denn wie er selbst erkannt hat, es war ein Riesenschlag für seine Freunde und seine Mitarbeiter, das, was er gemacht hat. Natürlich, in der Stalinzeit war die Sowjetunion in England nicht sehr beliebt, das ist seit Gorbatschow anders.«

Robert Jungk, der in seinem Buch »Heller als tausend Sonnen« bereits 1956 die Geschichte der Atombombe und ihrer Schöpfer, auch von Klaus Fuchs, dargestellt hatte, sagte: »Ich glaube, daß Klaus Fuchs eine der großen Figuren der Zeitgeschichte ist, daß er etwas gewagt hat, was andere nie gewagt haben, daß es ihm nicht genügte, über die Verhinderung der Bombe zu sprechen, sondern daß er verhindern wollte, daß es zu dem Einsatz, dem einseitigen Einsatz der Bombe käme. Er hat etwas verraten, was die Öffentlichkeit wissen sollte. Er hat im Sinne der Allianz, der Allianz zwischen dem Westen und dem Osten gehandelt, in der ja eigentlich vereinbart war, daß man brüderlich und gemeinsam gegen den Nazismus handeln würde und voreinander keine Geheimnisse haben sollte. Er ist derjenige, der legal gehandelt hat, die anderen, die Geheimhaltung betrieben haben, die heimlich ihre künftige Weltmachtstellung vorbereitet haben, die haben illegal gehandelt.«

14. Beginn der Legenden

Kein Wunder, daß alles, was damals in dem kurzen Prozeß von Old Bailey gegen Klaus Fuchs nicht zur Sprache kam, die Phantasie anregte und zur Bildung von Legenden beitrug. Und es war vieles, was nicht zur Sprache gekommen war, weil ja an die gehütetsten Geheimnisse gerührt werden mußte. Wie hatte Fuchs so lange unentdeckt bleiben können, trotz der allerhöchsten Geheimhaltungsstufe und der hochgerühmten MI-5-Spionageabwehr, die wiederholt mit diesem deutschen Emigranten und seiner nachweislich kommunistischen Vergangenheit befaßt gewesen war? Warum hatte man ihm erlaubt, mit den ausgesuchtesten Geheimnisträgern in England zusammen zu arbeiten und zu leben, mit ihnen nach Amerika zu reisen, um dort in den Kreis der Tüftler und Strategen der Atom- und Wasserstoffbombe zu gelangen und sie auszuforschen? Wer hatte die geheimen Treffs in England und weiterführend in den USA und wieder bei der Rückkehr nach England organisiert? Ein Mann, eine Frau, mehrere Männer und Frauen, wie viele, wer waren sie, woher kamen und gingen sie? Warum hatte man keinen oder keine von ihnen gefaßt – außer jenen Gold, fern von England, durch das offenbar weit tüchtigere FBI? Klaus Fuchs hatte im Verhör nur gesagt, daß es ihm unbekannte Personen gewesen seien, und er nur wüßte, sie würden, welche Informationen er ihnen auch gab, diese an russische Vertreter übermitteln. »Ich kenne niemand mit Namen, der damit beschäftigt ist, für russische Behörden Informationen zu sammeln«, hatte er dem hartnäckigen Vernehmer Skardon erklärt. Er lieferte niemanden aus; Sonja und auch sein späterer Verbindungsmann in England, Alexander Feklissow, blieben unentdeckt und kamen, ohne auch nur ein einziges Mal zu ihren Kontakten zu Klaus Fuchs befragt zu werden, ungeschoren davon.

Sonja war nicht gewarnt worden, sondern hatte die Verhaftung von Klaus Fuchs, die am 2. Februar 1950 erfolgt war, aus der Zeitung am nächsten Tag erfahren. »Die Presse stellte diese Nachricht als eine Sensation heraus«, schrieb sie in der englischen Ausgabe des »Reports«: »Meine erste Reaktion war Erschütterung und

Schmerz – ganz abgesehen von dem Verlust, den das für die Zentrale bedeutete und noch viel mehr für die Sowjetunion. Mein zweiter Gedanke war, mich zu fragen, wie weit diese Enthüllungen seiner Aktivitäten mich selbst betreffen würden. Es gab keinerlei Zeichen und Andeutungen in der Presse, die unseren Kontakt betrafen. Ich hatte nie eine Nacht in Birmingham verbracht, wo er arbeitete, so daß keine Eintragung in einem Hotel gefunden werden konnte. Ich war auch niemals in seiner Wohnung gewesen, noch er in meiner. So viel ich wußte, kannte er weder meinen Namen noch meine Adresse. Es gab jedoch zwei mögliche Gefahren: ein Verrat, aber dessen hielt ich ihn nicht für fähig, oder irgendeine Entdeckung bei den weiteren Nachforschungen des MI 5. Dazu konnte es angesichts der Informationen kommen, die sie über Klaus und mich selber haben mochten: Er war ein deutscher Kommunist, und ich ebenfalls. Klaus war in der Londoner Parteigruppe bekannt, mein Bruder war dort sehr bekannt gewesen. Klaus hatte sein wertvolles Material durch einen Mittelsmann an die Sowjetunion geschickt, und Jim (Allen Foote), der mit Len und mir in der Schweiz den Sender zur Zentrale bedient hatte, war zum Verräter geworden, wie ich inzwischen wußte, wodurch meine damalige Tätigkeit für die Sowjetunion und Lens Teilnahme am Spanienkampf dem MI 5 bekannt war. Als die Presse erwähnte, daß Klaus eine fremde Frau mit schwarzem Haar in Banbury getroffen hatte, rechnete ich täglich mit der Verhaftung. In dem Fall würde ich keinerlei Aussage machen.«

Len war nach seinem schweren Motorradunfall zu dieser Zeit so weit genesen, daß er sich mit dem Gipsverband bewegen und ihr zur Seite stehen konnte, als sie alles Nötige unternahm, um England mit den beiden jüngeren Kindern ohne Aufsehen und ohne für jemand Gefahren heraufzubeschwören zu verlassen. Gemeinsam mit Len vergrub sie das Sendegerät, das Parteibuch und vernichtete Papiere, die auch nur im entferntesten Rückschlüsse auf ihre illegale Tätigkeit hätten liefern können. Dabei hat sie sich vermutlich auch von einigen der Briefe, Tagebuchaufzeichnungen und Bücher, die sie nach dem Tod der Mutter bei sich aufbewahrte, trennen müssen. Aus Armeebeständen kauften sie wasserdichte Seesäcke, in die sie das Wenige packten, was sie mitnehmen konnten, denn ihre Reise war offiziell als Besuchsreise zu den Verwandten – Bruder, Schwester, Schwägerin, Neffen und Nichten – in Deutschland deklariert. Len wollte bis zu seiner völ-

235

ligen Genesung in Great Rollright bleiben und abwarten, welche Nachrichten er von Sonja aus Berlin oder von der Moskauer Zentrale erhielt. Auch der achtzehnjährige Michael wollte vorerst in England bleiben, er hatte an der Universität Aberdeen gerade sein Philosophiestudium aufgenommen und dort ein Stipendium erhalten. Für Anfang März war der Prozeß gegen Klaus Fuchs angekündigt, einen Tag bevor das Gericht in London zusammentrat, verließ Sonja mit Nina und Peter ungehindert England.

»Entweder es war eine große Dummheit seitens MI 5, mich niemals mit Klaus in Verbindung zu bringen, oder sie ließen mich bewußt entwischen, weil jede weitere Enthüllung für sie blamabel gewesen wäre«, so kommentierte Sonja später ihr »Davonkommen«. »Das amerikanische FBI war wütend über diese lässige Haltung und die Naivität von MI 5. Die Vereinigten Staaten hatten ihre Forschungsergebnisse auf Klaus Fuchs' Arbeitsgebiet England zur Verfügung gestellt, und er hatte all das an die Sowjetunion ausgeliefert. Die Briten hingegen waren überhaupt nicht bemüht, ihre Ignoranz weiterhin zu offenbaren.«

Feklissow, der noch immer die Stellung hielt und die hitzigen Pressedebatten vor Ort verfolgte, sah die Dinge ähnlich und vermerkte in seinen »Notizen«: »Die Zeitungen schrieben, daß nach Einschätzung amerikanischer Wissenschaftler und Politiker die von Fuchs übermittelten Informationen der Sowjetunion die Möglichkeit gegeben haben, die Frist für die Herstellung der Atombombe wesentlich zu verkürzen. Der gut unterrichtete wissenschaftliche Berichterstatter der ›New York Times‹ konstatierte, Fuchs habe der UdSSR geholfen, die Frist für die Herstellung der Atombombe von zehn auf drei Jahre zu reduzieren. Was die Kernfusionsbombe betrifft, so hätten seine Informationen die UdSSR in die Lage versetzt, die Arbeit an deren Herstellung wesentlich früher zu beginnen als in den USA. Washington war besonders beunruhigt darüber, daß die Sowjetunion damit einen Vorsprung bei der Herstellung einer eigenen Wasserstoffbombe bekommen hatte. Über diese Frage beriet am 9. März 1950 eine spezielle Unterkommission des Nationalen Sicherheitsrates. Sie empfahl dem Präsidenten der USA, die Herstellung der Wasserstoffbombe zu einer Angelegenheit von höchster Dringlichkeit zu erklären. Am nächsten Tag wies Präsident Truman an, die Entwicklung der thermonuklearen Bombe maximal zu forcieren. – London aber hatte zu dieser Zeit andere Sorgen. Dort war ja der entscheidende

Hinweis, der in Harwell tätige Fuchs sei ein sowjetischer Agent, nicht von der eigenen Spionageabwehr, sondern vom FBI gekommen. Daher bemühte sich gleich nach dem Prozeß Ministerpräsident Attlee in einer beschwichtigenden Rede vor dem Unterhaus am 6. März um Schadensbegrenzung: ›Fuchs wurde von Zeit zu Zeit observiert. Erst im Herbst 1949 erfuhren die Engländer von den Amerikanern, daß während des Krieges geheime Informationen aus Los Alamos durchsickerten. Jedoch MI 5 stellte sofort fest, daß die Quelle der Informationen Fuchs gewesen ist. Der Sicherheitsdienst hat rasch und effektiv gearbeitet und ihn verhaftet.‹ Die Amerikaner waren jedoch anderer Meinung, das FBI warf der englischen Spionageabwehr vor, Fuchs nicht bei der Übergabe von Dokumenten mit einem sowjetischen Kontaktmann in flagranti gefaßt zu haben. Die Amerikaner stellten die Frage: Warum war die englische Spionageabwehr so saumselig gegenüber diesem gefährlichen sowjetischen Agenten? Warum ließ man es zu, daß er seit Beginn am Atombombenprojekt arbeitete? In der Presse wurde die Vermutung geäußert, in der Leitung des MI 5 gäbe es auch sowjetische Spione, die Fuchs gedeckt und ihm erlaubt haben, an den geheimsten Objekten zu arbeiten. Diese Vermutungen verfestigten sich, und es ging so weit, daß man begann, den Chef der Abteilung Sowjetunion in der englischen Spionageabwehr, Roger Hollis, zu verdächtigen. Alles das erschwerte nicht nur die Zusammenarbeit zwischen den englischen und amerikanischen Geheimdiensten, sondern auch die Partnerschaft zwischen Washington und London auf dem Gebiet der Atomenergie.«

Die Legende um Roger Hollis aus dieser Zeit der Spionagehysterie ist bis heute nicht aus der Welt. Als die ARD im Jahre 2000, kurz vor dem Tod der 93jährigen, nach England aufbrach, um dort Lokalkolorit in Banbury und Umgebung für den Film: »Deckname Sonja – das geheime Leben der Agentin Ruth Werner« einzufangen, frischte man nochmals diese Geschichte auf. Man bemühte auch den 85jährigen Mr. Chapman Pincher vor die Kamera, der seit Jahrzehnten die britische Öffentlichkeit mit seinen Verschwörungstheorien traktierte. So erklärte er nun nochmals, daß Sonja, die seiner Meinung nach den größten Coup der Geheimdienstgeschichte des 20. Jahrhunderts vollbracht habe, verhaftet und verurteilt gehöre, falls sie jemals wieder die britische Insel betreten würde: »Sie war eine brillante Spionin, sie wurde nie entdeckt. Aber was ich nicht leiden kann und noch nie leiden konnte – sind Kommunisten.« Und Roger Hollis sei im Grunde noch viel verdammenswerter, da er im feinen Mäntelchen des MI 5-Chefs die Meisterspionin Sonja geschützt habe und selbst ein Agent der Sowjets gewesen sei. Nur könne er leider nicht den allerletzten Beweis dafür liefern:»Ich habe immer gehofft, ein Foto zu finden, auf dem beide zusammen waren. Beide waren zu gleicher Zeit in Shanghai. Beide besuchten den gleichen Klub, und sie waren beide gute Tennisspieler. Aber ich habe nie ein Bild gefunden.« Was seiner Verfolgungsmanie jedoch keinen Abbruch tat, er spekulierte weiter:»Man weiß ja von Hollis, daß er gelegentlich einen kommunistischen Zirkel in China besuchte. Und daß er eine Affäre mit einer Frau hatte, die ein große Freundin Sonjas war. Und wohin zog Sonja, als sie nach England kam? In die Nähe von Roger Hollis, nach Woodstock, unweit Blenheim Palace. Nach Blenheim Palace wurde die britische Spionageabwehr aus London wegen der deutschen Luftangriffe evakuiert.« Und auch das noch: »In ihrem ersten Buch (gemeint ist die deutsche Erstausgabe ›Sonjas Rapport‹, 1977, E. P.) hat Ruth Werner die Atombombe gar nicht erwähnt. In ihrem zweiten Buch (englische Ausgabe ›Sonya's Report‹, 1991), als die GRU es ihr erlaubte, nennt sie Fuchs. Ich glaube, wenn sie ein drittes Buch schriebe, dann würde sie Hollis erwähnen. Hähähä. Hoffen wir drauf! Was für eine bemerkenswerte Lady.«

Das Filmteam witterte die Sensation und befragte Ruth Werner nochmals dazu, worauf sie sehr unwirsch reagierte und es als »Unsinn, Blödsinn und völligen Quatsch« abtat. Man hätte auch nur nachzulesen brauchen, was sie zehn Jahre zuvor im englischen »Report« darüber geschrieben hatte:»Es war reines Rätselraten unsererseits, ob mich das MI 5 wegen meiner Bedeutungslosigkeit in Ruhe ließ oder aus dem Grunde, um nicht das Aufsehen noch zu vergrößern – man soll schlafende Hunde nicht wecken. Oder es konnte auch durchaus möglich sein, daß es zu der Zeit jemanden im MI 5 gab, der für die Sowjetunion gearbeitet und Len und mich abgedeckt hat. Wir hatten jedoch keinerlei Anhaltspunkte, aus denen wir irgendwelche Schlüsse hätten ziehen können. Ich betone, so war damals unsere Lage, das waren unsere Überlegungen. Angesichts des haltlosen Geredes, welches einige Journalisten über mich verbreitet haben, möchte ich eindeutig klarstellen, daß es reiner Unsinn ist zu behaupten, daß ›die Meisterspionin immer noch ihr größtes Geheimnis zurückbehalten hat‹ – dieses Geheimnis existiert schlicht und einfach nicht. Mich hat die Zentrale niemals beauftragt, irgend jemanden vom MI 5 zu kontaktieren, und ich habe auch dorthin keinerlei Kontakt gehabt. Ich weiß nicht, ob irgend jemand mich beschützt hat, oder falls doch, wer es gewesen sein könnte. Ich weiß von keinem ›Fünften Mann‹ (der angeblichen ›Glorreichen Fünf‹ der Spionagelegenden: Maclean, Burgess, Philby, Blunt, Hollis, E. P.) und muß auch die Spekulation – oder wie gewisse Schreiber meinen: ›den Fakt‹ – zerstören, daß ich irgendwann etwas mit dem einstmaligen Direktor vom MI 5, Roger Hollis, zu tun hatte. Ich verurteile die Art, wie Journalisten versuchen, mich in eine Sensation zu verwandeln, einfach um Geld zu machen.«

Eine andere Art der Legende, genauer gesagt, ein Vernebelungsversuch, wurde damals aus der entgegensetzten Himmelsrichtung in die Welt gesetzt. Die sowjetische Nachrichtenagentur TASS veröffentlichte am 8. März 1950 eine Erklärung, die sich auf eine Reutermeldung über den Londoner Prozeß gegen »den englischen Atomwissenschaftler Fuchs« bezog, der »wegen Verletzung von Staatsgeheimnissen zu 14 Jahren Haft verurteilt« worden sei. Zu der Behauptung der Anklage, »Fuchs habe Atomgeheimnisse an ›Agenten der Sowjetregierung‹ geliefert«, hieß es lapidar: »TASS ist bevollmächtigt zu erklären, daß diese Behauptung eine pure Erfindung ist, da Fuchs der Sowjetregierung nicht bekannt ist und keinerlei ›Agenten‹ der Sowjetregierung zu Fuchs in irgendeiner Beziehung gestanden haben.« Nach Feklissows Angaben ist diese Erklärung vom damaligen sowjetischen Außenminister Wyschinski persönlich verfaßt worden. Sie hebt sich kaum von anderen amtlichen Reaktionen beiderseits des »Eisernen Vorhangs« jener Zeit auch bei weniger dramatischen Fällen ab.

Als Klaus Fuchs nach Jahrzehnten von dem Gang in den Gerichtssaal berichtete, wo ihn der Urteilsspruch erwartete, klang das Traumatische des Erlebnisses noch immer nach: »Ich kann mich eigentlich nur noch an eines sehr klar erinnern, das war, als ich hinauf zum Prozeß geführt wurde, das letzte war eine Treppe, die ich noch klar vor mir sehe, die hinaufführte zu dem abgezäunten Anklagestand. Der Verteidiger fragte mich: ›Wissen Sie, was die Höchststrafe ist?‹ Ich sagte zu ihm: ›Ja, das ist die Todesstrafe.‹ Und da sagte er: ›Nein, Höchststrafe sind 14 Jahre.‹ Das Merkwürdige ist, das war noch einmal ein Schock für mich, für jemanden, der praktisch mit dem Leben abgeschlossen hatte. Auch ein Fehler, ein Kundschafter sollte nie aufgeben, sollte kämpfen bis zum Letzten. Nun wurde mir plötzlich gesagt: ›Du wirst weiterleben.‹«

In der Folgezeit erschienen Artikel, vermutlich von Geheimdiensten inspiriert, die an einer weiteren Legende strickten: Fuchs sei ein »Abtrünniger«, er habe seine Ansichten in den Jahren der Haft geändert und sich vollständig von der Politik der UdSSR distanziert. Andere Berichte vermeldeten umgekehrt, daß die sowjetischen Behörden deshalb in aller Öffentlichkeit von ihm abgerückt seien, weil er in den Verhören alles zugegeben habe, man habe ihm sogar vorgeworfen, daß er ein Verräter sei. Laut Feklissow hätten »die Sonderdienste der USA« auch vor der Verleumdung nicht haltgemacht: »Die sowjetische Aufklärung hätte Fuchs, dessen Möglichkeiten bereits vollständig ausgeschöpft waren, absichtlich geopfert, um die Beziehungen zwischen England und den USA zu verschlechtern und damit deren militärischen und ökonomischen Druck auf die UdSSR abzuschwächen.«

Sonja gibt in ihrem englischen »Report« eine sachliche Darstellung der Ereignisse um den Fuchsprozeß. Im April 1950, wenige Wochen nach ihrer Ankunft in der DDR, erhielt sie Nachricht von der Moskauer Zentrale der Militäraufklärung, und sie traf sich mit dem für ihren Einsatz verantwortlichen Mitarbeiter in Berlin. Sie berichtete ihm über ihre Tätigkeit und die Schwierigkeiten der letzten Jahre in England, dabei wurde sie auch nach ihrer Einschätzung des Verhaltens von Klaus Fuchs, besonders seines Auftretens bei den Verhören und vor Gericht befragt. Sie sagte, was sie damals darüber dachte: »Die Beweiskette gegen ihn war teilweise durch den Verrat anderer in den USA zusammengekommen, teilweise auch durch Veränderungen in dem früher schlampig arbeitenden MI 5. Klaus hielt ein Leugnen für sinnlos. Er hat nichts verraten, was nicht schon bekannt war. Es mag ein Zufall gewesen sein, daß er von William Skardon, dem psychologisch raffiniertesten Vernehmer, verhört wurde. Klaus, ein Wissenschaftler, unerfahren in diesen Dingen, benahm sich zweifellos naiv solchen Leuten gegenüber. Nach dem Prozeß erschienen in der Weltpresse ›Erklärungen‹, die suggerieren sollten, Fuchs sei schizophren, und die zugleich unterstellten, daß er im Begriff sei, seine Verbindung mit der Sowjetunion zu beenden. Das hielt ich für abwegig. Wie andere Kommunisten, wo immer sie sich befanden, hat Klaus stets den deutschen Faschismus bekämpft. Das hatte er im Sinn, als er in England und in den USA an dem militärischen Projekt all die Jahre teilnahm. Er wollte verhindern, daß die Nazis etwas davon mitbekamen, was dort schon erreicht war. Er hat ehrlich und aufrichtig an dem Projekt mitgearbeitet, er hatte Freunde unter den englischen Wissenschaftlern seines Arbeitsgebietes und war sehr beliebt wegen seiner Bescheidenheit und seiner Leistungen. Als Kommunist bedauerte er jeden Verzug in der Eröffnung der zweiten Front. Für ihn war es eine klare und unzweideutige Entscheidung, die Resultate des Projekts der Sowjetunion zur Verfügung zu stellen, dem sozialistischen Land, das die Hauptlast des Krieges getragen hatte und dessen Lebensphilosophie seine eigene war.«

Sie hat, als sie das im Jahre 1990 niederschrieb, dem hinzugesetzt, was sie glaubte, angesichts neuerlicher historischer Deutungen richtigstellen zu müssen:»In Publikationen verschiedener Länder, auch jetzt in Ostdeutschland, ist behauptet worden, Klaus Fuchs habe sein Geständnis über seine Aktivitäten aus Abscheu gegen die stalinistischen Unterdrückungsmethoden abgelegt. Ohne Zweifel hat er, wie wir alle, durch diese schwierige Periode gehen und sich damit auseinandersetzen müssen, doch nicht vor dem 20. Parteitag der KPdSU 1956 und Chrustschows Enthüllungen über Stalin, erst danach war das möglich. So viel ich weiß, war Fuchs während der Zeit, als er Material übermittelt hat, niemals in der Sowjetunion. Und auch ein Besuch dort hätte ihn schwerlich in die Lage versetzt, diese furchtbaren Geschehnisse zu sehen und zu verstehen, welche vor dem Jahre 1956 nicht als Stalinsche Verbrechen bekannt waren, selbst den sowjetischen Bürgern nicht. Ich bin überzeugt davon, daß Fuchs sich niemals von der Sowjetunion distanziert hat. Es geschah gerade aus politischer Überzeugung, daß er seine wissenschaftlichen Informationen neun Jahre lang der Sowjetunion zur Verfügung gestellt hat. Dafür wurde er in England die folgenden neun Jahre ins Gefängnis gesteckt. Ich bin sehr froh darüber, daß durch den 1988 fertiggestellten DDR-Film ›Väter der tausend Sonnen‹ Klaus Fuchs, diese ungewöhnliche Persönlichkeit, noch zuletzt eine öffentliche Ehrung erfahren hat.«

Aber die Zeit gebar neue Legenden. Im Jahre 1994 erschienen die Memoiren von Pawel Sudoplatow, eines sowjetischen Geheimdienstgenerals, der während seiner Dienstzeit, wie er vorgibt, nicht nur mit Sabotage, Entführungen und Guerillaaktionen, sondern auch mit der Atomspionage befaßt gewesen sei. In dem Buch »Der Handlanger der Macht, Enthüllungen eines KGB-Generals« wird behauptet, daß die bekanntesten Physiker des amerikanischen »Manhattan«-Projekts, darunter dessen wissenschaftlicher Leiter, Robert Oppenheimer, sowie Enrico Fermi, Leo Slizard und George Gamow, mit sowjetischen Stellen kooperiert und ihnen atomare Geheimnisse in die Hände gespielt hätten. Auch junge wissenschaftliche Mitarbeiter hätten ihre Labore für den sowjetischen Geheimdienst geplündert und mündliche Auskünfte über ihre Arbeit gegeben. Zu diesem Buch, das nicht nur in Rußland für großes Aufsehen sorgte, lancierte kurz nach dessen Veröffentlichung der SWR (Auslandsnachrichtendienst der Russischen Föderation) in der »Iswestija« vom 30.4.1994 einen abwiegelnden Artikel von Sergej Leskow, dem Atomexperten der Zeitung, unter der orakelhaften Überschrift: »Robert Oppenheimer hätte ein sowjetischer Agent sein können, wenn ein Spionagering existiert hätte, den keiner kennt«. Darin wird mitgeteilt, daß der SWR erklärt habe: »Wir hatten andere Informationsquellen. Und die von Sudoplatow Genannten waren keine Quellen.« Weiterhin habe der SWR bestätigt, »daß neben Klaus Fuchs, der in England wegen Spionage zu 14 Jahren Gefängnis verurteilt wurde, und ›Perseus‹, über den die Presse berichtet habe, die Sowjetunion insgesamt zehn Agenten im gleichen Rang besaß«. Sechs von ihnen hätten in den USA, vier in England gearbeitet, es habe sich hierbei um namhafte Gestalten von großer Bedeutung für den Geheimdienst gehandelt, sie seien bis heute dem FBI unbekannt geblieben.« Eine Woche später reichte das Pressebüro des SWR jedoch eine offizielle Mitteilung nach, die ITAR-TASS veröffentlichte, in der auf das gewaltige wissenschaftliche, technische und geistige Potential der Sowjetunion verwiesen und betont wurde, daß eine große Gruppe sowjetischer Wissenschaftler den entscheidenden Beitrag zur Entwicklung eigener thermonuklearer Waffen geleistet hätte. Der Geheimdienst habe mit seiner »wichtigen und hochqualifizierten Arbeit im Interesse des Staates nur eine unterstützende Rolle« spielen können. Abschließend hieß es: »Anhand der Archivmaterialien im Besitz des SWR muß geurteilt werden, daß das Buch von P. A. Sudoplatow ein buntes Mosaik aus Wahrheiten, Halbwahrheiten und glatten Erfindungen darstellt. Die Sondereinheiten bewahren gewöhnlich Schweigen über die Methoden ihrer Arbeit und über die konkreten Quellen ihrer Informationen. In diesem Fall können wir uns jedoch die Feststellung erlauben, daß die Behauptung in dem genannten Buch, der sowjetische Geheimdienst habe Daten über die Atombombe direkt von so berühmten Wissenschaftlern wie E. Fermi, L. Szilard, R. Oppenheimer und verschiedenen anderen erhalten, nicht den Tatsachen entspricht.«

Kaum war diese Geschichte derart zurückgestutzt worden, tauchte der im Zusammenhang mit Klaus Fuchs erwähnte ominöse »Perseus« desto strahlender am publizistischen Spionagehimmel auf. Schon der Name schien die einschlägige Phantasie zu erhitzen: Perseus aus dem Reich der griechischen Mythologie, der Medusa das schlangenhaarige Haupt abschlug. War mit diesem Tarnnamen gemeint, daß die sich dahinter verbergende Person, irgendeinem mächtigen Ungeheuer, etwa einer gefährlichen Atommacht, den Kopf abgeschlagen hatte? Das hieße doch wohl diesem geheimen Gewerbe ein allzu plakatives und ziemlich verräterisches Taufregister zuzutrauen. Jedenfalls erschien 1996 in Paris das Buch »Les Espions Atomiques de Staline: Le Dossier KGB Nr. 13676« von Wladimir Tschikow und Gary Kern. Bald darauf brachte es auch der Ostberliner Verlag »Volk und Welt« unter dem Titel »Perseus – Spionage in Los Alamos« heraus. Daraus erfährt man, daß Wladimir Tschikow, ehemals Oberst des KGB und Chefberater im Presseamt, 1989 und 1990 Zugang zu den allergeheimsten Akten über das sowjetische Atomprojekt erhielt und da die Entdeckung gemacht habe, daß »ein zweiter Spion neben Klaus Fuchs« für die Sowjetunion in Los Alamos »operierte«. »Dieser zweite Agent«, heißt es da, »war ebenfalls ein Kernphysiker, der direkt in den Bau der Atombombe einbezogen war. Die Informationen, die er an seine sowjetischen Kontakte weitergab, waren ebenso gewichtig, wenn nicht gar gewichtiger, als die von Klaus Fuchs. Aber im Unterschied zu Fuchs fiel nie ein Verdacht auf ihn, und er wurde nie gefaßt. Und im Unterschied zu Fuchs ist er, während ich dies schreibe, noch am Leben. Daher kann hier nur sein Deckname genannt werden, und der lautet: Perseus.« Der aus den USA stammende Mitautor des Buches, Gary Kern, bestätigt im wesentlichen diese neue »Enthüllung« und beruft sich dabei auch auf CIA-Veröffentlichungen (»Verona«-Dokumente), entschlüsselte Botschaften des sowjetischen Konsulats in New York nach Moskau aus dem letzten Kriegsjahr. Doch dieser »Perseus«-Fall, meint der Mitautor von der ehemaligen Gegenseite, sei in Moskau nur deshalb ausgegraben und mit einem Mal so wichtig genommen worden, um den verlorenen Schlachten von einst doch noch einen Glanzpunkt abzugewinnen. Gary Kern behauptet: »Der Geheimdienst, der stets abgelehnt hatte, sich zu einem verlorenen Fall (die Rosenbergs) zu bekennen, schmückte sich nun mit einer Aktion, die eindeutig erfolgreich verlaufen war (Perseus und seine Kontaktleute, die Cohens). Dadurch traten aber nicht nur die Rosenbergs in den Hintergrund, sondern das FBI, die CIA und der MI 5 standen ausgesprochen schlecht da, während die Jungs von der Lubjanka das Rennen gemacht hatten. Außerdem hoffte man dem damaligen Hauptfeind USA Schaden zuzufügen, indem man Mißtrauen in Wissenschaftskreisen weckte, eine Jagd auf Spione unter den Veteranen der Kernforschung anzettelte und Besorgnis um die eigene Sicherheit erregte. Die aufwendigen und zeitraubenden Ermittlungen würden die Kernforschung der USA weitgehend lahmlegen. Daß nach Offenlegung der Perseus-Story diese Folgen ausblieben, schließt entsprechende Absichten nicht aus.« Gary Kern spricht zwar Klaus Fuchs und jenem Perseus wie auch den sowjetischen Kontaktleuten nicht ab, von »hohen kommunistischen Idealen durchdrungen und furchtlos in der Erfüllung ihrer Aufträge« gewesen zu sein, doch zugleich »voll Verachtung für die Demokratie«. Sie seien »einer fremden Macht« ergeben gewesen, »ohne im geringsten die Praxis dieser Macht an ihren Versprechungen zu messen.« Und da nun nicht nur mit der historischen Tat eines Klaus Fuchs aufgeräumt werden soll, wird gleich noch der erwünschte Verlauf der Geschichte zeitgemäß durch die »unkonventionelle Meinung« eines ehemaligen KGB-Mitarbeiters (Michael Ljubimow) herbeizitiert: »Nach der Theorie von damals und heute wäre die UdSSR zerstört worden, wenn sie den Amerikanern nicht mit einer Atombombe gegenübergestanden hätte. Dieser Standpunkt ist soviel wert, wie sein Gegenteil, der behauptet, daß es gar nicht zu einem Machtkampf gekommen wäre und Stalin (ohne die Atombombe) dem Westen nicht Paroli geboten hätte. Wahrscheinlich hätte er den Marshallplan akzeptiert, und natürlich hätte er nicht die pluralistischen Systeme Osteuropas zerstört und seine expansionistischen Pläne verfolgt. Wir hätten wohl kaum einen Koreakrieg, den Triumph der Kommunistischen Revolution Chinas und eine Reihe anderer Ereignisse erlebt.« Das Fazit der »Perseus«- und »Was wäre wenn?«-Legende, das im Schlußkapitel dieses Buches gezogen wird, nähert sich bedenklich wieder westlichen Wunschbildern vergangener Zeiten an: »Die unenthüllte Alternative ohne Atomspione wäre höchstwahrscheinlich eine Sowjetunion ohne Atombombe und ohne Wasserstoffbombe, eine Sowjetunion, die vielleicht stärker vom Wohlwollen der USA abhängig, aber auch eher zu weltweiter Zusammenarbeit und Entwicklung der eigenen Ökonomie in der Lage gewesen wäre ... Die Spione von Los Alamos und anderen Zentren hatten die freie Wahl, nationale Geheimnisse zu wahren oder preiszugeben. Und aufgrund dieser Möglichkeit, frei zu entscheiden, können wir sie auch nach ethischen Kriterien verurteilen. Waren die Cohens und Perseus Idealisten oder erbärmliche Dummköpfe? Stifter von Menschlichkeit oder elende Verräter? Und alle ihre Helfer, ihre Agenten und ›Freiwilligen‹, waren sie nicht, wenn wir einmal ihre sagenhaften Decknamen beiseite lassen, einfach kleine Schnüffler, die Zettel einsammelten und um Ecken schlichen? Verdienen sie irgend etwas anderes als unsere Verachtung?«

Man mag sich darüber wundern, daß solch abenteuerliche Legenden mehr als ein Jahrzehnt nach dem endgültigen »Sieg über den Sozialismus« und dem Zerfall der Sowjetunion samt all ihrer Scharen von »Helfern, Agenten und Freiwilligen« neu belebt werden. Offenbar herrscht in dieser Sache noch immer die alte Befangenheit – oder eine neue, noch extremere? Der erhoffte Frieden auf Erden ist nach dem Ende des Kalten Krieges nicht eingekehrt.

Vor Jahr und Tag gab es da – selbst im nebligen Legendendickicht der Spionageliteratur – noch eher Lichtblicke. Der Engländer Michael Hartland, ebenfalls ein ehemaliger Geheimdienstler, hatte sich einiger Lebensdaten von Sonja und Klaus Fuchs bemächtigt und daraus 1986 einen Roman gefertigt, dem er den Titel gab: »Der dritte Verrat«. Immerhin stellte er die ehrenwerte Widmung voran: »Zwei sowjetischen Meisterspionen zugedacht, deren politische Überzeugung der Autor nicht teilt, aber deren Mut und Geschicklichkeit seine Bewunderung gilt: RICHARD SORGE, hingerichtet im Sugamo-Gefängnis, Tokio, 7. November 1944, Held der Sowjetunion, und RUTH KUCZYNSKI, Rotbannerorden 1937 & 1969.« Der Roman spielt ziemlich willkürlich mit dem Leben und Tod der Heldin und ihrer Kinder. Aber es gibt darin auch Szenen, wie die von der ersten Zusammenkunft Sonjas mit Klaus Fuchs, die in ihrer Mischung aus Dichtung und Wahrheit »Insider«-Kenntnisse durchblicken lassen. Weil dieser Banbury-Treff selbst schon zur Legende geworden ist und in Ortschroniken der umliegenden Gegend in verschiedenen Versionen

Eingang gefunden hat, sei hier diese Szene aus dem Buch ange-
führt:

Sonja verließ die Bahnstation in Banbury, ging auf Feldwegen einige
Meilen weg von der Stadt, ins hügelige Umland. Hin und wieder zeich-
nete sie etwas in einen Skizzenblock, den sie später zu vernichten
gedachte. Es war sehr warm, sie schwitzte, als sie den Treffpunkt
erreichte. Aber er wartete dort schon an der Kreuzung zweier Land-
straßen, wie es mit Sergej, dem sowjetischen Kontaktmann, abgemacht
war.

Er war etwa dreißig Jahre, trug ein unmodisches Tweed-Jackett, sein
Gesicht erschien ihr sanft, schwer deutbar. Auffällig seine hohe Stirn,
das glatt zurückgekämmte Haar, die blaßblauen Augen hinter den
randlosen Brillengläsern. Sie lächelte und sprach ihn in Deutsch an: »Die
Ablösung des bürgerlichen Staates durch den proletarischen ist unmöglich.«

»Ohne eine gewaltsame Revolution«, erwiderte er, wie es die ausge-
machte Antwort auf die Erkennungsformel war. Er lächelte nicht und
wirkte sehr nervös.

»Das ist ein Zitat von Engels.«

»Nein, es ist ein Zitat von Lenin.«

»Ja, so ist es. Wer schickt Sie?«

»Sergej, wie Sie wissen. Ich nehme an, es ist ein Deckname, seinen richtigen Namen kenne ich nicht.«

Sie zog ihre Augenbrauen in die Höhe. »Sie sollten nicht von den vereinbarten Erkennungsworten abweichen, aber Welcome!« Sie ergriff
freudig seine Hände und umfaßte sie fest. »Wie geht es Ihnen, Genosse
Klaus?«

»Gut, danke – und Ihnen?«

Sie gingen einen Weg entlang, bis sie zu einem Zaun kamen. Es fiel ihr
leicht, darüber hinwegzusteigen, und er tat es ihr nach und folgte ihr.
Dahinter war ein Fußweg, der in ein bewaldetes Tal hinabführte, durch
das ein Bach floß.

»Seit wann sind Sie in England?«

»Seit 1933. Die Gestapo hat mich verfolgt, fünf Monate, im September gelang mir die Flucht. Eine Familie in Bristol hat mir weitergeholfen
und mich bei sich aufgenommen.«

»Und Sie haben seitdem an Universitäten auf dem Gebiet der Theoretischen Physik gearbeitet?«

»Ja. Vor der Nazizeit habe ich in Kiel Physik studiert. In England arbeitete ich in Bristol und Edinburgh, bis zu meiner Internierung in Canada letzten Sommer. Doch ich wurde freigestellt und kam im Januar zurück.«

»Dann wurden Sie eingeladen, im Team der Birminghamer Universität mitzuarbeiten?«

»Das ist richtig. Ich kam heute von Birmingham mit dem Zug hierher.« Bis dahin hatte Sonja nur Fragen gestellt, auf die sie schon die Antwort wußte. Es gab keinen Grund daran zu zweifeln, daß dieser Mann Klaus Fuchs war, dennoch hielt sie eine solche Überprüfung nicht für überflüssig.

Als sie an dem Bach angelangt waren, setzten sie sich. »Ich habe Käsesandwiches mitgebracht«, sagte sie. »Möchten Sie eins haben?«

Er gab zu, daß er hungrig sei. »Ja, ich vermisse mein Frühstück.«

»Erzählen Sie mir über das Birmingham-Projekt.«

»Die Details habe ich Sergej berichtet, für Sie habe ich Kopien von Dokumenten mitgebracht, um sie an die Zentrale zu übermitteln.«

»Sagen Sie mir, worum es geht.«

Er zuckte mit den Achseln. »Da wäre soviel zu sagen. Es ist geheim, der Codename lautet: Tube Metals, alles unter Aufsicht der Regierung. Und es wird uns noch über eine lange Zeit beschäftigen.«

»Aber was ist Zweck und Ziel des Ganzen?«

»Es ist die Anwendung des Prinzips der Kernspaltung für eine Waffe.«

»Das verstehe ich nicht.«

»Haben Sie Kenntnis von der Atomtheorie?«

»Ein wenig.«

Sonja aß ein Sandwich und blickte zur Seite, wo ein Schaf auf der anderen Seite des Baches zur Tränke kam. Die Bäume warfen Schatten, dazwischen waren sonnige Lichtungen.

»Diese Theorie«, erklärte er ihr, »ermöglicht die Herstellung von Sprengstoff – einer Bombe. Die Bombe besteht aus Uran und ist stärker als TNT. Sie nennen sie: Atombombe.«

Sonja begriff noch immer nicht, Müdigkeit überkam sie, und sie fragte: »Ist das so wichtig? Welchen Schaden kann denn eine solche Bombe anrichten?«

»Eine einzige Bombe kann ein großes Gebiet zerstören, möglicherweise eine ganze Stadt – durch die Sprengkraft und die Hitze.«

»Eine solche Zerstörung?« Sie blickte erschrocken auf. »Ist das Ihr Ernst? Eine einzige Bombe kann eine ganze Stadt vernichten? Dann könnten zehn oder zwanzig Bomben ein ganzes Land zerstören?«

»Das ist wahr.«

»Mein Gott. Lassen Sie mich diese Papiere sehen, die sie mitgebracht haben.«

Er nahm die Papiere aus der Innentasche seines Jacketts und gab sie ihr. Es waren linierte Amtspapiere, jedes Blatt oben mit einem lichtblauen königlichen Wappen versehen, in die mathematische Formeln eingetragen waren. Außerdem gab er ihr ein Heft mit handgeschriebenen Notizen.

»Das haben Sie alles selbst kopiert?«

»Es sind zum größten Teil meine eigenen Berechnungen, und auch die Notizen stammen von mir.«

Sie lachte, nun war sie hellwach. »Of course, Klaus. Wir sollten noch ein Stück gehen, ich denke, wir haben noch einige Pläne zu machen …«

15. Gegenwärtige Vergangenheit

Es war 1958 oder 1959, als ich Sonja, der Schriftstellerin Ruth Werner, zum ersten Mal begegnet bin. Unter diesem Pseudonym (weil der Verlag ihren fremdländischen Familiennamen »Beurton« für ungünstig hielt) hatte sie zwei Jahre zuvor im Jugendbuchverlag »Neues Leben« ihr erstes Buch »Ein ungewöhnliches Mädchen« veröffentlicht, das von ihrem Leben in Berlin und in China nach dem ersten Weltkrieg erzählte. Das Wort »Kundschafter« kam darin nicht vor, auch nicht der Name Sonja und gleich gar nicht der von Richard Sorge. Sie arbeitete damals schon an ihrem zweiten Buch »Olga Benario«, und da ich über Käte Niederkirchner – wie Olga eine deutsche Widerstandskämpferin und Kommunistin, die von den Nazis ermordet worden war – eine biographische Erzählung geschrieben hatte, gab es gleich sehr viel miteinander zu bereden und zu beratschlagen. Seitdem las einer des anderen Manuskripte, und oft wollten dann die Gespräche darum kein Ende nehmen. Wir wurden bald darauf in die Leitung derselben Parteigruppe des Berliner Schriftstellerverbandes gewählt, sie als Sekretär, ich als ihr Stellvertreter. Nun hatten wir noch mehr Anlaß zu gemeinsamen Zusammenkünften, Sitzungen und nicht endenwollenden Debatten. Sie war damals zweiundfünfzig Jahre, ich siebenundzwanzig, ein Jahr jünger als ihr ältester Sohn Michael. Doch sie behandelte mich nicht von oben herab, obwohl sie mich in politischen Fragen ihre weitaus größere Erfahrung und ihr Wissen spüren ließ. Ich respektierte das ohnehin, auch bevor ich Näheres über ihre Vergangenheit erfuhr. Von sich aus kam sie nie auf ihre Erlebnisse und die vielen interessanten Menschen zu sprechen, die sie in den vergangenen Jahrzehnten überall getroffen hatte. Nur wenn man direkt danach fragte und ihre späteren Bücher las, erfuhr man Erstaunliches über ihre Teilnahme an den dortigen Kämpfen und politischen Auseinandersetzungen, längst aber nicht alles.

Sie war seit Anfang März 1950 in Berlin. Von London war sie mit den beiden jüngeren Kindern, Nina und Peter, über Hamburg nach Westberlin und dann zum fast völlig zerstörten Bahnhof Friedrichstraße gekommen, wo sie erst einmal herumtelefonieren

mußte, um wenigstens für die Nacht und die nächsten Tage mit
den Kindern ein Dach über den Kopf zu haben. Sie fand bei einem
alten Ehepaar, das ein ungeheiztes, wenig behagliches Zimmer ver-
mietete, fürs Erste ein Unterkommen. Ihr Bruder Jürgen, der zu
dieser Zeit selbst mit der Familie bei Freunden wohnte, half mit
Geld und Lebensmitteln, organisierte für sie und die Kinder ein
tägliches Mittagessen im Kulturbundklub und sorgte dafür, daß sie
sich im Haus der Deutsch-Sowjetischen Freundschaft – Kuczynski
war seit 1947 Präsident der Freundschaftsgesellschaft – aufhalten

und aufwärmen konnten. Um den Kindern möglichst bald ein einigermaßen normales Leben und den Schulbesuch zu ermöglichen, brachte sie beide in einem halbprivaten Kinderheim im Berliner Vorort Finkenkrug unter. Nina konnte zur Schule gehen, sie lernte ziemlich rasch Deutsch. Peter war verträumt und schüchtern, er fand sich, obwohl der düsteren Ruinenwelt in Berlins Mitte entronnen, nur schwer zurecht.

Ruth Werner schrieb an Len, ihren Mann, der noch in England zurückgeblieben war: »Zu wenig Schulen und bewohnbare Häuser, zu wenig ausgebildetes Personal, das ist überall zu spüren. Ich habe wegen Lebensmittelkarten zwei Stunden angestanden, eine halbe Stunde auf dem Postamt, um Zeitungen zu kaufen. Der Mann am Schalter sagte mir, es freue ihn, daß ich all das lese, er würde es auch tun, wenn er Zeit dazu hätte. Zum nächsten Telephon muß ich zwölf Minuten gehen, und immer ist davor eine Warteschlange, meist sind dann alle Nummern besetzt. Aber die Frau, die letztens vor mir mit ihrem Freund telefonierte, diskutierte mit ihm darüber, wievielen Jugendlichen sie zum Pfingsttreffen Quartier geben wollen.« Und an Michael, der wegen des Studiums ebenfalls in England geblieben war: »Wenn Du hier leben und die Freunde treffen würdest, mit denen ich hier zusammenkomme! Neue Freunde, ich kann sie nicht alle nennen, manche von ihnen habe ich vor 25 Jahren schon mal getroffen oder sogar mit ihnen zusammengearbeitet. Damals waren sie junge Arbeiter, Lehrlinge, Studenten – sie haben die Konzentrationslager überlebt und sind heute das Rückgrat der Republik. Das Wichtigste ist aber nicht der Blick auf ihre Vergangenheit, mögen sie auch Helden genannt werden, sondern sie jetzt zu sehen, wie sie arbeiten und kämpfen, zwölf oder vierzehn Stunden jeden Tag, um komplett neue Aufgaben zu meistern. Das ist unbedingt notwendig, sie zu meistern, die Schwierigkeiten sind noch sehr groß.« An die Schwestern in London schrieb sie: »Mein Leben hier ist natürlich ganz anders als im schönen, aber weltabgewandten Great Rollright. Ich trinke alles in mich hinein. Theater, Kinos, die Schwierigkeiten, den Fortschritt, die negativen und die positiven Menschen; ich lese drei Zeitungen täglich von der ersten bis zur letzten Seite. Ich höre jedem zu, den ich erreichen kann, und quetsche ihn aus wie eine Zitrone. Ich gehe zu Versammlungen, bekomme allmählich ein Gefühl für die Dinge und bin bereit, mit der Arbeit zu beginnen. Was es sein wird, ist noch nicht entschieden. Ich möchte eine ernsthafte berufliche Tätigkeit mit gesellschaftlicher Aktivität am Abend. Aber da melden sich Familienprobleme – die Kinder! Mein einziger und allerbester Bruder Jürgen, der brutale Kerl, schlägt mir vor, ich soll sie ständig in dem Kinderheim lassen, wo sie jetzt sind. Es ist ohnehin schlimm genug, daß die Familie vielleicht für Jahre geteilt ist, die beiden jüngeren Kinder will ich wenigstens bei mir haben ...«

Es war alles andere als eine triumphale Heimkehr nach Jahrzehnten des Kampfes, in denen mehr als einmal ihr Leben und das ihrer Kinder höchst gefährdet war. Natürlich hatte sie – in ihren Briefen ist es nachzulesen – nach dem Ende des Krieges auf die Rückkehr in ein anderes, besseres Deutschland gehofft. In erster Linie sollte es frei von Hitler und den Nazis sein, frei auch von denen, die sie an die Macht gebracht und mit mörderischer Gewalt innerhalb und außerhalb des Landes gewütet hatten. Aber sie war viel zu sehr Realist, um auf einen Schlag »eine schöne neue Welt« zu erhoffen. Außerdem kannte sie die Sowjetunion von mehrmaligen längeren Aufenthalten, die nicht nur auf Moskau, Schulungsheime und einen engen Kreis ausgesuchter Genossen beschränkt gewesen waren. Dort hatte sie die Probleme und Schwierigkeiten, »die Mühen der Ebenen«, noch im zweiten, dritten Planjahrfünft vor Augen gehabt. Im zertrümmerten Deutschland, im industriell schwachen Osten, dem zudem noch der Hauptteil der Reparationsleistungen auferlegt wurde, war mit keinem schnellen Wandel oder gar Aufschwung zu rechnen, so viel Hoffnung sie auch damit verband. Nichts lag ihr ferner, als irgendwelche Wunder oder Begünstigungen zu erwarten oder sich auf ihren Lorbeeren auszuruhen, sie wollte hier von Anfang an mit dabeisein und zupacken, zählte sie sich doch ganz selbstverständlich zu dem »Rückgrad« dieser gerade aus der Taufe gehobenen Republik.

Sie erklärte dem Abgesandten aus Moskau, der sie zu weiterer Mitarbeit für die Aufklärungszentrale der Sowjetarmee gewinnen wollte, daß zwanzig Jahre in ihrem Dienst und in der Fremde genug gewesen seien. Nun hatte sie nur einen Wunsch und ließ sich davon auch nicht abbringen, sie wollte als Bürger und Parteimitglied in ihrem Heimatland tätig sein und leben, wenn möglich mit allen drei Kindern und ihrem Mann zusammen. »Tatsächlich war ich trotz meiner ungeklärten Lage vom ersten Tag an glücklich«, bekannte sie. »Jemand sagte ›Genossin‹ zu mir, und ich schluckte; ein Mann auf der Straße berlinerte, ich strahlte.« Im Sommer bekam sie eine Arbeitsstelle im Presseamt vermittelt, nach mehreren Zwischenstationen in düsteren Gemächern auch eine Wohnung, wohin sie die Kinder holen konnte. Len wurde die Einreise ermöglicht und eine Arbeit bei der Nachrichtenagentur ADN beschafft, wo er englische und amerikanische Zeitungen auszuwerten hatte. Ein Jahr darauf kam Michael ebenfalls ins Land.

Heimkehr nach Deutschland, 1950

»Wir waren endlich wieder eine Familie«, schrieb Nina in ihrem Buch »Die Tochter bin ich«. Und sie erwähnte auch das denkwürdige Rad vom Banbury-Treff, das sie mit auf die Reise in die Heimat genommen hatten: »Vater setzte gleich das zerlegte Rad zusammen, das war für einen Automechaniker ein Kinderspiel. Nun radelte ich jeden Morgen von Treptow nach Lichtenberg zur Schule. Viele Jahre später, als das Rad schon klapprig war und ich ein neues erhielt, hoben wir es noch lange im Keller auf. Wir dachten so gern an den schönen Tag zurück, als es für Mutter als Geschenk in der Wohnung stand. Damals, in Oxford-Summertown, hatte sie einen Fahrradsitz für Peter daran befestigt und ein weiches Kissen draufgelegt. Ich sehe noch das Gänseblümchenmuster vor mir, aber natürlich ahnte ich nicht, daß manchmal militärisches Geheimmaterial, zum Beispiel Blaupausen von Flugzeugteilen, unter seinem kleinen Hintern in der Kissenfüllung versteckt war. Als Mutter eines Tages den Keller aufräumte, sagte sie: ›Schluß mit den Sentimentalitäten, das Rad kommt jetzt auf den Gerümpelplatz.‹ Das war falsch; denn nachdem Mutter 1977 ihr Kundschafterleben in dem Buch ›Sonjas Rapport‹ beschrieben hatte, rief das Museum für Deutsche Geschichte an, ob wir das Rad noch besäßen. Es hätte historischen Wert als illegales Transportmittel im antifaschistischen Kampf, und sie würden es so gern erwerben. Schade, mir würde es Spaß machen, wenn die Kinder von heute unser Rad im Museum bewundern könnten.« (Heute könnte es ohnehin niemand mehr bewundern: Das DDR-Museum der deutschen Geschichte von den alten Germanen bis zur Gegenwart existiert nicht mehr, es wurde mit einer zeitgemäßen Schau aufgefüllt, in der dieses Relikt wohl kaum einen Platz gefunden hätte. Zum Glück blieb Sonjas Talisman, ein Briefbeschwerer aus Shanghai, ähnlich einem Messinglineal und verziert mit chinesischen Schriftzeichen, den sie seit 1931 als Funktaste verwendet hatte, bei ihr und der Familie, obwohl sie ihn statt des Fahrrads dem DDR-Museum vermachen wollte.)

Es widerstrebte ihr sowieso, in irgendwelche musealen Zusammenhänge zu geraten oder – wie es später geschah – wegen ihrer »Heldentaten« geehrt und gefeiert zu werden. Daß sie aus den Händen von Kalinin, dem Präsidenten der Sowjetunion, 1937 den Rotbannerorden erhalten hatte, war für sie »eine besondere Freude« gewesen. Davon hatte sie, die sonst so Verschwiegene, sogar ihrem Vater in England erzählt und damit ihm gegenüber erstmals den konspirativen Schleier gelüftet. Als nach langem Hin und Her »Sonjas Rapport« endlich erschien – gekürzt um alles, was sich auf Klaus Fuchs bezog –, gefiel es ihr gar nicht, welche Aufmerksamkeit ihrer Person da zukam. »Ich drohe (besonders bei unserer Volksarmee) ein lebendes Denkmal zu werden«, schrieb sie an Natascha, eine Moskauer Freundin. Als auch von ihrer Schwester aus England viel Lob kam, reagierte sie drastisch: »Schreib nicht solche Sachen über mich, Reni! Du kennst mich doch auch in ›Unterhosen‹, vergiß das nicht!« In einem Zeitschrifteninterview sagte sie: »Die Leser kannten mich als Schriftsteller; seit dem ›Rapport‹ sehen sie eine Heldin in mir, aber niemand wird verlangen, daß ich einen Helden in mir sehe, das wäre ja geradezu dumm. Der Kampf gegen Faschismus und Krieg war für uns selbstverständlich, damals schloß er Illegalität und Gefahr

Die Schrift-
stellerin Ruth
Werner bei
einer Buch-
lesung, 1985

mit ein. Das war der Alltag für uns. Man sucht sich die Zeit, in der
man lebt, und die Umstände, unter denen man kämpft, ja nicht
aus. Für mich war es ein Glück, daß ich als Kommunist aktiv arbeiten konnte. Sonst wäre ich in der schweren Zeit moralisch kaputt-
gegangen.«

255

In der Lebensgeschichte:»Olga Benario«, dem ersten Manuskript, das sie mir zu lesen gegeben hatte, fand ich damals den Satz und notierte ihn mir:»Wenn der Mensch begreift, daß er kein Recht darauf hat, seinen Kummer alle anderen spüren zu lassen, wenn er, statt sich der Traurigkeit hinzugeben, ihr keine Zeit zum Wuchern läßt, und vor allem, wenn er arbeitet und sich nicht von der Welt abschließt, dann nimmt das persönliche Schicksal im Verhältnis zu anderen Ereignissen normale Größe an.« Mir schien, besser ließ sich ihre Art, mit dem Leben und auch den schwierigsten Situationen fertigzuwerden, nicht charakterisieren. »Normale Größe«, wie gut war das gesagt, ja, Größe war das schon. Dazu das Wort von ihr, für mich ihr Kennwort, Ausdruck ihres Realitätssinns und ihres unsentimentalen Umgangs mit sich und anderen:»Nach meiner Erfahrung löst sich im täglichen Leben jeder Held in einen normalen Menschen auf.«

Im»Amt für Information« arbeitete sie drei Jahre. Die leitenden Genossen, Gerhart Eisler und Albert Norden, auch Deba Wieland, waren wie sie aus der Emigration zurückgekehrt und standen ihr bei, als es ihr anfangs schwerfiel, sich in die neuen Aufgaben und Verhältnisse hineinzufinden. Ein Wechsel in der Leitung brachte sie aber dann mit Leuten zusammen, die zwar nicht minder engagiert waren, doch andere Prioritäten setzten. Einmal vergaß sie, den Panzerschrank zu verschließen, der keinerlei vertrauliches Material enthielt, dafür wurde ihr eine Parteistrafe »wegen ungenügender Wachsamkeit« auferlegt, man warf ihr »kleinbürgerliche Tendenzen« vor und legte ihr nahe zu kündigen. Sie, die hundertfach unter tödlicher Bedrohung ihre Umsicht und Gewissenhaftigkeit bewiesen hatte, vermochte das nicht als »Ironie des Schicksals« abzutun und kam nur schwer darüber hinweg. Sie verließ das Presseamt und begann, vermittelt durch Genossen des Zentralkomitees, in der Kammer für Außenhandel zu arbeiten, wo ihr die Leitung der Presseabteilung übertragen wurde. Hier schrieb sie auch erste Zeitungsberichte und Reportagen, von denen einige als Broschüren erschienen und durch ihre Lebendigkeit Beachtung fanden. 1956, als sie fast fünfzig Jahre war, gab sie die feste Arbeit auf und widmete sich ganz dem Schreiben, was ein alter Traum von ihr war. Damit begann sozusagen ihr»drittes Leben«, das der Schriftstellerin, was im Grunde doch nur eine neue Etappe dieses ungewöhnlichen Lebens war.

Mit Len

Genauso engagiert mischte sie sich in die Dinge ein, in die große und die kleine Politik. Sie sprach aus und schrieb darüber, was uns auf den Nägeln brannte. Ein Beispiel von vielen, ihr zweites Buch: »Olga Benario« –, nicht ohne List und Witz legte sie ihre Kritik aus eigener herber Erfahrung der Heldin dieses Buches in den Mund: »Hugo ist einer von denen, die glauben, die Parteidisziplin erfordere, daß man alles fehlerlos findet«, sagte Olga. »In seinen Augen kann kein Betrieb, kein Institut, keine Zeitung, kein Theater, kein Mensch in der Sowjetunion etwas falsch machen – damit schadet er mehr, als er nutzt, die anderen lachen ihn aus. Und das ist ein Jammer, weil er sich aufopfert für die Partei. Gestern, als wir zusammen auf der Straße gehen, hat er sich die ›Prawda‹ gekauft und vor Eifer gleich zu lesen angefangen, obwohl ihm dabei bald die Hände abfroren. Wir kommen an so einem schwarzen Kessel vorbei, in dem Teer zur Straßenausbesserung kocht. Drum herum wärmen sich Besprisorniki. Da kommt so ein dünnes, schmutziges Bürschchen von vielleicht zwölf Jahren auf uns zu und bettelt: ›Onkelchen, gib mir die Zeitung.‹ Er läuft neben

257

uns her und fragt immer wieder danach. Hugo ist sehr gerührt und sagt zu mir: ›Ist das nicht ein leuchtendes Beispiel für die Stärke des Kommunismus, ein Kind, hungrig und in Lumpen, bettelt nicht um Brot, sondern um die Zeitung. Es möchte lernen und wissen.‹ – ›Idiot‹, sage ich nur. Wir bleiben stehen und sehen dem Jungen nach. Der reißt die Zeitung in Streifen, schüttet ein paar Krümel Tabak rein und dreht sich eine Zigarette.«

Es fällt heute schwer, sich die literarischen und politischen Auseinandersetzungen, an denen Ruth Werner teilnahm und in denen sie auch solche »Kleinigkeiten« zur Sprache brachte, zu vergegenwärtigen. Wer schrieb schon Tagebuch und hielt darin die oft hitzigen Auseinandersetzungen und konträren Positionen in den damals geführten Diskussionen fest? Ruth Werner hat in ihrer Jugendzeit täglich ihre Notizen gemacht, später regelmäßig Briefe an ihre Verwandten und Freunde aus aller Welt geschrieben, dies aber in ihrem Schriftstellerleben zugunsten des Bücherschreibens stark eingeschränkt. In einem Zeitungsartikel hatte sie einmal (»Neues Deutschland, Dezember 1967) in wenigen Zeilen eine unserer Sitzungen skizziert: »Die Parteileitung des Schriftstellerverbandes Berlin tagt. Es geht um wichtige geistige Auseinandersetzungen. Hermann Kant, der stellvertretende Parteisekretär, spricht, Wolfgang Kohlhaase entgegnet. Helmut Hauptmannn unterbricht, Günther Rücker erwidert, Ria Scherer, die Parteisekretärin, sagt: ›Darf ich die Intelligenz mal aus den Wolken holen, wir haben noch eine Menge zu erledigen.‹ Niemand mißversteht sie. Alle, die gesprochen haben, sind Arbeiterkinder, keiner hatte sich seinen heutigen Beruf als Schriftsteller, Dramaturg, Filmautor vor achtzehn Jahren, als sie Anfang Zwanzig waren, träumen lassen (träumen vielleicht – aber höchstens träumen). Und unsere Parteisekretärin war damals Arbeiterin in einer Papierfabrik; sie reinigte die geschälten Baumstämme, wie ich zufällig bei einem Besuch in diesem Betrieb erfuhr.« Überschrieben hatte sie diesen Artikel mit dem Wort: »Intelligenz«, hielt sie doch diese nun wirklich neuartige Herkunft der meisten Literaten dieser Republik und ihr durchaus nicht unkritisches Engagement für einen beträchtlichen Zugewinn gegenüber den früher tonangebenden literarischen Kreisen.

So haftet dennoch vieles in der Erinnerung, Gutes wie Ungutes, mögen es für den einen sichere, für den anderen unsichere oder nostalgische Zeugnisse sein. Allerdings die Widmungszeilen, die wir einander beim Erscheinen unserer Bücher zudachten, haben wir Schwarz auf Weiß. Sie schrieb mir in das hier eingangs schon erwähnte Buch »Gedanken auf dem Fahrrad«: »Für meinen Telefonfreund Eberhard in inniger Drahtverbindung« – was ein listiger Wink von ihr war, daß sich unser Miteinander allzusehr im Äther, in Hast und Unrast, zu verflüchtigen drohte. In ihrer erstes Buch »Ein ungewöhnliches Mädchen« hatte sie mir noch hineingeschrieben: »Für Eberhard und alle Guten, die unsere Generation ablösen.« Das Büchlein: »In der Klinik« signierte sie: »Mit allerbestem Dank für Deine mir wichtige Kritik an diesem Manuskript wie an anderen.« Und die »liebevollste«, das Lachen leider nicht mit verkündende Ruth-Wernersche-Widmung besitze ich in ihrem Erzählungsband »Der Gong des Porzellanhändlers«: »Für Eberhard, der mir trotz seiner vielen Frauen treu ist. Ruth Werner, geb. 1907!« Meiner Tochter schrieb sie ins Buch: »Für Bettina, die hoffentlich auch einmal eine tüchtige Kommunistin wird.«

Mit Len in Carvitz, dem liebsten Urlaubsort

Als 1977 Ruth Werners Buch »Sonjas Rapport« erschien, schrieb ich in einer Zeitungsrezension darüber: »Von der ersten bis zur letzten Zeile dieser Länder, Zeiten und wahrhaft menschliche Geschichte umspannenden Geschichte ist die Souveränität der bewährten Kommunistin und Schriftstellerin zu spüren. Nach einer Reihe vielbeachteter Werke hat sie über eine Kundschafterin geschrieben, einen unheldischen Bericht über ein heldenhaftes Leben, Erinnerungen an zwei Jahrzehnte der eigenen Biographie.« Und ich sprach aus, was ich vermutete: »Vielleicht hat die Autorin längst nicht das letzte Wort zu dieser Thematik gesprochen.« Ich ahnte es nur, gelegentlich hatte sie mich lächelnd an ihr Alter erinnert und daran, daß nicht mehr so viel vor als hinter ihr läge, sie hätte schon noch mancherlei zu erzählen. Damals wußte ich nichts von ihrer Zusammenarbeit mit Klaus Fuchs in England. Doch über ihn hatte ich schon in Robert Jungks »Heller als tausend Sonnen« gelesen: Dieser damals noch sehr junge Atomphysiker habe »im Mittelpunkt einer großen Spionageaffäre« gestanden, wie es dort heißt. Seinen Vater, Emil Fuchs, hatte ich als Theologieprofessor und engagiertes Mitglied der Friedensbewegung an der Leipziger Universität kennengelernt, wo ich anfangs der fünfziger Jahre studierte. Wiederholt hatte er bei Meetings und Konferenzen das Wort ergriffen, leidenschaftlich und eindrucksvoll, so daß ich den weißhaarigen Alten noch heute deutlich vor mir sehe. Klaus Fuchs selbst begegnete ich viel später einmal, wohl Mitte der siebziger Jahre, im Institut für Kernforschung (Rossendorf bei Dresden), wo er Stellvertreter des Direktors war. Einer Schriftstellerdelegation war es ermöglicht worden, einen Blick in das Institut und die Reaktoranlage zu tun, und Klaus Fuchs stand Rede und Antwort. Über seine »historische Tat« fiel kein Wort, obwohl ich und wohl auch andere in seiner Gegenwart ständig daran denken mußten – Ruth Werner war nicht dabei.

Klaus Fuchs war am 24. Juni 1959 vorzeitig aus der Haft entlassen worden. Auf dem Londoner Flughafen Heathrow drängten sich mehr als hundert Reporter um ihn, als er eine polnische Linienmaschine bestieg, die nach Berlin flog. Wieder ging diese Nachricht um die Welt, die Zeitungen hatten noch einmal seinetwegen ihre Sensation: Der gefährlichste »Atom-Spy« war »wegen guter Führung« statt nach 14 nun schon nach 9 Jahren freigekommen und durfte hinter den »Eisernen Vorhang« entschweben. Den Reportern hatte er erklärt, er könne ihnen nichts anderes sagen, als daß er nach wie vor Marxist sei und dahin wolle, wohin ihn diese »Lot«-Maschine bringe. Wochen und Monate vor seiner Entlassung aus dem Gefängnis hatten Londoner Zeitungen darüber berichtet, daß er auf Regierungswunsch weiterhin mit wissenschaftlichen Forschungen an einer englischen oder kanadischen

Universität betraut werden solle, auch über die Möglichkeit wurde spekuliert, daß er nach Westdeutschland gehen könne. Klaus Fuchs hat kurz vor seinem Tod dazu erklärt: »Die englischen Behörden hätten es lieber gesehen, wenn ich in England geblieben oder in die BRD gegangen wäre, man hat mir auch entsprechende Angebote gemacht. Aber für mich war es überhaupt keine Frage, daß ich in die DDR gehen würde.«

    In Schönefeld erwarteten ihn sein Neffe Klaus ▬▬▬▬▬▬ und Grete Keilson, von der er auf seiner Flucht 1933 in Paris Hilfe erfahren hatte. Nach ihrer Rückkehr aus Moskau war sie in der Abteilung für Internationale Verbindungen des ZK der SED leitend tätig gewesen. Sie wurde bald seine Ehefrau. Auf dem Flugplatz stand sie mit einem Strauß roter Nelken. Er sagte ihr später, Mitgefangene hätten ihm prophezeit, daß er in Berlin mit roten Rosen empfangen würde – nicht ahnend, was dem heimkehrenden Kommunisten diese roten Nelken bedeuteten. Der fünfundachtzigjährige Vater umarmte ihn kurz darauf bei sich zu Hause.

261

Klaus Fuchs erhielt die Staatsbürgerschaft der DDR; bereits am 31. August wurde er Stellvertretender Direktor des Rossendorfer Instituts. Er hatte darum gebeten, »zurück an die Arbeit« gehen zu können. »Es ist eine solche Chance, nicht nur frei, sondern in einem völlig anderen Land zu sein. Ich denke, es wird seine Zeit dauern, es zu begreifen und sich hier einzuleben.«

Es gibt von ihm kaum Äußerungen darüber, wie er diese Erlebnisse verarbeitet hat. Über seine Gefängnishaft in Wakefield hat er zurückhaltend gesprochen: »In dieser Zeit habe ich mich natürlich bemüht, die ganzen Fragen zu durchdenken, zunächst einmal, sich darauf einzustellen, 14 Jahre, wie viele Tage sind denn das, wie viele Stunden. Man hat sich das so ausgemalt: Was machst du in dieser Zeit? Und daß man mit den Menschen, den anderen Gefangenen, doch leben muß. Es sind ja meist unglückliche Menschen, die dahin geraten, denen man versuchen muß zu helfen, um sich dadurch auch die Achtung unter den Gefangenen zu erwerben. Das ist mir geglückt, und ich glaube, das ist eigentlich das, was mir geholfen hat, über diese Zeit hinwegzukommen.« Alexander Feklissow, sein letzter sowjetischer Kontaktmann in England, gibt davon ein problematischeres Bild: »Die ersten Monate im Gefängnis waren für Fuchs eine schwere Zeit. Es war Winter. Die kalte Einzelzelle wirkte bedrückend. Zuerst wurde er von der Gefängnisleitung und von den Häftlingen als Verräter angesehen, er mußte befürchten, daß man ihn umbringt. Er arbeitete zusammen mit Kriminellen, nähte Säcke, in der Freizeit las er viel: Physikzeitschriften, philosophische Bücher und klassische Belletristik. Das rettete ihn vor düsteren Gedanken. Als die Häftlinge merkten, daß Fuchs ein gutmütiger und kluger Mensch war, begannen sie, seinen Rat zu suchen. Später organisierte er allgemeinbildende Lehrgänge und unterrichtete in vielen Fächern. Auch vom Gefängnispersonal wurde Fuchs allmählich besser behandelt, da man feststellen mußte, daß Fuchs durch sein vernünftiges und korrektes Auftreten zur Einhaltung von Disziplin und Ordnung im Gefängnis beitrug. Im Winter 1957/58 kam der Vater von Klaus, Emil Fuchs, nach London. Er besuchte Klaus mehrere Male. Sie sprachen über die Möglichkeit für Klaus, nach Beendigung seiner Haftzeit in die DDR zu kommen.«

Neben seiner Tätigkeit am Rossendorfer Institut übernahm Klaus Fuchs außerdem eine Professur an der Technischen Hochschule in Dresden, 1971 wurde er Mitglied der Akademie der Wissenschaften und in das Zentralkomitee der SED gewählt. In der Presse und im Rundfunk äußerte er sich nicht nur zu fachlichen, sondern auch zu politischen Themen. Er stellte sich der Auseinandersetzung um Krieg und Frieden, gegen die Atombewaffnung und Atomtests und stand damit wieder an der Seite seines Vaters, der noch immer aktiv in der Friedensbewegung tätig war. Die Liste seiner Veröffentlichungen nach seinem Neubeginn in der DDR umfaßte wiederum eine Reihe wichtiger Arbeiten zur Relativitäts- und Quantenfeldtheorie, zur Theorie des Atomkerns, des Neutro-

Beisetzungsfeier für Emil Fuchs, 1971, Mitte: Klaus Fuchs und Ehefrau

nentransports und des Reaktors und nun auch zu Problemen der friedlichen Kernenergienutzung und der Verantwortung des Wissenschaftlers im Atomzeitalter. Mit Max Steenbeck veröffentliche er zur aktuellen Debatte 1967 in der »Weltbühne«: »Bemerkungen zum Atomwaffensperrvertrag« – und im Jahr darauf mit weiteren DDR-Wissenschaftlern eine Dokumentation: »Über die Notwendigkeit des Verzichts der beiden deutschen Staaten auf Kernwaffen«.

Als Klaus Fuchs seine Arbeit in Rossendorf aufnahm, war Heinz Barwich dort Direktor, ein Kernphysiker, der nach dem Kriegsende mit Manfred von Ardenne und anderen Wissenschaftlern in die

Sowjetunion geholt worden war. Barwich war zugleich auch Vize-
direktor des sowjetischen Kernforschungsinstituts in Dubna,
Mitglied des DDR-Forschungsrates und Beauftragter für die Entwicklung von Kernreaktoren und kernenergetischer Technik,
geehrt hier mit dem Nationalpreis und in der Sowjetunion mit
dem Stalinpreis und dem Roten Arbeitsbannerorden. Zu seinem
50. Geburtstag, im Juli 1961, hatte ihm Fuchs einen herzlichen
Geburtstagsbrief geschrieben, in dem er ihn offenbar als Gleich-
gesinnten ansah: »Manchmal denkt man ja, wenn man doch nur
später im Kommunismus geboren wäre, würde alles viel einfacher
und schöner sein. Aber es gibt doch eine große Befriedigung, in
dieser Zeit zu leben und an der Umgestaltung der menschlichen
Beziehungen mitmachen zu können. Und wenn man außerdem wie
Sie auf eine erfolgreiche wissenschaftliche Tätigkeit zurückblik-
ken kann und solch ein gesundes, lebendiges Kind wie das Zentralinstitut für Kernphysik in die Welt gebracht hat, so bleibt kein
Raum zum Rechnen. Ich wünsche Ihnen für die zweite Hälfte der
ersten hundert Jahre weitere Erfolge, Gesundheit und Freude!« Im
Jahre 1964 verließ Barwich die DDR und ging in die USA, wo er
vor einem Untersuchungsausschuß all sein östliches »Geheimwissen« zu Protokoll gab und dafür mit einer Professur belohnt
wurde. Er schickte seinen Aussagen auch noch ein Buch über seine
Ostblockerlebnisse hinterdrein, dem er den Titel »Das rote Atom«
gab. Er nutzte es unter anderem zur Abrechnung mit seinem einstigen Gratulanten und Stellvertreter: »Fuchs war in keiner Hinsicht der, den ich in ihm sehen wollte. Er, Sohn eines Priesters (der
zugleich Marxist war), hing dem Marxismus mit religiöser Hin-
gabe an. Er hatte den ›Diamat‹ (Dialektischer Materialismus) an
Stelle Gottes gesetzt und im Gefängnis offenbar endgültig beschlossen, sein Doppelleben zu beenden und sich ganz in die kommunistische Gemeinschaft zu begeben ... Ich meine: er war ein typi-
scher kommunistischer Intellektueller, ein kommunistischer Philo-
soph und Prophet, aber er hatte bei allem guten Willen kein Gespür
für kommunistisches und sozialistisches Handeln in der realen
Welt von heute. Ohne Hemmungen überging Fuchs die Kollegen
außerhalb seiner Gruppe in wichtigen Entscheidungen. Er hielt
sich selbst für unübertroffen und versuchte, sich überall einzumi-
schen, weil er als Genosse die Verantwortung tragen wollte. Die
parteilichen Richtlinien im Rahmen seiner Gruppe erfüllte er
durchaus. So gab es vom ersten Tage an unter seinen Gruppen-

mitarbeitern nur noch das Du. Seine eigenen Pläne stimmte er mit denen seiner Kollegen ab und übte offene Kritik und Selbstkritik, ohne Rücksicht auf persönliche Gefühle.«

Der Schriftsteller und Fernsehdramaturg Hans Müncheberg hatte zu dieser Zeit Gelegenheit, wie er in seinem Buch »Blaues Wunder aus Adlershof« im Jahre 2000 berichtet, Einblick in die »reale Welt« des Rossendorfer Instituts zu nehmen und Klaus Fuchs und seine Gruppenmitarbeiter kennenzulernen. Manfred von Ardenne hatte auf einer Tagung des Mitteldeutschen Verlages 1965 in Dresden über die Verantwortung des Wissenschaftlers gesprochen und erklärt: »Es gibt nicht weit von Dresden einen Mann, dessen Verdienste um die Menschheit zu Unrecht kaum bekannt sind. Neben seinen Leistungen als theoretischer Physiker ist es vor allem ihm, seinem Mut und seiner Selbstlosigkeit zu verdanken, daß es keinen dritten und atomaren Weltkrieg gegeben hat: Professor Klaus Fuchs.« Über den Verlag bemühte sich daraufhin Hans Müncheberg, der an einem Buch über den amerikanischen Atombombenabwurf im August 1945 arbeitete, um ein Gespräch mit Klaus Fuchs, das ihm vier Monate später den Zutritt zum Rossendorfer Zentralinstitut für Kernforschung verschaffte, doch zunächst nur mit dem Bescheid, »daß der Professor jede Publikation über sich und seine Tätigkeit im und nach dem zweiten Weltkrieg ablehne«. Zu seiner Verblüffung erfolgte aber dann »im Namen von Professor Fuchs der Vorschlag, ein Jahr als Gast an das Zentralinstitut für Kernforschung zu kommen, um zu erfahren, wie konfliktreich und erregend es sei, die friedliche Nutzung der Kernenergie in der Gegenwart durchzusetzen«. Fast zwei Jahre dauerte es, bis es Müncheberg gelang, alle behördlichen Hürden zu nehmen und eine zeitlich begrenzte Zutrittsgenehmigung für das Institut zu erlangen und sich »in erster Näherung mit den vier Forschungsbereichen vertraut zu machen«. Er fuhr immer wieder von Berlin, wo er seine Pflichten beim Fernsehfunk zu erledigen hatte, nach Rossendorf und war fasziniert: »16 Jahre nach meinem Staatsexamen in schulischer Physik mußte ich erkennen, wie weit sich der Wissensstand seitdem entwickelt hatte ... Ich hatte die Arbeit am Zyklotron beobachten können, die Versuche am Forschungsreaktor kennengelernt und die Herstellung von Radioisotopen in den ›heißen Zellen‹ verfolgt. Es war mir sogar gelungen, mit Professor Fuchs über das Dokumentarspiel des ZDF ›Der Fall Klaus Fuchs‹ zu sprechen. Ihn interessierte Ablauf und Aus-

Beratung von DDR-Physikern über einen Appell gegen die USA-Atomrüstung, Oktober 1981, Einsteinhaus in Caputh

sage bis ins Detail. Er lieh sich von mir sogar das Buch ›Der Verrat im XX. Jahrhundert‹ von Margret Boveri, in dem es ein spezielles Kapitel über ihn gab. Doch als ich dann fragte, wie er die Darstellung beurteile, sagte er knapp: ›Sehr interessant.‹ Schon den ersten Versuch nachzuhaken, wehrte er so entschieden ab, daß ich einsehen mußte, daß die Absage zum weltgeschichtlichen Thema der Atomspionage endgültig war.« Daraufhin und nach weiteren

v.l.: Dr. Klemm und die Professoren Klaus Fuchs, Hans-Jürgen Treder, Peter-Adolf Thiessen, Robert Rompe, Heinz Stiller

Konsultationen in Rossendorf, gab Müncheberg sein ursprüngliches Vorhaben auf und begann mit der Arbeit an einem Filmszenarium über »die schwere Entscheidung eines Wissenschaftlers, aus der Grundlagenforschung in die angewandte Forschung für die friedliche Nutzung der Kernenergie zu gehen«, wofür er auch im Adlershofer Fernsehfunk Fürsprecher gefunden hatte. Aber im Frühjahr 1968 erklärte ihm der Leiter der Abteilung Wissenschaft im ZK der SED, daß er ungewollt »in ein internationales Problemfeld« geraten sei. »Im ZfK liefen Forschungen an der Technologie eines Brennstoff-Zyklus, unerläßlicher Bestandteil beim

Betrieb moderner Reaktoren, ›schnelle Brüter‹ genannt. Beim Test einer Pilotanlage müßte folglich mit Plutonium gearbeitet werden. Zur Zeit würde in Karlsruhe eine Gaszentrifuge installiert, deren Parameter es zuließen, damit bombenreines Plutonium herzustellen. Weil die Bundesrepublik den Kernwaffensperrvertrag zwar unterzeichnet, aber gegen alle Erwartungen immer noch nicht ratifiziert habe, könnte die BRD bei Kritik an Karlsruhe auf das Zen-

tralinstitut für Kernforschung Rossendorf verweisen. Deshalb sei beschlossen worden, die Arbeit am Kernbrennstoff-Zyklus in die UdSSR zu verlagern.«

Klaus Fuchs (Mitte)

Auch zu dieser Zeit und bis zum Ende seiner leitenden Tätigkeit in Rossendorf (seine Emeritierung erfolgte 1979) stand Klaus Fuchs immer wieder vor wissenschaftlichen Entscheidungen, die oft höchst politische Konsequenzen hatten. Er sah das sehr deutlich und formulierte es klar in seinem Aufsatz »Die Bedeutung der Kernenergie für den wachsenden Energiebedarf der Menschheit« vom Jahre 1976, der als das Credo seines wissenschaftlichen Enga-

gements der Nachkriegszeit gelten kann und heute wieder von
geradezu bestürzender Aktualität ist. Einleitend heißt es da:

Die Kernenergie ist mit einem Donnerschlag des Kriegsgottes in das
Bewußtsein der Menschheit getreten. Die künstlich wachgehaltene und
manipulierte Assoziation von »Kernenergie und Gefahr« – die Gefahren erwachsen wie in jedem Fall nicht aus der wissenschaftlichen
Erkenntnis, sondern aus ihrem Mißbrauch – erschwert eine nüchterne

Einschätzung des Potentials der Kernenergie im Guten wie im Bösen. Das Potential ist sicher groß, und je größer das Potential einer Erkenntnis, um so entscheidender ist es, wie die Weichen gestellt werden: Wird die Erkenntnis genutzt, Kriege zu verschärfen, oder wird sie genutzt, den Frieden zu festigen?

Daß aus einem Mißbrauch der Kernenergie im Kriege katastrophale Gefahren erwachsen, darüber dürfte Übereinstimmung bestehen. Die Verhinderung eines nuklearen Infernos war und ist oberstes Gebot. Als zur Zeit des kalten Krieges die realen Möglichkeiten der Weiterverbreitung von Kernwaffen bedrohlich wuchsen, wurden Entspannung und Verhinderung der Proliferation unaufschiebbare Tagesaufgaben. Sie wurden gelöst. Man darf trotzdem den Einfluß der leider noch allzu lebendigen Fossilien aus der Eiszeit nicht unterschätzen, die Aufrüstung in Europa einschließlich nuklearer »Umrüstung« planen, wenn über Abrüstung verhandelt wird oder sich über – vorhandene und erfundene – Unzulänglichkeiten des Atomwaffensperrvertrages (oder Non-Proliferation Trety, NPT) ereifern, wenn es darauf ankommt, die für die Entspannung notwendige positive Wirkung des Vertrages zu festigen, und allen Versuchen, unter welchen Vorwänden auch immer, den Vertrag zu unterminieren, entgegenzutreten.

Ich unterschätze nicht, daß in der Frage des NPT die Assoziation von Kernenergie und Gefahr in Verbindung mit der realen Angst vor dem Terrorismus begreifliche Verwirrung stiften kann. Da wir in den sozialistischen Ländern den Terrorismus praktisch nur aus der Vergangenheit, aus Berichten und gelegentlichen Besuchen im kapitalistischen Ausland bzw. aus unserer Analyse der kapitalistischen Gesellschaftsordnung in ihrer Niedergangsphase theoretisch kennen, ist es uns offensichtlich leichter, das eigentliche Ziel des NPT im Gedächtnis zu behalten, der Versuchung einer Anwendung von Kernwaffen oder einer Drohung einer solchen Anwendung in Auseinandersetzungen zwischen Staaten entgegenzuwirken. Dem Terrorismus muß man schon mit anderen Mitteln zu Leibe rücken.

Ich will hier nicht die Frage aufwerfen, unter welchen Bedingungen intelligente und mit materiellen Mitteln gut versorge Menschen sich zu Terrorbanden zusammenschließen. Die weit kolportierte Hypothese, daß solche Menschen aus gestohlenem Plutonium einfache Kernwaffen herstellen können, halte ich für wahrscheinlich. Daß sie es tun werden, halte ich auf Grund der Voraussetzung einer ausreichenden Intelligenz für sehr unwahrscheinlich, da sie effektive Druckmittel finden werden, die einfacher, billiger und mit weniger Risiko beschafft werden können. Die Wahrscheinlichkeit, daß eines Tages Terroristen mit einer angeblichen Kernwaffe bluffen werden, wächst allerdings in dem Maße, in dem die Angst der Öffentlichkeit in diese Richtung gelenkt wird. Eine Bombe aus normalem Reaktorplutonium, welches denaturiert ist, wird sehr unzuverlässig sein. Ihre Sprengkraft wird mindestens eine Größenordnung unter der Hiroshima- und Nagasaki-Bombe liegen. Die Auffassung, daß man die Gefahren eines Mißbrauchs der Kernenergie durch Drosselung ihrer Entwicklung bannen kann, ist m. E. auf Sand gebaut. Sie ist nicht nur unrealistisch – sie ist falsch. Die Bedeutung der Kernenergie für die Zukunft der Menschheit – und nur im Frieden kann es eine Zukunft geben – liegt gerade darin, daß die Kernenergetik friedliche Lösungen für das chronische Energieproblem ermöglicht und damit einen Faktor eliminiert, der den Prozeß der Entspannung umkehren und das Risiko eines nuklearen Weltkrieges wieder zu einer akuten Gefahr machen könnte. Die Drohungen des Kriegsministers der USA, im Nahen Osten militärisch einzugreifen, zeigen die Substanz hinter diesen Überlegungen, wie auch einige andere unzeitgemäße Begleitmusik ...

Einer der Schüler und engsten Mitarbeiter, in der Nachfolge Leiter des Teams von Klaus Fuchs und späterer Direktor des ZfK, Prof. Dr. Günter Flach, hat in einem bewegenden Nachruf 1989 nicht nur über dessen Verdienste als theoretischer Physiker und als Wissenschaftsorganisator gesprochen, sondern auch über das »selbstlose Auftreten gegen den amerikanischen Kernwaffenmonopolismus«. Er wirft die Frage auf: »Wie kam er dazu, sich für die Mitwirkung an der Entwicklung der amerikanischen Atombombe zu entscheiden und lange vor dem verbrecherischen Abwurf der ersten Bomben gegen den amerikanischen Atombombenmonopolismus aktiv zu werden, um das Gleichgewicht der Kräfte wiederherzustellen und einen Krieg zu verhindern?« Seine Biographie habe Klaus Fuchs »nur« gelebt, nie sei ihm die Zeit gegeben gewesen, sie aufzuschreiben. »Die Auseinandersetzung mit dem Erbe von Klaus Fuchs ist also in vollem Gange. Zukünftig wird wohl oft die Frage gestellt werden, was er mehr gewesen sei – Wissenschaftler oder Kommunist. Wir, seine Zeitgenossen, wissen, daß bei Klaus Fuchs beides untrennbar miteinander verbunden gewesen ist, wenn auch vermutlich mit der Zeit die Bedeutung des wissenschaftlichen Erbteils etwas zurücktreten mag und dafür die großen moralischen Qualitäten und Leistungen im Lichte bleiben werden, mit denen er die Geschichte dieses Jahrhunderts mitgeschrieben hat.«

Wie bereits erwähnt, nahm Klaus Fuchs in seinen letzten Lebensjahren doch noch Stellung zu seinem Verhalten während der Kriegs- und Nachkriegsjahre in England und den USA. Weil sich der einstige DDR-Aufklärungschef Markus Wolf nicht damit abfinden wollte, daß ein Mann mit einem solch außergewöhnlichen Leben »sein Wissen mit ins Grab nahm«, hatte er Erich Honecker um Vermittlung gebeten, der sich persönlich an Fuchs wandte,

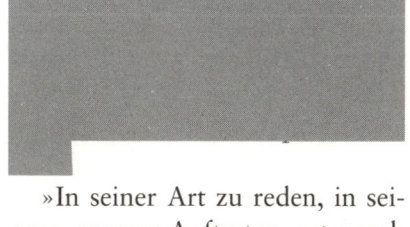

»In seiner Art zu reden, in seinem ganzen Auftreten entsprach Klaus Fuchs nicht den landläufigen Vorstellungen von einem erfolgreichen Spion«, so kennzeichnete ihn Markus Wolf. »Die hohe Stirn, die aufmerksamen, nach jeder Frage hinter der randlosen Brille nachdenklich blickenden Augen vertieften den Eindruck des typischen Wissenschaftlers, den er vom ersten Moment an machte. Diese Augen wurden lebendig, wenn Fuchs auf die Grundlagen der theoretischen Physik, auf die Quantentheorie oder die mathematische Berechnung von Schwankungen bei der Implosion der Plutoniumbombe zu sprechen kam. Er war Forscher mit Leib und Seele.« Er sei ein Mann »aus dem Stoff« wie Richard Sorge, Harro Schulze-Boysen, Kim Philby und andere gewesen, die sich in den Dienst der Sowjetunion gestellt hatten, um dem Faschismus und dem Krieg ein Ende zu setzen. Fuchs habe erkannt, daß die Atombombe »schon vor dem Abwurf über Japan zu einem

Schwester Christel mit ihren Töchtern bei Klaus Fuchs in Dresden

271

Faustpfand in der Hand militanter Antikommunisten« zu werden drohte, die in der Sowjetunion bereits »den potentiellen Gegner und nicht mehr den Alliierten« sahen. Markus Wolf weist jedoch auch darauf hin, auf welche Distanz die Sowjetunion zu Klaus Fuchs nach dessen Verhaftung und Verurteilung gegangen war.

»Moskau hatte ihm den Wert seiner Informationen nie bestätigt, sondern jahrzehntelang so getan, als hätte der sowjetische Nachrichtendienst neben Fuchs noch andere Atomspione gehabt. Erst nach dem Tod von Klaus Fuchs wurde in der UdSSR publik, daß Igor Kurtschatow, der Vater der sowjetischen Bombe, dank Fuchs auf langwierige Versuche verzichten und sich auf das konzentrieren konnte, was in Los Alamos bereits erfolgreich probiert worden war. Vierzig Jahre nach der Explosion der ersten russischen Atombombe, die am 29. August 1949 über der kasachischen Steppe erfolgt war, räumten sowjetische Wissenschaftler erstmals ein, daß ohne die Informationen von Klaus Fuchs das US-Kernwaffenmonopol niemals so früh durch die Sowjetunion hätte gebrochen werden können.«

Klaus Fuchs hat nie eine offizielle Anerkennung durch die Sowjetunion erfahren. In den sechziger Jahren hatte sich Alexander Feklissow aus bester Kenntnis der Sachlage dafür eingesetzt, Klaus Fuchs die ihm gebührende Ehrung zukommen zu lassen. Doch ihm wurde weder eine Auszeichnung verliehen, noch wurde er, wie vorgeschlagen, als auswärtiges Mitglied der Akademie der Wissenschaften der UdSSR zur Wahl gestellt. Das wäre unzweckmäßig, soll der Präsident der Akademie, M. W. Keldysch, erklärt haben: »Es würde die Verdienste der sowjetischen Wissenschaftler schmälern.«

Auch als Klaus Fuchs im Sommer 1968 als Mitglied einer DDR-Delegation von Atomwissenschaftlern nach Moskau reiste, Forschungsinstitute besuchte und mit Wissenschaftlern zusammentraf, blieb sein Anteil an der Aufholjagd der sowjetischen Kernphysik völlig unerwähnt. Er selbst verlor kein Wort darüber. Nicht einmal bei einem Treffen mit einem leitenden KGB-Mitarbeiter kurz vor seiner Abreise wurde das Thema angesprochen. Das Angebot an Klaus Fuchs, mit seiner Frau zur Kur in ein Sanatorium auf der Krim zu fahren, lehnte er – aus Termingründen – dankend ab. Später kam man nie mehr darauf zurück.

»Klaus Fuchs hat fast dreißig Jahre darauf gewartet, daß die

Sowjetunion seine Verdienste anerkennt; er hat es nicht mehr erlebt«, stellte Alexander Feklissow in seinen »Notizen eines Kundschafters« fest. Er war im Juli 1989, eineinhalb Jahre nach Klaus Fuchs' Tod, zur internen Akademie-Aufführung des Filmes »Väter der tausend Sonnen«, an der auch Ruth Werner teilnahm, nach Berlin eingeladen worden. Er ging zunächst zum Friedhof Alt-Friedrichsfelde, zur Gedenkstätte der Sozialisten, wo Klaus Fuchs begraben liegt. »Aus Dankbarkeit, diesem wunderbaren Menschen begegnet zu sein«, habe er sich am Grab vor ihm verneigt. »Das zweite Mal verneigte ich mich im Namen des Sowjetvolkes, dem Klaus Fuchs in einer für die Sowjetunion schweren Zeit unschätzbare Hilfe geleistet hat. Das dritte Mal – im Namen der ganzen fortschrittlichen Menschheit, für deren Leben in Frieden der Wissenschaftler selbstlos tätig gewesen war.«

Am nächsten Tag war er zu dessen Witwe nach Dresden gefahren. Sie empfing ihn freundlich, als sie erfuhr, daß er von 1947 bis 1949 in England der Verbindungsmann von Klaus Fuchs gewesen war. Doch sie fragte: »Warum kommen Sie erst jetzt?« Ihr Mann habe sehr lange darauf gehofft, daß jemand von dorther käme, und zuletzt habe er geglaubt, es sei schon niemand mehr von den sowjetischen Genossen am Leben, die ihn gekannt hätten. Darauf wußte Feklissow keine rechte Antwort, allzu schwer fiel es ihm, »das seelenlose Verhalten unseres Dienstes gegenüber unserem treuen Helfer zu erklären«.

Ruth Werner war mehr als ein Jahrzehnt zuvor, im Herbst 1976, aus eigenem Antrieb zu Klaus Fuchs nach Dresden gefahren. Es war kurz vor der Veröffentlichung ihres Buches »Sonjas Rapport«, wovon sie ihn unterrichten wollte. Obwohl sie beide wußten, daß sie über ihre gemeinsamen Aktivitäten in England weiter Stillschweigen bewahren mußten, hatte sie in ihrem ursprünglichen Manuskript auch darüber geschrieben. Sie war damals bald 70 Jahre und wollte nicht zuletzt späteren Generationen einen vollständigen, authentischen »Rapport« über diesen Teil ihres Lebens geben. Es war lange fraglich, ob das Buch überhaupt erscheinen sollte, und die zähen Diskussionen mit der Hauptabteilung Aufklärung auch über Einzelheiten und unstrittige Fakten – da »Sicherheitsfragen« berührt waren – hatten sich über Jahre hingezogen. Schließlich hatte Erich Honecker sich selbst in die Diskussion eingeschaltet, das Buch gelesen und ein längeres Gespräch mit ihr geführt. Es kam zu einem Beschluß des Politbüros, der grundsätzlich die Veröffentlichung befürwortete, jedoch ohne die Passagen über Klaus Fuchs.

So vergingen wiederum viele Jahre, bis Ruth Werner 1988 mit Blick auf die Entwicklung in der Sowjetunion und dort erfolgte Veröffentlichungen über Klaus Fuchs und seine Tätigkeit für dieses Land entschieden fordern konnte, das ihr auferlegte Schweigegebot nun aufzuheben. Sie mußte auch diesmal bei der Hauptabteilung Aufklärung vorstellig werden, und ein Major nahm ihr Eintreten für Klaus Fuchs und ihren vollständigen »Rapport« zu Protokoll, nicht ohne zu vermerken, daß durch »Genn. Werner der Gen. Markus Wolf bereits informiert« war. Sie berief sich auf eine Veröffentlichung in der sowjetischen Zeitung »Moskauer Nachrichten«, Nr. 51, 1987, auf ein Interview mit dem englischen Wissenschaftler Rudolf Peierls, der Klaus Fuchs aus gemeinsamer wissenschaftlicher Tätigkeit gekannt und seinerzeit seine Einstellung in das englische Atomforschungszentrum veranlaßt hatte. In dem Artikel sei »der Fakt veröffentlicht, daß Klaus Fuchs während seiner Tätigkeit in England das Atomgeheimnis an die Sowjetunion ›verraten‹ hat und sie dadurch etwa ein Jahr früher als selbst geplant in den Besitz der Atombombe gelangt sei«. Nach ihrer Kenntnis erscheine diese sowjetische Zeitung in mehreren Sprachen, sie sei nicht nur in der Sowjetunion, sondern auch in England und anderswo weit verbreitet. Sie bat darum, ihr Kopien »von den entsprechenden Seiten ihres Manuskriptes von ›Sonjas Rapport‹ auszuhändigen«. Es sei ihre Absicht, erklärte sie, diese Passagen über ihre Zusammenarbeit mit Klaus Fuchs zu überarbeiten und in eine Neuauflage ihres Buches »Sonjas Rapport« aufzunehmen. Dieses Gespräch in der Hauptabteilung Aufklärung fand am 14. April 1988 statt, wenige Wochen nach dem Tod von Klaus Fuchs – er war am 28. Januar 1988 in Berlin verstorben.

Zu einer Neuausgabe von »Sonjas Rapports« in der DDR kam es nicht mehr. Dafür erschien der vollständige Lebensbericht 1991 in England. Der Verlag Chatto & Windus hatte sich zu der Herausgabe entschlossen, und Ruth Werner wollte im November, beim Erscheinen des Buches, mit ihrem Mann nach London reisen, wo ihre jüngste Schwester, Renate Simpson, lebte, die diese erstmalige Übersetzung ins Englische besorgt hatte. Doch die Presse hatte auf die Ankündigung der Reise mit heftigen Attacken gegen die »Sowjetagentin« reagiert und Graham Riddick, ein Parlamentsabgeordneter der Tories, forderte sogar ihre Verhaftung, falls sie und ihr Mann die Insel betreten sollten. Dadurch wurde der »Fall« wiederum zur Staatsaffäre, und der Generalstaatsanwalt sah sich genötigt, vor dem Parlament zu erklären: »Unter Berücksichtigung aller Umstände, ihres hohen Lebensalters und daß eventuelle Delikte gegen das Amtliche Sicherheitsgesetz fünfzig Jahre zurückliegen sowie der Rahmenbedingungen ihres Handelns, hat der amtierende Direktor der Strafverfolgungsbehörde entschieden, daß es nicht im öffentlichen Interesse liegt, gegen sie vorzugehen.«

Der Tory-Abgeordnete Rupert Allason bemerkte dazu weniger verklausuliert: »Daß MI 5 den Fall der Beurtons vermasselt hat, ist nicht ihre Schuld und gehört nicht zu den ruhmreichsten Kapiteln der britischen Spionageabwehr und sollte am besten vergessen werden.« Und so reiste Ruth Werner, zwar mit einiger Verzögerung, doch unangefochten noch einmal nach London, Oxford und Great Rollright, an ihren letzten englischen Wohnort und zur dortigen Grabstätte ihrer Eltern.

Der englischen Buchausgabe »Sonya's Report« hatte sie ein Nachwort beigegeben, in dem sie unter dem Eindruck der Ereignisse dieser Jahre noch einmal die Bilanz ihres Lebens zieht und auf die Fragen antwortet, die ihr von Lesern, Freunden, ihren Kindern und auch von sich selbst in letzter Zeit immer wieder gestellt worden sind: Würde sie ihr Leben noch einmal so leben und das tun, was sie getan hatte, wenn sie wüßte, was sie heute weiß – Stalins Verbrechen, die Agonie und der Zerfall der Sowjetunion, der Niedergang der DDR und des sozialistischen Traums?

Als Chruschtschow Stalins Schuld auf dem zwanzigsten Parteitag 1956 aufdeckte, waren das russische Volk und Kommunisten aus aller Welt schockiert. Viele wollten es nicht glauben. Und ich muß den besonderen Schmerz erwähnen, den ich fühlte, als ich (viel später noch) erfuhr, daß Kolzow, Borodin, Manfred Stern, Karl Rimm – alles ehrliche und tapfere Kommunisten – von Stalin umgebracht wurden. Aber ich muß auch hinzufügen, daß ich nicht diese zwanzig Jahre im Gedanken an Stalin arbeitete. Wir wollten dem russischen Volk in seinem Bemühen, den Krieg zu verhindern, helfen und dann, nachdem der Krieg gegen Hitlerdeutschland ausbrach, ihn zu gewinnen. Aus diesem Grunde habe ich durchgehalten.

Und dann war ich vierzig Jahre lang in der Deutschen Demokratischen Republik aktiv tätig, sei es Ziegel aus dem Schutt zu suchen und zu säubern, um neue Häuser zu bauen, sei es das Schreiben von Artikeln oder Büchern (elf an der Zahl) oder seien es Vorträge zur »Parteischulung« gewesen. In all dieser Zeit akzeptierte ich unsere Regierung und unsere Parteivorsitzenden mit nur geringen Kritikpunkten. Es darf nicht vergessen werden, daß ich in den ärmsten Teil Deutschlands zurückgekehrt war, der außer Braunkohle keine Rohstoffe besaß; Ostdeutschland war ein Trümmerfeld und zudem verpflichtet, schwere Reparationszahlungen an die UdSSR zu leisten. Zur selben Zeit unterstützten und inspirierten die USA die Kalte-Krieg-Haltung der BRD gegenüber der DDR. Die Vereinigungsvorschläge der Sowjetunion, die in unserem Namen 1952 unterbreitet wurden, erhielten ein heftiges »Nein«. Der westdeutsche Kanzler Adenauer sagte 1954: »Der beste Weg, den deutschen Osten wiederzugewinnen, ist die Wiederbewaffnung.« Und heimlich wurde diese Wiederbewaffnung auch durchgeführt, mit Hilfe der USA.

Das waren unsere Probleme. Gegen alle Widerstände hatten wir unsere Wirtschaft aufgebaut. Die Menschen arbeiteten, ein bescheidener Lebensstandard war erreicht, niemand hatte überviel, gute soziale Maßstäbe wurden nach und nach eingeführt. Unsere Kinder wuchsen als Antifaschisten auf. Da meine Arbeit mit der Presse zusammenhing, spürte und erfuhr ich die starke Abneigung der kapitalistischen Länder gegen uns und las die Lügen, die ihre Zeitungen verbreiteten (und auch die Wahrheiten, die ich für Lügen hielt). Was ich nicht mochte in unserem Land war der von Jahr zu Jahr stärker werdende Dogmatismus innerhalb der Partei, sowie die Übertreibung unserer Fortschritte und das Vertuschen von Fehlern. Und diese wurden schlimmer, als unser Wirtschaftswachstum stoppte. Ich fühlte mehr und mehr Unehrlichkeit in den Berichten und Ansprachen, die von oben kamen und die Isolation des Politbüros vom Volk zeigten. Es schmerzte und ärgerte mich zu sehen, wie wir uns in den Augen der Arbeiter lächerlich machten, die aus ihren Betrieben die wirkliche Lage kannten.

Aber ich glaubte immer noch, daß ein besserer Sozialismus erreicht werden konnte, wenn man die alten Männer in den längst überfälligen Ruhestand zwänge und jüngere, fähigere die Geschäfte übernehmen und unseren Staat von seinen fast schon chronischen Gebrechen heilen würden. Ich und auch die meisten anderen Parteimitglieder waren erleichtert, als sich die ersten verabschiedeten und andere vom Politbüro ihnen folgten. Wir hofften, daß mit Glasnost und Perestroika, mit mehr Demokratie anstelle von Diktatur und absoluter Gewalt, mit realistischen ökonomischen Reformen die desillusionierten Massen zurückgewonnen werden könnten. Da wir nicht das Ausmaß der Unmoral und Korruption unter unseren Führern kannten, wußten wir nicht, in welch tiefer ökonomischer Krise wir uns befanden, und so konnten wir nicht ahnen, wie schnell der größere und reichere Teil Deutschlands seine Vorteile nutzen und uns annektieren würde. Historisch betrachtet war die Wiedervereinigung unabdingbar. Man kann ein Land nicht auf ewig durch eine Mauer teilen, aber vieles, was jetzt zerstört wurde an Kultur, Wissenschaft, Industrie und sozialen Institutionen wäre wert gewesen, es zu erhalten. Man könnte mich freilich fragen, was ich persönlich gegen den Dogmatismus, gegen die Deformation des Sozialismus, von der ich ja wußte, getan habe. Und ob ich glaube, daß mein Leben vergeudet sei? Fühle ich mich schuldig, daß ich mich beugte unter etwas, von dem ich wußte, daß es falsch war? Ich bekämpfte die Mißstände, die mir bekannt waren, aber eben nur soweit, daß ich meine Parteizugehörigkeit behalten und weiter Bücher schreiben konnte.

Als ich, nach den ersten größeren Veränderungen in der DDR, unseren regelmäßigen Sitzungen im Schriftstellerverband beiwohnte, sagten viele meiner Kollegen zu mir:»Du brauchst kein schlechtes Gewissen zu haben, du warst immer ehrlich«. War ich, aber ich folgte dem Ratschlag einer mir namentlich nicht erinnerlichen russischen Schriftstellerin. (Tatsache ist jedoch, daß den Spruch der schwäbische Theosoph Oetinger im 18. Jahrhundert verfaßt hat. E. P.):

»Meine hundert Leben
Gib mir die Gelassenheit, Dinge hinzunehmen,
die ich nicht ändern kann;
gib mir den Mut, Dinge zu ändern,
die ich ändern kann,
und gib mir die Weisheit,
das eine vom anderen zu unterscheiden.«

Ich arbeitete innerhalb der Möglichkeiten, die mir offenstanden. Heute mag das opportunistisch erscheinen, und ich muß mich fragen, wie oft ich dogmatisch war? Wie oft glaubte ich an Dinge, von denen ich heute weiß, daß sie falsch waren? Wie oft glaubte ich, daß Genossen Verräter seien, von denen sich herausstellte, daß sie Opfer unseres deutschen Stalinismus waren? Die Erinnerung daran läßt mich erröten, und das Nachdenken über 40 Jahre DDR und mein eigenes Verständnis darüber ist noch nicht komplett. Ich muß mit meiner Bitternis über die Parteiführung klarkommen, die mich dahinführte, wohin sie uns brachte. Viele gute Männer und Frauen leben jetzt in tiefer Enttäuschung, wandten sich von allem ab, an das sie glaubten. Ich kann das nicht. Vielleicht durchlebe ich jetzt die schwierigste Zeit meines Lebens, aber ich glaube, daß Marx, Rosa Luxemburg und Lenin große Revolutionäre waren. Für zukünftige Generationen will ich immer noch soziale Gerechtigkeit, Zugang für jeden zu einer guten Bildung, und vor allem will ich, daß nirgendwo jemand hungert und daß Frieden ist auf der Welt. So tief wie immer verachte und hasse ich die Arroganz der Reichen, die Macht des Geldes. Ich hasse Rassismus und Faschismus. Bin ich ohne Hoffnung? Ich stimme überein mit einem Jugendlichen, der mich depressiv antraf und sagte: »Du glaubst nicht für einen Moment, daß Kapitalismus die Lösung ist. Warte 30 Jahre, bis dahin schaffen wir einen Sozialismus ohne die eklatanten Fehler, die wir bei unserem ersten Versuch machten.« Tja, das ist ein bißchen lang für mich, aber so lange ich noch lebe, kann ich auf dieses Ziel hinarbeiten. Oder?

An einem Maimorgen des Jahres 2000 besuchte ich Ruth Werner kurz vor ihrem 93. Geburtstag und ihrem Tod zum letzten Mal in ihrer Wohnung. Es war ein Reihenhaus in der Nähe des Plänterwaldes mit Gartenweg zur Tür, schmalem Flur und dem Wohnzimmer, von wo aus man auf ein kleines Rasenstück, Sträucher, Bäume und eine dichte Hecke ringsum blickte. In den vergangenen Jahrzehnten war ich oft, doch viel zu selten dort gewesen. »Viel zu selten«, sagte sie mir wieder lächelnd an der Tür. Sie sei jetzt nicht mehr so beweglich und habe zwar die Kinder und Kindeskinder um sich, die sich lieb um sie kümmerten, doch sie vermisse die Freunde und Genossen sehr, die sie sonst allenthalben bei Versammlungen und anderen Gelegenheiten getroffen habe. So genau wisse sie ja nicht, wieviel Zeit ihr noch bleibe.

Im Gespräch lebte sie auf, war munter und neugierig wie eh und je, nahm Anteil an allem, was hier und weit in der Welt geschah, nur von sich selbst sprach sie zunächst nicht. Mich fragte sie nach alten Bekannten und meiner Arbeit aus, wollte wissen, wie es meiner Frau gehe, ob sie noch in ihrem Beruf sei oder ihre Stelle verloren habe. Und meine Kinder, die beiden Jungen, ob ich nicht ein Foto bei mir hätte, es interessiere sie, was aus ihnen geworden sei, unter den jetzigen Verhältnissen in der Schule und überhaupt. Natürlich hatte sie mein neues Buch und das Manuskript gelesen, das ich ihr zuvor geschickt hatte. Wie immer sagte sie mir deutlich die Meinung, erörterte Thema und Anliegen. Von jeder Figur und

In Berlin-Baum-
schulenweg

jeder Wendung der weitverzweigten Handlung hatte sie einen
festen Eindruck, Fragen und deutliche Kritik, wobei sie sich
bemühte, mich nicht in allzu arge Selbstzweifel zu stürzen. Sie
meinte, dem Buch würde sie viele Leser wünschen, weil es eine
spannende Geschichte über unsere Geschichte sei. »Aber wer wird
es heutzutage drucken, kaufen, lesen? Wen interessieren Bücher
mit unseren Problemen und Konflikten noch?« fragte sie besorgt.
»Hast du schon einen Verlag?«

Auf dem Tisch neben dem Bett, das auch früher hier unten im
Wohnzimmer gestanden hatte, lag ein Stapel Bücher und eine auf-
geschlagene Zeitung, das »Neue Deutschland«. Ehe ich kam, hatte
sie darin gelesen. Morgens lese sie stets sehr gründlich die Zeitung,
sagte sie, oft auch die »Junge Welt«, in der ja ihr Bruder Jürgen bis
zu seinem Tod freche Artikel geschrieben habe. Neuerdings dauere das Zeitungslesen bei ihr aber erheblich länger, sie gerate dabei
ins Grübeln, vieles rege sie sehr auf. Im Fernsehen verfolge sie nur

279

die aktuellen Sendungen, mehr sei kaum noch zu ertragen. Die meiste Zeit widme sie ohnehin dem Bücherlesen, das sei noch extremer geworden, seit sie selbst nicht mehr Bücher schreibe – damit sei es endgültig vorbei. Dennoch freue es sie sehr, daß dieser Tage »Sonjas Rapport« in China erschienen sei. Leider sei es hierzulande anders, da herrsche seit 1990 Stille um ihre Bücher – nach mehr als einer Million Gesamtauflage. Allein der Berliner Spotless-Verlag hatte die Erzählung »Der Gong des Porzellanhändlers« neu herausgebracht und nun das Neuerscheinen der »Muhme Mehle« angekündigt. Glücklich war sie darüber, daß sie zum Solibasar auf dem Alexanderplatz die »Gong«-Geschichte, Erlebnisse ihrer Chinajahre, noch einmal signieren und in die Hände ihrer Leser geben konnte, die sie umdrängt hatten, erstaunlich viele junge seien darunter gewesen. Was ihr Leben und Schreiben bestimmt hatte, bestimmte es auch noch heute. Beunruhigt sprach sie von den jetzigen Kriegen und Bedrohungen, den alten Konflikten und Gegensätzen, zu denen neue hinzugekommen seien. Nichts mache ihr aber mehr zu schaffen, sagte sie, als die weggebrochene, kleiner gewordene, jedoch in ihren Augen nicht gänzlich verlorene Chance für eine bessere, friedliche und sozialistische Welt. »Allzu optimistisch sehe ich nicht in die Zukunft«, sagte sie. »Aber es galt für mich immer, selbst in den ausweglosesten Situationen: Der Mensch braucht, ohne sich in Phantasien zu flüchten, ein Segment Hoffnung und Traum, das er nie aufgeben darf.«

Vor fast einem halben Jahrhundert hatte ich sie kennengelernt, seitdem waren wir miteinander im Gespräch. Immer wieder einmal hatten wir uns dabei auch in die Region der Hoffnungen und Träume begeben. Manchmal verließ uns der Realitätssinn (mehr mich als sie), wenn wir Schwierigkeiten und Fehlentwicklungen hierzulande kleiner und unbedeutender redeten oder glaubten, sie kraft unserer Überzeugung oder gar der Literatur bewältigen zu können. Bei jedem Gespräch, selbst am Telefon, kam sie darauf zu sprechen, und irgendwann erfolgte prompt die Aufforderung: »Das Buch mußt du lesen! Wenn du's nicht hast, gebe ich's dir.«

Nicht alles war gesagt und wurde gesagt, auch nicht an diesem Morgen, als ich das letzte Mal bei ihr zu Hause war. Ich glaube sogar, das allerehrlichste Reden über den Alltag, die Politik und Bücher konnte manchmal das Verschweigen von Dingen sein, die dringend zu bereden gewesen wären. Erst nach und nach hatte ich von ihr erfahren, was sie in ihrem Leben auf sich genommen hatte, das Wesentlichste im letzten Jahrzehnt, manches erst aus anderer Leute Mund oder Büchern. Das Schweigen über die Sache, für die sie gelebt und mit anderen Genossen alles riskiert hatte, war ihr zur zweiten Natur geworden, die disziplinierte Treue zur Sache. Keine Frage, daß dies lange Zeit absolut notwendig gewesen war – aber bis wann und warum blieb jetzt noch immer ein Rest Schweigen?

Schließlich sagte sie unvermittelt, als ich schon gehen wollte: »Ich habe trotz allem viel Glück gehabt«, und erwähnte Oxford-Summertown, von wo aus sie nach Banbury geradelt war, und Great Rollright, das Dorf in den Cotswolds, den Fluchtpunkt, als die Zeitungen gemeldet hatten, daß eine junge dunkelhaarige Frau aus dieser Gegend der Spionage verdächtigt würde. »Ich verdanke es Klaus Fuchs, daß sie mich nicht fassen konnten, seinem Schweigen, und ich habe damals auch keine Sekunde daran gezweifelt, daß er sich lieber die Lippen blutig beißen würde, als mich zu verraten.« Sie nannte es das »Gesetz des Schweigens«, dem er und sie sich damals unterworfen hätten. Es sei nicht leicht gewesen, sich in all den Jahren daran zu halten, die für sie kein Ende zu nehmen schienen. Im Nachhinein komme es ihr wie ein Wunder vor, daß es immer wieder gut ging und sie unentdeckt, fast unbehelligt von jeglichem Irrwitz dieses waghalsigen Jahrhunderts blieb, vor allem durch die Treue der Genossen an ihrer Seite, der Freunde und der Familie. Bedrückt sprach sie davon, daß Klaus Fuchs nicht dieses Glück und die Anerkennung gehabt habe wie sie trotz allem. »Er hat bitter bezahlen und bis zum Tod über alles schweigen müssen, obwohl er so viel für jeden von uns getan hat – und mit uns meine ich nicht nur uns hier.«

Es war alles klar, was sie sagte, ohne Bitterkeit, ohne Verklärung. Fast verlegen blinzelte sie mir zu und meinte, um solche Gedanken käme sie eben nicht herum, immer wieder stelle sie sich solche Fragen und kehre, vor dem Zeitungsblatt oder einem Buch sitzend, zu diesen Zeiten und den heute keineswegs erledigten Problemen zurück. Zu viele Stimmen würden jetzt laut, zu viele Deutungen und Verfälschungen. »Damals jedenfalls war ich mir voll bewußt, was ich tat und worum es dabei ging«, sagte sie. »Ich war im Grunde nur der Bote, ich habe die Botschaft übermittelt, Formeln und Berechnungen, von denen ich wenig verstand, aber über deren Bedeutung, vor allem die politische und sogar weltpolitische,

ich mir ziemlich im klaren war. Immerhin, den großen Krieg zwischen West und Ost, den dritten Weltkrieg und drohenden Atomkrieg, hat es nicht gegeben«, sagte sie dann. »Wohl auch deshalb nicht, weil unsere Leute rechtzeitig in den Besitz der Bombe gekommen sind. Unsere Leute«, diese Worte betonte sie und nur kurz war ein Lächeln in ihrem Blick. »Unsere Leute, aber wo sind sie jetzt?«

Sie berichtete mir noch, daß ihr dieser Tage die Russische Botschaft angekündigt habe, die jetzige Regierung wolle sie wegen ihres damaligen heldenhaften Einsatzes mit einem Orden ehren. »Ich bin kein Held und will keinen Orden mehr!« habe sie dem Attaché gesagt, der hier bei ihr vorgesprochen habe. »Überhaupt

282

diese Orden, Ehrungen und großen Worte, die an so viel Frag-
würdiges verschwendet worden sind.« Anders, ganz anders sei es
gewesen, als sie 1937 angesichts des drohenden Krieges in der
Nazihochburg Danzig beim nächtlichen Funkverkehr mit der
Moskauer Zentrale die verschlüsselte Nachricht erreicht habe, daß
sie mit dem Rotbannerorden ausgezeichnet worden sei, den sie
dann aus den Händen des alten weißhaarigen Kalinin im Kreml
erhielt. Und noch 1969, als ihr zum zweitenmal von der Sowjetregierung der Rotbannerorden verliehen wurde, sei sie stolz darauf gewesen, obwohl sie da schon der Gedanke an die vielen anderen Genossen geschmerzt habe, die diesen Orden dreifach verdient
hätten und verschwiegen wurden oder nicht mehr am Leben
waren. »Ich denke jetzt oft an Klaus Fuchs und sehe ihn wie
damals in Banbury vor mir.«

Irgendwann in diesem zeitigen Frühling 2000 hatte sie mir auch
das Buch »Chinesische Gedichte aus drei Jahrtausenden« mit auf
den Weg gegeben, in dem sich einige der bewegenden Verse Lu
Hsüns (1881-1936) finden, mit dem Ruth Werner in Shanghai
bekanntgeworden und oft zusammengetroffen war. Gejagt von der
Geheimpolizei war er dahin geflüchtet, nachdem er sich in Peking
als Universitätsprofessor bei blutigen Zusammenstößen mit Regierungstruppen auf die Seite der rebellierenden Studenten und Streikenden gestellt hatte. Auf der allerletzten Seite des Buches steht
sein Gedicht: »Sonst nichts«, das er – den man den »Gorki Chinas« nennt – damals in ihrer Nachbarschaft geschrieben hatte:
> In diesem Halbjahr sah ich wieder
> sehr viel Blut, sehr viele Tränen.
> Doch ich war nur beunruhigt,
> sonst nichts.
> Die Tränen wurden abgewischt, das Blut gerann.
> Und wieder gehen die Schlächter umher.
> Sie nehmen die harten Messer.
> Doch ich bin nur beunruhigt,
> sonst nichts.
> Wenn ich jedoch, beunruhigt,
> den Kampfplatz suchte, an den ich gehöre,
> ich bliebe bei dem Buch
> »Sonst nichts«.

Es war mein Bemühen, einen authentischen Bericht über die Lebenswege von Klaus Fuchs und »Sonja« zu geben. Ich bin Janina, der Tochter Ruth Werners, und den Söhnen Peter und Michael zu Dank verpflichtet, daß sie mich bei diesem Vorhaben großzügig unterstützt und mir uneingeschränkt Briefe, Tagebücher, Dokumente und Fotos ihrer Mutter und der Familie zur Verfügung gestellt haben. Ebenfalls danke ich Dr. Dieter Hoffmann vom Max-Planck-Institut Berlin für seine umfassende Hilfe bei der Literaturrecherche zu Klaus Fuchs sowie für zahlreiche wissenschaftshistorische Ratschläge. Bei der Übersetzung englischsprachiger Buch- und Brieftexte leisteten mir Helga Besenbruch und Christian Oehme freundlicherweise Hilfe. Die deutsche Fassung des Reims »Banbury Cross« stammt von Michael Hamburger, die des Gedichts Lu Hsüns »Sonst nichts« von Margarete Donath. Besonderer Dank gilt meinem Freund Klaus Franke, der das Buchmanuskript mehrmals durchgesehen und mir wertvolle Hinweise gegeben hat.

Eberhard Panitz,
Berlin, 1. Februar 2003

Literaturhinweise

Andrew, Christopher, und Mitrochin, Wassili, *Das Schwarzbuch des KGB. Moskaus Kampf gegen den Westen*, München 2001

Barwich, Heinz, *Das rote Atom*, München, Bern 1967

Blank, Alexander S. und Mader, Julius, *Rote Kapelle gegen Hitler*, Berlin 1979

Blankenfeld, Janina, *Die Tochter bin ich. Kindheitserinnerungen*, Berlin 1985

Boveri, Margret, *Der Verrat als Epidemie: Amerika. Der Verrat im XX. Jahrhundert – Fazit*, Reinbeck bei Hamburg 1960

Donath, Andreas, Hg., *Chinesische Gedichte aus drei Jahrtausenden*, Frankfurt am Main 1963

Feklissow, Alexander, *Notizen eines Kundschafters – In Übersee und auf der Insel*, Moskau 1994

Flach, Günter, *Klaus Fuchs – Sein Erbe bewahren*, Akademie der Wissenschaften, Berlin 1989

Fuchs, Emil, *Mein Leben*, 2 Bände, Leipzig 1957

Fuchs, Emil, Mein Leben, Textfragmente aus dem Entwurf zum 3. Band, in *Christentum, Marxismus und das Werk von Emil Fuchs*, Rosa-Luxemburg Stiftung Sachsen, Leipzig 2000

Fuchs, Emil, *Wochenberichte*, Hg. Friedrich-Martin Balzer und Manfred Weißbecker in *Blick in den Abgrund, Das Ende der Weimarer Republik im Spiegel zeitgenössischer Berichte*, Bonn 2002

Fuchs, Klaus, *Die Bedeutung der Kernenergie für den wachsenden Energiebedarf der Menschheit*, in *Atomkraft – Herausforderung an die Menschheit*, Hg. Flach, Günter; Banse, Gerhard; Bonitz, Manfred; Berlin/Rossendorf 1988

Goljakow, Sergej und Ponisowski, Wladimir, *Richard Sorge. Kundschafter und Kommunist*, Berlin 1982

Hartland, Michael, *The Third Betrayal*, London 1986

Haynes, John Earl und Klehr, Harvey, *Venona. Decoding Soviet Espionage in America*, New Haven and London 1999

Hellwig, Joachim, *Väter der tausend Sonnen,* 2 Montagelisten zum nicht öffentlich gezeigten DEFA-Dokumentarfilm und zur nicht gesendeten Fernsehfassung, Berlin 1989

Herbig, Jost, *Kettenreaktion. Das Drama der Atomphysiker*, München 1976

Hermann, Armin, *Einstein. Der Weltweise und sein Jahrhundert*, München 1994

Herneck, Friedrich, *Bahnbrecher des Atomzeitalters. Große Naturforscher von Maxwell bis Heisenberg*, Berlin 1966

Höhne, Heinz, *Der Krieg im Dunkeln. Die deutsche und russische Spionage*, Augsburg 1996

Hoffmann, Dieter, Hg., *Operation Epsilon. Die Farm-Hall-Protokolle oder Die Angst der Alliierten vor der deutschen Atombombe*, Berlin 1993

Hoffmann, Klaus, *Otto Hahn. Stationen aus dem Leben eines Atomforschers*, Berlin 1978

Jungk, Robert, *Heller als tausend Sonnen. Das Schicksal der Atomforscher,* Stuttgart 1956

Knopp, Guido, *Topspione. Verräter im geheimen Krieg: Der Atomspion,* Zur Fernsehreihe, München 1999

Kuczynski, Jürgen, *Dialog mit meinem Urenkel. Neunzehn Briefe und ein Tagebuch,* Berlin 1989

Kuczynski, Jürgen, *Ein linientreuer Dissident. Memoiren 1945-1989,* Berlin 1992

Kuczynski, Jürgen, *Freunde und gute Bekannte. Gespräche mit Thomas Grimm,* Berlin 1997

Kuczynski, Jürgen, *Memoiren. Die Erziehung des J. K. zum Kommunisten und Wissenschaftler,* Berlin 1981

Lindner, Georg, *Rüstung und die Verantwortung des Physikers, in besonderer Weise dargestellt am Spionagefall Klaus Fuchs,* Diplomarbeit, Karl-Franzens-Universität Graz 1991

Mader, Julius, *Dr.-Sorge-Report, Ein Dokumentarbericht über Kundschafter des Friedens mit ausgewählten Artikeln von Richard Sorge,* Berlin 1984

Müncheberg, Hans, *Blaues Wunder aus Adlershof. Der Deutsche Fernsehfunk – Erlebtes und Gesammeltes,* Berlin 2000

Rado, Sandor, *Dora meldet ...,* Berlin 1971

Shukow, Georgi K., *Erinnerungen und Gedanken,* 2 Bände, Berlin 1970

Smedley, Agnes, *Eine Frau allein. Mein Lebensroman,* Berlin 1957

Tschikow, Wladimir und Kern, Gary, *Perseus. Spionage in Los Alamos,* Berlin 1996

Weizsäcker, Carl Friedrich von, *Atomenergie im Atomzeitalter,* Frankfurt am Main 1957

Werner, Ruth, *Auskünfte. Zum 75. Geburtstag,* Hrsg. Sagasser, Joachim, Berlin 1982

Werner, Ruth, *Gedanken auf dem Fahrrad. Publizistik aus zwei Jahrzehnten,* Berlin 1980

Werner, Ruth, *Sonjas Rapport,* Berlin 1977

Werner, Ruth, *Sonya's Report,* London 1991

Werner, Ruth, *Ein ungewöhnliches Mädchen,* Berlin 1957

Werner, Ruth, *Olga Benario,* Berlin 1961

Werner, Ruth, *Der Gong des Porzellanhändlers,* Berlin 1976

West, Nigel, *MI 5. British Security Service Operations 1909-1945,* London, Sydney, Toronto 1981

Williams, Robert Chadwell, *Klaus Fuchs. Atom Spy,* Cambridge, M. und London 1987

Wolf, Markus, *Spionagechef im geheimen Krieg. Erinnerungen,* Düsseldorf und München 1997

Whymant, Robert, *Der Mann mit den drei Gesichtern. Das Leben des Richard Sorge,* Berlin 2002

Inhalt

Die Fotos entstammen den Privatarchiven Beurton, Hamburger, Blankenfeld.
Nicht für alle Fotos ließen sich die Urheber ermitteln. Berechtigte Ansprüche bleiben erhalten.

ISBN 3-360-00990-8

© 2003 Das Neue Berlin Verlagsgesellschaft mbH
Rosa-Luxemburg-Str. 39, 10178 Berlin
Umschlagentwurf: Peperoni Werbeagentur, Berlin, unter
Verwendung zweier Fotos von Klaus Fuch und Ruth Werner
Alle Rechte vorbehalten.
Printed in Germany

Die Bücher des Verlags Das Neue Berlin
erscheinen in der Eulenspiegel Verlagsgruppe.

www.das-neue-berlin.de